Heinrich Hagehülsmann (Hrsg.)
Beratung zur Lebensbewältigung
Die Kunst transaktionsanalytischer Beratung: Vielfalt in Theorie & Praxis
Band 2

Ausführliche Informationen zu jedem unserer lieferbaren und geplanten Bücher finden Sie im Internet unter www.junfermann.de. Dort können Sie auch unseren **Newsletter** abonnieren und sicherstellen, dass Sie alles Wissenswerte über das **JUNFERMANN**-Programm regelmäßig und aktuell erfahren.

Besuchen Sie auch unsere e-Publishing-Plattform www.active-books.de.

Heinrich Hagehülsmann (Hrsg.)

Beratung zur Lebensbewältigung

Die Kunst transaktionsanalytischer Beratung:
Vielfalt in Theorie & Praxis
Band 2

Junfermann Verlag • Paderborn
2011

© Junfermannsche Verlagsbuchhandlung, Paderborn 2011
Covergestaltung/Reihenentwurf: Christian Tschepp
Frontcoverfoto: © Olga Lyubkina – Fotolia.com

Alle Rechte vorbehalten.

Das Werk einschließlich aller seiner Teile ist urheberrechtlich geschützt. Jede Verwendung außerhalb der engen Grenzen des Urheberrechtsgesetzes ist ohne Zustimmung des Verlages unzulässig und strafbar. Das gilt insbesondere für Vervielfältigungen, Übersetzungen, Mikroverfilmungen und die Einspeicherung und Verarbeitung in elektronischen Systemen.

Satz: Peter Marwitz, Kiel – etherial.de

Bibliografische Information der Deutschen Bibliothek
Die Deutsche Bibliothek verzeichnet diese Publikation in der Deutschen Nationalbibliografie; detaillierte bibliografische Daten sind im Internet über http://dnb.ddb.de abrufbar.

ISBN 978-3-87387-767-2

Inhalt Band 2

Vorwort
Heinrich Hagehülsmann 7

Transaktionsanalytische Beratung von Kindern und Jugendlichen:
Kinder und Jugendliche im Fokus emphatischer Aufmerksamkeit
Gudrun Jecht-Hennig 11

Beratung bei und mit Menschen mit einer geistigen Behinderung
Ulrich Elbing 35

Beratung bei und in Paarkonflikten
Ute und Heinrich Hagehülsmann 67

Beratung mit interkulturellen Zielgruppen:
Projekte zur persönlichen Begegnung und Entwicklung mit Berufsschülern
Marie-Luise Haake 107

Krisen als Chancen wahrnehmen – Beratung als Krisenmanagement
Hilde Anderegg-Somaini 129

Aspekte heilsamer Grenzerfahrungen – Beratungsprozesse bei Suizidalität
Karl-Heinz Schuldt 155

Aus Worten können Wege werden:
Die Kunst transaktionsanalytischer Beratung in der Telefonseelsorge
Christa Matenaar, Gerhard Schlett, Gesine Wabra 187

Beraterische Kompetenz in der spirituellen Begleitung
Ludwig Schumann 207

Transaktionsanalyse im Rahmen systemischer Beratung
Hans Brunner 227

Literatur 246
Stichwortverzeichnis 260

Inhaltsübersicht Band 1

Vorwort || *Heinrich Hagehülsmann*

Transaktionsanalytische Beratung – Theorie, Methode und Praxis || *Heinrich und Ute Hagehülsmann, Hilde Anderegg*

Die transaktionsanalytische Beratung in der Sozialen Arbeit || *Uwe H. Schulz-Wallenwein*

Beratung im Kontext sozialer Arbeit mit unfreiwilliger Klientel || *Doris Burk*

Beratung in der Schule || *Hanne Raeck*

„Verantwortung und Grenzen" – ein Wochenend-Seminar für Frauen
Seminare als spezielle Form von Beratung || *Birgitt Wiarda*

Interne Beratung im Unternehmen || *Günther Mohr*

Beratung im Kontext von Nonprofit-Organisationen || *Hans Brunner*

Prozessberatung in Organisationen || *Ute und Heinrich Hagehülsmann*

Transaktionsanalyse im Coaching-Einsatz || *Werner Vogelauer*

Konfliktberatung in Teams – vom Gegeneinander zum Miteinander || *Uta Höhl-Spenceley*

Im Zentrum des Sturms. Der Moment als Schnittstelle –
Beratung und Gesellschaft || *Peter Rudolph*

Spiel, Kunst, Kreativität und die transaktionsanalytische Beratung:
Perspektiven und Wechselwirkungen einer anregenden Partnerschaft || *Renate Raschen*

Liebeserklärung an eine Profession. Oder: Was mich als beratende
Transaktionsanalytikerin ausmacht || *Hilde Anderegg*

Literatur
Stichwortverzeichnis

Vorwort

Lange fehlte mir die zündende Idee, was ich in diesem Vorwort schreiben könnte bzw. wollte. Nachdem ich mir genügend lange – wie ich mir zugestand – den Kopf zerbrochen hatte, fragte ich mich als „guter" Transaktionsanalytiker nach der Bedeutung meiner Ideenarmut. Die Antwort erfolgte durch die Beantwortung einer neuen Frage: Was glaubte ich, für die Beiträge dieses Buches, die von ihrer Überschrift über ihre zentralen Aussagen bis hin zu ihrer Zusammenfassung für sich selbst sprechen, durch stimulierende oder anerkennende Bemerkungen, sozusagen von außen, für Lesemotivation, sorgen zu müssen?

Die Antwort „gar nichts" machte mir deutlich, dass in diesem zweiten Band des (inzwischen) sogenannten „Beratungsbuches" jede Autorin und jeder Autor mit eigener Stimme geradezu aus und durch ihre eigene Individualität sprechen. Aus ihr heraus machen sie und er deutlich, was er und sie zum Thema zu sagen, (besser) beizutragen haben, was ihr Anliegen ist. Das gilt für

Gudrun Jecht-Hennig, die mit beispielhaft liebevollem Einfühlungsvermögen die wachsende Eigenständigkeit der Kinder und die berechtigte Sorge der Eltern zu interpretieren versteht;

Ulrich Elbing mit seiner Kunst, das Umfeld zu verändern und damit für die Veränderung des Klienten wirksam zu werden;

Ute & Heinrich Hagehülsmann, also für uns, mit den Erfahrungen unser gelebten, ungelebten, erstrittenen und geschenkten Autonomie;

Marie-Luise Haake mit ihrer Einladung, Globalität am Beispiel von Migration zu verstehen und Wirklichkeit werden zu lassen;

Hilde Anderegg Somaini mit ihrer kreativen Integration von Transaktionsanalyse und fernöstlicher Weisheit;

Karl-Heinz Schuldt mit seiner fast provokativen Aussage, dass man nur gute Suizid-Prophylaxe-Beratung durchführen kann, wenn man nicht absolut gegen diese Problemlösung eingestellt ist;

Christa Matenaar, Gesine Wabra & Gerhard Schlett mit ihrer an Fakten und Strukturen orientierten Darstellung einer lebensunterstützenden Institution, die im Fortgang des Beitrags zunehmend selbst an Leben gewinnt;

Ludwig Schuhmann mit seiner Fähigkeit, geistig-geistliche Beratung handfest, wirklichkeitsorientiert und dennoch spirituell zu gestalten;

Hans Brunner mit seinen informativen, jedoch an keiner Stelle belehrenden systemorientierten Erweiterungen transaktionsanalytischer Denkgewohnheiten und Rahmenbedingungen.

Gleichzeitig bieten alle Beiträge neben dem individuellen Engagement und der dazu gehörenden Kompetenz der jeweiligen Autorinnen und Autoren einen getreuen Spiegel transaktionsanalytischer Potenz, Vielfalt und Brillanz, aus deren Kombination eine Fülle von theoretischen und praktischen Handlungsmustern und Anwendungsmöglichkeiten entspringt. Anders ausgedrückt ist, gleicherweise wie im Band 1 und doch anders, ein lebendiges Mosaik angewandter Transaktionsanalyse entstanden.

Zu seiner Rezeption wie zum genussvollen Stöbern dürfte es je nach Stand der eigenen Kenntnisse im Hinblick auf Transaktionsanalyse und/oder das Oberthema „Beratung" günstig oder möglicherweise sogar hilfreich sein, den ersten Band „*Beratung zu professionellem Wachstum*" (Die Kunst transaktionsanalytischer Beratung. Vielfalt in Theorie und Praxis. Band 1, Junfermann 2007) und hierin vor allem oder zumindest den sogenannten „Überblicksartikel" (Seiten 11 bis 95) einzubeziehen. Denn auf diesen Überblicksartikel (ÜA) wird in diesem Buch und seinen Beiträgen durch in Klammern gesetzte (Seiten-)Zahlen überall dort verwiesen, wo die Autorinnen und Autoren auf grundlegende Theorie, Methoden und (Handlungs-)Konzepte der Transaktionsanalyse verweisen, die ihr Denken und Handeln in einem bestimmten Zusammenhang bestimmen, beeinflussen oder mitgestalten, ohne an diesen Stellen erneut (in Ausführlichkeit) dargestellt und erklärt zu werden. Trotzdem „hoffen wir (erneut), dass Sie das finden und in Gestalt und Form als befriedigende Antwort erleben, nach dem Sie gesucht haben" (Band 1, S. 9).

Uns, den Autorinnen und Autoren, und mir als Herausgeber macht es Spaß, Ihnen die vorliegenden Beiträge zu präsentieren.

Zur Vermeidung allzu umfangreicher und ermüdender Doppelungen habe ich mich auch für diesen Band entschieden, ihn beitragsübergreifend am Schluss mit einem gemeinsamen Literaturverzeichnis, Autorenregister und Schlagwortverzeichnis zu versehen. Dadurch entstehende Mühen bitte ich auch dieses Mal hinzunehmen.

Auch im Hinblick auf die Entstehung dieses Buches gilt es Dank zu sagen: Zunächst danke ich als Herausgeber den Autorinnen und Autoren der verschiedenen Beiträge, die auch diesmal ihre spezifischen Feldkenntnisse, ihre Zeit und ihre Schreibkompetenz eingesetzt haben, sodass die vorliegende Fülle entstehen konnte. Hier bedanke ich mich insbesondere ganz persönlich für die Geduld, die manche von ihnen aufbringen mussten, um mit einem überkritischen Herausgeber umzugehen, der neben der Herausgabe von Büchern auch noch Geld verdienen muss und daher zeitlich sehr unregelmäßig Kontakt aufnahm. Darüber hinaus danke ich wiederum allen in diesem Buch namentlich ungenannten Kolleginnen und Kollegen, vor allem den Autorinnen und Autoren unter ihnen, von denen wir durch Lesen, Hören und gemeinsame Gespräche und Diskussionen partizipieren durften. Und das will ich auch deswegen ausdrücklich in diesem Buch noch einmal tun (das kann meines Erachtens gar nicht oft genug geschehen), weil sowohl die theoretischen und methodischen Erkenntnisse wie auch ganz besonders das praxeologische Handlungswissen einer praxisorientierten Wissenschaft von diesem lebendigen Austausch leben.

Dank will ich darüber hinaus auch all jenen sagen, die mich durch ihre anerkennenden und wertschätzenden Bemerkungen und Handlungen zum ersten Band ermutigt und bestärkt und/oder durch gedankliche und praktische Unterstützung befähigt haben, diesen zweiten Band abzuschließen.

Ihnen, liebe Leserinnen und liebe Leser, wünsche ich: Viel Spaß und Gewinn beim Lesen!

Rastede, im August 2009
Ihr Heinrich Hagehülsmann

Transaktionsanalytische Beratung von Kindern und Jugendlichen

Kinder und Jugendliche im Fokus empathischer Aufmerksamkeit

Gudrun Jecht-Hennig

1.	Beratung von Kindern und Jugendlichen versus der von Erwachsenen	12
2.	Kurzer literatur-orientierter Rückblick	13
3.	Gegenwärtiger Stand	15
4.	Grundlegende Theorien und Modelle in der Arbeit mit Kindern und Jugendlichen	16
	4.1 Basisüberlegungen	16
	4.2 Symbiosen	17
	4.3 Grundbedürfnisse	18
	4.4 Der Lebensplan oder das Skript	19
	4.5 Ich-Zustände	20
5.	Methodische Überlegungen zur transaktionsanalytischen Arbeit mit Kindern und Jugendlichen	21
	5.1 Basisüberlegungen	21
	5.2 Schutz, Stärke und Erlaubnis	22
	5.3 Verträge	22
6.	Anwendungsgebiete	25
	6.1 Beispiele meiner Arbeit inklusive theoretischer Reflexion	25
	6.1.1 Beispiel Emil	25
	6.1.2 Beispiel Holger	30
	6.2. Abschließende Bemerkungen	32
7.	Zusammenfassung	33
	Anmerkungen	33

Im nachfolgenden Beitrag werde ich die Beratung von Kindern und Jugendlichen darstellen. Die Beratung von Eltern unterscheidet sich wenig von der anderer Erwachsener, außerdem gibt es viel Literatur über die Beratung Erwachsener, dagegen wenig über die Beratung von Kindern. Daher habe ich in diesem Bereich meinen Schwerpunkt gesetzt.

1. Beratung von Kindern und Jugendlichen versus der von Erwachsenen

Kinder Jugendliche

Das Spezifikum transaktionsanalytischer Beratung besteht in der Betonung dessen, dass Beratung im Rahmen einer vertraglichen Beziehung stattfindet, die durch Respekt und Gleichwertigkeit aller beteiligten Personen gekennzeichnet ist.

Die Beratung von Kindern und Jugendlichen unterscheidet sich nicht prinzipiell von der der Erwachsenen. Es geht hier wie da um Problemlösungen spezifischer Situationen und Themen aus dem täglichen Leben wie z.B. Schule, Krankheitsverarbeitung, Auseinandersetzungen mit Eltern, Geschwistern und Gleichaltrigen.

Abhängigkeit

Die Besonderheit in der Arbeit mit Kindern und Jugendlichen ist deren Abhängigkeit von ihren Eltern oder anderen Bezugspersonen. Beratung von Kindern ist nur möglich, wenn die Erziehungspersonen damit einverstanden sind. Zwar unterscheide ich die Arbeit mit Kindern von der mit Jugendlichen, die oft ausreichend selbstständig sind, um sich um Hilfe zu kümmern. Aber natürlich sind die Eltern beider Personengruppen entscheidend wichtig und die Zusammenarbeit mit ihnen notwendig. Dabei sollte die direkte Arbeit mit dem Kind oder den Jugendlichen auch dann nicht aus den Augen verloren werden, wenn das Anliegen für die Beratung häufig von den Erwachsenen ausgeht, weil diese unter dem Verhalten der Kinder oder Jugendlichen leiden. Gerade in diesen – relativ häufigen – Situationen ist es notwendig, die spezifischen Anliegen der Kinder oder Jugendlichen herauszufinden.

Kinder und Jugendliche brauchen oft Entlastung durch Gesprächspartner außerhalb des eigenen Systems. In der Beratung geht es darum, mit ihnen zusammen Lösungsmöglichkeiten für ihre Schwierigkeiten zu finden und sie dabei als Person wertzuschätzen und anzuerkennen, ohne die abhängige Situation von Kindern und die Bedeutung von Veränderung in ihrer Lebenssituation mit den Bezugspersonen außer Acht zu lassen.

Beratung für Kinder und Jugendliche bieten viele Berufsgruppen an. Einige, wie z.B. Logopäden, Ergotherapeuten, Krankengymnasten, Ärzte, Lehrkräfte, machen das sozusagen implizit, manche ohne sich dessen bewusst zu sein, andere gestalten die impliziten Beratungen gezielt und bewusst. Demgegenüber ist bei Beratern und Beraterinnen an einer Erziehungsberatungsstelle wie auch bei Beratungslehrern oder Suchtberatern die Beratungssituation definiert gegeben. Das bedeutet, die Klienten und Klientinnen sowie ihre Eltern kommen mit einem spezifischen Beratungsanliegen. – Die Informationen in diesem Artikel sind für beide Bereiche geeignet.

2. Kurzer literatur-orientierter Rückblick

Zur Geschichte der Beratung von Kindern und Jugendlichen ist zunächst einmal auf die lange Tradition der Psychoanalytischen Pädagogik hinzuweisen, in der auch das Thema Erziehungsberatung in seinen verschiedenen Facetten unter besonderer Berücksichtigung vielfältiger kindlicher Störungen behandelt wird. Beispielhaft hingewiesen sei dabei auf die Bücher von Anna Freund (1928 [1946], 1965, 1980), Anna Aichhorn (1925 [1951], 1936), Melanie Klein (1932 [1934], 1981) oder auch H. Zulliger (1936, 1977[7]).

psycho-analytische Pädagogik

Daneben gibt es eine große Anzahl von Büchern zum Themenkomplex „Entwicklungspsychologie" (im Einzelnen siehe z.B. R. OERTER 1980[18], R. OERTER & L. MONTADA 1982), von denen ich aus transaktionsanalytischer Sicht die Bücher von Dorothee E. Babcock und Terry D. Keepers (1976/1980) sowie Pam Levin (1974, 1981, 1982a, 1982b) besonders erwähnen will. Während Babcock und Keepers eine Übersicht zur Kinderentwicklung und Arbeit mit Eltern und Kindern aus der Sicht der Transaktionsanalyse sowie Anleitungen zur Lösung der altersmäßig anstehenden Probleme geben, eignen sich die Entwicklungsmodelle von Pam Levin, die verschiedenen Entwicklungsbereiche und thematischen Schwerpunkte der verschiedenen Altersstufen aufzuzeigen sowie der Frage ihrer Auswirkung auf spätere Lebensalter nachzugehen.

transaktions-analytische Sicht der Entwicklung

Insgesamt gesehen ist Entwicklung vor allem durch die Parallelität der unterschiedlichen Entwicklungsbereiche, wie z.B. Sprache, Motorik, Denkvorgänge und Persönlichkeit ein sehr komplexes Thema. Zudem geht es in vielen von diesen Veröffentlichungen überwiegend um die Eltern und damit den indirekten Einfluss auf Kinder oder um Kinderanalyse, weniger um die Arbeit an den aktuellen Themen eines Kindes, wie ich es in der Beratung anstrebe.

Daneben findet sich auch Literatur, die speziell an Kinder gerichtet ist, so z.B. in dem Buch von R. Lempp und Loriot „Eltern für Anfänger" (1973), in dem sie Kindern und Jugendlichen erklären, wie Eltern sind, dass auch diese eine Geschichte haben, und wie Kinder mit ihren Eltern umgehen können. Gleichzeitig vermittelt es ihnen Informationen, die auch für den Umgang mit anderen Erwachsenen hilfreich sind. Derartige Literatur für Kinder und Jugendliche, die nicht nur dazu dient, sich selbst und andere zu verstehen, sondern auch Informationen über altersspezifische Bedürfnisse und deren Kommunizierbarkeit vermittelt, gibt es auch in der Transaktionsanalyse. Beispielhaft genannt seien „TA for Kids" (A. FREED 1971), „TA for Teens and Other Important People" (FREED 1976), „TA for Tots I and II" (FREED 1981) oder auch „The People Book: Transactional Analysis for Students" (M. JAMES & D. JONGEWORD 1975) bzw. mit zunächst vermeintlich anderer Zielsetzung „TA for Moms and Dads: What Do You Do with them, now you've got them?" (M. JAMES 1974), in denen – durch Zeichnungen abwechslungsreich gestaltet – wertvolle Hinweise auf die besonderen Probleme und Krisenzeiten von Stieffamilien gegeben werden. Ich verwende diese Bücher in meiner praktischen Arbeit immer wieder, was allerdings eine Einschränkung durch die Sprach-

Transaktions-analyse für Kinder

barriere und den amerikanischen Stil erfährt, der unsere Kinder und Jungendlichen nur begrenzt anspricht.

Kreisgesicht-symbole

Bleiben als Letztes die Transaktionsanalyse-bezogenen Bücher von Elisabeth Kleinwiese (1980, 1984) zu erwähnen, die in der unmittelbaren Arbeit mit Kindern verwandt werden können und den Kindern mit ihren Kreisgesichtsymbolen ein gutes Handwerkszeug bieten, Zugang zu ihren unterschiedlichen Persönlichkeitsanteilen sowie zu den damit einhergehenden Gefühlen zu finden. Obwohl sie bereits vor zwanzig Jahren erschienen sind, sind sie nach wie vor aktuell.

3. Gegenwärtiger Stand

Trotz der zuvor erwähnten transaktionsanalytischen Literatur, die selbstverständlich um Bücher und Aufsätze zu spezifischen Problemfeldern (wie z.B. RITZENFELDT-TURNER 1998) oder Störungen (wie z.B. ELBING 1996) zu ergänzen wäre, bleibt als Mangel festzustellen, dass bisher kein spezielles transaktionsanalyse-orientiertes Werk zum Themenkomplex „Beratung von Kindern und Jugendlichen" vorliegt. Transaktionsanalyse, wie sie von Eric BERNE (1961, 1964, 1966, 1970,1972, 1973, 1977) entwickelt und begründet wurde, ist noch immer primär ein Analyseinstrument, das aus der Behandlung und zur Behandlung Erwachsener entwickelt wurde. Daran ändert letztlich auch die Tatsache nichts, dass sich Marten Kouwenhoven, Rolf Rainer Kiltz und Ulrich Elbing in ihrem Buch „Schwere Persönlichkeitsstörungen" (2002) mit heutigen Entwicklungstheorien und deren Bezug zu den transaktionsanalytischen Entwicklungstheorien insbesondere in den Konzepten der sog. SCHIFF-Schule auseinandersetzen und dabei gewissermaßen – als Nebeneffekt – zeigen, welche Verwirrungen durch die Verwendung von Pathologiemodellen zur Darstellung gesunder Entwicklung entstehen können.

Gerade in der heutigen „verunsicherten Gesellschaft" (VOSSLER 2004) bräuchten Kinder und Jugendliche umso mehr und nachdrücklicher – auch transaktionsanalytische – Beratung, als die heutige gesellschaftliche Situation mehr Struktur und zunehmend die Fähigkeit verlangt, aus einer Fülle von Möglichkeiten auszuwählen und Entscheidungen zu treffen, gleichzeitig aber eine deutliche Diskrepanz zwischen der großen Vielfalt und der Fähigkeit, mit dieser Struktur umzugehen, besteht. Um diese Möglichkeiten zu nutzen, bräuchten viele Menschen ausreichend gefestigte Strukturen. Da sie fehlen, ist die Folge Passivität, wie wir sie vor allem bei Jugendlichen häufig erleben. Nochmals: Gerade hier eröffnet sich ein weites Feld beraterischer Tätigkeit, dessen Bearbeitung dringend geboten ist. Inwieweit hierbei die z.B. von W. Schulz und A. Schmidt (2004) vorgeschlagene „Kurzberatung" wirksam werden kann, muss sich zeigen.

Zeitphänomene

Auf jeden Fall erscheint die Auffüllung der bestehenden Lücken im Hinblick auf transaktionsanalytische Beratung für Kinder und Jugendliche zum gegenwärtigen Zeitpunkt dringend erforderlich.

4. Grundlegende Theorien und Modelle in der Arbeit mit Kindern und Jugendlichen

4.1 Basisüberlegungen

Nicht anders als die Psychoanalyse bezieht auch die klassische Transaktionsanalyse ihr Wissen über die Entwicklung von Kindern und Jugendlichen, in dem sie überwiegend aus der Psychotherapie Erwachsener auf die wichtigen Entwicklungsphasen von Kindheit und Jugend rückschließt. Dies sind zwar wichtige Erkenntnisse, sie geben uns jedoch nicht die nötigen Informationen für die Arbeit mit Kindern und Jugendlichen, da sie einerseits überwiegend störungsbezogen sind und daher wenig Ressourcen einbeziehen und andererseits moderne Entwicklungsforschung nicht ausreichend berücksichtigen. Insofern bedarf auch die Transaktionsanalyse entsprechender Ergänzungen. Hier dienen dann die moderne Säuglingsforschung sowie die weiteren Forschungen zur Entwicklung von Kindern als zusätzliche theoretische Grundlage für unsere transaktionsanalytische Beratungsarbeit mit Kindern und Jugendlichen.

Säuglingsforschung

Innerhalb dieser neuen Forschungen sind es vor allem die Studien zur Bindungstheorie (zum Überblick siehe z.B. GROSSMANN, K. E. & GROSSMANN, K. 1995; GROSSMANN, K. E. et al. 1997 oder auch: SUESS, G. F. et al. 2001), in denen sich einmal mehr zeigt, dass die sogenannten Bindungsmuster nicht nur für die Kindheit bedeutsam sind, sondern auch die spätere Beziehungsgestaltung von Menschen, vor allem aber die Beziehung zu den eigenen Kindern beeinflussen (GROSSMANN & GROSSMANN 2003). Gerade wegen dieser Wichtigkeit will ich hier einen kurzen Überblick über die verschiedenen Bindungsmuster geben.

Bindungstheorien

Zentral für die Entwicklung einer sicheren Bindung ist die Feinfühligkeit der Bezugspersonen. Mit Feinfühligkeit ist die Fähigkeit der Mutter und auch anderer elterlicher Bezugspersonen gemeint, sich in das Kind einfühlen und dieses aufmerksam beobachten zu können. Gleichzeitig beinhaltet das die Fähigkeit, wichtige Bedürfnisse des Kindes zu erfüllen. Das Kind wiederum spürt dadurch eine sichere Basis der Beziehung, die ihm Grundlage für vielfältige Entwicklungen bietet. Unsicher gebundenen Kindern dagegen fehlt die Sicherheit durch die Bezugspersonen, da ihre Bedürfnisse (körperliche und seelische) nicht erfüllt werden und sie möglicherweise schlecht behandelt werden. Aufgrund ihrer Unsicherheit benötigen sie viel Aufmerksamkeit im Umgang mit den Bezugspersonen, sind wachsam und müssen wesentlich mehr Energie für die Beziehung aufwenden als sicher gebundene Kinder. Da ihnen diese Energie in anderen Bereichen fehlt, beeinträchtigt das ihre Entwicklung. Anders ausgedrückt: Ihre Aufmerksamkeit richtet sich mehr auf andere als auf sich selbst, was dazu führt, dass die eigenen Bedürfnisse und Wünsche vermindert oder nicht mehr wahrgenommen und daher auch nicht in die Beziehung eingebracht werden.

sichere Bindung
Bezugspersonen

unsichere Bindung

Das macht sich vor allen Dingen in der nächsten wichtigen Phase in der Entwicklung des Kindes bemerkbar, in der Phase der sogenannten Exploration. Normalerweise werden

Kinder in dieser Phase von ihren Bezugspersonen bestärkt, ihre Umgebung zu erforschen, und dabei so unterstützt, dass sie ihre Fähigkeiten nützen können und Bestätigung für ihr Interesse erhalten. Dies sind wichtige Schritte auf dem Weg in die Selbstständigkeit. Bei unsicher gebundenen Kindern sind diese wichtigen Schritte auf dem Weg in die Selbstständigkeit nur unvollkommen ausgebildet bzw. durch jede Form von Außenereignis höchst irritierbar.

Gerade diese mangelnde Selbstbezogenheit (bei gleichzeitig vorhandenen egozentrischen Ansprüchen) bzw. leichte Irritierbarkeit sind das, was uns in der praktischen Beratungsarbeit immer wieder entgegen tritt. Zusammen mit den von Eric Berne (1972) und Robert und Mary Goulding (1979) beschriebenen frühen Skriptentscheidungen verbreitern die Erkenntnisse der Bindungsforschung daher tatsächlich unsere Handlungsbasis um ein Vielfaches.

4.2 Symbiosen

In der Transaktionsanalyse sind es jedoch keineswegs nur Eric Berne sowie Robert und Mary Goulding, die Wesentliches zum Verständnis von Entwicklung beigetragen haben. Im gleichen Atemzug sind vor allem die in Theorie und Modelle eingeflossenen Erkenntnisse der sogenannten Schiff-Schule, (z.B. Jacky L. SCHIFF et al. 1975) zu nennen. Bereits im Überblicksartikel wird das von ihnen kreierte Konzept der Symbiose vorgestellt (ÜA S. 59ff), wobei auch kompetitive und komplementäre Formen der Symbiose als Formen der ungesunden Beziehungsgestaltung beschrieben werden (ÜA S. 61ff). Im Gegensatz zur Schiff-Schule bin ich jedoch der Auffassung, dass es nicht nur ungesunde, sondern auch „gesunde Symbiosen" gibt. **Symbiosen**

„gesunde Symbiose"

Auch wenn Kinderanalytiker wie Margret Mahler (1979) in den Anfängen dieser Disziplin die Vorstellung hatten, dass das Neugeborene sich als Teil der Mutter erlebt, oder ob wir inzwischen wissen, dass es sich getrennt von der Mutter erlebt (STERN 1998), es ist allein nicht lebensfähig und daher angewiesen auf seine Mutter oder andere Bezugspersonen. Es besteht die Notwendigkeit, dass es – modellhaft gesprochen – in einer Symbiose lebt, die vonseiten der Mutter entweder gesund oder ungesund gestaltet werden kann. In der ungesunden Symbiose blendet die Mutter Teile ihrer Persönlichkeit aus, weil sie glaubt, dies für ihr Kind tun zu müssen. Sie wertet dabei z.B. ihre eigenen Bedürfnisse und gleichzeitig auch die Fähigkeiten und Möglichkeiten des Kindes ab. Als Folge davon kommt sie in eine Mangelsituation, die das Kind in irgendeiner Weise auffüllen muss, wodurch dem Kind selbst Entwicklungsmöglichkeiten genommen werden. In der Beratungsarbeit ist die ungesunde Symbiose oft als konkurrierende symbiotische Haltung der Bezugspersonen um die Eltern-Ich-Position oder Kind-Ich-Position zu erkennen. Das zeigt sich z.B. in Diskussionen über „Recht-haben" oder „Wer geht richtig mit den Kindern um?" (Eltern-Ich-Position) oder in Diskussionen „Wem von den beiden geht es heute schlechter?" (Kind-Ich-Position).

„ungesunde Symbiose"

konkurrierende symbiotische Haltungen

Selbstständigkeitsentwicklung

In einer gesunden Symbiose zwischen Mutter und Kind dagegen blendet die Mutter keinen ihrer Persönlichkeitsanteile aus, sondern stellt ihrem Kind oder Jugendlichen das zur Verfügung, was das Kind oder der Jugendliche selbst noch nicht kann, weiß oder spürt. Die daraus resultierende Selbstständigkeitsentwicklung ist ein fließender Prozess, der von der Feinfühligkeit, dem Wissen und der Persönlichkeit der Bezugspersonen und der Kinder mitbestimmt wird. Je geringer die Anteile der ungesunden Symbiose sind, desto freier kann sich ein Kind entwickeln. Unterstützt wird diese Selbstständigkeit noch dadurch, wenn eine sichere Bindung besteht und dadurch ein Gefühl der Geborgenheit gegeben ist. Dann können sich die Kinder auf sich konzentrieren, statt ihre Energie in die ängstliche Beobachtung der Erwachsenen zu stecken.

4.3 Grundbedürfnisse

Abhängigkeit von den Bezugspersonen

Im Überblicksartikel ist bereits auf die Grundbedürfnisse hingewiesen (ÜA S. 32ff). Bekannt ist, dass Kinder in ihren körperlichen Bedürfnissen abhängig sind. Weniger bekannt ist, dass die Situation von Kindern, auch im Hinblick auf die seelischen Grundbedürfnisse, durch eben diese Abhängigkeit von den Bezugspersonen bestimmt ist. Auch hier sind sie in der Erfüllung ihrer Grundbedürfnisse auf diese angewiesen. Das macht umso mehr deutlich, wie wichtig es ist, dass Bezugspersonen ein natürliches Gespür dafür haben, was ein Kind gerade braucht, und ein Wissen darüber, was für Kinder und Jugendliche insgesamt notwendig ist.

positive Zuwendung

In meiner konkreten Arbeit beobachte ich heute vor allem bei engagierten Eltern eine Tendenz, den Kindern primär und geradezu ausschließlich ein großes Maß an bedingungsloser Zuwendung, wie z.B. ein permanentes „Du bist toll", zu geben, das häufig nicht adäquat ist. Bedingte positive Anerkennung dagegen wird in diesen Fällen kaum gegeben. Die bedingte Anerkennung für eine Leistung, wenn ein Kind etwas gut oder auch super macht, wird aus einem falsch verstandenen „Dem-Kind-keinen-Druck-machen-Wollen" häufig nicht gegeben, sondern das Kind wird stattdessen mit einem bedingungslosen „Du bist toll" für seine Leistung beachtet. Die Folge davon ist, dass die Kinder wenig Leistungsmotivation zeigen, da sie für eben diese Leistung nicht adäquat anerkannt werden. Gleichzeitig besteht die Gefahr, dass Kinder bei übertriebener bedingungsloser Zuwendung ein unrealistisches Bild von sich selbst entwickeln.

Zuwendungsfilter

Genau die zuvor geschriebenen Erlebnisse und Erfahrungen der Kindheit bestimmen jedoch unseren Umgang mit Zuwendung als Erwachsene. Claude Steiner (1982) beschreibt in diesem Zusammenhang einen sogenannten Zuwendungsfilter, der z.B. wenig positive Zuwendung ankommen lässt, selbst dann, wenn darum gekämpft wird, aber negative Zuwendung voll durchlässt. Der Kontakt mit solchen Menschen gestaltet sich dann insofern als schwierig, als sie auch dann, wenn sie de facto positive Zuwendung bekommen, für sich in einem dauerhaften Mangel verhaftet bleiben, da sie die positive Zuwendung nicht oder nur in sehr geringem Maße annehmen können. Konkrete Beispiele dafür sind Jugendliche, die trotz einer Umgebung, die liebevoll ist und positive Zuwendung gibt, deutlich provozierendes Verhalten zeigen. Daher ist es oft notwendig, mit diesen Kindern und Jugendlichen bewusst etwas ruppig umzugehen, damit sie die Beachtung wahrnehmen bzw. um Provokation von negativer Zuwendung und Eskalation zu vermeiden. Ziel der Beratung ist jedoch auch hier, dass die Klienten Bewusstheit über ihren Umgang mit Zuwendung bekommen, ihren Bezugsrahmen verändern und dadurch in der Folge positive Zuwendung annehmen können.

Das Bedürfnis nach Struktur wird durch die Beschreibung von Berne (1970) häufig überwiegend an die sogenannte Zeitstruktur gebunden. Das meint die Art, wie Menschen im Kontakt mit anderen ihre Zeit verbringen (ÜA S. 36). Das ist jedoch keineswegs ausreichend, denn Kinder brauchen neben einer Zeitstruktur auch eine Anleitung in der Struktur des Denkens im Sinne einer Ordnung, z.B. was eine logische Abfolge ist, was wichtig ist oder was unwichtig ist. Struktur zu haben gibt in jedem Falle Sicherheit. *[Marginalie: Zeitstruktur / Struktur des Denkens]*

Auch im Bereich der Stimulierung haben wir heute eine Diskrepanz von Zuviel und Zuwenig, also von Überstimulierung aus Mangel an Stimulierung. Auf der einen Seite haben Kinder und Jugendliche zu viele und zu intensive optische und akustische Reize (oder die Kombination von beiden). Die Reize sind daher häufig nicht verarbeitbar und führen zu einer Dauerspannung, die zu unterschiedlichen Problemen wie Konzentrationsschwierigkeiten, Kreislaufproblemen oder Unruhe führt. Auf der anderen Seite haben Kinder und Jugendliche heutzutage oftmals einen Mangel an körperlicher Stimulierung und zu wenig Bewegung und körperliche Anstrengung. Das wiederum führt zu motorischer Ungeschicklichkeit und Übergewicht. *[Marginalie: Stimulierung Überstimulierung]*

Egal, ob Grundbedürfnisse nicht hinreichend erfüllt werden oder ein Zuviel wie z.B. Überstimulierung da ist, in beiden Fällen werden die Kinder und Jugendlichen Entwicklungsdefizite oder Verhaltensauffälligkeiten zeigen. Daher bilden dieses Wissen und die aus ihm abgeleiteten Maßnahmen für die Arbeit mit Kindern und Jugendlichen eine wichtige Grundlage. *[Marginalie: Wissen um die Grundbedürfnisse als wichtige Grundlage]*

4.4 Der Lebensplan oder das Skript

Auch der Lebensplan oder das Skript ist im Überblicksartikel (S. 55ff) hinreichend dargestellt worden. Darüber hinaus beschreibt BERNE (1972/1975) drei wichtige Phasen der Entwicklung dieses Skriptes. Die erste bezeichnet er als Protokoll. In ihm werden die frühen Erfahrungen gespeichert. Dabei ist zu beachten, dass Säuglinge ganzheitlich reagieren, d. h., es gibt bei ihnen keine klare Unterscheidung zwischen körperlichen und seelischen Reaktionen. Das wiederum bedeutet, dass Weinen für körperlichen Hunger stehen kann oder auch Ausdruck für allgemeines „Unglücklichsein" ist. *[Marginalie: Lebensplan/Skript / Protokoll]*

Das Protokoll wird durch die weiteren Erfahrungen überdeckt und angereichert. Das Ergebnis nennt Berne *Palimpsest*. In ihm sind bereits auch sprachliche Begrifflichkeiten gespeichert. Den Begriff „Lebensplan" oder „script proper", wie er ihn bezeichnet, ordnet er, vorausgesetzt es passieren keine gravierenden äußeren Veränderungen, erst dem *[Marginalie: Palimpsest „Lebensplan" „script proper"]* sechsten bis siebten Lebensjahr zu. In ihm sind die zentralen Entscheidungen für das gesamte Leben enthalten, die jedoch selbstverständlich von den vorherigen Erfahrungen und Entscheidungen mit beeinflusst wurden.

Nach Abschluss des Lebensplans sieht Berne das weitere Leben überwiegend darauf ausgerichtet, die Bestätigung des Skripts, d. h. dessen, was schon entschieden worden ist, zu bewirken. Skriptveränderung meint daher bei ihm das Auflösen von einschränkenden Entscheidungen und nicht die Integration von neuen entwicklungsfördernden Erfahrungen. Das heißt, sein Begriff des Skripts ist überwiegend störungsbezogen, selbst wenn er das Skript z.B. in Form des sogenannten „Gewinner-Skripts" nicht nur als einschränkend beschreibt.

neue Entscheidungen
Skriptsystem

Den zuvor beschriebenen Erkenntnissen folgend, besteht daher ein mögliches Ziel der Beratung von Kindern und Jugendlichen darin, zunächst einmal den Status ihres derzeitigen Lebensplanes festzustellen, um dann in der Regel dazu überzugehen, mit ihnen die Möglichkeiten zu erarbeiten, neue Erfahrungen zu machen und dadurch neue Entscheidungen zu treffen oder eine Erweiterung ihres Bezugsrahmens erreichen zu können. Dabei bediene ich mich häufig des so genannten Skriptsystems nach Erskine und Zalcman (1979), welches mir ermöglicht, eine frühe Entscheidung mit aktuellem Verhalten und vorbewussten Themen zu verbinden und mit den Kindern und Jugendlichen konkrete Ausstiegswege zu kreieren.

4.5 Ich-Zustände

Nicht nur bei der Umsetzung der zuvor genannten Modelle, sondern in meiner gesamten Arbeit mit Kindern und Jugendlichen gründe ich immer wieder auf der Beachtung jener Persönlichkeitsanteile, die in den sogenannten Ich-Zuständen dargestellt sind (ÜA S. 23ff). Dabei hilft uns bekanntlich das Funktionsmodell, Verhaltensaspekte zu beschreiben, und das Strukturmodell, die Verbindung zur Lebensgeschichte herzustellen. Die Verhaltensbeschreibung können wir dabei mit dem Vordergrund vergleichen, den wir primär sehen. Hinter diesem steht die lebensgeschichtliche Struktur, die wir erspüren und im körperlichen Ausdruck allenfalls intuitiv erahnen können.

Diagnose der
Ich-Zustände

Die dabei sichtbar werdende Dynamik der Persönlichkeitsanteile mittels der sog. Diagnose der Ich-Zustände (BERNE 1979, 31) aufzuspüren, ist eine nicht zu unterschätzende Unterstützung transaktionsanalytischer Beratungsarbeit mit Kindern und Jugendlichen. Das gilt umso mehr, als diese Modelle nicht nur leichter zu erklären und zu vermitteln sind, sondern in Form der sog. Kreis-Symbol-Gesichter (KLEINEWIESE 1980, 1984) auch praktisch handhabbar sind.

5. Methodische Überlegungen zur transaktionsanalytischen Arbeit mit Kindern und Jugendlichen

5.1 Basisüberlegungen

Für die Beratungsarbeit mit Kindern und Jugendlichen braucht man neben Feinfühligkeit und Verlässlichkeit sowie Wissen über das Handwerkszeug der Beratung (wie z.B. Beratungsstrategien, Wissen über Kindergärten, Schulen, Krankheitsverarbeitung, Berufsmöglichkeiten usw.) auch Wissen über die unterschiedliche Entwicklung von Kindern innerhalb ihrer verschiedenen Lebensbereiche, einschließlich des Wissens der wichtigsten Entwicklungsdefizite. Das ermöglicht nicht nur einen altersgerechten Umgang mit der Klientel, sondern ggf. auch den Anstoß altersgemäßer Entwicklungsschritte.

Wissen über das Handwerkszeug der Beratung
Wissen über die Entwicklung von Kindern

Meine Erfahrung in der Arbeit mit Kindern und Jugendlichen zeigt jedoch immer wieder, dass Kinder und Jugendliche entweder wie kleine Erwachsene behandelt werden oder so, als könnten sie nicht denken und wüssten noch gar nichts. Gerade der Respekt Kindern und Jugendlichen gegenüber als eigenständiger Person, zusammen mit dem Anerkennen ihrer Fähigkeiten und Möglichkeiten, ist jedoch für mich eine der wesentlichen Grundvoraussetzungen für jede gute Beratungsarbeit in diesem Feld.

Respekt Kindern und Jugendlichen gegenüber

Auf der persönlichen Ebene brauchen wir – wie es zum Beispiel J. Berna (1996) in seinem Buch „Liebe zu den Kindern" zu Recht betont – neben Feinfühligkeit und Verlässlichkeit vor allem innere Freude daran, mit Kindern und Jugendlichen zu arbeiten und ihnen positiv zu begegnen. Für den Berater heißt das natürlich auch, sich vorab seiner eigenen Stärken und Schwächen bewusst zu werden und zum Beispiel Klarheit zu schaffen, ob er lieber mit Kindern oder lieber mit Jugendlichen arbeitet (und das auch tatsächlich kann).

Feinfühligkeit/ Verlässlichkeit/ innere Freude

Darüber hinaus ist es für die Beraterinnen[1] hier, wie im Feld der Erwachsenenberatung, wichtig, sich ihrer selbst bewusst zu sein, d.h. auch alle Ich-Haltungen verfügbar zu haben, spontan wählen zu können und sich wirklich auf Begegnungen einlassen zu können. Kurz gesagt: Die Beraterin braucht ihre gesamte Persönlichkeit und darüber hinaus innere Zufriedenheit. Nur wenn die Beraterin mit sich selbst stimmig und zufrieden ist, lässt sich die Gefahr der (meist) unbewussten Konkurrenz oder Missgunst der Beraterin mit den Klienten vermeiden, die ihre Aufmerksamkeit, Unterstützung und Zuwendung bekommen. (In einer solchen Konkurrenz- und/oder Neidsituation wird nämlich Energie gebunden, die dem Beratungsprozess verloren geht und damit den Klientinnen nicht adäquat zur Verfügung steht.)

innere Zufriedenheit/ Stimmigkeit

Neben der inneren Stimmigkeit und Zufriedenheit bedarf es zusätzlich der empathischen Akzeptanz von Eltern und elterlichen Bezugspersonen der Kinder und Jugendlichen, mit denen wir arbeiten. Dazu gehört die Akzeptanz dessen, wie die Bezugspersonen mit ihren Kindern oder Jugendlichen umgehen, dazu gehört genauso auch die Akzeptanz, wie sie z.B. ihre elterliche Verantwortung leben. Es geht nicht darum, über die Eltern und das, was sie tun, zu urteilen, sondern die Situation zu klären und Hilfen zur Veränderung zu geben. Nur durch diese Haltung ermöglichen wir es den Kindern und Jugendlichen, in

Akzeptanz

Hilfe zur Veränderung

der schwierigen, oft angespannten Situation der „Fremdeinmischung" (Berater/in) einerseits den Bezugspersonen gegenüber loyal zu bleiben und andererseits den Beratungsprozess anzunehmen. Gerade angesichts all dieser Überlegungen erscheinen mir grundlegende Entwicklungsschritte vonseiten der transaktionsanalytischen Berater/innen und Psychotherapeut/inn/en für Kinder und Jugendliche erneut dringend wünschenswert.

5.2 Schutz, Stärke und Erlaubnis

Wie bereits im Überblicksartikel (ÜA S. 19f) ausgeführt, können Schutz, Stärke und Erlaubnis (protection, potency and permission) als notwendige Haltungen und Basisqualifikationen der Beraterinnen angesehen werden. Das gilt auch für die Beratung von Kindern und Jugendlichen. Beraterinnen haben durch ihre Position, ihre Professionalität und ihr Erwachsen-Sein viel Macht über und große Bedeutung für die Kinder und Jugendlichen. Diese Einflussmöglichkeit gilt es zu nutzen und nicht zu missbrauchen oder leichtfertig damit umzugehen.

Schutz

Schutz kommt vor Erlaubnis

Für mich und meine Arbeit haben diese Begriffe eine arbeitsinterne Logik: Für mich ist es unter ethischen und entwicklungspsychologischen Gesichtspunkten notwendig, dass zuerst Schutz gegeben wird, dass die Beraterin mit ihrer Stärke, wie ich potency für mich übersetze, zur Verfügung steht und erst danach eine Erlaubnis gibt. Diese Reihenfolge ist nicht nur für mich persönlich entscheidend wichtig, sondern wird auch von Pat Crossman (1966), die dieses Konzept entwickelte, immer wieder betont: Schutz kommt vor Erlaubnis. In der Beratung von Kindern und Jugendlichen sind deren Abhängigkeit vom häuslichen Umfeld, der Einbezug des Kontextes und die möglichen Reaktionen der Bezugspersonen bedeutsamer als bei Erwachsenen. Der Schutz besteht daher darin, dass die Beraterin aufgrund ihrer Situationsanalyse sowie einer nachfolgenden Skriptanalyse abschätzen kann, wie das aktuelle Umfeld und das Eltern-Ich-System auf eine Veränderung reagieren werden und welcher Maßnahmen es deswegen bedarf, um die Klientin auf Reaktionen von außen und innen vorzubereiten. Erst der nachfolgende Schritt besteht darin, mit der eigenen Stärke als Gegengewicht zu destruktiven inneren Anteilen der Klientinnen zur Verfügung zu stehen, bevor eine Erlaubnis oder eine Bestätigung, entgegen den bisher bestehenden Überzeugungen und Anweisungen zu handeln, gegeben wird.

5.3 Verträge

Verträge

als begleitender Prozess

Auch in der praktischen Arbeit mit Kindern und Jugendlichen sind die Verträge eine der wesentlichen Säulen, die in ihrer Beidseitigkeit die Aufgaben beider Seiten klären und festlegen. Das Gegenüber als Vertragspartner zu respektieren zeigt die Wertschätzung und das Ernstnehmen des Gegenübers. Der Vertrag selbst ist ein die Beratung begleitender Prozess, in dem der Inhalt immer wieder neu angepasst und konkretisiert wird.

Verträge mit Kindern haben die Besonderheit, dass Eltern mit der Beratung einverstanden sein müssen. Es entstehen jedoch keine klassischen Dreiecksverträge, da die Eltern nicht die Auftraggeber sind, auch wenn sie es manchmal gern sein wollen. Häufig entsprechen die Verträge mit den Kindern und Jugendlichen auch im Inhalt nicht dem, weshalb Eltern ihre Kinder zur Beratung bringen. Ich unterscheide daher den Vertrag mit den Eltern vom Vertrag mit dem Kind oder Jugendlichen. Es sind parallele Verträge, die aufeinander abgestimmt sind.

Beim Vertrag mit den Eltern vermittle ich diesen, dass Beratung keine „Reparaturwerkstatt" auf Wunsch der Eltern sein kann, die das Kind so beeinflusst, dass es „funktioniert", wie sie es wünschen. Vielmehr geht es bei der Beratung von Kindern und Jugendlichen um die Klärung von deren Themen, wobei die Beraterin Verschwiegenheit über den Inhalt der Beratung wahren und Inhalte nur im Einverständnis mit dem Kind oder Jugendlichen weitergeben wird. Denn Letzteres ist zum Schutz und zur vertrauensvollen Zusammenarbeit unbedingt notwendig. (Eine Ausnahme von der Verschwiegenheit mache ich nur dann, wenn ich von gefährlichen Dingen wie akuter Selbstmord- oder Mordgefährdung, massivem Drogenkonsum, Dealen oder Ähnlichem erfahre.) Darüber hinaus spreche ich mit den Eltern zum Schutz ihrer Kinder auch mögliche Veränderungen an, die Letztere im Beratungsprozess vollziehen könnten. Hier bitte ich die Eltern, wenn Fragen oder Schwierigkeiten auftauchen, diese mit mir zu besprechen. Letztlich entscheidend für den Prozess der Beratung, die Art des Vertrages, die Vertragsziele, die Aufgaben und die Verantwortung der Beraterin wie auch die Zusammenarbeit mit den Eltern ist allerdings der Stand der Persönlichkeitsentwicklung der Kinder oder Jugendlichen, nach dem sich alles zu richten hat.

Vertrag mit den Eltern

Das meiste des Beschriebenen bespreche ich auch mit den Kindern und Jugendlichen. Der Vertrag selbst wird mit dem Kind oder Jugendlichen direkt ausgehandelt. Dabei ist es notwendig, die Formulierungen dem Alter anzupassen. Inhalte für einen längeren Vertrag für die gesamte Beratung sind erst mit Kindern ab etwa zehn Jahren sinnvoll, da vorher die Zeitvorstellungen für die Zukunft, auch wenn es sich um nahe Zukunft handelt, noch nicht bedeutsam genug sind. Mit jüngeren Kindern treffe ich die Absprache, ob sie kommen wollen oder nicht. Wenn sie sich dafür entscheiden zu kommen, ist dies eine gute Vertragsgrundlage. Eine weitere Differenzierung des Vertrages ist häufig zumindest am Anfang nicht möglich, da Kindern oftmals noch das Erfahrungsspektrum fehlt, weiterführende Vorstellungen zu entwickeln. Eine Übereinkunft, über welches Thema geredet werden soll, ist daher ausreichend. Der nächste Schritt ist dann der konkrete Stundenvertrag, in dem ich mit dem Kind abstimme, was in dieser konkreten Situation besprochen oder getan werden soll und auch welchen Zweck es haben soll.

altersgerechte Verträge mit dem Kind oder Jugendlichen

Mit Jugendlichen sind oftmals bereits Verträge wie mit Erwachsenen möglich. (Eltern sollten allerdings auch bei ihnen nach Möglichkeit ihr Einverständnis geben.) Dabei ist es besonders wichtig, Verträge für sie sprachlich adäquat zu formulieren, ohne sich jedoch sprachlich anzubiedern. Bei der Vertragsgestaltung gilt es zudem darauf zu achten, dass wir nicht allein auf das Individuum schauen, sondern auch den Kontext wie z.B. die Familie, das schulische Umfeld, die Freunde oder Freundinnen oder vielleicht auch die Verarbeitung von Krankheiten in das Thema einbeziehen. Denn die Umgebung hat nicht

Kontexteinbindung

nur wesentlichen Einfluss auf die Lebensgestaltung der Kinder und Jugendlichen, da sie, wie schon beschrieben, in Abhängigkeit zu den Bezugspersonen leben. Bei Jugendlichen zum Beispiel hat häufig die Clique sogar einen größeren Einfluss als die Eltern. Darüber hinaus sollte die Zielsetzung von Verträgen auch Informationen an die Kinder und Jugendlichen einschließen, dass verändertes Verhalten oftmals zu erstaunten Reaktionen ihrer Umgebung führen kann und es daher manchmal zweckmäßig ist, diese darüber zu informieren. Dass ich selbst über Inhalte ihrer Beratung weder mit den Eltern noch mit anderen Personen ohne ihr Einverständnis sprechen werde (abgesehen von der oben beschriebenen Ausnahme, einer Gefahr für Leib und Leben), wird auch mit den Jugendlichen noch mal ausführlich erörtert.

Verschwiegenheit

6. Anwendungsbereiche

6.1 Beispiele meiner Arbeit inklusive theoretischer Reflexion

Auch die transaktionsanalytische Beratung von Kindern und Jugendlichen ist, wie die entsprechende Beratung von Erwachsenen, breit gefächert. Auch sie reicht von einem „einfachen Rat", wie man z.B. mit der Lehrerin besser auskommen kann, bis hin zu existenziellen Fragestellungen wie z.B. nach der Legitimation von Selbstmord (nach dem Selbstmord eines Klassenkameraden).

Packender wie (in gutem Sinne des Wortes) lehrreicher erscheint es mir jedoch, statt weiterer theoretischer Erörterungen Beispiele sprechen zu lassen. Im Folgenden gebe ich daher Beispiele aus meiner Arbeit, die das verdeutlichen, was ich theoretisch dargestellt habe.

6.1.1 Beispiel Emil (Name geändert)[2]

Die Anfangssituation ist dadurch gekennzeichnet, dass Mutter und Sohn (15 Jahre) gemeinsam zum ersten Gespräch kommen. Die Motivation zu diesem Gespräch geht von der Mutter aus. Sie beginnt auch den Bericht. Ich frage daher als Erstes Emil, ob er damit einverstanden ist, dass seine Mutter dabei sei und auch berichte.

Wenn Jugendliche nicht damit einverstanden sind, dass Eltern dabei sind, bitte ich die Eltern, zuerst den Jugendlichen allein mit mir reden zu lassen. Als Zweites führe ich dann das Gespräch mit den Bezugspersonen alleine oder ein gemeinsames Gespräch. Damit zeige ich deutlich meine Wertschätzung für die Wünsche der Kinder und Jugendlichen als Klienten und vermeide unnötigen Widerstand.

Emil lehnt sich zurück und mischt sich nur selten in das ein, was seine Mutter sagt. Er stimmt ihr überwiegend zu und macht nur kleine Korrekturen.

Hier kurz die relevanten Fakten, die die Mutter berichtet: Emil ist der ältere von zwei Söhnen aus ihrer ersten Ehe. Der jüngere der beiden ist völlig unproblematisch. Sie selbst versteht sich sehr gut mit ihrem Sohn. Aber mit ihrem zweiten Mann, dem Stiefvater, sei es schwierig. Und in der Schule sei es ganz schlimm: Emil gehe nicht regelmäßig hin, sei im Verhalten vor allem Lehrern gegenüber schwierig und würde nichts lernen. Wenn er mal etwas tun würde, sei er sehr gut in seinen Leistungen.

Zum Zeitpunkt unseres Gespräches ist die Mutter des Jungen hochschwanger und will Entlastung haben. Sie glaubt, dass sie später mit dem Säugling nicht mehr so viel Zeit und Energie für Emil haben würde, weiterhin seine Schwierigkeiten auffangen zu können: vermitteln zwischen ihm und ihrem Mann, Gespräche in der Schule mit den Lehrkräften und mit ihm über die Schule.

Zur bisherigen Geschichte berichtet sie: Die ursprüngliche Familie lebte in einer anderen Region im ländlichen Bereich, dort fühlte sich der Junge sehr wohl. Die Beziehung zum leiblichen Vater war jedoch öfter schwierig, da er den Eindruck hatte, der Vater ziehe den jüngeren Bruder vor. Schule war kein Problem. Die Mutter trennte sich dann vom Vater und zog mit den beiden Söhnen zu ihren Eltern. Diese Zeit war, abgesehen von räumlicher Enge, wenig schwierig. Aber Emil, der den Schulwechsel nicht gut verkraftet hatte, verlor zunehmend den Spaß an der Schule. Zur gleichen Zeit lernte die Mutter den neuen Mann kennen, den Emil von Anfang an ablehnte, da dieser ihm die Mutter „wegnahm". Bis zu diesem Zeitpunkt hatte er eine sehr enge Beziehung zu seiner Mutter gehabt, die in der Zeit ihrer Eheprobleme ein quasi partnerschaftliches Verhältnis zu ihm entwickelt hatte, in dem sie mit ihm, dem Sohn, ihre persönlichen Themen besprach. Dies aber änderte sie nun, da sie sich mit ihrem Partner austauschte, d.h., Emil verlor an Beachtung und Bedeutung. Als das neue Paar beschloss, zusammenzuziehen, entschieden sie, Emil in ein Internat zu schicken. Denn sie glaubten, auf diese Weise zwei Probleme auf einmal zu lösen: Das schulische und die Gewöhnung an den Stiefvater. Der Kontakt war dadurch erst einmal auf die Wochenenden beschränkt, an denen die Familie viel Zeit bei den Großeltern des Jungen verbrachte, bei denen dieser sich sehr wohlfühlte. Internat und Schule wurden jedoch ein Desaster: Die Schule behielt ihn nicht, da die Leistungen schlecht waren, und im Internat war er unglücklich. Zudem erlebte er es als große Ungerechtigkeit, dass er ins Internat musste und der Bruder zu Hause bleiben durfte. Daraufhin trafen die Eltern und der Stiefvater die Entscheidung, dass Emil zurückkommen und bei Mutter und Stiefvater wohnen solle, mit Ausnahme von zwei Wochentagen, die er zur Entlastung aller bei den Großeltern verbringen sollte. Emil kam zurück und ging bei dem erneuten Schulwechsel eine Klasse zurück. Nach einem guten Start mit guten Vorsätzen war die Situation nach kurzer Zeit erneut verfahren. Nun kam noch hinzu, dass Emil keine Freunde mehr hatte und mit den Klassenkameraden ungern in Kontakt ging, da sie jünger waren als er und er zudem groß und kräftig und wesentlich erwachsener wirkte als seine Altersgenossen.

Während des Berichtes der Mutter geht Emil kaum in Kontakt mit mir. Es ist deutlich, dass er ihr zuliebe bei mir sitzt. Da ich das Glück habe, die Region zu kennen, in der er vorher gelebt hat, und auch seine frühere Schule, gelingt es mir, mit ihm in Kontakt zu kommen. Wir sprechen darüber: das Schulhaus, die Lehrerin, die er sehr gemocht hat, die Umgebung. Im weiteren Gespräch mit ihm wird trotzdem deutlich, dass er nicht gewillt ist, viel Zeit in der Beratung mit mir zu verbringen. Den geschilderten Schwierigkeiten stimmt er zu: Er erhoffe sich eine Veränderung im Bereich Schule und mit seinem Stiefvater.

Mein erstes Vertragsangebot (am Ende der ersten Sitzung) ist: ein Treffen alle vier Wochen mit dem Thema Schule. Emil steigt auf diesen Vertrag ein: alle vier Wochen einen Termin und erst einmal das Thema Schule. Die Mutter ist damit einverstanden. Sie ist froh, dass er sich überhaupt dazu bereit erklärt, zur Beratung zu gehen.

In den weiteren Sitzungen erarbeitet er mit mir folgende Fragestellungen: Wie kann er es machen, regelmäßig in die Schule zu gehen und das zu tun, was unbedingt nötig ist, um versetzt zu werden? Das Thema „Stiefvater" vertagen wir erst einmal, denn der Kontakt wird von beiden Seiten so kurz und so gering wie möglich gehalten.

In den nachfolgenden Gesprächen wird die enorme Verweigerung von Emil deutlich. Er kann in den Gesprächen erkennen, dass er eine trotzige Haltung einnimmt, indem er sich verweigert. Seinem selbstdefinierten Ziel, die Schule zu besuchen und sie mit mittlerer Reife abzuschließen, steht dieses Verhalten entgegen. Er versteht, dass er sich auf diese Weise selbst schädigt und damit auch noch seinem Stiefvater Argumente für unerfreuliche Diskussion liefert. Es gelingt ihm, in den Sitzungen, auf meine Einladungen hin, seinen Erwachsenen-Ich-Zustand zu besetzen und mit mir zusammen über die Schulsituation nachzudenken. Er findet Gründe, weshalb er die Schule besuchen will, und auf meine Anregung spürt er nach, was ihn daran hindert, regelmäßig zur Schule zu gehen. Das sind: Ärger über Ungerechtigkeiten und die Ablehnung einzelner Personen überschatten seine gesamte Stimmung in Bezug auf

Schule. Zudem spielt auch noch seine persönliche Situation mit hinein, die letztlich generell von viel Wut bestimmt ist: Wut darüber, dass er seinen Lebensbereich verlassen musste, dass er erneut umziehen musste, dass er mit dem Stiefvater zusammenwohnen muss. Diese Wut ist zum großen Teil situationsbezogen. Der alles überschattende Ärger stellt sich jedoch als Maske heraus, mit der er seine immer wiederkehrende Angst überspielt, nicht anerkannt zu werden oder zu versagen. Aus diesem Bewusstwerdungsprozess heraus kann Emil andere Verhaltensweisen für sich entwickeln. Er beginnt Schule auch aus der Sicht zu betrachten, was er dort gerne tut, so wie beispielsweise Werken und Englisch. Dieses Interesse ist einerseits personenbezogen (Fächer, die Lehrkräfte unterrichten, die er mag), andererseits entspricht es seinen Neigungen. Emil wird dabei auch deutlich, dass er intellektuell keine Probleme hat, den Stoff zu verstehen und zu lernen. Dies entlastet ihn sehr. Denn er hat schlechte Noten mit „Dummsein" in Verbindung gebracht.

Die gemeinsamen Überlegungen der ersten Stunden haben zum Ergebnis, dass Emil sich festlegt, pünktlich in die Schule zu gehen. Dafür spricht er mit seiner Mutter ab, dass diese ihn so weckt, dass er auch aufsteht. Sie ist damit einverstanden. Er selbst nimmt den Vorschlag an, in der Schule überwiegend zuzuhören statt wie bisher Karten zu spielen oder sich zu unterhalten. Denn er begreift: Wenn er in der Schule mitmacht, ist es für ihn durch seine gute Intelligenz und sein gutes Gedächtnis nicht nötig, zu Hause viel zu lernen. In der Folge entwickelt Emil für sich einen sehr effektiven Umgang mit seiner Energie in Bezug auf Schule. Er tut erst einmal so viel, dass es ausreicht, versetzt zu werden. Der darüber hinausgehende Anspruch der Eltern, vor allem des Stiefvaters, gute bis beste Noten zu bringen, da er dies doch könne, löst noch immer erneut Verweigerung aus. Ein Gespräch mit Mutter, Stiefvater und mir kann diese Situation jedoch weitgehend entspannen. Der Stiefvater kann sich darauf einlassen, auch wenn er für sich ein Perfektionist ist, dem Jungen die Freiheit zu lassen, die Schule in der Weise zu bewältigen, die Emil möglich ist, und nicht seine persönlichen Ansprüche an ihn zu stellen und damit Verweigerung auszulösen.

theoretische Betrachtung

In der theoretischen Betrachtung wird deutlich, dass Emil anfangs überwiegend den rebellischen Kind-Ich-Zustand besetzt und dadurch, von einzelnen Situationen, in denen er mit seiner Mutter allein ist, abgesehen, nicht die Möglichkeit hat, über seine Situation nachzudenken, seine Gefühle und Bedürfnisse wahrzunehmen und die Gefühle deutlich zu machen.

Vertragsangebot

Für die Vertragsarbeit ist als Erstes der Kontakt notwendig. Dies wird über die Begeisterung des Klienten möglich. Durch ernsthafte Fragen und Informationen (kein Zureden aus einer Eltern-Ich-Haltung) wird es ihm mit der Zeit möglich, wenn nötig, immer wieder das Erwachsenen-Ich zu besetzen. Da er noch wenig Eigeninitiative zeigt, mache ich ein Vertragsangebot, auf das er sich einlassen kann. Er reagiert darauf klar aus dem Erwachsenen-Ich. Es ist zwar spürbar, dass auch kindhafte Anteile mit von der Partie sind, da auch dieser Teil sich gesehen und ernst genommen erlebt. Das Vertragsziel selbst ist einerseits klar und eingegrenzt. Andererseits entspricht es einem zentralen Thema von Emil, nämlich „die Schule abzuschließen, um gute Berufschancen zu haben".

Skriptüberzeugungen

Mit zunehmendem Vertrauen zur Beraterin ist es Emil auch möglich, Wut und Trauer zuzulassen. Er kommt mit Skriptüberzeugungen wie „Es geht nicht um mich!" oder „Ich werde ungerecht behandelt" in Kontakt. In der Schule bestätigt er sich immer wieder die Trübung, dass schlechte Noten zu bekommen „dumm sein" heißt.

ungesunde Symbiose

Da Emil in dieser Zeit wenig Kontakte zu anderen Personen als seiner „Familie" hat, fühlt er sich einsam. Zudem ist die Beziehung von Emil zu seiner Mutter in manchen Bereichen von einer ungesunden Symbiose bestimmt. Denn in Situationen, in denen sie sein Unglück bemerkt, ist die Mutter überfürsorglich und hält ihn damit in der Kind-Ich-Position. Oder sie ist unzufrieden oder selbst unglücklich und sucht dann Halt bei ihm. In der Folge besetzt er die elterlich stützende Position und kommt dadurch aber mit dem Stiefvater in Konkurrenz, der ihn dann mit Kritik in die Kind-Ich-Position zu bringen versucht, was ihm auch häufig gelingt.

Nach der Versetzung in die nächste Klasse ist das Thema Schule nicht mehr brisant. Emil will jedoch gerne weiterhin Unterstützung durch die Beraterin in Form von weiteren Gesprächen, um dranzubleiben und nicht, wie er es schon öfter erlebt hat, „in den gewohnten Schlendrian zu verfallen". Er erweitert seinen Vertrag auch auf andere Themen wie den Umgang mit dem Stiefvater, aber auch mit seinem leiblichen Vater, den er in den Ferien zusammen mit seinem Bruder immer wieder besucht.

Nach den Sommerferien meldet sich die Mutter von Emil, sie wolle zum nächsten Termin mitkommen, er sei einverstanden. Es gäbe ein wichtiges Thema, das sie mit ihm bei mir besprechen wolle. Auslöser ist, dass Emil nach den Ferien beim Vater erneut geklagt hatte, der Vater sei so ungerecht und würde den jüngeren Bruder immer vorziehen usw. In der gemeinsamen Stunde teilt die Mutter ihrem Sohn mit, dass sein Vater nicht der biologische Vater ist, wie sie es nennt, sondern dass er durch eine Behandlung beim Gynäkologen mit einer heterologen Insemination entstanden und somit sein biologischer Vater unbekannt sei. Das damalige Paar habe sich über mehrere Jahre Kinder gewünscht. Bei Untersuchungen habe sich jedoch herausgestellt, dass die Kinderlosigkeit am Mann liegen würde. Der Mann war damit einverstanden, durch Insemination mit fremdem Samen mit seiner Frau ein Kind zu bekommen. Sie hätten sich beide sehr über den ersten Sohn gefreut. Dann sei die Mutter spontan noch einmal von ihrem Mann schwanger geworden. Über dieses Kind habe er sich jedoch mehr gefreut. Damit bestätigt die Mutter ihrem Sohn erstmalig, dass sich der Vater den Jungen gegenüber unterschiedlich verhält und dass er den Jüngeren deutlich bevorzugt. Er kam zwar den finanziellen „väterlichen Verpflichtungen" immer ohne Zögern nach, der Unterschied besteht jedoch in der emotionalen Beziehung. Das heißt, er war und ist häufig unzufrieden mit Emil, der es ihm nicht recht machen kann, mit dem jüngeren Bruder unternimmt er mehr und bei gemeinsam Unternehmungen machen sie häufig das, was der Jüngere will.

Diese Information ist einerseits ein Schock für den Jungen, andererseits eine große Entlastung. Denn er bekommt endlich die Bestätigung für seine Wahrnehmung, dass die Ungleichbehandlung stattgefunden hat. Die Mutter wiederum will dieses Thema nur im beraterischen Schutzraum ansprechen, da sie will, dass ich die Information habe und Emil mit mir darüber sprechen kann.

In der Sitzung nimmt Emil diese Information ruhig auf. Er ist entlastet und fühlt sich in seiner Wahrnehmung bestätigt. Er ist zudem froh, dass die Mutter ihr Schweigen gebrochen hat. Ihm ist aber auch deutlich, wie schwer es ihr fällt. Denn dieses Thema ist für die Mutter wesentlich brisanter als für den Jungen. Sie hatte sich lange mit Schuldgefühlen ihm gegenüber gequält und immer auch wieder Ärger auf den ersten Ehemann verspürt – wegen der ungleichen Behandlung. Im Gespräch ist es für die beiden möglich, zwischen den Gefühlen der Mutter und der Reaktion des Sohnes zu trennen. Außerdem ist die Mutter entlastet, die weiteren Gespräche dazu an die Beraterin abgeben zu können. Emil kommt später darauf zurück.

Hier wird ein weiterer Hintergrund für die ungesunde Symbiose zwischen Mutter und Sohn deutlich: Aus ihren Schuldgefühlen heraus hatte Emil Privilegien und wurde weniger gefordert. Die Mutter war nachgiebiger und großzügiger mit Geld aus dem Wunsch heraus, die Ungerechtigkeiten des Vaters auszugleichen. Sie trennte nicht zwischen ihrer Beziehung zum Sohn und der Beziehung des Vaters zum Sohn. Außerdem verstärkte sie durch die Privilegien für Emil die Konkurrenz der Brüder.

Konkurrenz der Brüder

Die genannte Vertragserweiterung bezieht sich einerseits darauf zu erkunden, weshalb Emil immer wieder in der Schule nach einer kurzen Zeit der Anstrengung, die Erfolg bringt, nachlässt und erneut Misserfolge hat. Andererseits will er sich mit seiner Herkunft und dem Umgang mit dem „Vater" sowie dem Stiefvater beschäftigen. Der Stiefvater und er konkurrieren nämlich um die Ehefrau bzw. Mutter und versuchen beide, sich gegenseitig in eine machtlose Position zu bringen. Das heißt, sie zeigen beide eine konkurrierende symbiotische Haltung mit dem Ziel, das Gegenüber in die Kind-Ich-Position zu bringen. Die dabei angewandten Mechanismen sind hauptsächlich massive Abwertungen.

konkurrierende symbiotische Haltung

Die Beziehung zum Stiefvater ist ebenso immer wieder Thema wie auch die Konkurrenz zu seinem Bruder. Emil verbraucht z.B. immer wieder viel Geld und kommt mit seinem Taschengeld nicht aus. Die Mutter und die Großeltern geben ihm daher immer erneut zusätzliches Geld. Er gibt dieses Geld nicht bewusst für ausgewählte Dinge aus, sondern verbraucht es für Konsum wie Pizza essen, Kino gehen oder am Wochenende abends ausgehen. Er neidet seinem Bruder, dass dieser mit seinem Geld gut auskommt, da er viel zu Hause ist und zwischendurch wenig ausgibt. Ein weiteres schwieriges Thema sind die Zeiten, zu denen Emil zu Hause sein soll. Mutter und Stiefvater sind sich prinzipiell einig, die Mutter ist jedoch inkonsequent und gibt Emil immer wieder nach. Auf Wunsch von Emil, der die dauernden Auseinandersetzungen und den Ärger mit seiner Mutter satt hat, werden in gemeinsamen Gesprächen mit Mutter, Emil und mir Verträge zwischen den beiden erarbeitet, die beide einzuhalten beginnen.

Als klar wird, Emil wird einen guten Realschulabschluss machen und eine Lehrstelle, wie er sie sich in etwa vorstellt, in Aussicht hat, beendet er die Beratung. In den letzten Stunden, die der Reflexion und dem Abschied dienen, spreche ich klar an, was Emil für sich aus meiner Sicht erreicht hat und welche Themen noch offen sind (so z.B. der Alkoholkonsum an Wochenenden). Emil hat nach der Lehre das Ziel, die Fachoberschule zu besuchen und zu studieren. Seine Entscheidung, an dem geschilderten Punkt die Beratung zu beenden, akzeptiere ich. Er hat viel für sich erreicht, was er auch sieht. Er bekommt daher von mir große Anerkennung, dass er die Beratung so lange durchgehalten hat und die anfänglich definierten Ziele, „die Schule abzuschließen" und „zu Hause klarzukommen", nicht aus den Augen verloren, sondern erfolgreich erreicht hat. Ja, sogar die im weiteren Prozess definierten Ziele, „Umgang mit dem Stiefvater" und „Kontakte zu Freunden", hat er erreicht. Emil nimmt dieses Lob an.

Emil hat eine gute Selbstständigkeit entwickelt sowie seine Masche „Ärger" überwiegend aufgegeben, mit der er bisher Gefühle wie Wut und Trauer in Bezug auf den Vater verdeckte. In der Beziehung zur Mutter wurden die Grenzen klar und die ungesunden symbiotischen Anteile deutlich verringert.

Selbstständigkeit

Sein Umgang mit Geld ist immer noch Ausdruck einer Ersatzbedürfnisbefriedigung anstelle von Beachtung (sowohl als Person als auch für seine Leistungen). Außerdem ist es

Grundbedürfnisse

Racket

für ihn immer noch sehr schwer, positive Anerkennung anzunehmen. Zudem fehlt ihm Struktur. Da es in der Familie wenig strukturierte Abläufe oder Rituale gibt, hat er auch wenig innere Struktur für sich entwickelt. Den Trotz, der vermutlich aus der Trotzphase der Zwei- bis Vierjährigen stammt, konnte er aufgeben. Das fiel ihm leicht, wenn er sich beachtet sah. Heute kann er stattdessen überlegen, was für ihn wichtig ist, und entsprechend planen. Er beginnt pubertäre Rebellion zu leben und seinen persönlichen Standpunkt zu entwickeln. Es gelingt ihm, aus der -/+ oder -/- Position häufig in die +/+ Position zu kommen (ÜA S. 41ff).

Lebensgrundposition

Im Gespräch beschreibt Emil das, was für ihn in der Beratung wichtig war, so: dass ich für ihn zur Verfügung stand, dass ich ihn mit seinen Themen ernst nahm, dass ich mich mit seinen Themen auseinandersetzte, mit ihm konkrete Zielsetzungen in einzelnen Abschnitten fand, sodass sie für ihn überschaubar blieben, Zutrauen zu ihm und Akzeptanz seiner Person zeigte, ja sogar auch die Akzeptanz, die Beratung zu beenden, obwohl es noch Themen gibt, die wert sind zu bearbeiten. Er hat weiterhin Schwierigkeiten mit Geld, er raucht und er trinkt an den Wochenenden oft Alkohol. Die Clique, in der er Freunde hat, lebt so. Er ist froh, endlich wieder Freunde zu haben, sodass er keine Motivation hat, in diesen Bereichen etwas zu ändern. Diese Themen definiere ich aus meiner Position als Bereiche, in denen er sich Schaden zufügt. Obwohl er versteht, dass er sich schädigt, sieht er dies als Problem für seine Zukunft. Der Abschied fällt ihm schwer, aber er ist fest entschlossen aufzuhören und geht ohne Trotz.

Die Mutter hätte ihren Sohn gerne noch etwas, wie sie es nennt, ‚pflegeleichter' gehabt, z.B. sind die Diskussionen um Grenzen und das Einhalten bestimmter Forderungen auch weiterhin schwierig. Allerdings hat sie im Laufe der Zeit verstanden, dass dies auch ein Schwachpunkt von ihr ist, an dem sie noch weitere Änderungen machen kann.

Nach Ende der Beratung meldet sich die Mutter noch einige Male telefonisch, um kurz Fragen zu klären, die sie zu Emils Verhalten hat. Emil ist damit einverstanden. So erfahre ich, dass Emil seinen Weg, wenn auch mit den bekannten Schwierigkeiten, macht.

6.1.2 Beispiel Holger (Name geändert)

Holger ist ein siebenjähriger Junge. Er ist körperlich behindert und hat ein Anfallsleiden. Er geht noch in den Kindergarten, obwohl er schon sieben Jahre alt ist, da er wegen seiner Behinderung später eingeschult wurde. Er kommt mit seiner Mutter zu einem Gespräch, weil er sich selten gegen andere Kinder wehrt und dadurch manchmal in schwierige Situationen gerät. Seine Mutter hat schon ausführlich mit ihm gesprochen, hat aber den Eindruck, dass er sein Verhalten bisher trotzdem nicht ändern kann. Holger ist damit einverstanden, über eine bestimmte Situation aus dem Kindergarten zu reden, die die Mutter ausgewählt hat, um zu schauen, was er zukünftig anders machen kann.

Mutter und Sohn berichten, dass der Junge z.B. auf einem Kletterturm auf dem Spielplatz von einem anderen Jungen angegangen wurde. Dieser rangelte mit ihm und sagte ihm, dass er feige sei, wenn er nicht vom Turm herunterspringen würde. Gleichzeitig drängte er ihn zum Rand. Holger ließ sich aus Angst vor dem anderen Jungen herunterfallen. Zum Glück passierte ihm nichts außer ein paar blauen Flecken. Die Mutter sah das Ende dieses Ablaufs aus so großer Entfernung, dass sie nicht eingreifen konnte. Aber sie erschrak sehr.

Nach dem Bericht frage ich Holger, weshalb er sich nicht gewehrt habe. Er gibt die Information: „Es ist mir nicht in den Sinn gekommen." Auch auf die Frage, warum er nicht um Hilfe gerufen hat, gibt er zur Antwort, das sei ihm „nicht in den Sinn gekommen". Gleichzeitig wird deutlich, dass sein Sich-nicht-Wehren auch z.B. insofern mit seiner Behinderung zu tun hat, als er meint, als besonders mutig erscheinen und ohne Hilfe zurechtkommen zu müssen. Es fällt ihm nicht ein, sich zu wehren. Daraufhin folgt ein Gespräch mit ihm und der Mutter darüber, in welchen Situationen es wichtig ist, sich zu wehren, und welche Möglichkeiten es dazu z.B. mit Worten oder auch körperlich gibt.

Gleichzeitig schlage ich eine Vertragserweiterung vor, indem ich frage, ob er überlegen und ausprobieren wolle, wie er Hilfe holen und wie er sich wehren könne. Er kommt selbst auf die Idee zu schreien, um andere aufmerksam zu machen und auch den anderen dadurch zu bremsen. Als weitere Möglichkeit mache ich ihm den Vorschlag, mit mir auszuprobieren, wie er sich körperlich wehren könne. Dabei hat er durchaus Bilder im Kopf, wie andere Kinder sich wehren, und versucht daher zu hauen und zu schieben. Beides ist ihm jedoch durch seine körperliche Behinderung nicht gut möglich. In ihrer Folge ist er unsicher auf den Beinen, kommt sofort ins Schwanken und droht umzufallen. Ich zeige ihm, wie er sich am Gegenüber festhalten und sich dann mit den Füßen wehren kann. Diese Idee gefällt ihm. Er probiert es gleich aus und merkt, dass er dann mehr Wirkung und zusätzlich Sicherheit hat. Er ist glücklich, eine Möglichkeit gefunden zu haben.

In der theoretischen Betrachtung dieser kurzen Sequenz wird deutlich, dass ein Vertrag mit Kindern in diesem Alter nicht genau ausformuliert wird, sondern ein Angebot ist, das dann als Vertrag gilt, wenn das Kind darauf eingeht. Der erste Vertrag ist: Über die Situation sprechen. Während des Darüber-Sprechens wird deutlich, dass dem Jungen Ideen fehlen, was er tun kann. Die Ideen nimmt Holger zwar auf, es fehlt ihm jedoch die emotionale Resonanz. Daher mache ich den Vorschlag, den Vertrag zu erweitern. Denn ich habe die Vorstellung, dass er über das Ausprobieren eine emotionale Erfahrung machen könnte, die er später leichter erinnern würde, als wenn wir „nur" darüber geredet haben. Der Bezugsrahmen des Jungen enthält für ihn kein „Sich-Wehren". Erst durch die Information und die klare Erlaubnis kann er seinen Bezugsrahmen erweitern. Das heißt, er hatte zuvor ein inneres Bild von „Sich-Wehren", das für ihn nicht tauglich ist. Erst die Erfahrung ermöglicht ihm, seine Form des Sich-körperlich-Wehrens zu finden. Zu seinem zusätzlichen Schutz dient die Alternative, sich Hilfe zu holen, sowie auch die Information, dass es völlig in Ordnung ist zu flüchten.

theoretische Betrachtung
Vertrag

Bezugsrahmen

Ebenso fehlt ihm auch eine situationsgerechte emotionale Reaktion: Er spürt, als er angegriffen wird, keinen Ärger. Er resigniert und passt sich an. Zwar ist die Resignation als Racket (Maske) zu sehen. Dieses Thema nehme ich aber trotzdem nicht auf, da für ihn die Suche nach Alternativen im Vordergrund steht.

Racket

Die Mutter berichtet einige Zeit später, dass der Junge in der Lage ist, sein Verhalten zu ändern, dass er sich auch in anderen Situationen zunehmend wehrt und deutlich mehr Selbstsicherheit hat.

Das genau bestätigt erneut unser Wissen, dass es mit Kindern oft notwendig ist, die Situationen direkt auszuprobieren, da sie überfordert sind, sich die Situation nur als inneres Bild vorzustellen und daraus Handlungsalternativen zu entwickeln. Für Kinder (und auch viele Jugendliche) ist vielmehr das konkrete Erleben mit den dazugehörigen Gefühlen, hier die Freude über den Erfolg, jedoch zur Verankerung wichtig, damit sie darauf zurückgreifen können.

Soweit die Beispiele! – Ich glaube, sie sprechen für sich selbst.

6.2 Abschließende Bemerkungen

Abwertungsmatrix

Wie zu sehen ist, haben wir es in der Beratung von Kindern und Jugendlichen mit vielfältigen Themen und Bereichen bezüglich der Inhalte zu tun. Dabei verläuft der Prozess des Vorgehens in Analogie zur sog. Abwertungsmatrix (ÜA S. 64; ebenso Bd. 1, S. 168) immer wieder ähnlich:

Existenz
- Präsentation eines Themas oder Problems
- Erkennen des „wirklichen" Themas/Problems (das sich durchaus von dem zu Anfang präsentierten unterscheiden kann)

Bedeutung
- Klärung der kognitiven und emotionalen Bezüge des Themas/Problems

Lösungsalternativen und -möglichkeiten
- Erarbeiten von Lösungsmöglichkeiten
- Wahl bestimmter Lösungsmöglichkeiten

persönliche Fähigkeiten zur Lösung
- Festlegen der persönlichen Voraussetzungen des Lösungsweges
- Erreichen des definierten Zieles

- Überprüfung der Ergebnisse (inkl. ggf. Klärung, warum das Ziel nicht erreichbar war)

Würdigung und Anerkennung

Vor allem das Überprüfen des Ergebnisses mit dem Kind oder Jugendlichen bzw. eventuell auch mit den Eltern ist zum Abschluss wichtig, um den Erfolg der erreichten Ziele zu würdigen und Anerkennung dafür zu geben. Vor allem bei den Jugendlichen ist es oftmals so, dass sie die Beratung beenden, wenn sie das erreicht haben, was das ursprüngliche Ziel war. Genau das aber gilt es dann zu akzeptieren und ihren Erfolg ausdrücklich anzuerkennen, auch wenn wir selbst als Beraterinnen im Verlauf des Beratungsprozesses noch weitere Themen als möglich und wichtig für die Beratung gefunden haben.

7. Zusammenfassung

Die Beratung mit Kindern und Jugendlichen ist ein vielfältiges Feld, in dem wir mit dem Handwerkszeug der Transaktionsanalyse viele Möglichkeiten haben, sinnvolle, gut geplante und strukturierte Arbeit mit Spaß und Freude zu machen. Für mich sind dabei zwei Schwerpunkte hilfreich: erstens die Transaktionsanalyse als diagnostisches Mittel, Klarheit über die Gesamtsituation und unser Gegenüber zu gewinnen (z.B. das Skriptsystem), und zweitens den Beratungsprozess als Veränderungsprozess im Zusammenspiel des beratenen Individuums mit den anderen Beteiligten zu gestalten.

Dazu helfen mir verschiedene Theorien, Modelle und Methoden, wie sie beispielhaft im vorliegenden Beitrag geschildert werden. Was das für konkrete Beratungssituationen bedeutet, ist anhand zweier Beispiele aus meiner Praxis ausführlich geschildert und theoretisch kommentiert worden. Zusätzlich abrundende Praxiserfahrungen bleiben dem/der Leser/in anheimgegeben.

Anmerkungen

1 Ich werde im Folgenden die weibliche Form verwenden, da vor allem in der Arbeit mit Kindern mehr Frauen als Männer tätig sind. Damit sind aber auch die Berater gemeint, die in diesen Feldern arbeiten.
2 Eine Fallgeschichte in diesem Rahmen erfordert manche Vereinfachung und Reduktion von Informationen, um die für den Beratungsprozess wichtigen Punkte deutlich zu machen.

Gudrun Jecht-Hennig

Dr. med., Kinderärztin, Ärztin für Psychotherapeutische Medizin, Lehrtherapeutin und Supervisorin für tiefenpsychologisch-fundierte Psychotherapie, Lehrtherapeutin und Lehrsupervisorin der Internationalen und Europäischen Gesellschaften für Transaktionsanalyse (ITAA/EATA), ehemalige Vorsitzende der DGTA.

Anschrift der Verfasserin:
Dr. Gudrun Jecht-Hennig
Tannenbergstr. 29
D-90411 Nürnberg

Beratung bei und mit Menschen mit einer geistigen Behinderung
Ulrich Elbing

1.	**Definition**	37
2.	**Geschichte**	39
	2.1 Psychotherapie mit geistig behinderten Menschen	39
	2.2 Die Wandlung des Behinderungsbegriffs	40
	2.3 Die Einbindung therapeutischer und heilpädagogischer Fachdienste in Institutionen für geistig behinderte Menschen	41
3.	**Gegenwärtiger Stand**	43
4.	**Ein transaktionsanalytisches Modell der Problemanalyse und Änderungsberatung**	45
	4.1 Analyse des Problem- und Handlungsfeldes	45
	4.1.1 Das Problemverhalten selbst	45
	4.1.2 Die Persönlichkeit des behinderten Menschen	46
	4.1.3 Die Gruppe der Mitbewohner, Mitschüler oder behinderten Arbeitskollegen	47
	4.1.4 Alltagsstruktur und Alltagsregeln	47
	4.1.5 Betreuerteam und Teamkultur	49
	4.1.6 Zusammenarbeit der Lebensbereiche	49
	4.1.7 Führung und Führungskultur in der Einrichtung	50
	4.1.8 Einrichtungskultur	51
	4.1.9 Gesellschaftliche Einbettung und sozioökonomischer Hintergrund	51
	4.1.10 Transaktionsanalytische Vernetzung der Ebenen	52
	4.2 Veränderungs- und Interventionsplanung	52
	4.3 Konsequenzen für Vertragsgestaltung und Ausgestaltung der Beraterrolle	54
5.	**Fallstudie**	56
	5.1 Ausgangslage	56
	5.2 Transaktionsanalytisch kommentierte Problemanalyse	57
	5.2.1 Das Problemverhalten selbst	57
	5.2.2 Die Persönlichkeit des behinderten Menschen	57
	5.2.3 Die Gruppe der Mitbewohner	58
	5.2.4 Alltagsstruktur und Alltagsregeln	58
	5.2.5 Betreuerteam und Teamkultur	59
	5.2.6 Zusammenarbeit der Lebensbereiche	59
	5.2.7 Führung und Führungskultur in der Einrichtung	60
	5.2.8 Einrichtungskultur	60

	5.2.9	Gesellschaftliche Einbettung	60
	5.3	Gestaltung des Beratungsprozesses	60
	5.4	Zusammenfassende Kommentierung des Beratungsprozesses	63
6.	**Abschließende Überlegungen zum Anwendungsfeld**		64
7.	**Zusammenfassung**		65

Anmerkungen 65

1. Definition

Sobald der Beratungsauftrag über einfaches Informieren oder Anleiten hinausgeht, ist Beratung bei und mit Menschen mit einer geistigen Behinderung in der Regel in komplexen sozialen Systemen verortet, die eine Reihe von Eigenheiten mit sich bringen: Der Mensch mit geistiger Behinderung ist durch sein Verhalten zwar häufig der effektive Initiator, jedoch nie der Auftraggeber und nur gelegentlich aktiver Teilnehmer der Beratung. Häufig findet diese Beratung in institutionellen Kontexten statt, worauf auch dieser Artikel fokussieren wird. Dadurch mitbedingt sind die Beratungsteilnehmer zwar diejenigen, die mit dem Menschen mit geistiger Behinderung den Alltag gestalten wie Eltern, Angehörige, Wohngruppenmitarbeiter, Lehrer oder Arbeitserzieher. Den Beratungsauftrag erteilen und bezahlen jedoch meist Führungskräfte professioneller oder ehrenamtlicher Nonprofit-Organisationen.

Beratung in institutionellen Kontexten

Beratung in diesem spezifischen Anwendungsfeld ist also Teil von komplexen Hilfesystemen, in denen sich häufig professionelle und ehrenamtliche oder verwandte Hilfeleistende mehr oder weniger gut koordiniert um den Menschen mit geistiger Behinderung und seine Familie scharen. Beispielsweise kann ein junger Mensch mit geistiger Behinderung werktags in einer Schule mit angegliedertem Heim sein, dort zusätzlich Krankengymnastik und psychomotorische Förderung oder Logopädie erhalten und die Wochenenden zu Hause in seiner Familie verbringen. Somit hat er es im Verlauf einer Woche mit mindestens einem Dutzend Menschen zu tun, die es aus unterschiedlichen Gründen als ihre Aufgabe ansehen, ihn bestmöglich zu fördern und zu unterstützen.

Teil von komplexen Hilfesystemen

Das Ziel von Beratung in diesem Kontext ist in der Regel die Erweiterung der Handlungskompetenzen und Handlungsmöglichkeiten von einer oder mehreren Personengruppen in diesem Hilfesystem. Die Erweiterung ihrer Handlungskompetenz dient wiederum dem Ziel, der Person mit geistiger Behinderung besser abgestimmte Förder- und Beziehungsangebote machen zu können.

Erweiterung der Handlungskonzepte und Handlungsmöglichkeiten

Beratung in diesem Feld erfordert zunächst eine hohe Feldkompetenz in der Erschließung und Analyse der beraterischen Ausgangslage: eine gute Grundorientierung hinsichtlich der sachlichen Schwerpunkte, Denkweisen und Ausrichtungen der beteiligten verschiedenen Professionen; sichere Orientierung in institutionellen Kontexten und komplexen sozialen Systemen mit gemischt professionellen, ehrenamtlichen und verwandtschaftlichen Strukturen; Fachwissen über Bedingungen und Eigenheiten von Behinderung. In der Beratungsarbeit selbst ist die Fähigkeit zur Netzwerkbildung gefordert, um bestehende Beratungs-, Anleitungs- und weitere professionelle oder informelle Beeinflussungsverhältnisse aufeinander zu beziehen und die Beratung darin zu integrieren. Weiter ist eine klare Bewusstheit über die eigenen Kompetenzen und ihre Grenzen erforderlich, um gegebenenfalls Schnittstellen zu ergänzenden Beratungsangeboten zu formulieren und Optionen aufzuzeigen, wie diese Ergänzung für den Auftraggeber nutzbar sein kann. Je nachdem, zu welchen Schlüssen die Analyse der Ausgangslage kommt, können so ziemlich alle Beratungsweisen eine Rolle spielen, die in diesem Buch im Einzelnen behandelt werden[1].

Fähigkeit zur Netzwerkbildung

Gesamtstrategie der Änderungsgestaltung

In solchen Problemlagen erfordert Beratung die Kompetenz, diese Elemente der Problemanalyse so aufeinander zu beziehen, dass dadurch eine Gesamtstrategie der Änderungsgestaltung ableitbar ist. Sie beinhaltet klare Empfehlungen über die vorrangigen Änderungsschritte und definiert damit auch die Felder, auf denen zunächst einmal Beratungsarbeit zu leisten ist.

Beratung als mehrschichtiger und komplexer Prozess

Beratung ist in diesem Anwendungsfeld also häufig ein mehrschichtiger und komplexer Prozess, der grundsätzlich sorgfältige Verträge und funktionierende Kommunikationswege zwischen den verschiedenen Systembeteiligten und dem Berater braucht. Die Gestaltung der nötigen Abstimmungsprozesse ist somit Teil der Beratung und macht die eigentliche, konkrete Beratungsarbeit erst wirkungsvoll.

2. Geschichte

Beratung als Anleitung zur Mitbehandlung hat wohl die älteste Tradition im hier besprochenen Anwendungsfeld. So haben von jeher Pädiater, Logopäden, Krankengymnasten oder Verhaltenstherapeuten Angehörige oder professionelle Bezugspersonen in ihre Behandlungen mit einbezogen. Das oben skizzierte Beratungsverständnis jedoch geht im Wesentlichen aus drei miteinander verwobenen Entwicklungslinien hervor: der Entwicklung der fachlichen Diskussion in der Psychotherapie mit geistig behinderten Menschen, der Wandlung des Begriffs der geistigen Behinderung und der Auseinandersetzungen um die konzeptionelle Einbindung von therapeutischen und heilpädagogischen Fachdiensten in Einrichtungen für geistig behinderte Menschen.

Beratung als Anleitung zur Mitbehandlung

2.1 Psychotherapie mit geistig behinderten Menschen

Die tiefenpsychologisch wie humanistisch orientierten Psychotherapieströmungen überließen das Feld lange Zeit den klassischen Verhaltenstherapeuten und ihren Verhaltensmodifikationsprogrammen: „Echte" Psychotherapie mit diesem Personenkreis war ein Unthema. Seit den 80er-Jahren des letzten Jahrhunderts jedoch wurde das Feld der Psychotherapie bei Menschen mit geistiger Behinderung, ausgehend von den Pionierarbeiten von Müller-Hohagen (1987), zunehmend erschlossen und für die Welt der Psychotherapie diskussionsfähig. Dabei gingen zwei Entwicklungen Hand in Hand: Zum einen wurden in zunehmendem Maße bereits etablierte Ansätze der Psychotherapie auf die Anwendung bei geistig behinderten Menschen übertragen, zum anderen wurden spezifische Therapieansätze in der Arbeit mit geistig behinderten Menschen entwickelt, die dann umgekehrt auch wieder Eingang in die breitere Psychotherapiediskussion fanden (STAHL 2003).

Eine Reihe der Ansätze, die für die Anwendung bei geistig behinderten Menschen weiter entwickelt wurden, folgen in ihrem theoretischen und methodischen Zugang dem Grundgedanken, dass Störungen nicht das persönliche Problem des Symptomträgers sind, sondern dass das Umfeld Teil der Störung und ihrer Dynamik ist. Dieser Anteil an der Störung wird je nach theoretischer Ausrichtung unterschiedlich konzeptualisiert. So nutzte Gaedt zusammen mit seinen Mitarbeitern das psychoanalytische Instrument der Gegenübertragungsanalyse, um mit den Betreuerteams in den Heimen geistig behinderter Menschen ihre eigenen Konfliktanteile zu thematisieren und zu verändern (GAEDT, JÄCKEL & KISCHKEL 1987). Die Transaktionsanalyse thematisiert gleichfalls die Anteile aller Beteiligten mit den Konzepten der Symbiose, der verknüpften Racketsysteme und der Spielanalyse (ELBING 2003). Auch die moderne Kognitive Verhaltenstherapie beschreibt z.B. mit den Konzepten der Handlungspläne und selbsterfüllenden Prophezeiung, wie Bezugspersonen ungünstige Verstärkungsbedingungen für behinderte Menschen aufrechterhalten (IRBLICH 2003). Noch deutlicher wird dieser Zusammenhang bei der Anwendung von Ansätzen der Systemischen Familientherapie auf Familien

Umfeld als Teil der Störung und ihrer Dynamik

oder professionelle Systeme, die mit geistig behinderten Menschen befasst sind. Stand der Fachdiskussion war spätestens ab Anfang der 90er-Jahre ein pragmatisches Verknüpfen und Aufeinanderbeziehen verschiedener Ebenen der Problemverursachung und Aufrechterhaltung, das die verschiedenen Systemanteile miteinander in Beziehung setzt und die Änderungsplanung mit einbezieht (STAHL 2003). Damit hat sich die ursprüngliche Einzelbehandlung eines geistig behinderten Menschen zu einem systemisch angelegten, multimodalen und vernetzten Änderungsprojekt entwickelt, in dem die unmittelbare Einzeltherapie oft nicht der wichtigste Teil des Unternehmens ist oder gelegentlich sogar verzichtbar wird.

Änderungs-agenten im System Behinderung

Die ohnedies noch junge Psychotherapie mit geistig behinderten Menschen entwickelte so ein im Grunde beraterisches Verständnis ihrer Aufgabe: Die Psychotherapeuten begriffen und begreifen sich zunehmend als Änderungsagenten im System Behinderung – ihre Wirkungsabsicht ist therapeutisch, ihre Mittel der Wahl sind zunehmend Formen der Beratung.

2.2 Die Wandlung des Behinderungsbegriffs

Die oben geschilderte Entwicklung war in einen tief greifenden Umbruch der Behindertenhilfe in der Bundesrepublik Deutschland eingebettet, der durch die Schlagworte Normalisierung, Dezentralisierung und emanzipatorisches Prinzip gekennzeichnet war (LINGG & THEUNISSEN 1993). Auch wenn bis in die 90er-Jahre hinein in einzelnen Großeinrichtungen noch Behindertenstationen alten Zuschnitts mit Bewohnerzahlen bis zu 25 Personen in Schlafsaalunterbringung anzutreffen waren, so war die Heimlandschaft insgesamt geprägt durch die Betreuung in Wohngruppen mit Größen von acht bis zwölf Personen mit tagesstrukturierenden Angeboten, Beschulung bis zum 18. Lebensjahr und Arbeit bzw. Beschäftigungsangeboten in Werkstätten für behinderte Menschen und Tagesförderstätten.

Zu diesem Prozess der Normalisierung und Dezentralisierung parallel lief die Professionalisierung der Menschen, die mit Betreuung und Pflege der behinderten Menschen betraut waren. So etablierte sich das Berufsbild des Heilerziehungspflegers und damit verbunden ein Netz von Fachschulen. Für die Beratungsarbeit bedeutet dies, dass sich damit aufseiten der Betreuung überhaupt ein pädagogisches Verständnis der Betreuungsarbeit entwickelte, das ganzheitlich ausgerichtet war und deutlich über das bisherige pflegerische Verständnis hinausging. Mit diesem Selbstanspruch wuchs der Anspruch an die Qualität und Wirksamkeit der eigenen Arbeit und damit auch der qualifizierte Bedarf an Beratung in der Durchführung dieser Arbeit.

Behinderung als Ausdruck eines Verhältnisses zu

In der fachlich-wissenschaftlichen Diskussion spiegelte sich diese Entwicklung in der Wandlung des Behinderungsbegriffs. Von einer Defizitorientierung in der Auffassung von Behinderung veränderte sich das Verständnis zunächst zu einer bedingt verhältnishaften Auffassung, die zwischen Schädigung, Behinderung und Benachteiligung unterschied und damit eine gesellschaftliche Komponente einführte. Aktueller Diskussionsstand ist eine relationale Auffassung, die Behinderung als Ausdruck eines Verhältnisses zu Normen, Hilfen und Teilhabeprozessen am Leben einer konkret gegebenen Gesellschaft versteht (STINKES 2003). Dieser Wandel führte zu einer veränderten Auffassung des Spannungsfeldes zwischen geistiger Behinderung und psychischer Störung. So setzte sich in den späten 80er- und 90er-Jahren die Auffassung durch, dass geistig behinderte Menschen zusätzlich zu ihrer Behinderung auch diagnostisch eigenwertige psychische Störungen entwickeln können. Diese Erkenntnis führte in der Folge dazu, dass erst ab diesem Zeitpunkt epidemiologische Untersuchungen durchgeführt wurden mit der Erkenntnis, dass geistig behinderte Menschen ein vielfach erhöhtes Risiko haben, eine Reihe von gravierenden psychischen Störungen zu entwickeln, wie z.B. anhaltende Depressionen, Angststörungen und Störungen aus dem psychotischen Formenkreis (ROTTHAUS 1993; STAHL 2003). Die aktuelle psychotraumatologische Forschung wird den Blick dafür zusätzlich schärfen, weil nach den Kriterien der Psychotraumatologie (HUBER 2003) viele Menschen mit geistiger Behinderung mehrfach und/oder chronisch traumatisiert sind. Denn die Biografien gerade der Menschen mit schweren Verhaltensstörungen sind nach meiner Erfahrung häufig durch frühe und lange Krankenhaus-Aufenthalte oder auch extreme Vernachlässigung oder Gewalterfahrung und Missbrauch gekennzeichnet.

Normen, Hilfen und Teilhabeprozessen am Leben

Für das Beratungsverständnis bedeutsam ist hieran, dass Behinderung auch aus wissenschaftlicher Sicht längst nicht mehr als Persönlichkeitsmerkmal des Betroffenen aufzufassen ist. Sie ist vielmehr ein komplexes interaktives Geschehen, in dem die organisch-körperliche Verfasstheit des betroffenen Menschen (also das, was landläufig die Behinderung ausmacht) nur noch ein Faktor neben Lerngeschichte, Qualität der Förderung und Unterstützung, Ausgestaltung der Lebensverhältnisse, gesellschaftlicher Akzeptanz usw. ist.

Behinderung als komplexes interaktives Geschehen

2.3 Die Einbindung therapeutischer und heilpädagogischer Fachdienste in Institutionen für geistig behinderte Menschen

Unter dem zunehmenden Kostendruck im Sozialwesen kamen vor den Behinderteneinrichtungen zunächst die Einrichtungen der Jugendhilfe unter Rechtfertigungsdruck, ob Psychologen und Heilpädagogen im Heim nicht ein verzichtbarer Luxus seien. Bis dahin dominierte in der Jugendhilfe das Konzept der Einzeltherapie abseits der Wohngruppe mit nur einem spärlichen Informationsfluß, der mit Hinweis auf die therapeutische Schweigepflicht begründet wurde. Dieses traditionelle Konzept wurde durch die Studie der Planungsgruppe PETRA (1988) erschüttert. Sie untersuchte die Effizienz von Hilfsangeboten in Jugendhilfeeinrichtungen und stellte den therapeutischen Fachdiensten mit der Charakterisierung von Therapie als mildem Suchtphänomen ein nahezu vernichtendes Urteil aus. Die Folge war eine konzeptionelle Neuorientierung der Fachdienste als heiminterne Beratung für die Gruppendienstmitarbeiter; Flosdorf, Schuler und Weinschenk (1987) entwickelten für diese Aufgabe die Methode der Praxisberatung. Angeregt

konzeptionelle Neuorientierung der Fachdienste

durch den fachlichen Austausch in den Dachverbänden der freien Wohlfahrtsträger begann in den Einrichtungen der Behindertenhilfe ein ähnlicher Lern- und Umstrukturierungsprozess. Somit bildete sich die oben geschilderte fachliche Wandlung auch in einer veränderten institutionellen Rolle der therapeutischen Fachdienste ab.

3. Gegenwärtiger Stand

Durch die geschilderte fachliche Entwicklung werden Menschen selbst mit schweren, auch kommunikativen Beeinträchtigungen nicht mehr als Behandelte gesehen. Im Rahmen ihrer Möglichkeiten werden sie zunehmend als aktive Mitgestalter ihrer eigenen Lebenssituation in die Veränderungsprozesse einbezogen. Konsequenterweise wird in der heil- und sonderpädagogischen Fachliteratur ein Beratungsverständnis diskutiert, das geistig behinderte Menschen auch als Inanspruchnehmende (und nicht nur als Ursache) von Beratung mitdenkt und konzipiert. So beinhaltet das aktuelle Handbuch der Sonderpädagogischen Psychologie (BORCHERT 2000) ein eigenes Kapitel über die Beratung geistig behinderter Menschen (SPIESS 2000); eine enge Verknüpfung mit der verbalen Kommunikation limitiert allerdings den Personenkreis der „Beratbaren" auf die Zielgruppe der lern- und leicht geistig behinderten Menschen. Diese Begrenzung lässt sich jedoch bereits jetzt deutlich erweitern. Der oben skizzierte Wandel der Auffassung von Begleitung und Betreuung, der sich mit den Stichworten Empowerment und Assistenz umschreiben lässt (LINGG & THEUNISSEN 1993), hat bereits methodisch nutzbare Ergebnisse hervorgebracht. Nonverbale oder sprachbefähigende Methoden ermöglichen inzwischen eine aktive Teilhabe und Mitgestaltung behinderter Menschen am Veränderungsprozess. Zu nennen sind hier vor allem die Methoden der basalen und unterstützten Kommunikation (BIERMANN 2000; ELBING, GLASENAPP, MOSCHNER & ROHMANN 1999), die z.B. durch die Bücher des Autisten Birger Sellin (1993) bekannt geworden sind.

aktive Teilhabe und Mitgestaltung behinderter Menschen am Veränderungsprozess

So ergänzt werden der Beratung im Anwendungsfeld der geistigen Behinderung primär die Beratungstheorien zugrunde gelegt, die auch im allgemeinen Beratungsfeld Verwendung finden. So sind im Überblicksartikel von Fengler (2003) die gängigen, zunächst originär psychotherapeutischen Schulen als Beratungshintergrund vertreten, von der Verhaltenstherapie über die humanistischen Verfahren bis hin zur Tiefenpsychologie und Psychoanalyse. Diese Beratungstheorien werden mit spezifischem Feldwissen ergänzt; soweit ersichtlich, hat sich aber bisher noch keine eigene, feldspezifische Beratungstheorie entwickelt. Im Sinne des oben dargestellten Beratungsverständnisses werden jedoch alle diese Ansätze vernetzt und pragmatisch systemisch angewendet.

Die Stärke der Transaktionsanalyse liegt in diesem Kontext zum einen darin, dass sie ein breites Spektrum an Theorien und Handlungsmodellen anbietet, mit denen Beratung in den unterschiedlichen Beratungskonstellationen und auf den verschiedenen Ebenen einer Organisation konzeptualisiert werden kann. So reicht ihr Instrumentarium zur Problemanalyse von der Mikroebene des konkreten Austauschgeschehens (Transaktionen [ÜA S. 43ff], „Spiele" [ÜA S. 47f]) über die Mesoebene von Prozessen in Mehrpersonen- und Gruppenkonstellationen (Gruppen-Imago [BERNE 1979/1986], verkettete Symbiosen [ÜA S. 60]) bis hin zur Makroebene der Organisation (Organisationsskript [ÜA S. 55f]). Zum anderen beinhalten diese Konzepte die nötigen Schnittstellen, um die verschiedenen Ebenen kohärent miteinander zu verknüpfen. Beispielsweise bietet die Analyse von Trans-

Stärke der Transaktionsanalyse

aktionen über die damit verbundene Diagnose von Ich-Zuständen (ÜA S. 31) den Übergang in die Psychodynamik einzelner Beteiligter und über die „Spiel"analyse (ÜA S. 47ff) als Analyse einer Serie von Transaktionen den Übergang in Mehrpersonenkonstellationen und Beziehungsmuster. Dies ist wiederum Teil der Berne'schen Diagnose von Gruppenstrukturen und -prozessen (BERNE 1979/1986).

4. Ein transaktionsanalytisches Modell der Problemanalyse und Änderungsberatung

Das folgende Modell bietet eine pragmatische Anleitung, wie die Stärken der Transaktionsanalyse in der konkreten Beratungsarbeit genutzt werden können. Die Überlegungen gehen davon aus, dass sich die Beratung primär an die Betreuerinnen und Betreuer behinderter Menschen im institutionellen Rahmen richtet. Die Problemanalyse wird dabei mit den Betreuern oder – besser noch – von ihnen selbst durchgeführt. Beratungsziel ist es, den Prozess der Problemanalyse so zu gestalten, dass er bereits eine wirksame Veränderung des Problems einleitet. Für die transaktionsanalytische Beratungsperson dient das unten beschriebene Vorgehen dazu, die einschlägigen Konzepte der Transaktionsanalyse systematisch zu verknüpfen und dadurch die Möglichkeiten der Veränderungsgestaltung, die sich daraus ergeben, auszuschöpfen.

4.1 Analyse des Problem- und Handlungsfeldes

Ausgangspunkt ist der Bezugsrahmen der Bezugspersonen, die den Menschen mit geistiger Behinderung bzw. sein Problemverhalten in aller Regel im Mittelpunkt ihrer Aufmerksamkeit erleben. Daher stellt das Modell den Menschen mit Behinderung zusammen mit seinem Problemverhalten in den Mittelpunkt und baut in konzentrischen Kreisen schrittweise seine Lebenswelt um dieses Zentrum herum auf.

Ausgangspunkt ist der Bezugsrahmen der Bezugspersonen

9 Gesellschaftliche Einbettung
8 Einrichtungskultur
7 Führung und Führungskräfte
6 Zusammenarbeit der Lebensbereiche
5 Betreuerteam und Teamkultur
4 Alltagskultur und Alltagsregeln
3 Gruppe der Mitbewohner, Arbeitskollegen
2 Persönlichkeit des behinderten Menschen
1 Problemverhalten

Gestaltung des Beratungsprozesses aus der Gesamtbetrachtung und Vernetzug der Analyseebenen mit den Prioritäten, die sich daraus ergeben

Abb. 1: Zwiebelmodell der Problemanalyse

4.1.1 Das Problemverhalten selbst

Je schwieriger und belastender das Problemverhalten ist, umso stärker ist in der Regel seine realitätsangemessene Wahrnehmung getrübt oder verzerrt. Eine sorgfältige Beobach-

sorgfältige Beobachtung und Dokumentation des Problemverhaltens

tung und Dokumentation des Problemverhaltens selbst ist häufig nicht nur eine wirksame Maßnahme zur Enttrübung oder Konfrontation, sondern auch eine wichtige Basis für das Nachvollziehen tatsächlicher Veränderungen. Beispielsweise kann schwer selbstverletzendes Verhalten durch wirksame Maßnahmen von 1000 Schlägen mit dem Kopf an die Wand auf 500 Schläge pro Tag reduziert werden; ohne sorgfältige Dokumentation erleben Bezugspersonen beides als gleichermaßen furchtbar und realisieren die tatsächliche Veränderung nicht. Weil gerade bei sehr schwierigen Verhaltensweisen die subjektive Verzerrung sehr hoch ist, ist es hier wichtig, handwerklich sauber zu beobachten und zu dokumentieren (vergleiche hierzu FASSNACHT 1995).

Verhaltensmeteorologie

Eine erste Einbettung des Problemverhaltens kann durch das Erstellen einer „Verhaltensmeteorologie" (FASSNACHT 1995, 290) erreicht werden, indem eine systematische Bestandsaufnahme der Ich-Haltungen erstellt wird, die im Verhalten des behinderten Menschen zum Ausdruck kommen. Die Beobachtung und Dokumentation sollte hier den gesamten Tagesablauf über eine genügend lange Zeit umfassen (empfehlenswert: mindestens drei bis vier Wochen).

Analyse der Transaktionen

Dies kann zur Analyse der Transaktionen erweitert werden, indem die beteiligten Ich-Haltungen der jeweiligen Transaktionspartner gleich mit notiert werden. An dieser Stelle der Analyse ist etwa die halbstündige Notation der überwiegend (oder verlässlicher: der zuletzt) genutzten Ich-Haltungen ausreichend. Förderlich wäre eine annähernde Gleichverteilung der genutzten Ich-Haltungen bei einem Überwiegen der konstruktiven Ich-Haltungen (Erwachsenen-Ich-Haltung, konstruktiv fürsorgliche Eltern-Ich-Haftung, konstruktiv genutzte freie Kind-Ich-Haltung, konstruktiv genutzte angepasste Kind-Ich-Haltung; vergleiche Übersichtsartikel S. 28f). Der Problembefund wird jedoch häufig eine deutliche Schiefverteilung zeigen, die zudem noch durch wenig Veränderung im Tagesablauf ausgezeichnet sein kann.

4.1.2 Die Persönlichkeit des behinderten Menschen

Die Verhaltensstörung bewirkt in der Regel, dass die Persönlichkeit des behinderten Menschen in der Wahrnehmung seiner Bezugspersonen gewissermaßen hinter dem Problemverhalten verschwindet oder nur noch schemenhaft und verzerrt wahrgenommen wird (Halo-Effekt). Die erste Frage ist daher: Wie ist sie oder er zu erleben, wenn aus dem Videofilm eines ganz normalen Tages dieser Person das störende Verhalten herausgelöscht würde?

Sichern der Geschichte des geistig behinderten Menschen

Ein weiterer, wichtiger Teil der Persönlichkeitsbeschreibung ist das Sichern der Geschichte des geistig behinderten Menschen. Gerade Menschen mit langen Institutionskarrieren sind oft erschreckend geschichtslos. Manchmal sind detektivische Recherchen nötig, Reisen und Begegnungen mit Menschen, zu denen der Kontakt lange abgebrochen war. Das Recht auf die eigene Geschichte als Teil des Persönlichkeitsrechts konkret zur Geltung zu bringen ist nicht nur in sich ein heilsamer Akt der Würdigung. Die so erhaltenen und nunmehr gesicherten Informationen sind auch unverzichtbar für eine transaktionsanalytische Beschreibung der Persönlichkeit mit Skriptanalyse (ÜA S. 55f), dem Herausarbeiten von Racketsystemen (ÜA S. 52f) und „Spielen" zweiten Grades (ÜA S. 47f) usw. (vgl. ELBING & GLASENAPP 2005). Ergänzt wird diese Erarbeitung durch eine Beschreibung der Wesensart, des sozialen Verhaltens, der Vorlieben und Abneigungen, wie sie in sorgfältigen Jahresberichten bereits üblich ist.

Das Erarbeiten eines komplexen Persönlichkeitsbildes durch die Bezugspersonen kann grundsätzlich eine Wahrnehmungsveränderung in zwei Richtungen bewirken: Der Reichtum der behinderten Persönlichkeit mit ihren Kompetenzen und Ressourcen wird wieder offenbar oder aber es wird deutlich, wie reduziert sich die Persönlichkeit dieses Menschen gegenwärtig zeigt, im Extremfall mit der Verhaltensstörung als nahezu einzigem Beschäftigungs-, Ausdrucks- und Kommunikationsmittel.

Erarbeiten eines komplexen Persönlichkeitsbildes

Reichtum der behinderten Persönlichkeit

4.1.3 Die Gruppe der Mitbewohner, Mitschüler oder behinderten Arbeitskollegen

Teil des Problems, vor allen Dingen bei aggressivem Problemverhalten, ist häufig, dass die Zuständigkeit für die Konfliktbeendigung gleichermaßen von den Bezugspersonen besetzt wie ihnen von den Bewohnern überlassen wird. Von besonderem Interesse ist deshalb in unserem Zusammenhang eine Recherche der Konfliktkultur und damit verbundener Kompetenzen und Selbstregulationskräfte unter den behinderten Menschen. Unter anderem ist hier das Passivitätskonzept von Schiff (1975) zur Analyse des Konfliktverhaltens geeignet. Daneben kann Bernes Konzept der Haupt- und Nebengrenzlinien einer Gruppe (BERNE 1986) klären, inwieweit funktionierende Koalitionen unter den behinderten Menschen vorhanden sind, die im Konfliktfall wirksam werden können – oder auch nicht.

Recherche der Konfliktkultur

Kompetenzen und Selbstregulationskräfte

funktionierende Koalitionen

Eine sorgfältige Erkundung kann erstaunliche Selbstregulationsfähigkeiten der Gruppe zutage fördern, wenn die Betreuer einmal nicht zur Delegation der Konfliktlösung verfügbar sind. Oder aber es stellt sich heraus, dass die Gruppe tatsächlich kaum über eigene Kompetenzen der Konfliktregulierung verfügt.

4.1.4 Alltagsstruktur und Alltagsregeln

Zunächst steht das Bedürfnis nach Zeitstruktur im Zentrum der Überlegungen: Wie verteilen sich die Arten der Zeitstrukturierung an einem ganz normalen Wochentag für den Menschen mit Behinderung? Die Realität weicht hier häufig von der Idee, dass alle Formen der Zeitstrukturierung an einem normalen Tag ihren Platz finden sollten, ganz erheblich ab. Besonders interessant sind hier sowohl Rückzug als auch Intimität als die zwei Arten der Zeitstrukturierung, bei denen sich der Mensch mit Behinderung nicht mit Anpassungsforderungen irgendeiner Art konfrontiert sieht. Kommt es überhaupt im nennenswerten Umfang vor, dass der Mensch mit Behinderung nicht unter irgendeiner Art von Anpassungsdruck steht, und wie zeigen sich dann seine Gestaltungsfähigkeiten und -kräfte? Was tut er oder sie eigentlich, wenn gerade niemand etwas von ihm oder ihr

Bedürfnis nach Zeitstruktur

verlangt? Die Antwort auf diese Frage ist sehr wichtig, weil sich im selbstbestimmten Tätigsein der tatsächliche Entwicklungsstand des Menschen mit Behinderung offenbart. Den tatsächlichen Entwicklungsstand zu kennen ist wiederum maßgeblich für das angemessene Gestalten von Regeln und Anforderungen, was der nächste Schwerpunkt ist.

Alltagsregeln

Alltagsregeln fest- und durchzusetzen ist zumeist die Gestaltungskompetenz und -verantwortung der Bezugspersonen. Deshalb sind die gestalteten Regeln und Strukturen des Alltags ein maßgeblicher Hebel zum Ansetzen von wirksamen Veränderungen. Regeln können nur dann ihre positiven Wirkungsmöglichkeiten entfalten, wenn sie überhaupt gelten. Regeln gelten dann, wenn sie für alle Betroffenen leistbar und durchführbar sind, sowohl für diejenigen, die sie erstellen und auf ihrer Einhaltung bestehen, als auch für diejenigen, die sich an sie anpassen sollen.

sorgfältige Persönlichkeits- und Entwicklungsdiagnostik

Um beurteilen zu können, welche Anpassungsleistung an welche Regel von einem Menschen mit Behinderung sinnvollerweise eingefordert werden kann, ist eine sorgfältige Persönlichkeits- und Entwicklungsdiagnostik erforderlich. Entscheidend für die Einschätzung ist das psychische Entwicklungsalter der Person, und zwar auf dem Entwicklungsstand ihrer selbstbestimmten Tätigkeit. So erweist sich beispielsweise die Regel, auf den körperlichen Ausdruck von Wut und Ärger zu verzichten, schnell als unsinnig, wenn man bedenkt, dass normal intelligente Jugendliche erst gegen Ende ihrer Pubertät hierauf selbst verzichten können und der gegebene geistig behinderte Mensch womöglich ein Entwicklungsalter von drei Jahren hat. Eine sogenannte Verhaltensstörung kann somit der schlichte Hinweis darauf sein, dass hier ein Mensch mit einer unmöglichen Erwartung konfrontiert wird. Darüber hinaus müssen die Regeln auch vonseiten der Bezugspersonen leistbar sein, und zwar nicht nur von den Erfahrenen und Geübten im Team, sondern von allen, die sich der Aufgabe gegenüber sehen, die Regel zur Geltung zu bringen.

Beide Aspekte der Leistbarkeit führen allzu leicht dazu, dass trotz aller Auseinandersetzungen häufig genug keine Regel wirklich gilt. So entsteht ein Strukturdefizit, weil sich die Verlässlichkeit nicht einstellt, aus der heraus Struktur als psychischer Halt wirksam werden könnte. Regelprobleme wirken definitiv störungsverstärkend und destabilisierend auf den psychischen Zustand gerade der behinderten Menschen mit schweren Verhaltensstörungen. Auf diesen Zusammenhang haben bereits Schiff und Mitarbeiter (SCHIFF 1975) hingewiesen. Die Frage, wie es kommt, dass ein Team, trotz guter fachlicher Ausbildung, undurchführbare und unsinnige Regeln durchzusetzen versucht, führt unmittelbar zum nächsten Kreis der Problemanalyse.

Analyse der Zuwendungskultur

Von eigenwertiger und für Menschen mit psychotischen Erlebens- und Verhaltensweisen sogar zentraler Bedeutung ist die Analyse der Zuwendungskultur. Hier geht es darum, zwei Profile zu ermitteln, die wiederum über längere Zeit beobachtet werden müssen und den durchschnittlichen Alltag repräsentieren: Einmal das Zuwendungsprofil, das die Betreuer dem behinderten Menschen von sich aus anbieten bzw. gerne anbieten würden, und zum anderen das Profil, das der Mensch mit Behinderung durch sein Verhalten faktisch erhält bzw. sich oftmals auch durch Zuwendungsraub beschafft. In der Regel wird das Profil der tatsächlich ausgetauschten Zuwendung erheblich von demjenigen abweichen, das die Bezugspersonen aus freien Stücken zur Verfügung stellen würden. Zur Arbeit mit dem Zuwendungsprofil hat Schiff Pionierarbeit geleistet (vergl. KOUWENHOVEN, KILTZ & ELBING 2002). Ausdifferenziert und für die Anwendung bei Menschen mit geistiger Behinderung weiterentwickelt findet es sich bei Elbing (2003). Kerngedanke ist, dem Menschen mit geistiger Behinderung zunächst eine ethisch vertretbare Annäherung an die Zuwendungskultur anzubieten, aus der er kommt und die ihm vertraut ist – und zwar bevor er sich diese Zuwendung auf problematische Weise selbst beschafft. Konkret bedeutet dies, unbedingt negative Zuwendung, wie z.B. „Du gehörst nicht zu uns", grundsätzlich nicht zu geben, auch wenn sie der Person geläufig ist. Ausgleichsweise braucht diese Person oft deutlich mehr bedingt negative Zuwendung, z.B. in Form harmloser Kritik, als es die Bezugspersonen aus ihrer eigenen Lebensgeschichte kennen.

Annäherung an die vertraute Zuwendungskultur

Wenn die Annäherung an die ursprünglich erlernte Zuwendungskultur gelingt, so wirkt sie deutlich stabilisierend und entspannend auf diese Menschen und ermöglicht so Lernen und Veränderung. Das heißt, Alltagsregeln und Strukturen bieten aus dieser Sicht für die Betreuer gute Gelegenheit, bedingt negative Zuwendung zu geben und damit stabilisierend zu arbeiten.

bedingt negative Zuwendung als Stabilisator

4.1.5 Betreuerteam und Teamkultur

In diesem Schritt lassen sich einige der zuvor besprochenen Analysen aufgreifen, z.B. die Transaktionen und die Beteiligung der Bezugspersonen an dysfunktionalen Mustern (siehe: *1 Das Problemverhalten selbst*) oder die Beteiligung des Teams an „Spielen" zweiten Grades (siehe: *2 Die Persönlichkeit des behinderten Menschen*). Hier beschreibt die Transaktionsanalyse sowohl die Beteiligung jedes einzelnen Teammitglieds in Beziehung zum Menschen mit geistiger Behinderung als auch die Dynamik im Team: „Spiel"analyse, Analyse der miteinander verknüpften Racketsysteme, Symbiosen usw., mit Verlängerung in die dahinter liegenden Lebensskripte der Beteiligten hinein.

Transaktionen dysfunktionale Muster

Ein weiterer, wichtiger Aspekt der Analyse sind die Parallelprozesse, wie z.B. Spaltungsphänomene im Team als Spiegelbild der Grundstörung des Menschen mit geistiger Behinderung. Häufig sind auch Konflikte zwischen den Hauptgrenzlinien der Gruppe, sei es in der Konkurrenz um die Führungsposition oder in der Herausforderung des Führungsbereichs, mit ihren Parallelprozessen unter den Menschen mit Behinderung. Gerade in Teams, die schon lange mit schwierigen Verhaltensstörungen konfrontiert sind, leidet häufig die Arbeit zusätzlich unter solchen Konflikten.

Analyse der Parallelprozesse

4.1.6 Zusammenarbeit der Lebensbereiche

In modernen Einrichtungen der Behindertenhilfe bewegt sich ein Mensch mit Behinderung im Alltag zwischen mehreren gestalteten Lebensbereichen: Wohnen und Schule oder Werkstatt/Beschäftigung sowie gegebenenfalls Wohnen im Heim und Aufenthalt in der Herkunftsfamilie (oder bei Geschwistern usw.). Bis auf das Problemverhalten der Autoag-

verschiedene Lebensbereiche

Kulturen und Regeln

gression (siehe hierzu ROHMANN & ELBING 1999) darf als stehende Regel gelten: Menschen mit geistiger Behinderung können sehr wohl zwischen verschiedenen Lebensbereichen und den dort geltenden unterschiedlichen Kulturen und Regeln unterscheiden und sich darin orientieren. Die sinnvolle und wirksame Arbeit in einem Lebensbereich ist nicht darauf angewiesen, dass in den anderen Lebensbereichen gleichsinnig gearbeitet wird. Der oft anzutreffende Anspruch, dass alle an einem Strick ziehen müssen, erzeugt häufig eine unnötige Verengung der Handlungsmöglichkeiten und führt eher zu Machtspielen als zur Kooperation. Eine Voraussetzung allerdings muss gegeben sein, denn darauf reagieren geistig behinderte Menschen mit ihrer hohen Beziehungssensibilität in der Tat seismografisch: Die Lebensbereiche können einander so sein und gelten lassen, wie sie sind, und verzichten auf das sehr beliebte „Spiel" „Wenn ihr nicht wäret ..." oder können es ohne viele Umstände beenden, sobald sie realisieren, dass das „Spiel" „läuft". Dies gilt insbesondere für die Betreuer gegenüber Eltern und Angehörigen. Das Konzept des „Spiel"nutzens bietet hier gute Möglichkeiten, um die fragwürdige Beliebtheit dieser Verantwortungsverschiebungen herauszuarbeiten.

4.1.7 Führung und Führungskultur in der Einrichtung

Schutz- und Kontrollfunktion von Führung

Als Faustregel kann gelten, dass vor allem bei der Betreuung von Menschen mit chronifizierten schweren Verhaltensstörungen häufig Probleme in der Wahrnehmung wichtiger Führungsfunktionen auch auf Einrichtungsebene auftreten. Sowohl die Schutz- als auch die Kontrollfunktion von Führung werden häufig nicht wirksam ausgeübt. Beispielsweise kann die Untersuchung mit dem Konzept der Symbiose zutage fördern, dass erhebliche dienstliche Versäumnisse und fachliche Fehler der Bezugspersonen als nicht bedeutsam oder als nicht existent abgewertet werden. Die Spanne möglicher Beispiele reicht von alleine arbeitenden unerfahrenen Praktikanten ohne Einweisung über eigenmächtige Medikamentenveränderungen bis hin zur systematisch fehlerhaften Dienstzeitabrechnung. Im Gegenzug werten Vorgesetzte wie Mitarbeiter die Bedeutsamkeit oder sogar die Existenz von real gefährlichen bis definitiv schädigenden, alltäglich wiederkehrenden Situationen für Betreuer ab. Ein Beispiel hierfür sind alleine und ohne Alarmsystem arbeitende Betreuer in Gruppen, in denen gewalttätige und gefährliche Angriffe der Bewohner außer Reichweite des Telefons zum Arbeitsalltag gehören. Die Passivität und Abwertungsdynamik, die zur Störung der betroffenen Menschen gehört, wiederholt sich im Team, zwischen Team und zuständiger Leitung, in der mangelnden Kultur der Unterstützung in der Einrichtung – und umgekehrt. Das bedeutet, die oben angesprochenen Parrallelprozesse machen vor allem bei stark chronifizierten und belastenden Störungen nicht beim Betreuerteam Halt, sondern setzen sich auch zwischen Betreuerteam und Leitungsebene(n) fort.

4.1.8 Einrichtungskultur

Bei aller Verschiedenheit der Institutionen gibt es zwei kulturelle Probleme, die so gut wie in allen Behinderteneinrichtungen anzutreffen sind: 1) die Missachtung realer Gefährdung und realer zum Teil mehrfacher Traumatisierung von Mitarbeitern durch die extremen Verhaltensweisen schwer gestörter geistig behinderter Menschen (s.o.) und 2) die Legitimation dieser Missachtung durch die Personalisierung der Probleme: Der Mitarbeiter ist zu ängstlich, den Belastungen aufgrund seiner Persönlichkeit nicht gewachsen usw. Dies zusammen führt dazu, dass in Einrichtungen für Menschen mit geistiger Behinderung die Mitarbeiter in unhinterfragter Selbstverständlichkeit schlecht bis überhaupt nicht geschützt in realen Gefährdungssituationen arbeiten, denen sie sich in ihrem Privatleben niemals freiwillig aussetzen würden. Symptomatisch hierfür ist die Auffassung von Arbeitsschutz und dementsprechend die Rollenauffassung des Arbeitssicherheitsbeauftragten: Er kümmert sich zwar um die Rückenlehne des Schreibtischstuhls im Gruppenbüro und den richtigen Abstand zum Computerbildschirm. Die reale Gefährdung kann aber darin bestehen, unversehens von einem Gruppenbewohner von hinten gewürgt oder mit einem harten Gegenstand geschlagen zu werden …

Missachtung realer Gefährdung

Legitimation durch Personalisierung

Hier zeichnet sich jedoch in letzter Zeit eine Kulturveränderung ab: Das Mitteilungsorgan der Berufsgenossenschaft thematisiert seit 2003 die Traumatisierung von Mitarbeitern in Betreuung und Pflege durch Bewohner und es entstehen erste wirksame Schutzkonzepte wie Alarmsysteme und Interventionsteams sowie erste Konzepte zur Betreuung und Unterstützung traumatisierter Mitarbeiter.

Kulturveränderung

4.1.9 Gesellschaftliche Einbettung und sozioökonomischer Hintergrund

Um die Bedeutsamkeit dieser Einflussfaktoren zu verdeutlichen, sollen hier zwei maßgebliche Einflussfaktoren in der aktuellen „Behindertenlandschaft" der Bundesrepublik Deutschland angeführt werden: die Deckelung beziehungsweise die faktische Verringerung der Ausgaben der öffentlichen Hand im Behindertenbereich, die seit Jahren eine schleichende personelle Auszehrung bedeutet, und die Aufhebung des Kostendeckungsprinzips in der Novelle des Bundessozialhilfegesetzes, die es den Behinderteneinrichtungen ermöglicht, Gewinne zu erwirtschaften und diese auch zu behalten. Beide Faktoren zusammen haben zumindest in Süddeutschland in den letzten Jahren zu konzernähnlichen Konzentrationserscheinungen im Markt der Behindertenhilfe geführt, wobei die Gewinnerzielungsabsicht selbst in Einrichtungen mit einer langen caritativen oder diakonischen Tradition die personelle Auszehrung der Mitarbeiter vor Ort verschärft, weil nach wie vor die Personaletats die größten Ausgabeposten sind und die ergiebigsten Einsparpotenziale bieten.

Deckelung der Ausgaben

Aufhebung des Kostendeckungsprinzips

4.1.10 Transaktionsanalytische Vernetzung der Ebenen

Vernetzen: der Einzelbefunde

Die auf den verschiedenen, zuvor beschriebenen Ebenen genutzten Konzepte der Transaktionsanalyse können zusätzlich verwendet werden, um die Einzelbefunde aus der Problemanalyse systematisch miteinander zu vernetzen. Mit dem Ursprungs- bzw. Strukturmodell der Ichzustände lassen sich in Verbindung mit der Skripttheorie die intrapsychischen Prozesse der Beteiligten bis hin zur Persönlichkeitsdiagnostik und zur psychopathologischen Diagnostik erhellen (Verknüpfung der Ebenen 1 und 2: Problemverhalten und Persönlichkeit). Der klassische sozialpsychiatrische Aspekt der Transaktionsanalyse, nämlich das Ineinandergreifen der jeweiligen persönlichen Beiträge zur Aufrechterhaltung des Problems, lässt sich mit den Konzepten der Transaktionen und ihrer Regeln, der „Spiel"analyse, der verknüpften Racketsysteme oder der Symbiose beschreiben. Diese

Gruppenentwicklungsprozesse

Prozesse sind Teil der Gruppenentwicklungsprozesse mit ihren Auseinandersetzungen um Haupt- und Nebengrenzlinien und die damit verbundene Gruppenentwicklung oder Gruppenaktivität (Ebenen 3 bis 6: Behindertengruppe, Alltagsstruktur, Team und Lebensbereiche). Die Analyse von Gruppenkonstellationen lässt sich wiederum verknüpfen mit

organisationale Ebene

der organisationalen Ebene mit den auf die ganze Organisation angewendeten Konzepten der Berne'schen Gruppenpsychologie und den Konzepten von organisationalem Skript (Ebenen 7 und 8: Führungs- und Einrichtungskultur; vgl. Abb. 1, S. 45).

Die Konzepte der Transaktionsanalyse leisten hierbei die schrittweise Verknüpfung verschiedener Ebenen der sozialen Aggregate einer Organisation vom Individuum bis zur Großgruppe aller Menschen, die in das Leben einer Einrichtung involviert sind. Auf den einzelnen Ebenen der Problemanalyse können sie ergänzt werden durch spezifische

angemessene Situationsbeschreibung

Beschreibungs- und Erklärungsmodelle anderer Ansätze, die zur angemessenen Situationsbeschreibung erforderlich sind, wie z.B. spezifische Modelle über Wahrnehmungsstörungen, Forschungsbefunde und Erkenntnisse aus der Psychotraumatologie, Arbeitspsychologie und Führungsstilforschung. (Die hier angesprochenen Verknüpfungen werden weiter unten in der Fallstudie weiter konkretisiert werden.)

Durch die angedeutete Vernetzung der einzelnen Ergebnisse der Problemanalyse entsteht eine Problemlandschaft, die in der Regel mehrere Ansatzpunkte zur Veränderung bietet.

4.2 Veränderungs- und Interventionsplanung

Nachdem sich der diagnostische Blick vom Problemverhalten eines einzelnen Menschen auf eine komplexe Problemlandschaft geweitet hat, darf die Änderungsplanung in der Konkretisierung und Durchführung der nötigen Änderungen nicht unversehens die alte Problemfokussierung wiederholen. Dies wäre dann der Fall, wenn vorschnell oder alter Tradition heilpädagogischer Förderung folgend die Veränderung mit einer Einzelmaßnahme am Menschen mit geistiger Behinderung ansetzte. Der gewählte Weg der Problemlösung würde so die Botschaft transportieren: „Du bist das Problem, ändere du dich, damit es uns besser geht ..." Gerade die Menschen mit schweren Verhaltensstörungen kennen diese Botschaft nur zu gut als Quintessenz ihrer Skriptbotschaften. Schon die

Anlage des Änderungskonzeptes selbst hat also die Aufgabe, aus den problemverstärkenden Mustern heraus zu führen. Erlaubnis und antithetische Wirkung werden dadurch bewirkt, lohnende Ansatzpunkte der Veränderung zu finden, bei denen Menschen mit Behinderung zunächst einmal und vielleicht auch erstmals so bleiben dürfen, wie sie sind. Die folgenden Maximen haben sich in der Praxis bewährt, um ein solches Lösungsvorgehen zu entwickeln.

Die generelle Änderungsbewegung sollte – dargestellt im Modell – von außen nach innen verlaufen. Zunächst wird z.B. die Kooperation zwischen den Lebensbereichen auf neue Füße gestellt, werden Konkurrenz- oder Führungsprobleme im Team oder die Alltagsregeln und Gruppenstrukturen gründlich bearbeitet (Ebenen 4 bis 7; Abb. 1, S. 45). Die Idee dieser sequenziellen Strategie ist, die Auswirkung der jeweiligen Maßnahmen auf den einstmaligen Problemgeber oder sein Problemverhalten abzuwarten, bevor die nächste Veränderungsmaßnahme im Umfeld in die Wege geleitet wird. Oder die nächste Änderungsmaßnahme wird im Umfeld in die Wege geleitet, weil sie sich inzwischen bei den Beteiligten als nötig und sinnhaft, unabhängig von der konkreten Problemstellung des behinderten Menschen, erwiesen hat. Dann nämlich wird die Maßnahme zum Ausdruck übernommener und gestalteter Verantwortung. Wartet man die Wirkung solchen Vorgehens ab, so kann es sich herausstellen, dass sich eine unmittelbare Arbeit mit der behinderten Person oder ihrem vormaligen Problemverhalten weitgehend erübrigt hat, oder, was noch besser wäre, der Blick weitet sich für eine aufbauende, entwicklungsfördernde und ressourcenorientierte Arbeit mit der behinderten Person, die dann jedoch nicht mehr die Rolle einer Problemperson hat.

Generelle Änderungsbewegung von außen nach innen

Grundsätzlich ist es nicht erforderlich, das komplette Problempanorama gleich zu Beginn eines Änderungsunternehmens zu erstellen. Mit dem Analysemodell im Hinterkopf ist es möglich, die Änderung z.B. zunächst im Mittelfeld, etwa im Bereich der Alltagsstrukturen und Alltagsregeln, anzusetzen. Auftauchende Probleme in der Änderungsgestaltung führen dann in der Regel in andere Kreise der Problemanalyse und legen ergänzende und unterstützende Änderungsmaßnahmen nahe. So kann beispielsweise über dem Problem, sich auf durchführbare und damit wirksame Regeln im Alltag zu einigen, ein dahinter verborgener Teamkonflikt offenbar werden. Hierfür kann dann eine geeignete Bearbeitungsform gewählt werden, um nach vollzogener Klärung wieder zu einer dann vielleicht erfolgreichen Umgestaltung der Alltagsregeln zurückzukehren. Möglicherweise offenbart die Handhabung des Teamproblems auch ein Konfliktfeld mit der übergeordneten Leitungsebene, das dann je nach Virulenz wiederum Gegenstand eines Veränderungsimpulses ist usw.. Das heißt, das Modell der Problemanalyse gewährleistet bei alledem, dass die Änderungsmaßnahmen nicht „zerfleddern", sondern die Wechselwirkungen und Rückbezüge in der Problemlandschaft gegenwärtig und nachvollziehbar bleiben.

Möglichkeit sequentiellen Vorgehens

Nicht jeder Teamkonflikt und nicht jede Spannung mit dem Vorgesetzten sind jedoch unbedingt behandlungsbedürftig, bevor die nötigen Veränderungen vollzogen werden können. Folgende Einschätzungen erfordern, dass die davon betroffenen Problemkreise vorrangig Gegenstand von Änderungsvorhaben sind:

Gegenstand von Änderungsvorhaben

Beratung zur Lebensbewältigung

„Spiele"
- „Spiele" zweiten und dritten Grades zwischen Teammitgliedern, zwischen Team und Leitungsebene oder zwischen den Lebensbereichen sowie „Spiele" zweiten und dritten Grades zwischen Teammitgliedern und den betroffenen Menschen mit geistiger Behinderung, wobei zuerst der Anteil der Bezugspersonen adressiert werden muss,

Sicherheitsmängel und fehlender Schutz
- gravierende Sicherheitsmängel und fehlender wirksamer Schutz bei realer Gefährdung der Bezugspersonen durch extreme Verhaltensweisen des Menschen mit geistiger Behinderung,

Kontrollverlust
- Kontrollverlust als zentraler Bestandteil des Problemverhaltens, das der Mensch mit geistiger Behinderung an den Tag legt, wie z.B. aggressive Eskalationen mit psychotischen Wahrnehmungs- und Erlebenszuständen oder selbstverletzendes Verhalten, das die betroffene Person nicht selbst beenden kann und das ohne äußeres Eingreifen zu massiver Selbstgefährdung führt.

In den ersten beiden Fällen würden alle anderen sinnvollen Maßnahmen durch die fortbestehende Problematik konterkariert werden, wenn nicht zuerst diese Problemfelder behandelt werden. Im Fall des Kontrollverlustes aufseiten des Menschen mit geistiger Behinderung ist aus Schutzgründen ein unmittelbares Arbeiten mit dem Problemverhalten selbst erforderlich. Damit die Notwendigkeit des Schutzes nicht zur alten Problemfixierung pervertiert („Du bist das Problem", s.o.), müssen jedoch parallel dazu andere, sich aus der Problemanalyse herleitende sinnvolle Änderungsschritte (Ebenen 4 bis 7) in die Wege geleitet werden.

4.3 Konsequenzen für Vertragsgestaltung und Ausgestaltung der Beraterrolle

Mitarbeiter der Wohngruppe haben Schlüsselfunktion

In der Regel nehmen, wie oben erwähnt, die professionellen Bezugspersonen die Beratungsleistung in Anspruch. Meistens sind dies die Mitarbeiter der Wohngruppe des behinderten Menschen; sie haben in der Tat eine Schlüsselfunktion, weil ihnen das gesamte relevante soziale System des behinderten Menschen unmittelbar zugänglich ist: Sie arbeiten mit ihm, mit seinen Mitbewohnern, sie haben direkten Zugang zu den Kollegen in Werkstatt, Schule und Beschäftigung, sie stehen im direkten Kontakt mit den Angehörigen und mit ihrem Chef, und selbst höher gelegene Hierarchieebenen sind ihnen über in der Regel hierfür vorgesehene Wege zugänglich. Das heißt, dass die professionellen Bezugspersonen auf so gut wie alle relevanten Aspekte der Problemanalyse mittelbar oder unmittelbar gestaltenden Einfluss ausüben können. Dies gilt im Grunde genommen auch für die Beeinflussung der Einrichtungskultur insgesamt, wobei dies aus Gründen der langen Zeiträume, die hierfür erforderlich sind, für die konkrete Veränderungsplanung nicht unmittelbar einschlägig ist.

Konsequenterweise besteht die erste Aufgabe des Beraters darin, die Bezugspersonen bei der Erarbeitung der Problemanalyse zu begleiten, wobei dies je nach vorhandenen Ressourcen und Kompetenzen im Team und dem eigenen Kompetenzprofil des Beraters

Aspekte von Supervision, Anleitung und Fortbildung beinhalten kann. Dabei ist jeweils im Prozess neu zu klären, welche spezifische Unterstützung das Team braucht, um den jeweiligen Aspekt der Problemanalyse zu bearbeiten bzw. später die zugehörigen Änderungsmaßnahmen zu konzipieren und zu gestalten. Hierbei hat der Berater die Rolle eines primären Prozessbegleiters. Je nach Komplexität können zusätzlich verschiedene Fachleute in unterschiedlicher Weise involviert sein, wie Ärzte, Heilpädagogen, Konfliktmediatoren usw.

Wenn sich die Bezugspersonen auf den übergeordneten Ebenen ihrer Organisation kompetent bewegen und die Führungspersonen der Einrichtung grundsätzlich dialog- und lernbereit sind, kann die primäre Beratung der Bezugspersonen auch für Änderungsimpulse über die unmittelbare Wohngruppe hinaus ausreichend sein. In jedem Fall ist es empfehlenswert, den Beratungsauftrag in einen Vertragsrahmen hineinzustellen, der die systematische Information der Einrichtungsleitung über die für sie relevanten Teile der Problemanalyse umfasst und dabei klare und transparente Informationswege unter Berücksichtigung der verschiedenen Interessen am Vertrauensschutz beschreibt (Dreiecksvertrag; siehe MICHOLT 1992, 86). In der Regel haben die Leitungen der Einrichtungen ein Interesse an solchen Informationen und darüber hinaus auch ein Interesse an der Information über mögliche Problemlösungen und den Erfahrungswerten damit.

systematische Information der Einrichtungsleitung

5. Fallstudie

Die folgende Fallstudie hat zum Ziel, das oben vorgestellte Modell zusammen mit der Art, wie es Konzepte der Transaktionsanalyse integriert und aufeinander bezieht, am Beispiel zu erläutern. Das Beispiel ist aus Übersichts- und Platzgründen so gewählt, dass die Problemlage nicht das Ausloten aller möglichen Verknüpfungen erfordert, sondern die Konzentration auf einige Schwerpunkte zulässt. Aus Gründen des Vertrauensschutzes ist der Name des behinderten Menschen geändert. Ebenso fehlen einige charakteristische Details der Einrichtungsstruktur und -geschichte.

5.1 Ausgangslage

Eine Kleinsteinrichtung der Behindertenhilfe ist vor Kurzem aus betriebswirtschaftlichen Gründen von einer größeren Einrichtung übernommen worden. In der Kleinsteinrichtung lebt eine Gruppe von zwölf erwachsenen geistig behinderten Männern in ländlicher Umgebung. In dem großen alten Haus wird ihnen auch eine Tagesbeschäftigung angeboten. Von den professionellen Bezugspersonen dieser Gruppe haben einige eine krankenpflegerische, einige aber auch keine medizinische oder heilpädagogische Ausbildung. Das Kleinheim war eröffnet worden, als die inzwischen erwachsenen Männer noch in die Schule gingen. Der vormalige Träger hat sich um die räumliche Ausstattung bis hin zum eigenen Hallenbad, jedoch nicht um die fachliche Qualifikation und Entwicklung der Mitarbeiterschaft gekümmert. Erklärtes Ziel des neuen Trägers ist daher ein Professionalisierungsprozess und damit die Einführung und Entwicklung fachgerechter heilpädagogischer Arbeit. Mit einer ersten Maßnahme werden zwei Fachkräfte in das Team versetzt; der bisherige Gruppenleiter hat zuvor bei Bekanntwerden der Übernahme gekündigt.

Einige Bewohner überfordern mit ihren Verhaltensweisen das Team immer wieder fachlich wie menschlich. Zur Fachberatung wählt das Team denjenigen Bewohner aus, dessen Verhalten es am meisten an seine Grenzen führt. Wir nennen ihn Max. Sein Problemverhalten besteht darin, dass er die weiblichen Mitarbeiterinnen extrem schmerzhaft in die Brüste kneift und den männlichen in die Nase beißt oder ihre Brille aus dem Gesicht reißt und sie zerstört. Die Mitarbeiter erleben dies immer wieder wie aus heiterem Himmel. Weiter hat er massive und bedrohliche Wutanfälle, die er meist in seinem Zimmer auslebt, dabei auch Mobiliar zerstört oder sich selbst verletzt. Das Team erlebt sich dem Problemverhalten gegenüber hilflos und ausgeliefert. Auch mit den beiden neuen, fachlich qualifizierten Teammitgliedern verfügt niemand im Team über spezifische Kenntnisse und Kompetenzen zum Umgang mit geistig behinderten Menschen mit zusätzlicher schwerer psychischer Störung.

Die Einrichtungsleitung hat bereits eine Serie von Mitarbeiterfortbildungen in Transaktionsanalyse zum Schwerpunkt Umgang mit Verhaltensstörungen durchgeführt. Ergänzend zu diesen Fortbildungen hat die Einrichtungsleitung einen Arbeitsrahmen zur Fachberatung einzelner Teams durch einen externen Berater eingerichtet. Der Rahmen umfasst fünf Beratungstage im Arbeitsjahr, wobei die Verwendung der Beratungseinheiten an diesen Tagen einrichtungsintern zwischen Leitung und Teams ausgehandelt wird. Auf diese Weise können sich die Teams zur Beratung „einbuchen", wobei die Verantwortung für die Prioritätensetzung bei der Einrichtungsleitung liegt. Im vorgestellten Fall nimmt die Beratung sechs zweistündige Sitzungen mit einer halbtägigen Teamklausur nach zwei Sitzungen der Problemanalyse, verteilt über 18 Monate, in Anspruch.

5.2 Transaktionsanalytisch kommentierte Problemanalyse

5.2.1 Das Problemverhalten selbst

Das Team hat das Problemverhalten bereits dokumentiert. Eine Analyse der Aufzeichnungen ergibt, dass aus ihnen der Zeitpunkt des Problemverhaltens zusammen mit einer subjektiv gehaltenen Schilderung der Betreuer über das Erleben des Problemverhaltens hervorgeht. Das Verhalten selbst aber ist jedoch nur ungenau ersichtlich und die vorausgegangene Situationsgestaltung, besonders mit den aktiven Anteilen der jeweiligen Bezugspersonen, geht nicht daraus hervor. Im ersten Schritt wird also die Dokumentation überarbeitet und neu aufgelegt, sodass die angesprochenen Punkte nunmehr deutlich daraus hervorgehen:

➤ die Situation, die dem Verhalten vorangeht (Datum, Uhrzeit, Ort, anwesende Personen, Handlungskontext);
➤ das konkrete transaktionale Geschehen unmittelbar zuvor (Wer sagt was/macht was zu/mit ihm? Als Besonderheit in diesem Fall wird die räumliche Position zwischen Max und Betreuer notiert.);
➤ eine möglichst verhaltensnahe und nicht wertende Beschreibung des Problemverhaltens mit Dauer und Einschätzung des Schweregrades;
➤ das darauf folgende transaktionale Geschehen (wie zuvor);
➤ der weitere Verlauf zusammen mit persönlichen Anmerkungen des Mitarbeiters.

Diese Struktur entspricht der verbreiteten und bewährten SORKC-Analyse der Verhaltenstherapie (Situation – organismische, d.h. innerpsychische Vorgänge – Reaktion – Kontingenz i.S.v. Verstärkung – Konsequenz für die weitere Verhaltensentwicklung; BARTLING, ECHELMEYER, ENGBERDING & KRAUSE 1980).

Die Dokumentation dient einer aussagefähigen Verlaufskurve, gleichzeitig der „Spiel"analyse und einer ersten Realitätskonfrontation der Bezugspersonen mit ihrem eigenen aktiven Anteil und damit einer Konfrontation ihrer Opferposition. Als aktiver Anteil der Bezugspersonen ergeben sich u.a. folgende Verhaltensweisen: bekannte Gefahrensignale (spezifischer Gesichtsausdruck und starrer, energetisch aufgeladener Blick) werden zwar registriert, aber nicht zur Situationsgestaltung genutzt; unnötiger Aufenthalt in der „Gefahrenzone" ohne Max im Blick zu behalten; Eingehen auf Max` Schmusebedürfnisse, ohne auf den eigenen Schutz oder das eigene Abgrenzungsbedürfnis zu achten. Überwiegend verhalten sich die Bezugspersonen aus einer destruktiv fürsorglichen Eltern-Ich-Haltung oder einer überangepassten Kind-Ich-Haltung; Informationen über Selbst, Situation und den anderen werten sie, beginnend mit der Bedeutungsebene, ab. Max besetzt gegenüber seinen Betreuern die komplementären Ich-Haltungen, überwiegend die freie Kind-Ich-Haltung mit einem charakteristischen Kippen vom konstruktiven zum destruktiven Aspekt: von kindlich zutraulich, nähesuchendem Verhalten in plötzliche Übergriffe oder „Ausraster". Psychodiagnostisch lässt sich Max` Störungsbild als psychotische Störung einordnen, mit Schiff (1975) genauer noch als „paranoide Störung" bei gleichzeitiger geistiger Behinderung.

5.2.2 Die Persönlichkeit des behinderten Menschen

Das Team kann Max insgesamt differenziert zeichnen und Vorlieben, Abneigungen, charakteristische Verhaltensweisen und Gewohnheiten beschreiben. Auch Max` Geschichte und familiärer Hintergrund sind gut zugänglich. Bei Elternbesuchen gut zu erleben ist das Modell des Vaters in seiner verschrobenverschlossenen, herrischen und dabei einsamen und bedürftigen bäuerlichen Männlichkeit. Nur unklar kann das Team dagegen den Bereich Arbeit/sinnvolle Betätigung und Max Willensbildung und überdauernde Interessen darstellen, was mit dem bisherigen Heimstil der behütenden Beschäftigung zusammenhängt. Hier fehlt es an Entwicklungsaufgaben für Max, an denen diese hätten deutlich werden können. Insgesamt ist die Beschreibung der Bezugspersonen vor allen Dingen vonseiten der älteren Mitarbeiter, die schon länger in der Gruppe sind, übertönt von der hilflos-verzeihenden, aber auch verkindlichenden Grundhaltung: „Er ist ja so ein Lieber!" (destruktiv fürsorgliche Eltern-Ich-Haltung).

Wichtig ist an dieser Stelle, dass das bisher entstandene Bild der Persönlichkeit nach zumindest zwei Richtungen offen bleibt: Zum einen gibt die Diagnose einer paranoiden Störung zusammen mit Schiffs Theorie der Störungsentstehung (vgl. KOUWENHOVEN, KILTZ & ELBING 2002) den Impuls, den Kontakt zwischen Betreuern und Eltern zu intensivieren und sich Max` Lebensgeschichte neu und vertieft erzählen zu lassen – mit besonderem Augenmerk auf dessen frühe Bindungsentwicklung. Zum anderen macht die Kultur des Kleinheims und die symbiotisch bestimmte Art der Beziehung zwischen Bezugspersonen und Max neugierig darauf, welche Entwicklungskräfte wirksam werden, wenn alle Beteiligten ihr Erwachsenen-Ich öfter mit Energie besetzen bzw. welche Persönlichkeit den Mitmenschen dann mit Max entgegentreten wird. Die Bewusstheit für die Bedeutung der noch folgenden Analyseebenen hilft, trotz eindrucksvoller Verhaltensweisen, die Störung diesmal nicht bei Max zu personalisieren, sondern Max` Bild an dieser Stelle vorläufig und zukunftsoffen stehen zu lassen.

5.2.3 Die Gruppe der Mitbewohner

In der Gruppe der Mitbewohner hat Max eine Führungsrolle. Diese dokumentiert er durch einen Verhaltensstil, der durch kurze, herrische Gesten, zurückgelehnten Kopf und Oberkörper mit nach unten gezogenen Mundwinkeln, zusammengezogene Augenbrauen und mit harter Stimme erteilte kurze Kommandos gekennzeichnet ist. Hier wird das Modell des Vaters verhaltenswirksam und durch seinen Status in der Gruppe verstärkt (destruktiv kritische Eltern-Ich-Haltung). Auf diese Art zieht Max die Bewohner auch zu Dienstleistungen heran, zu denen er selbst schlecht in der Lage ist (z.B. Zubinden der eigenen Schuhe). Morgens wirft Max immer wieder die Mitbewohner im Kommandoton aus dem Bett, scheucht sie ins Bad usw. Mit einem körperlich starken, aber zurückgezogenen Mitbewohner hat er eine Art Nichtangriffspakt. Max verhält sich also im Kreis seiner Mitbewohner sozial kompetent und in seinem Sinne erfolgreich – auch wenn die Ideen der Betreuer von wünschenswertem Sozialverhalten andere sein mögen. Umgekehrt überlassen ihm seine Mitbewohner die „Chefrolle" durch eigenes passives Verhalten mehr als nötig: Auch wenn sie sich weniger gefallen ließen, könnte Max seine Rolle noch gut behalten.

5.2.4 Alltagsstruktur und Alltagsregeln

Im Prinzip gilt für Max die übliche Alltagsstruktur mit Aufgaben in der Selbstversorgung und im Haushalt. Regel ist weiter die Teilnahme an der Beschäftigung im Haus, für die er auch einen kleinen Lohn in bar erhält. Diese Alltagsstruktur hat in der Realität kaum Bestand, weil Max mit Aussicht auf guten Erfolg das Aufstehen, das Zur-Arbeit-Gehen usw. verweigert. Je nach diensthabendem Mitarbeiter wird die Alltagsstruktur mal durchgesetzt, mal fallen gelassen, wodurch die Struktur keinen verlässlichen und klaren Rahmen bietet. Die Art der eingeforderten Tätigkeiten (Wäschefalten, Steckspiele) lasten Max weder körperlich in angemessener Weise aus noch stellen sie eine angemessene Herausforderung für seine geistige Entwicklung dar. Dies bedeutet eine strukturelle Abwertung der Bedürfnisse nach Struktur sowie entwicklungsangemessener Möglichkeiten von Max. Die bereits diagnostizierte symbiotische Beziehungsstruktur findet hier ihre Entsprechung in der strukturellen Zuweisung einer symbiotischen Position in der Kind-Ich-Haltung.

5.2.5 Betreuerteam und Teamkultur

Die auf der Ebene des Problemverhaltens bereits herausgearbeiteten Anteile des Teams im transaktionalen Geschehen mit Max werden hier erneut aufgegriffen und mit der Teamdynamik verknüpft. Das Team verhält sich Max gegenüber, wie berichtet, überwiegend entweder im Modus der destruktiv fürsorglichen Eltern-Ich-Haltung mit Überbehütung, mangelnder Forderung und Unterstrukturierung oder im Fall eines Angriffs im Modus der destruktiv angepassten Kind-Ich-Haltung („Kopf einziehen"). Die entsprechenden „Spiel"positionen sind die Retter- und die Opferrolle. In der Kontaktgestaltung wertet das Team rund um das Thema wirkungsvolle Abgrenzung und Einfordern sinnvoller Anpassung ab, und zwar von der Abwertung der Existenz über die Bedeutung des Problems bis hin zu den konkreten Lösungsmöglichkeiten. Im Team selbst herrscht eine „Spiel"dynamik zwischen denen, die neu im Team sind und die Max bisher von seinen Angriffen ausgenommen hat, und denjenigen, die bereits länger da sind. Die Verschonten nehmen die „Ich bin ok/du bist nicht ok"-Haltung ein. Sie setzen sich über Teamabsprachen zur Abgrenzung hinweg, weil sie diese vermeintlich nicht nötig haben. Damit verhalten sie sich unkollegial und schwächend gegenüber den anderen. Die Angegriffenen andererseits lassen das zu, anstatt die Kollegen zu konfrontieren, und nehmen dadurch die „Ich bin nicht ok/du bist ok"-Haltung ein.

Der gemeinsame Bezugsrahmen des Teams ist gekennzeichnet durch das Personalisierungsmodell: Es liegt demnach an der persönlichen Schwäche der Betroffenen, wenn sie Probleme mit Max haben. Beide Parteien werten mit diesem Bezugsrahmen zumindest die Bedeutung der jahrelangen Erfahrung ab, dass dieses Phänomen der Verschonung nur vorübergehend ist und Max schließlich auch die neuen Mitarbeiter angreifen wird. Die fehlende Solidarität unter den Teammitgliedern ermöglicht die pathologieverstärkende Triangulierung zwischen Max und verschiedenen Betreuern und ist ein gravierender fachlicher Fehler.

Geschichte und Kultur der Einrichtung zusammen mit dem Qualifikationsprofil des Teams legen die Einschätzung nahe, dass im Team kein fachlicher Nährboden vorhanden ist, um diese Dynamik in ihrer Bedeutung zu reflektieren. Nach meiner Einschätzung fehlen hier an erster Stelle relevante Informationen. Die Abwertungsaspekte sind zwar deutlich vorhanden, stehen hier aber zunächst im Hintergrund. Dies muss sich in der weiteren Interventionsgestaltung niederschlagen (s.u.).

5.2.6 Zusammenarbeit der Lebensbereiche

Aufgrund der Lage und Organisation der Einrichtung spielen andere Lebensbereiche wie z.B. „Werkstatt für Menschen mit Behinderung" für diese Problemanalyse keine Rolle. Die sehr seltenen Elternbesuche stellen keinen bedeutsamen Konfliktherd dar.

5.2.7 Führung und Führungskultur in der Einrichtung

Durch die Veränderung der Trägersituation erlebt das Team überhaupt das erste Mal einen fachlich kompetenten und gestaltenden Leiter. Das Verhältnis ist beidseitig von starken Ambivalenzen gekennzeichnet: Das Team erkennt einerseits seine eigene Hilflosigkeit im Umgang mit Max und ist dankbar für fachliche Nachhilfe und Unterstützung; auf der anderen Seite sind der Verlust der Eigenständigkeit und die Konfrontation mit fachlichen Ansprüchen und Erwartungen schmerzhaft und kränkend. Die Leitung schwankt zwischen Mitleid für die lange Zeit allein gelassenen Mitarbeiter und Entsetzen über den fachlichen Standard sowie den Impuls, dies schnellstmöglich zu ändern. Der neue Erwachsenenbereichsleiter versucht für sich die Ambivalenz dadurch aufzulösen, dass er mehrfach in der neuen Einrichtung mitarbeitet und sich auch auf heftige Auseinandersetzungen mit Max einlässt. Dies führt wiederum zu einer ambivalenten Reaktion: Einerseits akzeptiert das Team seine Kompetenz und seinen Einsatz („Der ist sich nicht zu fein, um bei uns richtig mit hinzulangen"), andererseits wird es durch das noch deutlicher wahrnehmbare Kompetenzgefälle entmutigt. Dieses Gefälle lässt sich mit Watzlawick und Mitarbeitern als komplementäre Beziehungsstruktur beschreiben (WATZLAWICK, BEAVIN & JACKSON 1969). Das Problem mit der Wahrnehmung real vorhandener Kompetenzunterschiede liegt jedoch in der anschließenden Verarbeitung mittels alter Skriptmuster, wenn nicht durch ein entsprechendes Beziehungsangebot die Verarbeitung im Erwachsenen-Ich-Zustand unterstützt wird.

5.2.8 Einrichtungskultur

Die Kultur der vormaligen Einrichtung war seitens des Trägers durch eine abwertend-infantilisierende Fürsorgehaltung sowie eine Haltung wohlwollender Beglückung gekennzeichnet, die wichtige Teile der Realität ausblendet. So hat der Träger z.B. mitten auf die Wiese der Einrichtung ein Hallenbad in einem eigenen, frei stehenden Bau errichtet. Das Bad ist nie benutzt worden, weil es in keiner Weise den Möglichkeiten der Bewohner, sich im Wasser zu bewegen, und den damit zusammenhängenden Erfordernissen entsprach. Der neue Träger war zwar in seiner Kultur fachlich sehr viel besser „sortiert", aber der vorhin erwähnte Bezugsrahmen der Personalisierung des Gewalt- und Gefahrenproblems bei den Mitarbeitern wurde auch hier zunächst noch geteilt.

5.2.9 Gesellschaftliche Einbettung

Die Einbettung der Einrichtung in ihre unmittelbare dörfliche Umgebung stellt sich als historisch gewachsen und vergleichsweise gut gelungen dar, sodass auf dieser noch für Interventionen erreichbaren Ebene kein Handlungsbedarf ersichtlich ist. Die weiter oben beschriebene sozioökonomische Großwetterlage betrifft auch diese Einrichtung, liegt aber nicht in der Reichweite der Art Beratung, um die es hier geht.

5.3 Gestaltung des Beratungsprozesses

Nach den oben dargestellten Gestaltungsmaximen setzt die Beratung zunächst an zwei Punkten an:

Zum einen im Team bei der Abwertung der Notwendigkeit, den Möglichkeiten und eigenen Fähigkeiten zur Nutzung der Qualitäten der konstruktiv-kritischen Eltern-Ich-Haltung. Hierzu wird ein

Teamklausurtag mit folgenden Elementen gestaltet: Auswertung der überarbeiteten Dokumentation mit der Analyse der eigenen aktiven Anteile am Zustandekommen der Problemsituation, ein kleiner Fortbildungsteil mit relevanten Informationen zum Störungsbild und zu den Erfahrungen im erfolgreichen Umgang damit sowie Wahrnehmungs- und Selbsterkundungsübungen zu Aspekten der konstruktiv-kritischen Eltern-Ich-Haltung. Damit setzt diese Klausur bei den Fähigkeiten der Teammitglieder zur Selbstwahrnehmung, Abgrenzung und elterlichen Führung an und stellt relevante, bisher fehlende Informationen zur Verfügung. Diese Auseinandersetzung im geschützten Rahmen ist für die Mitarbeiter so eindrücklich, dass gerade die ältesten und langjährigsten Mitarbeiter noch nach Jahren mit bewegter Stimme auf diese Übungen Bezug nehmen und sie nutzen können, um ihr Verhalten gegenüber Max zu reflektieren und zu korrigieren.

Zum anderen und vor allem noch vor der Klausur wird das Team damit beauftragt, der realen körperlichen Gefährdung der weiblichen Mitarbeiter durch Kneifen in die Brust mit Finden und Tragen geeigneter Schutzbekleidung zu begegnen. Auch bei sorgfältiger Arbeit und guter Abgrenzung ist es jedoch nicht realistisch, allein dadurch einen hinreichend guten Schutz gegenüber den Übergriffen herzustellen, besonders wenn die Mitarbeiterinnen mit der Gruppe oder mehreren Bewohnern gleichzeitig arbeiten. Dieser Auftrag an das Team konfrontiert gleichzeitig den Bezugsrahmen der Personalisierung (s.o. Abschnitt 5.2) und gibt die Erlaubnis, reale Gefahr auch als reale Gefahr wahrzunehmen und zu benennen. Das Team wird im alpinen Rennsport fündig: Dort tragen Slalomrennläuferinnen einen Brustschutz aus Hartplastik, um sich gegen die zurückschlagenden Slalomstangen zu schützen. Dieser Schutz kann unauffällig unter der normalen Kleidung getragen werden. Den männlichen Brillenträgern wird im Dienst das Tragen von Sport- oder Titanbrillen dringend nahegelegt. Die mit den Schutzmaßnahmen verbundenen Anschaffungskosten werden von der Einrichtung getragen. Die Erfahrung, gut geschützt zu sein, verminderte die Angst der Mitarbeiter, Max gegenüberzutreten. Sie werden dadurch beherzter und klarer und machen die Erfahrung, dass Max diese Stimuli zur sinnvollen Anpassung und zu seiner Stabilisierung nutzen kann: Die Mitarbeiter besetzten vermehrt die konstruktiv-kritische Eltern-Ich-Haltung, Max umgekehrt die konstruktiv-angepasste Kind-Ich-Haltung. So ermutigt, arbeiten die Teammitglieder in der nächsten Beratung konkrete Abstands- und Umgangsregeln aus. Dadurch begeben sich die Mitarbeiter nicht unnötig in eine körperliche Nähe zu Max, die ihm die vermeintlichen Überraschungsangriffe ermöglicht oder gar anbietet. Wenn die Mitarbeiter ihm z.B. beim Arbeiten den Rücken zukehren müssen, weisen sie ihm zuvor einen Platz und eine Tätigkeit an, die den nötigen Abstand wahren. Weiter grenzen sie den Zugangsweg zu den Zimmern der anderen Bewohner früh morgens mit einer Schnur ab und fordern von ihm ein, diese Grenzziehung zu respektieren. Ziel ist die Eingrenzung seines herrischen Weckverhaltens gegenüber den anderen Bewohnern und gleichzeitig Schutz der Bewohner vor diesen Übergriffen (s.o. Abschnitt 5.2 Ebene 3: Mitbewohner).

Diese Maßnahmen bewirken eine deutliche Reduktion des Problemverhaltens und einen deutlichen Rückgang der massiven aggressiven Eskalationen. Im Gegenzug nehmen nicht nur die Anteile angemessen angepassten Verhaltens bei Max zu. Dadurch, dass Max auch für die anderen in der Gruppe wahrnehmbar seinen Platz zugewiesen bekommt, verschiebt sich das Gefüge der Bewohnergruppe. Max ist zwar immer noch „Boss", die Mitbewohner sind jedoch selbstbewusster geworden und widersprechen mehr, streiten auch einmal mit Max und haben ihre ängstliche Haltung ihm gegenüber deutlich vermindert.

Im Laufe der Entwicklung zeigt sich immer deutlicher der Zusammenhang zwischen der Kollegialität und Unterstützung im Team auf der einen Seite und der „Angriffsrate" von Max auf der anderen Seite.

Solange auch diejenigen Teammitglieder, die meinen, weniger durch mögliche Angriffe gefährdet zu sein (namentlich die männlichen Teammitglieder), den vereinbarten Umgangsstil mit seinen klaren Grenzziehungen realisieren, bleibt die „Angriffsrate" niedrig; meint ein Kollege, sei es aus Grandiosität oder aus falsch verstandenem Mitleid gegenüber Max, distanzloses und grenzüberschreitendes Verhalten zulassen zu können oder zu müssen, so folgt die Quittung in Form von vermehrter Destabilisierung, zunehmenden Eskalationen und Angriffen auf dem Fuße, und zwar gegenüber allen Kollegen. In der Folge lernt das Team, dies als Impuls zur Wahrnehmung der eigenen Gestaltungsverantwortung zu nutzen (s.o. Abschnitt 5.2 Ebene 5: Betreuerteam und Teamkultur).

Ein wichtiges Veränderungsthema kann jedoch über längere Zeit nicht aufgegriffen und weiterbehandelt werden, weil über einige Jahre wegen schwieriger personeller Entscheidungen des neuen Trägers in der Einrichtungsführung keine konzeptionelle Weiterentwicklung der Einrichtung stattfindet: die Einführung von für die Gemeinschaft sinnvollen und notwendigen Tätigkeiten, das heißt die Entwicklung eines wirklich behindertengerechten, echten Arbeitsangebotes mit überschaubaren und erlebbaren vollständigen Handlungsketten, die die Notwendigkeit und die Sinnhaftigkeit der Arbeit sinnenhaft erlebbar und nachvollziehbar machen (Beispiele: Abernten der Obstbäume auf dem Gelände und Versaften der Äpfel mit Lagerung im eigenen Keller, anschließender Genuss des selbst gemachten Apfelsaftes im Winter; Getreide mahlen, Backen, Servieren und Essen des eigenen Brotes usw.)[2].

Das oben geschilderte Beratungssetting und die Verteilung der Beratungstermine bedingen, dass das Team eigenständig Beschlüsse und Empfehlungen umsetzen muss und die Beratungstermine im Grunde der Prozessreflexion und weiteren Planung dienen. Zur Unterstützung ist zwischen den Terminen die Möglichkeit telefonischer Beratung vereinbart worden. Hiervon hat das Team jedoch keinen Gebrauch gemacht.

Der Vorteil dieses Settings liegt darin, dass das Team nach dem Startschuss durch die Klausur die Veränderungen selbst gestaltet und sich so die Erfolge auch selbst zuschreiben kann (vgl. Problem im Verhältnis zur Führung; Abschnitt 5.2 Ebene 7: Führungskultur). Auf diese Weise stärken der eigene Lernerfolg und Kompetenzgewinn die Nutzung der Erwachsenen-Ich-Haltung in der Arbeit und beugen der Verarbeitung des Kompetenzgefälles zum Berater im Skriptmodus vor. Die Aufgaben des Beraters liegen in diesem Prozess primär darin, das Team mit den fachlichen Notwendigkeiten des Umgangs mit Max auf eine Weise bekannt und vertraut zu machen, die es dem Team ermöglicht, sich die Informationen zu eigen zu machen und mit ihnen produktiv zu arbeiten. Der zweite Aufgabenschwerpunkt liegt darin, im Anschluss an diesen Schritt das Team in der Ausarbeitung seiner neuen Umgangsweise beratend zu begleiten. Dem Team obliegt dabei die Verantwortung, für sich zu klären, welche konkrete Ausgestaltung realistisch zu leisten und im Alltag durchzuhalten ist.

Hinter den einzelnen Interventionen steht das Konzept der „drei P oder 3P" (CROSSMAN 1966, 19), mit dem sich auch die Wirkung der Beratung theoretisch fassen lässt. Das Team benötigt wirksamen, in diesem Fall auch ganz realen Schutz (Protektion). Entscheidend ist hier das verordnende Einleiten von Schutzmaßnahmen vor der intensiven eigenen Auseinandersetzung in der Klausur. Das Team benötigt zusätzlich die Erlaubnis (Permission), zu seinen eigenen Abgrenzungsbedürfnissen und dem Recht zu stehen, sich auch gegenüber behinderten Menschen zu verwahren und die eigene Integrität zu schützen. Eine weitere Erlaubnis liegt darin, Alltag wirklich zu gestalten, statt nur auf das Verhalten der Bewohner zu reagieren und dabei die eigene Macht als Betreuer konstruktiv zu nutzen. Die eigene Potenz (Potency) des Beraters ist in der Beziehungsgestaltung an mehreren Stellen gefordert: in wirksamen Verordnungen zu Beginn und als Sicherheit und Orientierung gebende väterliche Gestalt in der Zeit der Führungsprobleme unter dem neuen Träger. Für den Veränderungsprozess wichtig ist weiter das Wechselverhältnis zwischen beraterischer Potenz und der Fähigkeit des Teams, mit den Beratungsimpulsen in den Intervallen zwischen den Beratungen wirksam zu arbeiten und bei aller Unsicherheit Neuland zu betreten.

5.4 Zusammenfassende Kommentierung des Beratungsprozesses

Insgesamt lässt sich der Beratungsprozess als mehrschichtige Kulturveränderung in diesem Kleinheim beschreiben. Spätestens mit dem jüngsten Teilprojekt der Neugestaltung des Alltags hin zu einer sinnenhaft und sinnvoll im Gemeinschaftszusammenhang handelnden Gruppe hat sich die Art verändert, Probleme wahrzunehmen und zu definieren: Max hat weiter seine Grundstörung, ist aber inzwischen deutlich stabilisiert; weder er noch das Team sind für die Systembeteiligten „das" Problem, dafür stellen sich jetzt positiv herausfordernde Gestaltungsaufgaben. In transaktionsanalytischen Begriffen gefasst: Der Bezugsrahmen hat sich im Lauf des Prozesses verändert. Durch die Stärkung der Erwachsenen-Ich-Haltung und die dadurch mögliche Kompetenzerweiterung können Probleme jetzt als Aufgaben begriffen werden. Damit haben die Beteiligten an Autonomie gewonnen und nehmen vermehrt ihre Verantwortung wahr.

Beratungsprozess als mehrschichtige Kulturveränderung

Stärkung der Erwachsenen-Ich-Haltung; Autonomie und Verantwortung

Im Sinne der oben formulierten Zielsetzung des vorgestellten Beratungsmodells konnte der Prozess so gestaltet werden, dass die Entwicklung eines gemeinsam geteilten vielschichtigen Problemverständnisses unmittelbar in problemlösendes Handeln hineinführt. Aus dem Handeln heraus verändert und vertieft sich wiederum das Problemverständnis. Somit leitet die Erarbeitung der Problemanalyse den konstruktiven Veränderungsprozess nicht nur ein, sondern ist ein erster und wesentlicher Teil davon. Die Klärung dessen, was es für alle Vertragsbeteiligten notwendig zu tun gibt, ist bereits eine entscheidende Intervention. So stellt sich das vorgestellte Modell zum Schluss als beraterische Vertragsarbeit dar.

problemlösendes Handeln

Klärung

entscheidende Intervention

6. Abschließende Überlegungen zum Anwendungsfeld

Beratung des Menschen mit einer geistigen Behinderung

... und wie verhält es sich mit der Beratung des Menschen mit einer geistigen Behinderung selbst? Nachdem der „state of the art" der Beratung systemisch vernetzt in seinem Lebensfeld liegt, stellt sich diese Frage in der Tat. Zum Abschluss dieses Beitrags sollen daher die Erfahrungen des Autors zu diesem Aspekt thesenartig gebündelt zur Diskussion gestellt werden.

Macht der Alltagsgestaltung und der Beziehungsgestaltung im Alltag

Die Macht der Alltagsgestaltung und der Beziehungsgestaltung im Alltag durch die (professionellen) Bezugspersonen kann kaum hoch genug eingeschätzt werden. Schon Eric Berne sah im Alltag den Ort und damit auch den Prüfstein wirklicher Veränderung, kristallisiert in seiner berühmten Frage: „Woran wirst du, werden es die anderen merken, dass du deine Ziele erreicht hast?"[3] Gegen die alltagsmächtigen Bezugspersonen kommt keine Einzelberatung mit dem behinderten Menschen an; deshalb müssen sie in der Beratungsgestaltung zumindest mitgedacht werden. Meine Erfahrungen zeigen, dass sich sozial kompetente, lern- oder leicht geistig behinderte Menschen mit einer klassischen Einzelberatung wirksam verändern können – wenn das Umfeld ihren Entwicklungsimpulsen freundlich begegnet. In der Regel bringen sie auch die Voraussetzungen mit, um ggf. Freiräume und Nischen in ihrem sozialen Gefüge aus eigenen Kräften nutzen zu können. Je mehr die Beeinträchtigungen, mit denen behinderte Menschen leben müssen, sie tatsächlich in ihrer Beziehungs- und Alltagsgestaltung behindern, desto mehr sind sie darauf angewiesen, dass ihr Umfeld den Änderungsprozess aktiv mitgestaltet. Die Wirksamkeit der unmittelbaren Beratungsarbeit mit ihnen sinkt dementsprechend und im Gegenzug wird die systemische Anlage für eine wirksame Beratung zur Notwendigkeit. Die Frage nach der unmittelbaren Beratung mit dem behinderten Menschen wird dadurch zur Leitfrage, inwieweit es sich der Berater im wohlverstandenen Interesse des behinderten Menschen leisten kann, die systemischen Wechselwirkungen im Hintergrund seiner Beratungsstrategie zu lassen. Nachdem die sogenannten fitten Menschen mit geistiger Behinderung deutlich in der Minderzahl sind und die auf Unterstützung wirklich angewiesenen Menschen mit geistiger Behinderung die große Mehrzahl ausmachen, braucht in der Praxis die Antwort auf diese Frage häufig nicht viel Nachdenken. Die Konsequenzen für die Beratung dagegen sehr wohl. Diesem Nachdenken ist dieser Artikel gewidmet.

7. Zusammenfassung

Beratung wird im vorliegenden Anwendungsfeld als Prozess verstanden, der sich in Problemanalyse, Änderungsplanung und -begleitung auf das gesamte Lebensfeld eines Menschen mit geistiger Behinderung bezieht. Darauf aufbauend wird ein Beratungskonzept vorgestellt, das professionelle Bezugspersonen als die primären Adressaten von Beratung pragmatisch dabei unterstützt, eine umfassende Problemanalyse durchzuführen und mit Konzepten der Transaktionsanalyse änderungsrelevant auszuwerten. Weiter werden Entscheidungsregeln zur Entwicklung einer wirksamen Änderungsstrategie und zur Priorisierung der Änderungsschritte vorgestellt. Anschließend werden die Konsequenzen des Konzepts für die Ausgestaltung der Beraterrolle diskutiert. Ein Anwendungsbeispiel verdeutlicht Umsetzungs- und Wirkmöglichkeiten des dargestellten Konzepts.

Anmerkungen

1 Ist beispielsweise der Anlass für den Beratungsauftrag ein Problemverhalten des Menschen mit geistiger Behinderung, mit dem das Umfeld wiederholt an die Grenzen seiner Handlungsmöglichkeiten kommt, so sind damit häufig vielschichtige weitere Probleme verbunden: Konflikte im Betreuerteam, Abstimmungsprobleme zwischen den Lebensbereichen, Konkurrenz- oder Missachtungsdynamiken zwischen Professionellen und Eltern, Führungsprobleme in der Organisation sowie nicht zuletzt Informations- oder Ausbildungsdefizite bei den Dialogpartnern des behinderten Menschen. Die Problemfelder sind für sich und in Verbindung miteinander relevante Ansatzpunkte einer erfolgreichen Veränderung.
2 Aktuell sind die Schwierigkeiten auf Leitungsebene beigelegt und der neue Leiter der Einrichtung ist mit dem Gruppenleiter dabei, die Tagesstruktur von Max` Wohngruppe grundlegend neu zu gestalten und damit die Gruppenkultur insgesamt tief greifend zu verändern. In Kürze werden daher die Rahmenbedingungen bereitstehen, auf deren Hintergrund sich die anstehenden Entwicklungsschritte von Max vollziehen können und an denen sich die erwachsene Persönlichkeit von Max finden und ausformen kann (s.o. Abschnitt 5.2 Verbindung der Ebenen 2 bis 8).
3 Im Klartext steht diese Frage in: Stewart, I. & Joines, V., *TA Today. A new introduction to Transactional Analysis.* Nottingham: Lifespace Publishing 1987, 264. Stewart bezieht sich dabei auf einen unveröffentlichten Vortrag von Muriel James über self reparenting bei der EATA-Konferenz 1985. Die Fundstellen bei Berne, die dieser Frage am nächsten kommen, sind: Berne 2001, 164 und Berne 2005, 94.

Ulrich Elbing

Jahrgang 1959, ist Diplom-Psychologe und promovierter Naturwissenschaftler. Nach dem Studium der Psychologie und Theologie in Trier ist er seit 1986 in der Behindertenhilfe, zunächst als Heimpsychologe und seit 1998 in eigener Praxis, als Psychotherapeut und Supervisor tätig. Nach Weiterbildung in behindertenspezifischen Therapieansätzen bei Ulrich Rohmann und in Transaktionsanalyse bei Anne Kohlhaas-Reith ist er heute Lehrender Transaktionsanalytiker für den Bereich Psychotherapie. Seit 2002 lehrt und forscht er als Professor für Kunsttherapie-Forschung an der Fachhochschule für Kunsttherapie in Nürtingen. Er lebt und arbeitet in Schwäbisch Gmünd.

Anschrift des Verfassers:
Prof. Dr. Ulrich Elbing
Steinäcker 10
73527 Schwäbisch Gmünd

Beratung bei und in Paarkonflikten
Ute und Heinrich Hagehülsmann

1.	**Paarberatung: Eine Definition**	68
2.	**Geschichte der Paarberatung**	70
	2.1 Allgemeine Entwicklung der Ehe- und Paarberatung	70
	2.2 Paarberatung in der Transaktionsanalyse	72
3.	**Gegenwärtiger Stand**	74
4.	**Theorien und Modelle**	78
	4.1 Grundlegenge Vorüberlegungen	78
	4.2 Grundlegende theoretische Konzepte	79
	4.2.1 Autonomie	79
	4.2.2 Symbiosen	79
	4.2.3 „Alltagskonzepte"	80
5.	**Methoden**	82
	5.1 Vorüberlegungen zu einer vertragsorientierten Vorgehensweise	82
	5.2 Überlegungen zur Verschränkung von Diagnostik und Intervention	82
	5.3 Methodologisch-praxeologische Beispiele unserer Arbeit	84
	5.3.1 Beispiel zum prozessularen Verständnis	84
	5.3.2 Inhaltsbezogene Beispiele	86
	5.3.2.1 Bewusstheit als Voraussetzung für Intimität	86
	5.3.2.2 Konstruktiver Umgang mit Gefühlen im Zusammenhang mit Abgrenzung	89
	5.3.2.3 Gesunde Abhängigkeit	92
	5.3.2.4 Umgang mit Macht, Ohnmacht und Kontrolle	95
	5.3.3 Was bleibt sind nicht nur Leitsätze: Zusammenfassende Bemerkungen	97
	5.4 Als Paar mit Paaren arbeiten: Eine Herausforderung an die Autonomie der Berater	98
6.	**Anwendungsbereiche**	101
7.	**Zusammenfassung**	102
Anmerkungen		102

1. Paarberatung: Eine Definition

eigene Ressourcen, d.h. ihre Autonomie weiterentwickeln

Unter (Ehe-)Paarberatung verstehen wir die Aufgabe, ratsuchende Menschen in ihren Partnerschafts- und Beziehungsproblemen (wie z.B. Entwicklungs-, Kommunikations- und Entscheidungskonflikten) in die Lage zu versetzen, dass sie ihre Probleme, möglichst unter Rückgriff auf ihre eigenen Ressourcen, in Inhalt, Ausprägung und Umfang begreifen und in einer ihrer Beziehung gemäßen Weise lösen (oder zumindest handhabbar machen) können. Durch und in der Beratung sollen sie gleichzeitig ein höheres Maß an persönlicher Entfaltungs-, Beziehungs- und Partnerschaftsfähigkeit erreichen, das heißt ihre Autonomie weiterentwickeln.

Die Beratung von Partnerschaftsproblemen „konfrontiert ... mit zentralen Lebensthemen, die für die Qualität des persönlichen Lebens, die Qualität der mit ihm verbundenen Beziehungen und damit auch für Gesundheit und Krankheit höchste Bedeutung haben" (STRUCK 2004, 1015). Sie findet in unterschiedlichen professionellen Kontexten und Settings statt und kann von medizinischen Fragen über geeignete Sexualpraktiken bis zur Finanz- oder Schuldnerberatung reichen.

zielgerichtet, ressourcenorientiert, zur Selbsthilfe motivierend

Dabei wird Paarberatung als begleitender Prozess verstanden, der zielgerichtet, ressourcenorientiert und zur Selbsthilfe motivierend angelegt ist und den üblichen Rahmenbedingungen unterliegt:

➤ Die Beratung ist ein zeitlich begrenzter, zielgerichteter kommunikativer Prozess, der entweder als Einzelpaarberatung oder als Beratung in einer Gruppe durchgeführt wird.[1]
➤ Die Beratung ist vertraulich. Die Berater unterliegen der Schweigepflicht.
➤ Die Beratung ist ein Angebot, dass die Ratsuchenden überwiegend freiwillig annehmen.[2]
➤ Die Beratung kann oftmals kostenlos oder zumindest kostengünstig in Anspruch genommen werden.
➤ Die Beratung ist für alle Klientinnen und Klienten offen, unabhängig von Weltanschauung, Religion, Herkunft, Geschlecht oder sexueller Orientierung; sie ist auch unabhängig von Form und Art der Paarbeziehung (z.B. Ehe, Partnerschaft, Lebensgemeinschaft etc.).
➤ Die Beratung hat zunehmend mit interkulturellen Faktoren (z.B. interkulturelle Paare oder Sachverhalte, Milieus) umzugehen.

Der Beratungsprozess wird begünstigt, wenn ein Paar bereits die Einsicht gewonnen hat, dass die konflikthaft gestörte Beziehung nicht nur die Schuld eines Partners ist und gemeinsame Bemühungen erforderlich sind, um das zentrale Ziel, die Förderung und Stärkung der individuellen wie gemeinschaftlichen Autonomie, zu erreichen.

Bei vielen Paaren wird der Beratungsprozess erst dann stattfinden, wenn die Konflikte derart eskaliert sind, dass sie das gemeinsame Leben empfindlich stören. Demgegenüber kann Paarberatung durchaus auch im Sinne von präventiver Paarberatung verstanden werden, die dann weniger Einsichten in bestehende Problemlagen als vielmehr Fähigkeiten und Fertigkeiten zur Lebens- und Beziehungsgestaltung vermittelt (BOCHMANN 2004, 1011).

Auf jeden Fall befreit Paar- und/oder Ehepaarberatung „als eine nicht-therapeutische Disziplin ... von der Notwendigkeit, Pathologie als Voraussetzung für einen Beratungsprozess zu sehen" (BOCHMANN 2004, 1012).

2. Geschichte der Paarberatung

2.1 Allgemeine Entwicklung der Ehe- und Paarberatung

„Die Gründung einer ersten deutschen ‚Eheberatungsstelle' im Jahre 1911 in Dresden stand damals am Beginn einer Entwicklung, die bis heute ein zwar nicht ausreichendes, dennoch aber über Stadt und Land gut verteiltes Netz unterschiedlicher Beratungsstellen mit Schwerpunkten in der Ehe-, Partnerschafts- und Familienberatung geschaffen hat" (STRUCK 2004, 1018). Zwar wurden die daraus entstandenen Beratungsstellen im Nationalsozialismus zerschlagen oder in Einrichtungen der eugenischen Zwangsberatung umgewandelt. Unmittelbar nach dem Zweiten Weltkrieg wurden jedoch aufgrund des Engagements unterschiedlicher akademischer Kreise schon bald neue Beratungsstellen gegründet und ausgebaut. Dabei war den Initiatoren klar, dass die paarbezogenen und familiären Strukturen aufgrund der bereits eingetretenen oder vorausgeahnten gesellschaftlichen Entwicklungen starken destabilisierenden Einflüssen unterliegen würden und der Einzelne die persönlichen und familiären Anforderungen durch diese Veränderungen besser bewältigen kann, wenn er psychologische Anregungen und Unterstützung erhält.

Dass es hauptsächlich die beiden christlichen Kirchen waren, unter deren Dach die Beratungsstellen eingerichtet wurden, lag auch an deren seelsorglich-pastoralem Auftrag (STRUCK 2004, 1018). Dass dieser Auftrag dennoch nicht zu weltanschaulicher Voreingenommenheit führte, wurde spätestens zu dem Zeitpunkt klar, als sich die Hauptträger aus dem kirchlichen Raum mit denen aus dem nicht kirchlichen Raum zum „Deutschen Arbeitskreis für Jugend-, Ehe- und Familienberatung (DAK)" zusammenschlossen und sich auf eine gemeinsame Rahmenordnung und anerkannte fachliche Standards für die Aufgaben, Tätigkeiten und Qualifizierungen der Ehe-, Familien- und Lebensberater einigten.

pädagogisch/ erzieherisch vs. therapeutisch/kurativ

„Ohne Anspruch auf historische Genauigkeit oder gar Vollständigkeit lassen sich zwei grundlegende Entwicklungen der Paarberatung im Laufe des letzten Jahrhunderts feststellen": die eine ist eine stark pädagogisch/erzieherisch geprägte Paarberatung, die andere ein Modell von therapeutisch/kurativer Paarberatung (BOCHMANN 2004, 1009). Bis Ende des Zweiten Weltkriegs dürfte – Bochmann folgend – das „pädagogische" Modell im Vordergrund gestanden haben. Dabei ging es in der Beratung hauptsächlich um Fragen der Gesundheit, Hygiene und Aufklärung, was dann im Nationalsozialismus unter dem Aspekt der „Rassenhygiene" politisch instrumentalisiert und missbraucht wurde. Doch auch in den Jahren nach dem Zweiten Weltkrieg ging es primär um erzieherisches Einwirken durch gezielte Informationsvermittlung. Denn therapeutisches Arbeiten mit Paaren war zu diesem Zeitpunkt auch deswegen noch keine Zielsetzung, weil das Denken über und in Systeme(n) (die Paare bekanntlich bilden) damals noch nicht im Blickpunkt der Psychologie war. „Paarberatung im erzieherischen Sinn barg (jedoch; H.H.) die Gefahr der Vereinnahmung und der Lenkung der Ratsuchenden, Lenkung in einer gesellschaftlich oder politisch gewünschten Richtung" (BOCHMANN 2004, 1009). Entsprechend war es der englische Begriff „guidance", der damals häufiger im Zusammenhang mit Paarberatung verwandt wurde und für eine Haltung bezeichnend war, in der es eher um Führung und Leitung denn um Begleitung ging.

Erst in der Nachkriegszeit wurde der therapeutische Ansatz immer mehr in die Paarberatung eingeführt. War im medizinischen Sektor „Paarberatung" zunächst häufig noch Einzelberatung, entwickelte sich, aus kirchlichen Kreisen stammend, eine deutliche Beratungsbewegung, die „stärker auf die Dynamik und das Anliegen des Paares achtete" (BOCHMANN 2004, 1009). Tiefenpsychologische Erkenntnisse dienten dabei als wichtigste Bereicherung für die Beratung. Problematisch war allerdings, dass Paare aufgrund dieses Ansatzes allzu schnell pathologisiert und etikettiert wurden.

Trotzdem bezog die Ehe- und Paarberatung von den psychotherapeutischen Strömungen mehr als nur Anregungen. Bereits 1973 veröffentlichte der Psychoanalytiker Hans G. Preuss sein Buch „Ehepaartherapie: Ein Beitrag zu einer psychoanalytischen Partnertherapie in der Gruppe" (Neuauflage 1985) mit dem Ziel, diese Therapie einer breiteren Schicht von Hilfesuchenden zu ermöglichen. (In Deutschland vorgestellt wurde seine Ehepaartherapie schon 1965.) Erstmals 1975 stellte Jürg Willi sein Buch „Die Zweierbeziehung" und mit ihm sein Konzept der „Kollusion" in einer Paarbeziehung vor. Und aus dem Jahre 1977 wissen wir, dass der Amerikaner B.G. Guerney zu den ersten psychoanalytischen Therapeuten in den USA gehörte, die Paare gemeinsam beraten haben, wobei psychoanalytische Paarberatungen damals fast ausschließlich noch in Einzelsitzungen mit jeweils einem eigenen Therapeuten durchgeführt wurden.

Konzept der „Kollusion"

1980 schreibt Heigl-Evers im Fachlexikon der sozialen Arbeit, dass die eheliche Beziehung trotz der Zunahme von alternativen Lebensweisen auch weiterhin „eine wesentliche Quelle emotionaler Befriedigungen" (HEIGL-EVERS 1980, 207) sei. Natürlich seien diese Beziehungen aber auch störungsanfällig, weshalb der Beratung oder Behandlung von ehelichen oder sexuellen Störungen große praktische Bedeutung zukomme. Dabei werden zunehmend beide Partner in die Beratung einbezogen und die eheliche Dyade als „Patient" verstanden. Ziel der Beratung und Behandlung sind nunmehr die interaktionellen Determinanten der Eheprobleme, wobei – dem psychodynamischen Konzept der Psychoanalyse entsprechend – pathologische Interaktionen weiterhin als Ausdruck und Folge innerer Konflikte der beteiligten Partner verstanden und behandelt werden.

eheliche Beziehung als wesentliche Quelle emotionaler Befriedigung

Für Dirk Revenstorf, den Herausgeber eines „Handbuches für Psychotherapeutische Verfahren in Gruppen-, Paar- und Familientherapie" (1988), ist Paartherapie ein Spezialfall der Familientherapie, in dem die Beziehung der Eltern betrachtet wird und es um die Frage der Partnerwahl und den subjektiven Nutzen der Beziehung geht. Er fokussiert das Erlernen von Kommunikationsfertigkeiten und die Erhöhung der Attraktivität der Beziehung.

An der Veränderung kognitiver Prozesse ihrer Klienten setzen auch die sogenannten kognitiven Verhaltenstherapeuten wie z.B. A.T. Beck, A. Ellis oder F.H. Kanfer an. Ihre Grundfrage lautet: Wie gestalten die Ehepartner ihre Beziehungen zueinander destruktiv und wie verstärken sie dieses Verhalten immer wieder? Dabei gehen sie davon aus, „dass

Veränderung der kognitiven Bewertung und Schlussfolgerungen

das Erleben und Verhalten von Menschen nicht primär durch äußere Ereignisse, sondern durch deren kognitive Bewertung und die daraus abgeleiteten Schlussfolgerungen geprägt wird" (BORG-LAUFS 2004, 633). Ändern sich die automatisierten dysfunktionalen und irrationalen Bewertungen der partnerschaftlichen Interaktionen, ändern sich auch die Interaktionsmuster bzw. können leicht durch geeignete Techniken geändert werden.

Immer wieder kommt es jedoch auch zu „Aufrufen", den zuvor genannten Pol der pädagogisch erzieherischen Beratung wieder zu beleben. So plädiert z.B. Martin Textor 1998 in der Zeitschrift „Familiendynamik" dafür, dass präventiven Angeboten für (Ehe-)Paare, wie sie in den USA schon länger durchgeführt werden, mehr Bedeutung als bisher zugesprochen wird. Das heißt, das präventive Angebot der Eheberatung soll sich an Paare ohne Probleme oder an Risikogruppen wenden. Im Rahmen eines kurzzeitigen Gruppenangebots könnten dabei Kommunikationsstörungen, mangelnde Problemlösefertigkeiten, unrealistische Erwartungen u.Ä. frühzeitig identifiziert werden. Das sei auch deswegen bedeutsam, weil sich gescheiterte Paarbeziehungen häufen, vorhandene (Ehe-)Beratungsangebote zu spät oder gar nicht angenommen werden und aus beidem viel Leid für Partner und Kinder resultiert.

2.2 Paarberatung in der Transaktionsanalyse: ein kurzer Rückblick

bereits seit den Anfängen

In der Transaktionsanalyse beginnt die Beschäftigung mit – wie üblich vom Vertrag abhängig – Paartherapie oder Paarberatung vergleichsweise bereits sehr viel früher. Theoretische, methodische wie auch praxeologische Hinweise auf die Arbeit mit Paaren gibt es bereits in den grundlegenden Werken von Eric Berne „Transactional Analysis in Psychotherapy" (1961; dt.: 2001) oder „Principles of Group Treatment" (1966; dt.: 2005) wie auch in „A Layman's Guide to Psychiatry and Psychoanalysis" (1957; dt.: 1970). Dabei vertritt Berne die Auffassung, dass erst die Möglichkeiten der sogenannten „Spiel"analyse (Berne 1964) eine wirklich neutrale und, zusammen mit einer Skriptanalyse der Partner, auch wirksame (Ehe-)Paartherapie ermöglichen (2001, 203ff; 2005, 306). Aber nicht nur Eric Berne, sondern auch zahlreiche seiner Mitstreiter der ersten Stunde beschäftigen sich in Veröffentlichungen mit Paar-, Ehe- und Familientherapie.[3] Seit dieser Zeit finden sich Beiträge zur (Ehe-)Paartherapie in regelmäßigen Abständen sowohl im „International Journal of Transactional Analysis" (TAJ)[4] wie in der deutschsprachigen „Zeitschrift für Transaktionsanalyse".[5] Hier geht es längst nicht mehr nur um die primäre Nutzung der „Spiel"- und Skriptanalyse, sondern um die breite Palette der partnerschaftsbezogenen Beratungsthemen, angefangen bei der Auflösung symbiotischen Verhaltens über den Umgang mit Konflikten als Entwicklungschance bis hin zur Erörterung spezifischer Paarkonstellationen (wie z.B. Patchworkfamilien oder gleichgeschlechtliche Paare).

Dass die Anzahl der entsprechend spezifisch ausgewiesenen Zeitschriften-Beiträge dennoch insgesamt relativ gering bleibt, wird spätestens dann klar, wenn man sich vor Augen führt, dass die Transaktionsanalyse von ihrer Grundkonzeption her beziehungsorientiert ausgerichtet ist (HAGEHÜLSMANN & HAGEHÜLSMANN 2008). Das heißt, dass die meisten ihrer grundlegenden Modelle und Konzepte interaktiv ausgelegt sind und wir z.B., ob wir nun über Transaktionen, Grundpositionen oder über Symbiosen sprechen, immer automatisch über einen oder mehrere andere reden und somit das „Paarspezifische" nicht besonders betont werden muss. Dies gilt gleicherweise für den kurativen wie den präventiven Einsatz der Transaktionsanalyse.[6]

Dass der Themenkomplex (Ehe-)Paarberatung aber auch eingenständig im Fokus der Aufmerksamkeit steht, belegt eine eindrucksvolle Liste von Buchveröffentlichungen, für die der Name Hans Jellouschek (1984, 1985, 1989, 1996, 2004², 2005a², 2005b², 2007, 2008) beispielhaft genannt sei.

3. Gegenwärtiger Stand

institutionelle Angebote, ohne Diagnose einer Krankheit

In jedem Fall kann man sagen, wer heute eine Ehe- oder Partnerschaftsberatung sucht, findet sie meist als institutionelle Angebote, die sich oftmals auch dadurch auszeichnen, dass sie gemeinnützig sind und einen niedrigschwelligen Zugang bieten, d.h. keine Überweisung eines Arztes bzw. keine Diagnose einer Krankheit notwendig sind. Trotzdem können die Ratsuchenden sicher sein, dass die Verbände und Institutionen als Anbieter der Beratung dafür sorgen, dass das Fachpersonal gut ausgebildet ist.

Obwohl sich das Beratungsfeld in einem stetigen Wandel befindet, haben sich, wie bereits im geschichtlichen Abriss angedeutet, dennoch einige theoretisch-methodische Ansätze als feste Bestandteile dieses Feldes etabliert. Zu nennen ist zuerst einmal der bereits erwähnte, vom Begriff der Kollusion geprägte, psychoanalytische Ansatz von Jürg Willi (1975, 1997, 1999). Dabei beinhaltet der Begriff der Kollusion „das Zusammenspiel der Partner aufgrund des gemeinsamen Unbewussten" (1999, 47), das sich darin manifestiert, dass die neurotischen Dispositionen beider Partner wie Schlüssel und Schloss zusammenpassen.

zentrale Konflikte

Das heißt: Im Lebensvollzug haben beide Partner „bestimmte zentrale Konflikte aus früheren seelischen Entwicklungsphasen in ihrer Persönlichkeit nicht verarbeitet und leben nun entgegengesetzte, sich zunächst ergänzende ,Lösungen' dieses inneren Konflikts aus" (WIKIPEDIA, Paartherapie 05.03.2008). In der Ehepaartherapie versucht Willi den gemeinsamen Nenner dieses Zusammenspiels herauszufinden, die unterstützenden Abwehrmechanismen zu identifizieren und geeignete alternative, d.h. nicht kollusive, Beziehungsformen zu etablieren.

falsche Bewertungen und Schlussfolgerungen

Auf den verhaltenstherapeutischen Ansatz mit seiner Betonung der gegenseitigen Verstärkung falscher Bewertungen und Schlussfolgerungen ist bereits im geschichtlichen Abriss eingegangen worden.

Bei der Systemischen Paartherapie[7] ist die zentrale Frage, durch welche zirkulären Prozesse auf den Ebenen des Verhaltens, der Interaktionsmuster und der Wirklichkeitskonstruktion die Konflikte von Paaren (oder auch kleinen Gruppen wie z.B. Familien) aufrechterhalten werden. Dabei betont die Systemische Paartherapie neben den zentralen Begriffen des Perspektivenwechsels (z.B. durch zirkuläres Fragen) und des Reframing, auch Umdeutung oder Neu-Rahmung genannt, die Ganzheitlichkeit bei gleichzeitiger Multiperspektivität und die konstruktivistisch orientierte Lösungs- und Ressourcenorientierung als wesentliche Komponenten ihres Ansatzes (SCHLIPPE & SCHWEITZER 1996; BRUNNER 2004).

Perspektivenwechsel

Systemische Paarberatung wie auch Systemische Therapie haben ihre Vorläuferinnen u.a. bekanntlich in der sogenannten Familientherapie, die ebenfalls zu den festen Bestandteilen der Paarberatungskultur zu zählen ist. „Kernidee der Familientherapie ist es, das Problem eines einzelnen Familienmitglieds ... nicht isoliert zu betrachten, sondern im Gefüge des Familien-Ganzen" (BRUNNER 2004, 655) und dementsprechend nicht nur mit dem „identifizierten Patienten", sondern dem unmittelbar wirksamen Lebensgefüge dieser Person beraterisch zu arbeiten. Vor allem in der Paarberatung wird dieser Ansatz häufig durch eine Mehrgenerationen-Sichtweise ergänzt (manchmal auch Mehrgenerationen-Familientherapie genannt), die den Ausgangspunkt von Paarkonflikten nicht nur in den individuellen Erfahrungen in der Herkunftsfamilie begründet sieht, sondern im Paarkonflikt die Wiederbelebung eines meist über mehrere Generationen bestehenden familiären Grundkonflikts im Heute vermutet (MASSING, REICH & SPERLING 1994). Problemlösungen können dabei nur dadurch erwirkt werden, dass der delegierte Konflikt im Spannungsfeld der einwirkenden Loyalitäten entschärft oder gelöst werden kann. Mehr-generationen-Sichtweise

Bleibt als Letztes auf eine Vielfalt unterschiedlicher kommunikationspsychologischer Ansätze hinzuweisen, als deren bekanntestes Beispiel die „Klientenzentrierte Beratung" (Überblick bei STRAUMANN 2004) oder als weniger bekanntes Beispiel die „Narrative Beratung" (Überblick bei ENGEL & SICKENDIEK 2004) gelten können. In diesen Ansätzen bemühen sich die Paarberater und -therapeuten in der Regel zunächst um ein tieferes Verständnis der Partner für die Konfliktdynamik, die eigenen Anteile daran und die Persönlichkeit des jeweils anderen, wodurch im Idealfall eine vertiefte seelische Beziehung mit mehr Flexibilität, Offenheit und Nähe, das heißt, Leben miteinander statt gegeneinander, resultiert. „Klientenzentrierte Beratung"
„Narrative Beratung"

Alle genannten Ansätze versuchen, den derzeitigen Veränderungen in Art und Form des Zusammenlebens von Paaren dadurch Rechnung zu tragen, dass sie nicht nur die neuesten Ergebnisse der Entwicklungspsychologie und Persönlichkeitstheorien einbeziehen, sondern in verstärktem Maße auch die soziokulturellen Veränderungen berücksichtigen, die das vergangene Jahrhundert mit sich gebracht hat und die um sich greifende Globalisierung mit sich bringt. In deren Folge werden nämlich Partnerschaft und Liebe immer stärker zum Feld der Suche nach Sicherheit, ja geradezu zum Eroberungsfeld für Wert und Sicherheit. „Mit der Ausdünnung der Traditionen wachsen die Verheißungen der Partnerschaft. Alles, was verloren geht, wird in dem anderen gesucht", wie es Ulrich Beck (2005, 49) ausdrückt. soziokulturelle Veränderungen
Verheißungen der Partnerschaft

Diese Verheißungen werden zusätzlich durch den Umgang mit Bildern und Imaginationen, die derzeit unsere Kultur prägen, intensiviert. Das meint: Unsere Welt lebt von Bildern, die uns ganztägig den Zugang zu Schönheit, Erfolg und Überlegenheit suggerieren und uns mittels doppelter Transaktion vermitteln, dass wir liebenswert sind und unsere Bedürfnisse nach Wert, Beachtung und Intimität befriedigt werden, wenn wir den vorgegebenen Bildern entsprechen. Der Suggestion dieser Bilder entsprechend wird der oder die andere narzisstisch erhöht und soll jene Angst und Einsamkeit besiegen, die dann drohen, wenn man mit den realen oder fantasierten Erfordernissen der Umwelt nicht mehr fertig wird. Gibt der oder die andere jedoch im Beziehungsalltag nicht mehr die Sicherheit, die man braucht, so sind viele Menschen mehr daran interessiert, diesen anderen zu verändern, damit die eigenen Bedürfnisse befriedigt werden können, statt sich der primären Enttäuschung und späteren Wachstumsaufgabe zu stellen, um gemeinsam einen paar-individuell zu gestaltenden Umgang mit den Rahmenbedingungen unseres Lebens zu finden und umzusetzen. Gelingt die Änderung des anderen nicht oder nicht Suggestion der Bilder nachhaltig, wie der heutige Sprachgebrauch das formuliert, „greift" man zur allenthalben offerierten „Freiheit der Wahl", die uns das letzte Jahrhundert gebracht hat.[8] – All das will heutzutage in Paarberatungen wohl bedacht und berücksichtigt sein.

Ressourcen-orientierte Lösungen

Dass man sich dabei gleichzeitig vom konflikt- und problemorientierten, d.h. auch therapeutischen oder jedenfalls kurativen Angebot, ab- und der ressourcenorientierten Beratung zuwendet, beinhaltet zwei Vorteile: Ressourcenorientierte Lösungen betonen eher die von vielen brach liegen gelassene Fülle und Kreativität menschlicher Gestaltungskräfte (statt erneut Ungenügen und Unvollkommenheit zu betonen) und verstärken damit die eigenen Kräfte und Verantwortlichkeiten, statt die Lösung und/oder Heilung durch den/die Experten/in zu offerieren. Folglich empfiehlt Bochmann (2004, 1610) für die Zukunft, dass Paarberatung aus dem Schatten der Psychotherapie heraustritt und ihre pädagogische Rolle wiederentdeckt.

Auch transaktionsanalytisch geprägte (Ehe-)Paarberatung kennt beides: den präventiv orientierten Ansatz mit expliziter oder impliziter pädagogischer Zielsetzung, wie wir ihm beispielsweise auch im neuen Buch „Wenn Paare älter werden: Die Liebe neu entdecken" von Hans Jellouschek (2008) oder im jüngst veröffentlichten Beratungskonzept „Mein Selbst trifft dein Selbst" des Beraterpaares Barbara Hagedorn und Bertram Weber-Hagedorn (2007) begegnen. Transaktionsanalytisch geprägte (Ehe-)Paarberatung kennt aber auch den eher kurativ orientierten Ansatz, der – mit dem Terminus „Therapie" gekoppelt – z.B. in der praktischen Arbeit der Verfasser spätestens dann notwendig wird, wenn Paare trotz aller Einsicht, trotz allen guten Willens und trotz aller Entschiedenheit immer wieder in denselben kommunikativen und emotionalen Beziehungsfallen und Engpässen „landen" (HAGEHÜLSMANN 1992/2006; ganz ähnlich z.B. BADER & PEARSON 1983/1996 bzw. im Ansatz genereller z.B. MASSEY & MASSEY 1995). Dass eine solche (Ehe-)Paartherapie dabei sowohl die persönlichen wie systembedingten Dynamiken und das wirtschaftliche und gesellschaftliche Umfeld in ihrem wechselseitigen Zusammenhang berücksichtigt, gehört heute zum „State of the Art" verantwortlichen Handelns.

keine rein transaktions-analytische Paarberatung

Trotzdem müssen zum Heute transaktionsanalytischer (Ehe-)Paarberatung zwei Anmerkungen gemacht werden: Zum einen gibt es u.W. keine rein an der Transaktionsanalyse ausgerichtete Paarberatung und/oder -therapie. In der Regel wird Transaktionsanalyse, obwohl häufig als prozessleitende Methodik und Praxeologie genutzt, in der Regel mit anderen Theorien/Modellen und Methoden/Verfahren kombiniert, sei es um in einige Begrifflichkeiten der Transaktionsanalyse tiefer einzudringen (z.B. JELLOUSCHEK 1984) oder einschlägiges Wissen anderer Disziplinen hinzuzunehmen.[9] Zum anderen gibt es keine spezifische Trennungslinie zwischen den Begriffen „Paarberatung" und „Paartherapie", sondern – für einen Transaktionsanalytiker selbstverständlich – vom jeweiligen Angebot und dem abgeschlossenen Vertrag abhängige Beziehungen zwischen den Vertragspartnern, die im Feld „Paarberatung" eher von „Sprache geprägt" (ENGEL & SICKENDIEK 2004, 753) , das heißt primär den Fokussen „Kommunikation" und „Interaktion" verpflichtet, und im Feld „Paartherapie" eher an der inneren Dynamik wie Interdependenz des je Einzelnen im Gefüge der Paarbeziehung orientiert sind. Für uns, die Verfasser dieses Beitrags, gehört beides zusammen und wird in seiner Thematisierung fast ausschließlich vom Wunsch (wie der Bewusstheit) des Paares bei Vertragsabschluss und dessen Bereitschaft, sich in den Prozess einzulassen, bestimmt.[10]

4. Theorien und Modelle

4.1 Grundlegende Vorüberlegungen

Fokus: Beziehung des Paares

(Für uns) Selbstverständlich ist der Fokus in einer Paarberatung die Beziehung des Paares, egal, ob es sich um ein Ehepaar, eine Lebensgemeinschaft oder auch um Partnerschaft im privaten wie professionellen Kontext handelt. Beziehung wird vom Herkunftswörterbuch des Duden (1989, 830) als „menschliche Verbindung, innerer Zusammenhang" definiert. Wie die Verbindung und der innere Zusammenhang gestaltet werden, ist ein Spiegel der inneren und äußeren Welten aller Beteiligten mit ihren Grundhaltungen, (Glaubens-)Überzeugungen und Gefühls- sowie Handlungsmustern. Nicht nur in Liebesbeziehungen – wenngleich dort in besonderem Maße sichtbar – führen derartige Verbindungen zur Befriedigung von Grundbedürfnissen, primär dem Bedürfnis, gesehen und respektiert zu werden. Genau durch die Befriedigung dieser Grundbedürfnisse entsteht Bindung, die sich je nach den inneren oder äußeren Gegebenheiten der beteiligten Partner in autonomie- oder abhängigkeitsfördernden Mustern offenbart. Konstruktive oder destruktive Muster von Bedürfnisbefriedigung wie auch gewinnbringende oder verlustangst-erzeugende Muster von Nähe werden dementsprechend als beglückend oder beeinträchtigend bzw. mit beglückenden oder beeinträchtigenden Anteilen erlebt.

in die Transaktion bringen

Dem Fokus der Paarberatung entsprechend nutzen wir das Erleben dieser Muster in der gegenwärtigen Beziehung und sprechen darüber. „Wir bringen sie in die Transaktion", wie es unser langjähriger Freund und Kollege Birger Gooss auszudrücken pflegte. Das heißt, wir fokussieren in der Paartherapie darauf, dass die gerade ge- und erlebte Beziehung zwischen den beiden zum Thema wird und das Paar lernt, über Gefühle, Wünsche, Bedürfnisse und Befindlichkeiten innerhalb dieser Beziehung zu sprechen. Anders ausgedrückt, zentrieren wir uns in der Beratung ebenso auf die Bewusstmachung von und die Anleitung zum Nutzen der Ressourcen wie auf die Veränderung einschränkender Bindungsmuster. Denn dies ist mindestens ebenso wichtig wie die Analyse von Problemsituationen, die das Paar schildert. Dabei beachten wir in besonderem Maße jene Stressoren, die in den Lebensbedingungen eines Paares liegen und nicht primär biografisch bedingt sind. Denn in jeder Paarberatung bzw. Paartherapie gilt es u.E. vorrangig nach Lösungen der Probleme im Hier und Jetzt der individuellen, strukturellen wie auch gesellschaftlichen Bedingungen zu suchen, bevor wir – psychologisch-therapeutischer Tradition folgend – auf individuell-biografische Komponenten zurückgreifen. Trotzdem kann es selbstverständlich notwendig werden, sich der jeweils individuellen Biografie eines oder beider Partner zuzuwenden, um sich mit jenen Skriptmustern auseinanderzusetzen, die sich in der Beziehung hartnäckig als Störfaktor zeigen und das Gelingen trotz klarer Einsicht und Entscheidung torpedieren.

Bindungsmuster

individuelle, strukturelle wie gesellschaftliche Bedingungen

4.2 Grundlegende theoretische Konzepte

4.2.1 Autonomie

Wie an vielen Stellen dieses Buches deutlich wird, ist wachsende Autonomie einer Person das direkte oder zumindest indirekte Ziel jeglicher transaktionsanalytischer Beratung. Für die Arbeit mir Paaren wollen wir dieses Ziel mit dem Begriff „Autonomie in der Beziehung" erweitern und präzisieren. Dabei ist dieses „in der Beziehung" von besonderer Bedeutung. Denn häufig gelingt es Menschen, sich in Beziehungen, die weniger von Intimität bestimmt sind als eine Paarbeziehung, autonom, d.h. sich selbst und der Situation angemessen, zu verhalten. Trotzdem meiden sie kontinuierlich Nähe und/oder Bindung einer Paarbeziehung, weil sie befürchten, dann ihre Selbstbestimmung zu verlieren und sich überabgrenzen (d.h. eine +/−-Haltung einnehmen) zu müssen oder die eigenen Grenzen nur schwer aufrechterhalten zu können, was für sie Unterabgrenzung (d.h. eine −/+-Haltung einzunehmen) bedeutet. Genau aus diesem Grunde bleibt das übergeordnete Ziel jeder Paarberatung „Autonomie in der Beziehung". Und um dieses zu erreichen, bedarf es im Prozess der Paarberatung oftmals der immer erneuten, differenzierten Auseinandersetzung damit, was Autonomie bedeutet und wie sich ihre Bestimmungsgrößen Bewusstheit, Flexibilität, Intimität und Verantwortlichkeit (ÜA S. 23) konkret in einer Beziehung bemerkbar machen. Gleichzeitig muss das Autonomiekonzept genutzt werden, um Trübungen zu überwinden, in denen Autonomie beispielsweise mit Autarkie, trotziger Selbstbestimmung oder einer gewissen Grenzenlosigkeit gleichgesetzt wird. Insofern steht das Autonomiekonzept sowohl im Mittelpunkt unserer theoretischen Überlegungen als auch unserer praktischen Beratungstätigkeit.

Autonomie in der Beziehung

4.2.2 Symbiosen

Bei der notwendigerweise starken Konzentration auf die Themen der Autonomie ist es u.E. selbstverständlich, sich auch mit Konzepten über Abhängigkeit, wie z.B. dem Symbiosenmodell, auseinanderzusetzen. Wie im Überblicksartikel (S. 59ff) gezeigt wurde, beschreiben wir mit diesem Konzept abhängiges Verhalten, das den jeweils anderen in die Lage versetzen soll, der betreffenden Person zu geben, was diese braucht, und von dem sie glaubt, dass sie es nicht via direkter Nachfrage, sondern nur durch das abhängige Verhalten bekommen kann. Die bei Paaren oft stereotyp ablaufenden destruktiven Verhaltensmuster, mit denen dieses Ziel erreicht werden soll, werden aus guter Absicht heraus in Unkenntnis ihrer Vergeblichkeit gelebt, erzeugen fast immer gegenseitige Anstrengung (z.B. im Sinne von Vorleistungen, die man für den anderen erbringt) und führen am Ende zu Misserfolg (z.B. weil der Partner sich bevormundet fühlt), der jedoch – wie die später folgenden Beispiele zeigen – keineswegs immer sofort sichtbar wird, sondern sich oftmals erst „nach Jahren" offenbart und das entsprechende Paar mit der irritierenden Frage zurücklässt: „Es ging doch gut – was ging denn schief?" (wie es Fanita English [1982] in ihrem Buch über „Beziehungen in Partnerschaft, Familie und Beruf" formuliert).

Konzepte über Abhängigkeit

Dabei fing oftmals alles so einfach an: Man hatte doch nur ein paar funktionale Aufteilungen vorgenommen, weil „du dich eh im … auskennst und das dir daher wenig Arbeit macht; wofür ich gerne das … übernehme, weil das fällt mir wiederum leicht." Doch das, was auf den ersten Blick wie eine aus einer Erwachsenen-Haltung gesteuerte Absprache aussieht – weswegen einige Kollegen in solchen Zusammenhängen von einer gesunden funktionalen Symbiose sprechen –, basiert oftmals gerade in der Aufteilungsbereitschaft auf komplementär-symbiotischen Wünschen des Versorgt-Werdens und der adäquaten Gegenleistung, die sich im Laufe der Zeit mehr und mehr von „Du kannst das besser/leichter" zu „Du bist der einzige von uns, der das überhaupt kann" verfestigt und damit voll und ganz der symbiotischen Abwertung entspricht.

Daher ist es uns wichtig, in Paarberatungen klarzustellen: Absprachen sind Absprachen und können im Bewusstsein aller Beteiligten aufgehoben oder umentschieden werden. Wenn das nicht mehr für alle klar ist, beginnt die Grauzone der Symbiose. Das heißt nicht, dass Paare nicht mehr füreinander sorgen und einander verwöhnen können, indem sie z.B. gerade das tun oder lassen, von dem sie wissen, dass es der/die Partner/in schätzt oder nur ungern „tut": Kritisch sind niemals eine klar entschiedene Handlung oder auch Handlungskette, sondern zum einen eine immer stärkere Einseitigkeit, in der z.B. ein Partner „immer" der versorgende wird, oder zum anderen ein unguter Tauschhandel: „Ich mache für dich, wenn du für mich gemacht hast."

Letzteres zu thematisieren und aus einer akzeptierenden Grundhaltung zur Bewusstheit zu verhelfen ist u.E. eine der Aufgaben von Paarberatung, meistens der erste Schritt. Im zweiten geht es dann häufig um das Überwinden und Neuentscheiden der symbiotischen Haltung. Dies kann je nach Länge der vorangegangenen „destruktiven Übungszeit" länger bzw. lange dauern, aber dennoch erfolgreich abgeschlossen werden.

4.2.3 „Alltagskonzepte"

Neben den Konzepten oder Modellen von Autonomie und Symbiosen gibt es eine Anzahl von grundlegenden Konzepten und Modellen der Transaktionsanalyse, die dem Berater im Tagesgeschäft einer Beratung oftmals gar nicht mehr als Konzepte oder Modelle bewusst sind, weil sie zur Haltung geworden sind. Damit sind gleichermaßen die aus dem Menschenbild der Transaktionsanalyse (ÜA S. 23ff) stammenden Grundüberzeugungen gemeint, dass der Mensch letztlich positiv ausgerichtet wie auch von Natur aus wertvoll, liebenswert und jedem Mitmenschen gleichberechtigt ist sowie nur für sich selbst entscheiden kann. Diese Überzeugungen schaffen „gleiche Augenhöhe", egal ob sie sich beispielsweise im grundlegenden Umgangston (+/+; ÜA S. 41f) oder im Beratungsvertrag (ÜA S. 67ff) niederschlagen. Damit ist ebenso auch das von „potency, protection und permission" bestimmte professionelle Rollenverständnis der Beraterin (ÜA S. 19f) gemeint, das hoffentlich ebenfalls „zur zweiten Haut" geworden ist. Und damit ist des Weiteren das selbstverständliche Handhaben der „3S+1" gemeint, wie wir das von uns um die Komponente „standing" erweiterte Modell der Grundbedürfnisse (Struktur, Stimulation, Strokes; ÜA S. 37f)¹¹ inzwischen nennen. – Hier wäre sicher auch noch an weitere Modelle und Konzepte zu denken, die zu Haltungen geworden sind, zumindest aber werden können. Das Besondere an diesen Konzepten ist jedoch, dass ihr Gelebt-werden zwischen Beratern und Klienten auch ein Modell für einen gelingenden Umgang des Paares miteinander darstellt und letztendlich gelebte Autonomie zeigt.

Für unsere konkrete Beratungsarbeit mit Paaren sind uns die Untermauerung der theoretischen Konzepte durch unsere jahrelange Erfahrung als (Ehe-)Paar und das dabei gesammelte „partnerschaftliche Alltagswissen" wichtig und hilfreich. U. Laucken (1974) zufolge ist dies ein immer erneut überprüfter Bezugsrahmen (ÜA S. 59ff) von handlungsorientierten Theoriekreisen, der uns zu Verfügung steht.

partnerschaftliches Alltagswissen

Genau diesem zum Professionswissen gewordenen (Alltags-)Wissen möchten wir auch das Kontextwissen der jeweiligen Berater zuordnen, gleich, ob es sich beispielsweise um Kenntnisse aus der Soziologie (z.B. BECK & BECK-GERNSHEIM 2005), aus Volkswirtschaft (z.B. PANSE & STEGMANN 1996) oder Medizin (PLATSCH 2005²; SCHÖNBACHLER 2007; UEXKÜLL 2003) handelt. All das kann an geeigneter Stelle – z.B. dann, wenn es den Blickwinkel von den Alltagsquerelen eines Paare auf die im Hintergrund stets drohende Insolvenz des Ehemannes zu weiten gilt – in das Beratungsgeschehen einfließen und durchaus für eine oder auch mehrere Sitzungen handlungsleitend sein.

5. Methoden

5.1 Vorüberlegungen zu einer vertragsorientierten Vorgehensweise

Vertrag

(Fast) Jede transaktionsanalytisch strukturierte Arbeit – gleich in welchem Anwendungsfeld – ist an einem Vertrag (S. 67f) orientiert.[12] Das heißt, der jeweilige Vertrag bestimmt auch hier Thema, Ablauf, Erfolg und Ende der jeweiligen Maßnahme.

Problemlösungsprozess analog der Problemlösungsmatrix

Dabei durchläuft – vom Berater begleitend unterstützt – der vom Klienten in Angriff genommenen Veränderungs- oder allgemeiner ausgedrückt: Problemlösungsprozess analog der Problemlösungsmatrix (ÜA S. 64, aber auch Bd. 1, S. 168, 270) mindestens folgende Stationen:

▶ Zunächst ist es notwendig, dass der Ratsuchende auf das Problem aufmerksam wird. Er muss z.B. das Auftreten (kompetitiven) symbiotischen Verhaltens inklusive Ablauf, Umfang und Intensität wahrnehmen. Das heißt, er muss sich der Existenz des Problems bewusst sein.
▶ Zudem ist es wichtig, das erkannte Problem für sich und seine Partnerschaft als bedeutsam zu begreifen, besser noch: zu erleben.
▶ Danach gilt es, eine klare Entscheidung zu treffen, das problematische Verhalten zu verändern – unabhängig davon, ob der/die Partner/in das auch tut oder will bzw. seiner- oder ihrerseits mit der Veränderung anfängt.[13]
▶ Sodann ist zweckmäßig – u.U. in einem kreativen Akt –, nach alternativen Denk-, Fühl- und Verhaltensmustern zu suchen, durch die das ursprüngliche Verhalten ersetzt werden soll.
▶ Dabei ist es günstig und hilfreich, seine eigene Lösung, also z.B. sein eigenes verändertes Denkmuster – auch Symbiosen beginnen und/oder überdauern meist im Kopf – zu finden und sich für ihre strikte Anwendung zu entscheiden (GOULDING 1978).[14]
▶ Und schlussendlich gilt es, das neu gewählte Verhalten einzuüben und immer wieder einzuüben[15] sowie auf seine problemlösende Wirksamkeit zu überprüfen.

Diese Folge der Schritte – der Art und den Problemen des Klienten durch Zwischenschritte angepasst – durchläuft man innerhalb einer Paarberatung immer und immer wieder genauso lange, bis die Schrittfolge der Veränderung Teil des täglichen Umgangs miteinander geworden ist und wie selbstverständlich bei dem greift, was jede(n) in der Beziehung stört. Dass das sowohl einzeln als auch, von der Sache her zweckmäßig, im gemeinsamen Dialog geschieht, braucht kaum eigener Erwähnung.

5.2 Überlegungen zur Verschränkung von Diagnostik und Intervention

Auch die diagnostischen Mittel und Schritte zielen darauf ab, die oben genannten Schritte zu durchlaufen bzw. zu unterstützen. Dabei nutzen wir teilweise die Konzepte selbst, so z.B. wenn wir danach fragen, in welchem Ausmaß die Autonomie in einer Beziehung beeinträchtigt ist, oder auch, welcher Lernbedarf für die Partner besteht. In gleicher Weise nutzen wir aber auch die „grundlegenden therapeutischen Techniken", wie sie uns Berne im Kapitel 11 seiner „Principles of Group Treatment" (1966; 1985) anempfohlen hat. Des Weiteren gebrauchen wir manchmal auch Fragebögen (wie z.B. von JELLOUSCHEK 2008 zum Thema „Beziehungs-Haltbarkeit" oder zur „Identifikation von symbiotischen Strukturen und ineinandergreifenden Skriptthemen innerhalb von Partnerbeziehungen" [Autor unbekannt]).

Viel hilfreicher als die zuletzt genannten Methoden ist es, die Interaktionen von Paaren untereinander und, wo z.B. eine Paargruppe zur Verfügung steht, mit anderen Paaren zu beobachten. Indem wir das Beziehungsgeschehen wahrnehmen und hinterfragen, ergeben sich für uns fortlaufende diagnostische Möglichkeiten vom Ausmaß von Offenheit in der Kommunikation bis zur Fähigkeit zur Intimität. Zusätzlich vergleichen wir in unserem Denken eine Problemsituation, die das Paar schildert, mit den von uns genutzten Modellen und bilden aus beiden, den Beobachtungen wie unserem Erfahrungsschatz, Hypothesen, wo die Beeinträchtigungen eines Paares liegen und durch welche Interventionen, z.B. in Form von Hausaufgaben, sie den Betroffenen bewusst gemacht werden könnten. Anders ausgedrückt: Das Erleben eines Paares in seiner Beziehung und die Bewertung autonomer und/oder symbiotischer Verhaltensaspekte bieten uns gleichzeitig diagnostische wie Interventionsmöglichkeiten. Dabei folgen wir als rotem Faden den Themen, die die Paare anbieten.

Beziehungsgeschehen

Eine Frau beschreibt z.B., wie sie ihrem Mann „den Rücken freihält", damit er seinem stark fordernden Beruf nachgehen kann. Um herauszufinden, ob dies einer erwachsenen Absprache oder einem symbiotischen Verhalten entspringt, fragen die Berater sie, ob es Situationen gibt, in denen er Fürsorge für sie oder die Kinder übernimmt. Es stellt sich heraus, „dass er dazu eigentlich nie Zeit hat". Auch in der Beratungssituation selbst zeigt sich, dass sie oft für ihn antwortet und seine Situation verstehend erklärt. Auf die Frage, wie er sich dabei fühle, antwortet der Ehemann zunächst tangential und macht deutlich, dass er diese Verhaltensweise ja gewohnt sei. Trotzdem verdichtet sich im weiteren Gespräch ein Bild, das deutlich macht, dass sie seine „Rundumversorgerin" ist und ihre Bedürfnisse – von beiden „mitgestaltet" – in der Beziehung eigentlich keine Rolle spielen. Als wir sie anschließend ermuntern, ihren Mann um eine bestimmte Gefälligkeit im Familienalltag zu bitten, ist sie erstaunt, dass er gern zustimmt, diese Kleinigkeit in Zukunft zu übernehmen. Anschließend geben wir beiden das Einüben der neuen Verhaltensweise als Hausaufgabe mit. Gleichzeitig weisen wir darauf hin, dass wir den Umgang mit der Hausaufgabe sicher als ein Thema der nächsten Sitzung aufgreifen werden.

Die durch derartige Aufgabenstellungen zunehmenden oder stagnierenden Beziehungsfähigkeiten sind wiederum neue diagnostische Hinweise und bestimmen unsere nächsten Interventionsabfolgen. Ein Stagnieren zeigt uns beispielsweise, dass wir spezifische Situationen noch genauer analysieren oder eventuell biografische Aspekte eines oder beider Partner bearbeiten müssen, eine gelungene oder zumindest für beide Partner zufriedenstellende Lösung der Aufgabe, dass sie und wir „auf dem richtigen Wege sind". Dabei lässt sich das Ausmaß „gesunder Beziehungsfähigkeit" gar nicht objektiv bestimmen. Denn der Grad von Intimität z.B., der für ein Paar gut lebbar ist, mag für ein anderes noch nicht

zunehmende oder stagnierende Beziehungsfähigkeit

genug sein und für ein drittes bereits zu viel. Daher liegt es in der Autonomie des Paares zu bestimmen, womit sich beide Partner wohlfühlen. Diese Definition bestimmt zusätzlich zum Vertrag Ablauf, Erfolg und Ende einer Paarberatung. Weder eine Idealvorstellung von Autonomie noch die Vorstellung, die das Beraterpaar von einer guten Beziehung hat, sind hier Maßstab.

5.3 Methodologisch-praxeologische Beispiele unserer Arbeit

zirkulärer Ablauf

Wie aus dem zuvor Dargelegten deutlich wird, ist Paarberatung kein statischer Prozess festgelegter Schritte, sondern ein zirkulärer Ablauf von diagnostisch analysierenden Beobachtungen, entsprechenden Interventionen und erneuter Diagnose. Wie sich dieser Prozess in der Praxis niederschlägt, soll nunmehr, prozessual ausgerichtet, in der nachfolgenden Tabelle 1 am Beispiel der Themen „Autonomie" und „Symbiose" aufgezeigt werden bzw. – mehr auf inhaltliche Aspekte dieser (und verwandter) Themen ausgerichtet – in Form von kommentierten Fallbeispielen erörtert werden Dabei werden auch die verschiedenen Facetten unseres Verständnisses von Autonomie sichtbar werden, die den Bezugsrahmen, das Menschenbild und die Wertvorstellungen unserer Beratungsarbeit leiten.

5.3.1 Beispiel zum prozessualen Verständnis

Unser diagnostisch-interventionsbezogener Umgang mit den Themen „Autonomie" und „Symbiose" lässt sich beispielsweise der nachfolgenden Tabelle entnehmen:

Konzept	Beispiel für den Mangel in einer Beziehung	Diagnostische Fragestellung/erste Intervention(en)	Ziel der Intervention(en)
Bewusstheit	Eine Frau richtet sich grundsätzlich nach den Bedürfnissen des Partners, ohne das zu merken.	„Gibt es Situationen, in denen Ihre eigenen Bedürfnisse wichtiger sind als die Ihres Mannes?"	➤ Bewusstheit für stereotype Abläufe schaffen ➤ Bewusstheit für eigene Bedürfnisse wecken
Spontaneität /Flexibilität	Sie spricht eher ganz selten mit ihrem Mann über ihre und seine Bedürfnisse, sondern konzentriert sich grundsätzlich auf die des Mannes.	„Was hindert Sic, mit Ihrem Mann darüber zu sprechen, wie Ihrer beider Bedürfnisse befriedigt werden können?"	➤ Aufzeigen von Handlungsalternativen ➤ Erkennen von Blockierungen

Beratung bei und in Paarkonflikten

Konzept	Beispiel für den Mangel in einer Beziehung	Diagnostische Fragestellung/erste Intervention(en)	Ziel der Intervention(en)
Intimität	Der Ehemann der Frau hält seinen Ärger über die Bevormundung zurück und vermeidet mögliche Intimität durch Passivität.	„Bitte sagen Sie Ihrer Frau, wie Sie sich fühlen, wenn Ihre Frau alles für Sie erledigt."	offener Ausdruck von Gefühlen als Basiselement von Intimität
Verantwortlichkeit	Er ist ein „Sonntagsvater", der für viel Spaß mit den Kindern sorgt und nicht auch noch am Wochenende Konflikte haben will.	Nach der Schilderung der Ehefrau hinsichtlich einer Konfliktsituation mit den Kindern richtet sich der Berater an den Ehemann: „Was bedeuten für Sie Grenzen in einer Beziehung und wie setzen Sie sie?"	Bezugsrahmen für Verantwortlichkeit klären und gegebenenfalls verändern
komplementäre Symbiose, ausgehend vom Kind-Ich	Bei Konflikten, die für den Ehemann am Wochenende mit den Kindern auftreten könnten, bittet er seine Frau, ihn jetzt doch nicht zu belasten, das könne man doch auch gelegentlich klären.	„Das klingt so, als wollten Sie wenig mit der grenzesetzenden Seite von Elternschaft zu tun haben, stimmt das?"	Reflexion des Erwachsenen-Ichs in Gang setzen
komplementäre Symbiose, ausgehend vom Eltern-Ich	Die Ehefrau sagt: „Wenn ich meinem Mann Konflikte mit den Kindern zumute, kann er sich nicht erholen."	„Das klingt so, als müssten Sie ihn vor familiären Anforderungen schützen. Ist das richtig?"	Reflexion des Erwachsenen-Ichs in Gang setzen, Symbiose verdeutlichen
kindkompetitive Symbiose	Sie wartet darauf, dass er einen Konflikt mit den Kindern regelt, er besteht auf einem ungestörten Wochenende.	„Jeder von Ihnen wartet darauf, dass der andere etwas tut. Wie entwickelt sich dann der Konflikt mit den Kindern?"	➤ Konfrontation mit beidseitiger Passivität ➤ Bewusstmachung stereotyper Verhaltensmuster

Konzept	Beispiel für den Mangel in einer Beziehung	Diagnostische Fragestellung/erste Intervention(en)	Ziel der Intervention(en)
elternkompetitive Symbiose	Streit um die einzig richtige Art und Weise, mit den Kindern umzugehen.	„Beide von Ihnen scheinen einen einzig richtigen Weg zu wissen und es scheint wichtig zu sein, recht zu haben, und erst in zweiter Linie, den Konflikt mit den Kindern zu klären."	verdeutlichen, dass der Machtkampf wichtiger ist als die Problemlösung.

Tab. 1: Fallbeispiel zum Umgang mit den Themen „Autonomie" und „Symbiose"

Auf die Mechanismen, die den Bezugsrahmen und damit auch die Symbiose aufrechterhalten (wie z.B. Abwertungen und/oder Passives Verhalten), wird in dieser Tabelle nicht eingegangen. Sie werden im Zusammenhang mit den nachfolgenden Fallbeispielen dargestellt.

5.3.2 Inhaltsbezogene Beispiele

5.3.2.1 Bewusstheit als Voraussetzung für Intimität

Horst und Heidi kommen zur Paarberatung, weil sie nach siebenjähriger Ehe vermehrt aggressive Eskalationen miteinander erleben, bei denen es von seiner Seite auch schon zu Handgreiflichkeiten gekommen ist.

Bei Heidi begegnen die Berater einer Frau, die Angst hat, zu dem zu stehen, was sie will (Angst vor Autonomie), und bei Horst einem Mann, der „der gute Mensch schlechthin" sein möchte (Erfüllung eines Idealselbst). In seiner Vorstellung verdient er sich durch sein Wohlverhalten Sexualität, die ihm wiederum bestätigt, dass er attraktiv und „toll" ist. Die innere Berechtigung für diesen „Tauschhandel" wird von grandiosen Ansprüchen an sich selbst aufrechterhalten: Einerseits muss er überaus verständnisvoll für seine Partnerin und besonders zärtlich zu ihr sein, andererseits ein moderner Mann sein, der Verantwortung für die Tochter und den Haushalt mit übernimmt. In diesem Zusammenhang hält er seine Energie, mit der er seinen Beruf und viele Dinge im Haushalt unter einen Hut bringt, für unerschöpflich. Folglich akzeptiert er die Angst seiner Frau (vor Eigenständigkeit) und erledigt z.B. Behördengänge für sie, weil „sie dazu ja zu schüchtern ist".

„Natürlich" sind beiden weder die Abwertung von Heidis Fähigkeiten auf der Existenzebene noch die vielen Abwertungen ihres Verhaltens auf der Bedeutungsebene deutlich, die Horst beispielsweise vornimmt, wenn er behauptet, sie sei nur trotzig und abweisend, weil sie so sensibel sei.

Heidi kann nicht begreifen, warum ein so „toller" Mann wir Horst sie geheiratet hat, und will ihn durch demütige Unterordnung und Anpassungsbereitschaft „halten". Wenn sich die beiden eine Zeit lang aus ihrer komplementär-symbiotischen Haltung begegnet sind, entwickelt sich ein ungeheurer Druck, der jedoch von beiden nicht angesprochen wird: Horsts Erwartungen an Nähe und Sexualität werden immer größer und: Weil er so „gut" ist, müsste sie eigentlich „brav" sein und ihm die gewünschte Sexualität „schenken". Daraufhin wählt sie trotzigen Rückzug als vermeintliche Form von Selbstbestimmung, durch die sie sich einerseits nicht mit der angstbesetzten Eigenständigkeit, d.h. hier einem klaren „Ja" oder „Nein" zur Sexualität, auseinandersetzen muss. Andererseits muss sie weder sich selbst noch ihrem Mann ihre Enttäuschung darüber eingestehen, dass er nicht in der wohlwollend-väterlichen Haltung bleibt, sondern Forderungen an sie stellt. Horst wiederum fühlt sich durch ihren Rückzug so infrage gestellt und „um seinen Lohn betrogen"; dass er „aggressiv wird" und sogar einmal zugeschlagen hat, was der Auslöser für die Paarberatung war. Selten erzielte Harmonie und sexueller Gleichklang gelingen den beiden am besten in einem mittleren Maß von Nähe, bei dem beider Erwartungen an Nähe und Hingabe nicht im Vordergrund stehen. Immer öfter aber sind sie über ihre Beziehung enttäuscht, weil sie doch „von der Ehe sehr viel erwartet haben" und am Anfang der Beziehung „alles" füreinander waren.

Unsere beraterische Unterstützung in Richtung „Auflösung der komplementären Symbiose und Erlangen eines autonomen Miteinanders" beginnt mit der Bewusstmachung der (für uns) ineinander verschränkten Denk-, Fühl- und Verhaltensmuster, wobei wir beim Thema Angst beginnen. Methodisch-praxeologisch setzen wir das dadurch um, indem wir den Bericht des Paares für jede Person verbalisierend begleiten, d.h., wir benennen Gefühle, Empfindungen und Gedanken, die wir bei jedem Einzelnen „wahrnehmen", und spiegeln ihnen so wider, wie sie sich selbst in der beschriebenen Situation erleben. Ein erstes Ergebnis besteht darin, dass beide sich verstanden fühlen und beide Zuwendung und Beachtung von anderen Menschen als der eigenen Partnerin oder dem eigenen Partner erfahren. Das entlastet nicht nur die Beratungssituation, sondern strahlt in aller Regel auch in die häusliche Situation des Paares zurück, da andere einen Augenblick lang „für das Verstehen" zuständig sind und man nicht in der eigenen inner- und interdynamischen Spannung zwischen Erwartung und Enttäuschung zusätzlich noch Verständnis für den anderen aufbringen muss. Darüber hinaus können sich die Ehepartner durch die Spiegelung bewusster darüber werden, was in ihnen individuell vorgeht. Das heißt, sie bleiben nicht nur im Geschehen verwoben, sondern beginnen über das Geschehen nachzudenken. Als zusätzliche Ermutigung, sich auf einer Metaebene zu reflektieren und um dadurch die Bewusstheit für sich selbst zu erhöhen, erhalten beide die Hausaufgabe, wahrzunehmen, wann er/sie sich besonders unter Spannung fühlt, und diese Situationen in die nächste Sitzung mitzubringen, um sie gemeinsam anzusehen.

Entsprechend dem mit dem Paar abgesprochenen (Arbeits-)Vertrag „Wir lernen, über uns zu sprechen" werden in den nächsten Sitzungen weitere Spannungssituationen angesprochen. Dabei beginnt Horst wahrzunehmen, wie viel Angst er hat, nicht zu genügen, und Heidi spürt, wie viel Angst sie hat, deutlich zu sagen, was sie will.

Um diese zunächst solitären Wahrnehmungen inklusive der sie begleitenden Gefühle und Empfindungen für die Paarberatung wirksam werden zu lassen und damit das Beziehungsgeschehen zu verändern, wird es notwendig, diese „Wahrnehmungen" in die Beziehung zu bringen.

Dazu gibt der Berater Heidi einen Satzanfang vor, den sie spontan beenden soll: „Wenn ich sage, was ich will, dann …" Heidi beendet: „… muss ich mich schämen." Dabei ist sie sehr bewegt und spürt die Last dieser Scham.

Nachdem die Berater dieser Bewegung Raum gegeben haben, gibt die Beraterin Horst den Satzanfang „Wenn ich nicht genüge, dann …" vor. Auch Horst beendet ganz spontan mit: „… muss ich mich schämen." Auch er ist betroffen über sein Ergebnis und beide schauen den anderen ganz ungläubig an. Die Berater bitten sie, diesen Blickkontakt zu halten, und fordern Heidi auf, zu Horst zu sagen: „Ich vertraue dir an, dass ich mich schäme, wenn ich sage, was ich will." Und umgekehrt ermuntern wir Horst, zu Heidi zu sagen: „Ich vertraue dir an, dass ich mich schäme, wenn ich nicht genüge." In der Bewusstheit für die eigene Scham einschließlich der Angst vor dieser Scham sowie in der Kommunikation über diese Empfindungen entsteht für einen langen Augenblick Intimität zwischen den beiden als Paar, die auch uns als Berater einschließt. Wir erleben miteinander einen sehr bewegenden Moment.

In dieser Bewusstheit und Intimität haben beide einen großen Schritt auf dem Weg zur Autonomie gemacht. Mit der Scham haben sie sich gegenseitig die derzeitigen Grenzen ihres Beziehungsvermögens gezeigt. Selbst wenn es sich dabei um Ersatzgefühle handelt, die mit alten Verboten und Gefühlsvorschriften einhergehen (bei ihm: „Schäm dich, wenn du versagst" und bei ihr: „Schäm dich, wenn du einen eigenen Willen hast") und im Kind-Ich gespeicherte Anpassungsmuster zeigen, hat die neue Erfahrung der beiden mit Autonomie zu tun. Durch die Berater angeleitet, offenbaren sie sich mit ihren persönlichen Grenzen. In der emotionalen Betroffenheit, die beide zulassen, drückt sich gleichzeitig auch der Respekt für die/den andere/n aus. Sie zeigen das, was Leonhard Schlegel als „redliche Mitmenschlichkeit" (1993, 211), eine Erscheinungsform von Autonomie, bezeichnet. Wir selbst würden die bisher geschilderten Erfahrungen des Paares zu dem Leitsatz

bewusste Auseinandersetzung mit eigenen Grenzen

„Die bewusste Auseinandersetzung mit eigenen Grenzen ist ein Schritt zur Autonomie."

bündeln und damit eine erste für uns bedeutungsvolle Wirkgröße im Hinblick auf Autonomie formulieren.

Die Erfahrung dieser Sitzung führt für das Paar zu einer Erweiterung ihres gemeinsamen Vertrages, in den jetzt auch noch das Ausdrücken von Gefühlen eingeschlossen wird. Je individuell beschließt sie zu üben, sich zu vertreten, und er, sich mit seinen Leistungs- und Wertvorstellungen auseinanderzusetzen. Im konkreten Beziehungsgeschehen führt das für beide zum Ausprobieren, jeweils „Ja" oder „Nein" zu sagen. Da sie gegenseitigen Respekt für die jeweiligen Willensäußerungen vereinbart haben, machen sie weitere Erfahrungen über den Zusammenhang von Autonomie und Grenzen: Sie setzen Grenzen als Ausdruck ihrer eigenen Autonomie und schützen damit ihr „Selbst-Sein" auf andere Weise, ja sogar effektiver als durch trotzigen Rückzug oder Vorleistungen. Und sie entscheiden sich, auch die Grenzen des andern als dessen Ausdruck von Selbstbestimmung zu respektieren. Mit diesen Entscheidungen übernimmt jeder für sich Verantwortung in der und für die Beziehung.

Als Leitsatz formuliert, ließe sich das so ausdrücken:

Autonomie ist gesunde Abgrenzung.

gesunde Abgrenzung

5.3.2.2 Konstruktiver Umgang mit Gefühlen im Zusammenhang mit Abgrenzung

In der Folgezeit erlebt das Paar häufiger Momente der Intimität und freut sich über die positive Erfahrung schneller und komplikationsloser Problemlösung, wenn beide klar ausdrücken, was sie wollen.

Obwohl es so aussieht, als könnte die Beratung hier enden, erweist sich der Prozess der Beratung zunehmend als schleppender und energieloser. Darauf angesprochen („in die Beziehung gebracht"), stellt sich heraus, dass die Sexualität des Paares im Hinblick auf die Gleichzeitigkeit ihrer Bedürfnisse weiterhin sehr unbefriedigend verläuft. Horst erlebt sich als ohnmächtig, „denn sie bestimmt ja, was läuft". Heidi fühlt sich gerade durch diese oft wiederholte Äußerung extrem manipuliert und zieht sich dann in bekannter Weise trotzig zurück. Die Berater spüren bei beiden heftigen Ärger und sehr viel Bemühen, diesen Ärger zu unterdrücken. Auf unsere Nachfrage bestätigen sie, dass sie die neuen positiven Seiten ihrer Beziehung nicht durch Ärger infrage stellen wollen und deshalb alles tun, um ihn zu vermeiden. Vor allem Horst ist in diesem Punkt sehr bemüht. Sein unkontrollierter Wutausbruch, in dem er Heidi geschlagen hat, sitzt ihm noch sehr in den Knochen und er möchte daher am liebsten weder über seinen damaligen, noch seinen heutigen Ärger reden.

An dieser Stelle fragen wir das Paar, ob es nach ihrer Auffassung jetzt an der Zeit sei, sich die Situation, in der Horst die Kontrolle verloren hat, miteinander anzusehen und sie aufzuarbeiten. Heidi stimmt sofort zu und äußert, dass sie froh wäre, wenn Horst das täte, damit so etwas nicht noch einmal passiere. Die Beraterin fragt daraufhin Horst, wie er sich bei dieser Aussage fühle, und er antwortet: „Ganz schlecht. Ich habe total versagt." Die Beraterin: „Was heißt das: total versagt?" Horst: „Ich verachte gewalttätige Männer und finde mich zum Kotzen, dass ich das gemacht habe." Die Beraterin: „Das klingt so, als seien Sie ganz allein verantwortlich für die Situation." Daraufhin Heidi: „Ist er doch auch, ich habe ihm ja schließlich keine runtergehauen."

In dieser Interaktion zeigt sich das komplementär-symbiotische Verhältnis der beiden in krasser Deutlichkeit. Für uns als Berater ist es eine Gratwanderung, einerseits deutlich zu machen, dass allein Horst dafür verantwortlich ist, dass er seiner ohnmächtigen Wut durch eine Ohrfeige ein Ventil verschafft hat und diese vierte Form der Passivität (ÜA S. 65f) weder verantwortlich noch problemlösend ist, dass aber beide fünfzig Prozent der Verantwortung für den Aufbau des Drucks in der entsprechenden Situation hatten und dass Heidi daher nicht die gesamte Verantwortung an Horst „rübergeben" kann.

Nachdem die Berater mehrere „Ja-aber-er …"-Sätze von Heidi und sein rettendes Eingreifen, in dem er beteuert, dass sie ja nicht handgreiflich geworden sei, gestoppt haben, malen die Berater ein Drama-Dreieck (ÜA S. 49) an, gehen mit ihnen den Verlauf des fraglichen Abends durch und markieren die Rollenwechsel. Durch diese Veranschaulichung gelingt es beiden, ihren jeweiligen Anteil zu sehen: bei ihm die immer zunächst aus der Retterposition eingebrachten Hilfeleistungen und dann die stärker werdenden Forderungen und bei ihr das anfängliche sich Hilflosmachen und der anschließende Wechsel in die Position des „rebellischen Kindes", das sich so lange immer stärker im aggressiven Rückzug vergräbt, bis es zum Verfolger wird. Beide sind sehr betroffen über das Ineinanderwirken und verstehen zum ersten Mal etwas von der (Psycho-)Dynamik wie auch Verantwortlichkeit jenes denkwürdigen Abends: So z.B., was es heißt, (nur) fünfzig Prozent der Gesamtverantwortung zu haben, aber einhundert Prozent für jede einzelne Handlung. – Zum nachhaltigen Verstehen solcher Dynamiken vereinbaren sie/wir, zum nächsten Mal Situationen ihres Alltags mitzubringen, in denen sie sich in einer der genannten Rollen erlebt haben. Gleichzeitig vereinbaren wir, in der nächsten Sitzung nochmals auf den angestauten Ärger aus der letzten Zeit zurückzukommen.

Die offenkundige Betroffenheit des Paares hätte uns am Anfang unserer Arbeit als Paarberater vielleicht dazu verleiten können, die beiden Personen bereits zu diesem Zeitpunkt zu fragen, ob sie bereit seien, sich gegenseitig beim anderen für den eigenen Anteil zu entschuldigen. Dies hätte jedoch beide einladen können, den Beratern gegenüber angepasstes Verhalten zu zeigen. Trotz respektvoller Sachlichkeit und Empathie beim Aufzeigen von „Spiel"positionen ist es vielen Menschen unangenehm, sich im Spiegel des Beraters in einer „Spieler"rolle wiederzufinden, in der sie sich im Sinne sozialer Erwünschtheit zunächst als nicht in Ordnung erleben. Erst nach mehrmaligem Erörtern im weiteren Verlauf der Beratung entwickeln sie mehr Verständnis für sich selbst und für die psychodynamische Notwendigkeit, eine solche Rolle einzunehmen. Eine zu früh formulierte „Entschuldigung" könnte daher dem anderen und uns als Beratern gegenüber im Sinne sozialer Erwünschtheit „abgedient" werden. Damit aber würde man nicht nur Anpassung hervorrufen, sondern auch jene Intimität vermeiden, die entsteht, wenn ein Paar sich aus einer freien – autonomen – Entscheidung heraus in der vollen Verantwortung für die eigene Person und im empathischen Nachvollzug dessen, was das eigene Verhalten beim anderen bewirkt hat, gegenseitig um Verzeihung bittet. Von daher sind wir sehr hellhörig geworden auf die ersten Anzeichen, die einer der beiden Partner von sich aus zeigt, um auf das Bedürfnis nach Verzeihung oder Wiedergutmachung aufmerksam zu machen, und klären mit dem Paar gemeinsam sehr genau den Zeitpunkt der Umsetzung ab.

In der nächsten Sitzung bringen die beiden ihre problematische sexuelle Situation von sich aus mit den Dramarollen in Zusammenhang. In einem offenen und intimen häuslichen Gespräch haben sie sich gestanden, dass Heidi manchmal auch ein „klein wenig ärgerlich" ist, wenn sie sich von ihm sexuell bedrängt fühlt, aber lieber sagt, sie wisse gar nicht, was mit ihr los sei. Und auch er gestand, manchmal Ärger über ihre Zurückweisung zu spüren, sich aber trotzdem sehr anzustrengen, sie zu verstehen. Gemeinsam haben sie diese Haltungen als „Opfer" und „Retter" diagnostiziert und wollen dazu unser Feedback, was wir ihnen gerne geben. Anschließend fragt der Berater, was nun mit dem aufgestauten Ärger sei, der auch schon letztes Mal spürbar gewesen war. Trotz ihrer gemeinsamen häuslichen Einsichten äußern beide auch jetzt wieder Bedenken, die neu gewonnene Beziehungsqualität zu beeinträchtigen, wenn sie ihren Ärger äußern würden.

An dieser Stelle scheint es uns dringend notwendig, Informationen über die Funktion von Gefühlen zu geben und mögliche Ärgeräußerungen auf diese Weise zu entdramatisieren.[16]

Nach den Informationen schlagen die Berater dem Paar vor, den bisher zurückgehaltenen Ärger offen zu äußern und dabei dessen eigentlichem Grund auf die Spur zu kommen. Wir vereinbaren außerdem, dabei keinerlei Schimpfworte zu gebrauchen und sich die Ärgeräußerungen hinterher nicht gegenseitig vorzuwerfen. Wir ermuntern beide, indem wir die Anleitung geben: „Beginnen Sie mit den Worten: ‚Es ärgert mich, dass du …' und schauen Sie, was Ihnen dann einfällt oder in Ihnen hochsteigt." Nach anfänglichem Zögern sagt er Sätze, die zeigen, dass sein Ärger darin besteht, dass Heidi nie auf ihn zukommt, um Zärtlichkeiten auszutauschen oder ihn sogar zu verführen. Ihr Ärger resultiert aus dem Eindruck, dass er sich Sexualität nach wie vor durch Wohlverhalten verdienen will und sie sich damit sehr stark unter Druck gesetzt fühlt. In beider Sätzen wird die jahrelang aufgestaute Wut spürbar. Das veranlasst uns, mit den beiden eine sog. „Wutarbeit" zu vereinbaren, in der beide mit einem Schaumstoffschläger, einer sog. Bataka, auf einen Schaumstoffklotz einschlagen und dabei lauthals ihrem Ärger Luft machen. In der Vorbesprechung dieser Arbeit machen wir deutlich, dass hier nicht symbolisch irgendjemand, wie z.B. der/die Partner/in, geschlagen wird, sondern dass man sozusagen „auf den Tisch haut". Zusätzlich vereinbaren wir – und achten während der Übung auch darauf –, dass der Ärger als sog. Ich-Botschaft ausgedrückt wird, z.B.: „Ich bin so wütend, weil ich oft abgewiesen werde!"

Nachdem beide laut und deutlich ihren Ärger ausgedrückt und sich damit gegen den anderen abgegrenzt haben, bitten wir sie, Blickkontakt aufzunehmen und dem anderen mitzuteilen, was sie gerade empfinden. Heidi sagt erst leise, dann etwas lauter: „Ich fühle mich frei und … groß." Horst sagt: „Ich fühle mich gerade." Dann lachen sie sich gegenseitig an und können die Nähe spüren, die jetzt entsteht. Wir freuen uns mit ihnen über den mutigen Schritt und können danach in Ruhe über die Verletzungen sprechen, die beide durch das Verhalten des anderen erlebt haben und erleben: Sie fühl(t)en sich im wahrsten Sinne des Wortes abgewertet, in ihrem Wert gemindert. Horst fühlt sich nicht als Mann begehrt, wohingegen Heidi den Eindruck hat, er wolle sie benutzen. Im weiteren Verlauf können die beiden klären, dass Heidis Abweisung von Horst richtig wahrgenommen wird, dass die Ursache dafür aber nicht in einem mangelnden Begehren zu finden ist, sondern eine Reaktion auf den Druck darstellt, den sie wahrnimmt. Auch der Erwartungsdruck, den Horst durch die „guten Taten" signalisiert, wird von Heidi richtig wahrgenommen; die Ursache liegt jedoch darin, dass er sich zur Machtlosigkeit verdammt erlebt.

Durch diese Arbeit wird ein für die Paarberatung ganz wesentlicher Schritt vollzogen: Das Verhalten, „das mich am anderen ärgert", wird von der damit verknüpften – meist unterstellten – Motivation getrennt. Dazu muss der Ärger so ausgedrückt werden, dass der andere ihn hören kann, ohne sich gleichzeitig durch einen Gegenangriff oder Rückzug verteidigen zu müssen. Nur dann kann dem jeweils anderen (und auch beiden) deutlich werden: Wenn man dem anderen seinen Ärger zeigt, geht es nicht darum, den anderen zu beschimpfen oder „fertigzumachen", sondern die eigenen Grenzen deutlich zu machen. Durch diese Verdeutlichung kann wiederum der andere wahrnehmen, was sein eigenes Verhalten bewirkt, und kann sich daher entscheiden, sein Verhalten zu ändern oder auch nicht. Natürlich hat in einem solchen Prozess das „auch nicht" Konsequenzen, denn die Auseinandersetzungen des Paares – egal zu welchem Thema – müssen dann so lange weitergeführt werden, bis das Paar zu dem anstehenden Thema eine befriedigende Lösung gefunden hat. Diese Fortführung braucht allerdings oft keinen Ärger mehr, zumal wenn beide akzeptiert haben, dass es ein gemeinsames Problem gibt und dieses stufenweise gelöst werden muss, bzw. wenn beide verstanden haben, dass jeder Versuch von Manipulation letzten Endes das „ungewollte Verhalten" des anderen verstärkt.

Gerade in der Paarberatung ist es immer wieder notwendig, neben der Anleitung zum Miteinander-Reden und zu Übungen Informationen über psychische Gegebenheiten und Zusammenhänge zu vermitteln. Im konkreten Fall war darüber zu informieren, was

Manipulation bedeutet und dass diese oft ein Ausdruck von Verzweiflung und nicht von Böswilligkeit ist. Dadurch lernen die Klienten zum Beispiel, dass Verhalten unterschiedlich interpretiert werden kann und sie je nach Sichtweise auch unterschiedliche Denk-, Fühl- und Handlungsoptionen haben und anwenden können. Auf diese Weise können sie Flexibilität in ihren Beziehungs- und Verhaltensmustern als Paar entwickeln und erobern sich damit einen weiteren Aspekt von Autonomie.

In der sog. Wutarbeit hat Horst zudem erfahren, dass das Ausdrücken von Ärger nicht bedeutet, dass man nicht mehr denken kann, sondern dass man sich trotz Wut z.B. in der Wahl von Formulierungen sehr wohl steuern kann. Außerdem beginnt er mit dieser Übung einen im gesamten Verlauf der Beratung fortgesetzten Lernprozess, dass man Ärger zweckmäßigerweise zeitnah, angemessen und konstruktiv ausdrückt. Heidi wiederum lernt, dass durch konstruktiven Ärger Nähe entstehen kann und Ärger daher ein Aspekt von Lebendigkeit in einer Beziehung darstellen kann.

Trotz des bis zu diesem Zeitpunkt der Beratung noch ungelösten Problems des Umgangs mit Sexualität werden aufgrund des Prozessverlaufs drei weitere – wiederum als Leitsätze formulierte – Bestimmungsgrößen des Themas Autonomie deutlich:

zufriedenstellende Balance

Autonomie bedeutet nicht, dass man immer bekommt, was man will, sondern, dass die Balance im Spannungsfeld von Ich und Du zufriedenstellend hergestellt werden kann.

Autonomie ist gesunde Abgrenzung und kennzeichnet den Standort zwischen Konformität und eigenen Standpunkten/Werten.

Das bedeutet z.B. auch, zunächst den eigenen Standpunkt zu finden und zu vertreten, aber zu akzeptieren, dass es manchmal dauern kann, bis ein Problem zur beiderseitigen Zufriedenheit gelöst wird, und trotzdem jeder der beiden Partner verantwortlich bleibt, ein Problem bis zu dessen Lösung immer wieder aufzugreifen. Wiederum als Leitsatz formuliert:

Zustand der Übereinstimmung

Autonomie ist ein immer wieder neu zu gewinnender Zustand der Übereinstimmung mit sich selbst und seinem Umfeld/den anderen.

5.3.2.3 Gesunde Abhängigkeit

Anne und Dieter sind ein anderes Paar, mit dem wir gearbeitet haben. Beide sind Juristen, arbeiten allerdings in unterschiedlichen Kanzleien. Um ihre drei Kinder angemessen versorgen zu können, haben sie gemeinsam entschieden, dass Anne nur halbtags arbeitet, während er sich voll auf seine Karriere konzentriert. Infolgedessen hat er unter seinen Kollegen die besten Aussichten, die renommierte Kanzlei zu übernehmen, wenn sein derzeitiger Chef in den Ruhestand geht. Sie kommen zur Beratung, nachdem sie sich wegen seiner mehrfachen Affären für ein Jahr getrennt hatten. Beide hatten in diesem Jahr eine Einzeltherapie durchgeführt. Ein Ergebnis daraus ist, dass sie wieder miteinander leben wollen, dazu aber noch Hilfe brauchen, vor allem um die alten Verletzungen aufzuarbeiten.

Ein wesentlicher Streitpunkt zum Zeitpunkt der Aufnahme der gemeinsamen Beratung ist das Thema Geld. Er fühlt sich mit dem, was er verdient, von ihr, die aus einem sehr betuchten Elternhaus kommt, nicht anerkannt und wertgeschätzt. Sie gibt seines Erachtens nach zu viel Geld aus, sodass ihre Eltern immer wieder etwas zuschießen müssen, sei das beim Hauskauf oder bei verschiedenen Urlauben. Sie fühlt sich hinsichtlich ihres Umgangs mit Geld zu Unrecht kritisiert und unverstanden. Ihre mangelnde Akzeptanz seiner Vorwürfe hatte bei ihm zu den Affären mit Frauen geführt, von denen er sich in seinem beruflichen Erfolg und dem entsprechenden Einkommen eher bewundert fühlte. Einer der ersten Stundenverträge beinhaltet, eine gemeinsame Haltung zum Thema Geld zu erarbeiten. Nachdem er noch einmal seine Wahrnehmung ihrer finanziellen Situation geschildert hat, fordert der Berater ihn auf, Anne genau zu sagen, was er von ihr will. Er wird sehr verhalten und druckst: „Na ja, dass du anders mit Geld umgehst." Auf unsere Nachfrage, was er damit meint, wird deutlich, wie unklar er ist, wenn es um seine Belange geht, und dass es für ihn leichter ist, aus der Beziehung zu gehen, als sich auseinanderzusetzen. Aus seiner Einzeltherapie wissen wir zusätzlich, dass er Mutter nie genügte und von Vater in diesem Zusammenhang wenig Schutz erfuhr. Wir fragen ihn, ob er üben möchte deutlicher zu werden und ob der Berater ihm dabei helfen solle. Er wünscht sich, dass der Berater die Hand auf seine Schulter legt, wenn er seiner Frau sagt, was er will. Mit Schweißperlen auf der Stirn sagt er ihr, dass er kein Geld mehr von ihren Eltern will und dass er mit ihr zusammen ein Budget aufstellen möchte, das dann auch eingehalten wird. Während er sich langsam entspannt, gleichzeitig aber signalisiert, dass der Berater seine Hand noch nicht wegnehmen soll, merkt die Beraterin in Annes Gesicht eine zunehmende Verschlossenheit. Zunächst einmal fragt die Beraterin sie, ob es ihr guttun könnte, wenn auch sie ihre Hand auf ihre Schulter lege. Dem stimmt Anne mit einem Nicken zu.

Diese Ausgewogenheit ist uns sehr wichtig, da es leicht passieren kann, dass der jeweils andere Partner sich in eine Nicht-O.K.-Position gedrängt fühlt, wenn wir eine Klientin oder einen Klienten bei einem intensiven emotionalen Prozess unterstützen.

Mit ihrer Hand auf Annes Schulter fragt die Beraterin, was jetzt in Anne vorgehe. Sie antwortet sehr ärgerlich, dass sie da nicht mitmache und er lange warten könne, bis sie ihn um Geld bitte. Die Beraterin verbalisiert die Abhängigkeit, die Anne empfindet, und macht im nächsten Schritt deutlich, dass Dieter nicht von Bitten, sondern von gemeinsamer Bestimmung gesprochen habe. Auf die Nachfrage des Beraters, woher sie diese Abhängigkeit kennt (worauf also ihre Trübung zurückzuführen sein könnte), erzählt sie, wie ihre Mutter ihren Vater immer um Geld bitten musste, obwohl sehr viel Geld in der Familie vorhanden war. Sie habe sich schon als Kind geschworen, sich von ihrem Mann niemals so demütigen zu lassen und das Geld, was da war, ohne Nachfrage auszugeben. (Dass sie sich dabei in starke Abhängigkeit von ihren Eltern begibt, wird an dieser Stelle noch nicht thematisiert.) Nachdem Dieter sehr deutlich gemacht hat, dass er diese Abhängigkeit ja gerade nicht wolle und deshalb klare Regeln wünsche, fragen die Berater ihn, warum er die Situation so lange hingenommen habe. Dabei stellt sich heraus, dass er Geld immer mit Anerkennung für Leistung gleichgesetzt hat und ihren grenzüberschreitenden Umgang mit dem gemeinsamen Geld daher als mangelnde Anerkennung seiner Leistung wahrgenommen hat. Um das Problem unter Kontrolle zu bekommen, hat er sich angestrengt und tut es immer noch, durch immer mehr Leistung immer mehr Geld zu verdienen.

In der weiteren Bearbeitung des Problems fordern wir die beiden auf, zusammen mit ihren Plätzen auch ihre Rollen zu tauschen und in der Rolle des anderen zu formulieren, was man sich vom anderen wünscht. Daraus ergibt sich folgender Dialog:

Anne (als Dieter): Anne, ich wünsche mir von dir, dass du siehst, wie viel ich arbeite und wie ich mich anstrenge, dass unser Leben auch materiell gut wird.

Dieter (als Anne): Und ich wünsche mir von dir, Dieter, dass du mir mit Geld meine Freiheit lässt. Ich habe so viel Angst, gedemütigt zu werden.

Als Berater fragen wir Anne in der Rolle von Dieter, ob er – Dieter – weiß, was sich Anne unter Freiheit vorstellt. Als Anne (als Dieter) dies verneint, ermuntern wir sie (ihn) genauer nachzufragen.

Anne (als Dieter): Wie meinst du das denn genau? Was bedeutet diese Freiheit für dich? Heißt denn Freiheit für dich, kein Limit zu haben?
Dieter (als Anne): Nein, das heißt, dass ich selbst entscheiden will!
Ohne unsere weitere Unterstützung führt Anne (als Dieter) den Dialog fort:
Anne (als Dieter): Wenn du mit mir zusammen ein Budget festlegst und dich entscheidest, das einzuhalten, ist das nicht auch deine Entscheidung?
Dieter (als Anne): Ja, aber das will ich noch nicht zugeben!

Die letzte Äußerung von Dieter/Anne ist so authentisch und so kindlich, vertrauensvoll und offen, dass wir alle vier schallend lachen und damit den Rollentausch abschließen können.

Durch den Rollentausch haben wir zum einen bewirkt, dass jeder der beiden den anderen sozusagen von innen heraus verstehen lernt. Zum anderen haben wir Anne veranlasst, ihre normativ regelnden Anteile mit Energie zu besetzen, und Dieter die Möglichkeit gegeben nachzufühlen, wie es ist, wenn man kindlich-trotzig befürchtet, sein Gesicht zu verlieren. Das heißt, die beiden Partner erleben sich selbst und den anderen in der Beziehung und bekommen ein wirkliches Gefühl für Ich und Du. Das zeigt sich in den weiteren Vereinbarungen:

Sie werden ein Budget miteinander erstellen. Es wird dann Teil der weiteren Beratung sein, zu besprechen, wie sie es einhalten und wie es ihnen gelingt, dabei das Bedürfnis des jeweils anderen, das heißt Respekt durch achtsamen Umgang mit Geld und Respekt für eigenständigen Umgang mit Geld, umzusetzen.

In diesem Beispiel zeigt sich eine weitere Bestimmungsgröße des Themas Autonomie:

Akzeptanz von Abhängigkeit

Die Akzeptanz von Abhängigkeit führt zur Autonomie.

Viele Paare müssen erst lernen, dass man in einer Partnerschaft immer voneinander abhängig ist. Fast alle Themen, wie z.B. Kinder, Geld, Zeit oder Verwirklichung im Beruf, tangieren beide Partner. Und indem man sich für eine dauerhafte Partnerschaft entscheidet, entscheidet man sich quasi automatisch auch für diese Form von gegenseitiger Abhängigkeit, die man durchaus eine Symbiose im ursprünglich biologischen Sinne nennen kann: Zwei eigenständige und eigenverantwortliche Wesen schließen sich zu gegenseitigem Nutzen zusammen. Gesund ist diese Form jedoch nur so lange, wie beide Parteien sich selbst und ihre eigenen Wünsche vertreten und sich selbst genauso wichtig nehmen wie die andere Person. Diese Bezogenheit des Ichs auf das Du braucht nicht nur Bewusstheit für sich und den anderen, sondern oftmals auch hohe Flexibilität im Handeln. Gelingt das, wird Intimität möglich. Anders ausgedrückt:

von Abhängigkeit zur freien Entscheidung

Indem Abhängigkeiten zur freien Entscheidung werden, wächst die Autonomie der Beteiligten.

5.3.2.4 Umgang mit Macht, Ohnmacht und Kontrolle

Ein weiteres Problem von Anne und Dieter ist die hohe Beeinträchtigung ihrer Konfliktfähigkeit: Er hat bei seiner überaus fordernden Mutter gelernt, seinen eigenen Willen oder die eigenen Bedürfnisse nur im Geheimen zu leben, und sie hat gelernt, dass „man gehorcht". Die Folge davon waren und sind viele ungeklärte Situationen, mangelnde Absprachen, Unoffenheit und Rückzug (bei ihr in passiven Widerstand, bei ihm in außereheliche Beziehungen). Beiden ist klar, dass sie lernen müssen, über ihre Konflikte zu sprechen, um sich verantwortlich und erwachsen in der Beziehung zu verhalten. Beiden ist auch klar, dass sie über die Bedeutung seiner außerehelichen Verhältnisse sprechen müssen. Ein Sitzungsvertrag lautet daher: Wir wollen darüber reden, warum Dieter andere Beziehungen hatte und welchen Anteil Anne an den auslösenden Situationen hatte.

Zur Umsetzung ihres Vertrages fordern die Berater beide auf, sich so hinzusetzen, dass sie einander zugewandt sind. Außerdem vereinbaren wir, dass jeder von sich erzählt und der andere ihn zunächst nicht unterbrechen darf. Anne beginnt und berichtet, wie elend sie sich vor allem bei der zweiten und dritten außerehelichen Beziehung gefühlt hat, denn immer hatte sie „verziehen" und versucht, neues Vertrauen aufzubauen. Aber nie hatte sie den Mut, wirklich mit ihm über die Ursachen der Situation zu reden. Sie hat einfach immer wieder von vorne angefangen. Gleichzeitig begann sie, Zuwendung und Emotionalität zu fordern und genau zu registrieren, in welcher Weise und wie oft er ihr bewies, dass er sie mochte.

Dieter berichtet, dass Annes genaue Vorstellungen, wie Beziehung abzulaufen habe, die Beziehung schon bald nach der Heirat gestört hätten. Er hatte den Eindruck, einem bestimmten Plan zu folgen, sei der Nachweis, dass die Ehe gut sei. Diesem Plan entsprechend gab es ein bestimmtes gesellschaftliches Auftreten, Zeugung, Geburt und Erziehung von drei Kindern, bestimmte Urlaubsorte, die besucht werden mussten, und genaue Abläufe des Wochenendes, das zwischen Kindern, gesellschaftlichen Verpflichtungen und Annes Herkunftsfamilie aufgeteilt werden musste. Entsprechend seiner Beziehungserfahrungen fühlte er sich machtlos, etwas innerhalb der Beziehung zu verändern, und ging „trotzig nach außen". Annes danach einsetzende Kontrolle seiner Emotionalität bewirkte sodann noch mehr Zwang und entsprechend noch mehr Trotz.

An dieser Stelle stockt der Austausch. Die Berater spüren viel Verzweiflung und die Unfähigkeit, weiter zu sprechen, obwohl Dieter eigentlich mehr von sich sagen möchte. Deshalb vereinbart der Berater mit ihm, dass er „als Dieter" sprechen darf und Dieter ihm ein Zeichen gibt, wenn das, was der Berater sagt, nicht Dieters Gedanken und Empfindungen entspricht. Darauf tritt der Berater hinter ihn und formuliert dann: „Ich wusste nicht mehr ein noch aus. Ich wollte mit dir leben, aber dieses Leben habe ich nicht mehr ausgehalten. Und ich wusste nie, wie ich es dir sagen soll. Ich war wütend und gleichzeitig war ich das Schwein. Und wenn ich dann gemerkt habe, dass unser Geld nicht genug ist, fühlte ich mich so zum Kotzen, dass ich nur noch weg wollte." Während der Berater diese Gedanken als „Hilfs-Ich" ausspricht, weint Dieter stark und wie befreit. Wir geben diesem Weinen Raum und greifen dann seinen Blick zu Anne hinüber auf und fragen ihn, was dieser Blick bedeutet. Dieter spürt die Angst vor dem, was Anne sagen könnte, und formuliert das auch. Anne jedoch sagt nur: „Das wollte ich doch gar nicht." Und weint ihrerseits heftig und wie ein verzweifeltes Kind. Die Beraterin vereinbart daraufhin mit Anne die gleiche „Hilfs-Ich"-Funktion, wie sie der Berater für Dieter innehatte, und formuliert: „Ich war so glücklich, dass wir geheiratet haben und wollte es ganz richtig machen. Und ich habe immer versucht, es so zu machen, wie ich dachte, dass du es willst. Und du wolltest doch Karriere machen. Dafür habe ich doch alles getan. Und ich hatte so viel Angst, dass du mich verlässt, so viel Angst. Und dann habe ich immer gezählt, wie oft du etwas Nettes zu mir gesagt hast oder wie oft du mich gestreichelt hast oder wann wir zusammen geschlafen haben, einfach, damit ich weiß, dass du nicht gehst. Ich hatte einfach nur Angst." „Ja, so war das, genau so", sagt Anne. Danach geht auch die Beraterin wieder in ihre normale Beraterfunktion und beide Berater lassen dem Paar ganz viel Raum für ihre Emotionen, die sich auch darin ausdrücken, dass sie sich die Hände geben und jeder mit dem Daumen den Handrücken des anderen streichelt.

Erst im anschließenden Gespräch wird in vollem Umfang deutlich, wie ohnmächtig sich beide gefühlt haben, etwas in der Beziehung konstruktiv zu verändern, bzw. wie destruktiv die Grenzen waren, die sie als Kinder erfahren haben: der absolute Gehorsam in Annes Elternhaus und der mangelnde Respekt für Dieter als eigenständigen Menschen, den er vor allem von seiner Mutter erlebt hatte. Am Schluss vereinbaren sie, die Erfahrungen dieser Stunde erst einmal „so stehen zu lassen" und erst in späteren Sitzungen über die Veränderung ihrer Muster zu reden.

Die geschilderte Sitzung ist ein sprechendes Beispiel für zwei weitere Wirkgrößen zum Thema Autonomie:

Ohnmacht als Gegenteil von Autonomie

Das oder ein Gegenteil von Autonomie ist Ohnmacht.

Je ohnmächtiger sich die beiden in der Beziehung zum anderen erlebt haben, umso weniger konnte autonomes Verhalten, vor allem im Aspekt Spontaneität bzw. Flexibilität, in ihrer Beziehung Platz haben. Beide machten stattdessen „immer mehr vom selben" und wiederholten damit die Ohnmacht ihrer Kindheit. Gleichzeitig bestätigen sie eine weitere Beziehungsgröße von Autonomie, die dem ersten von uns formulierten Leitsatz „Die Auseinandersetzung mit Grenzen ist ein Schritt zur Autonomie" ergänzt und präzisiert:

Kontrolle statt Autonomie

Grenzen, die zur Machtlosigkeit führen, bewirken Kontrolle statt Autonomie.

Je machtloser sich ein Kind fühlt, das heißt, je weniger es die Möglichkeit hat, die Erwachsenen dazu zu bewegen, seine wirklichen Bedürfnisse zu erfüllen, desto eher wird es Kontroll- und Manipulationsstrategien mit in sein Erwachsenenalter nehmen, durch die es hofft, wenigstens einen Teil seiner Bedürfnisse erfüllt zu bekommen. Genau das aber führt zu dem, was wir in Beziehungen als „Psychische Kontrolle" erleben: Dass sich Personen in einer bestimmten Weise verhalten, um von anderen das zu bekommen, was diese vermeintlich freiwillig nicht geben würden. Die Tragik besteht darin, dass genau diese Kontrolle dazu führt, auch als erwachsener Mensch nicht das zu bekommen, was man als Kind schon nicht bekommen hat.

Schon in der nächsten Sitzung ergibt sich eine Gelegenheit, Dieter und Anne spüren zu lassen, was Freiheit statt Kontrolle bedeutet. Die Berater fordern sie dazu bei einem entsprechenden Thema auf, sich in ca. zwei Meter Abstand voreinander hinzustellen, die Beine etwas breitbeinig und die Arme in die Hüften gestemmt. Dann sollen sie sich die Dinge durch den Kopf gehen lassen, die sie am anderen geärgert oder vom anderen verletzt haben. Auf ein Zeichen der Berater sollen sie erst leise und schließlich immer lauter „Nein" zueinander sagen. Dabei ermutigen die Berater sie, dies laut und ungestüm zu tun. In der Folge werden beide sehr kraftvoll, indem sie dieses „Nein" so laut wie möglich äußern. Bereits jetzt wird spürbar, wie viel Beziehung dabei zwischen den beiden entsteht. Nach einiger Zeit (als die Intensität abnimmt) fordern die Berater sie auf, sich die Seiten, Gesten und Haltungen des anderen vor Augen zu führen, die sie lieben oder durch die sie sich geliebt fühlen. Diese Empfindungen sollen sie in ein immer lauter werdendes „Ja" kleiden. Auch das wird immer lauter gerufen und zum Schluss geradezu geschrien, wobei sich „unheimlich" viel Energie in diesem „Ja" offenbart. Am Ende können sie sich lange und herzlich umarmen.

In der Übung haben sie gespürt, was sie wollen und was sie nicht wollen, haben dem Ausdruck gegeben und konnten die Erfahrung machen, wie gut das tut. Darüber hinaus haben sie erlebt, dass Eigenverantwortlichkeit in der Beziehung zu sehr viel Intimität führt. Damit haben sie neue Denk-, Fühl- und Verhaltensmuster „gespürt", was Autonomie in einer Beziehung bedeutet. Abschließend besprechen wir sodann mit ihnen, wie sie diese Beziehungserfahrung im Alltag umsetzen können und was das für ihren Alltag bedeutet.

Dieses Umsetzen der emotionalen Erfahrungen aus Beratungssitzungen in den normalen Alltag ist ein wichtiges Anliegen unserer Arbeit. Das heißt: Wir achten sehr sorgfältig darauf, dass die Beratungsstunde nicht die Beziehung ersetzt und die Paare sich nicht darauf verlassen, dass die Berater durch professionellen Umgang mit Gefühlen Intimität herstellen, die dann wieder für die nächste Woche reicht. Daher lassen wir uns auch sehr gerne berichten, was ein Paar zwischen den einzelnen Sitzungen tut, um die erfahrenen Einsichten und Muster im Lebensalltag weiterzuentwickeln.

5.3.3 Was bleibt, sind nicht nur Leitsätze: Zusammenfassende Bemerkungen[17]

Fassen wir alle vorangehend benannten und beschriebenen Leitsätze zusammen, beinhaltet ihre Kernaussage:

> *Autonomie gelingt nur in lebendiger/gelebter Bezogenheit des Ich zum Du.*

lebendige/ gelebte Bezogenheit

Nur eine lebendige Beziehung zum anderen ermöglicht uns, unser Alleinsein durch die Kontaktaufnahme und den Dialog zum anderen so zu gestalten, dass wir uns gesehen, erkannt und akzeptiert fühlen. In unseren gelebten Beziehungen spiegeln sich gleichzeitig die innere und äußere Welt aller Beteiligten mit ihren Grundhaltungen, Überzeugungen und Gefühls- und Handlungsmustern. Nur in der auf diese Weise erlebten „Bezogenheit zum „Du", zum „Wir", zum „Ihr" und zur „Welt" können wir uns selbst und die anderen als wertvolle Teile des komplexen Ganzen verstehen und unser Leben in Richtung Autonomie gestalten. Autonomie des Ich ohne Einbeziehung eines Du ist ungesund, einschränkend und – wie zuvor angemerkt – zur Grandiosität des Autarkiegedankens einladend.

Partnerschaft und Ehe sind der bevorzugte Ort des Gelingens wie leider auch des Misslingens dieser auf wahre Autonomie zielenden Bezogenheit, vor allem wenn ihre Verbindlichkeit nicht hinreichend in den Köpfen und Herzen aller Beteiligten verankert ist.[18] Keine andere Konstellation spiegelt uns so deutlich:

> *Beziehung und Autonomie sind zwei miteinander verwobene Prozesse menschlicher Lebensführung.*

miteinander verwobene Prozesse

Gerade für das Paar-Sein – und damit für das zentrale Objekt unserer Beratungsarbeit – gilt:

Fluch und Segen
> *Beziehung ist Ort und Quelle gelebter und erfahrener Autonomie, oftmals jedoch auch Ort des Verlustes von Autonomie zugunsten ungesunder Abhängigkeit und Unterordnung.*

Doch dieser „Fluch" kann, bei Licht besehen, auch zum Segen werden.

Heilung
> *Autonomie, die in der Beziehung verloren gegangen ist, kann nur in der Beziehung wiedererworben oder wiedergefunden, d.h. geheilt, werden.*

Daran *mitzuwirken* ist unsere vordringlichste Aufgabe im Beratungsprozess, ganz gleich, ob das ratsuchende Paar (wieder einmal) leidbringende Illusionen paarbezogenen Handelns betrauern muss, in der Entwicklung des gemeinsamen Lebens wieder zu einem gemeinsamen Tritt finden will oder nach ernsthafter Prüfung eine faire und respektvolle Trennung vereinbart, die dann auch die Chance enthält, die Autonomie in einer anderen Beziehung zu leben/zu entwickeln.

5.4 Als Paar mit Paaren arbeiten: eine Herausforderung an die Autonomie der Berater

Wenn wir uns an dieser Stelle, sozusagen abschließend dem Thema „Als Paar mit Paaren arbeiten" zuwenden, werden uns als Erstes unsere besonderen Bezüge zum Thema bewusst, deren einer bereits im letzten Abschnitt anklang: Als Therapeuten einer beziehungsorientiert ausgerichteten Transaktionsanalyse sind dyadische Konstellationen bevorzugter Ausgangspunkt für unsere Analysen, unsere Diagnosen und unsere (nicht nur in der Paarberatung) vertragsabhängig zu gestaltende Beratungs- und Behandlungsplanung. Das heißt: In unserem konkreten Handeln in Beratung, Therapie, Pädagogik und Organisationsgestaltung fokussieren wir im Prozess auf die aktuell auftretenden Merkmale von Beziehungsgestaltung, in denen sich aus unserer Sicht auch alle übrigen Beziehungen zumindest in Teilaspekten widerspiegeln. Insofern werden wir in unsere Paarberatung nicht nur das (z.B. durch Verbalisierung) einbringen, was wir in der Beziehung des Paares zueinander wahrnehmen, sondern ebenso auch das, was wir in der Beziehung des Paares zu uns beobachten.[19]

eigene Stärken und Schwächen
Gerade dabei ist es jedoch in besonderem Maße wichtig, die eigene Beziehung mit ihren Handlungsmustern nicht zum Maßstab interner oder externer Beurteilung zu nehmen. Das meint, weder hochmütig auf Paare mit „ihren Konflikten" herunterzusehen, weil man das ja schon alles längst hinter sich hat bzw. weil es „bei einem selbst nie so schlimm war", noch Paare, die gute Lösungen finden, als überlegen anzusehen und dabei die eigenen Stärken abzuwerten. Gleichzeitig gilt es, sich dieser Gefahr permanent besonders bewusst zu bleiben, da Paarberatung wie keine andere Form der Beratung dem beratenden Paar auch die eigenen Stärken und Schwächen in der Beziehung vor Augen führt. Dies gilt zum Beispiel nicht nur in der Zeit der kleinen Kinder, wenn die Paare Themen mitbringen, wie

sie Zeit für die Beziehung, die Beschäftigung mit den Kindern, den Beruf und den Haushalt unter einen Hut bringen müssen, was natürlich auch ein Problem für berufstätige Therapeutenpaare mit Kindern darstellt. Das gilt auch für viele andere „Alltagsprobleme", bei denen uns unsere Klienten gleichzeitig den Spiegel für unser eigenes Verhalten und unsere eigene Beziehung vorhalten. Anders ausgedrückt: In der Identifikation mit den Klienten werden einige eigene Probleme aktualisiert, die gelöst werden müssen, um wiederum angemessen mit den Klienten arbeiten zu können. Hier sorgfältig zu trennen, bei den Klienten zu lassen, was zu den Klienten gehört, und bei uns zu lassen, was zu uns gehört, ist von besonderer Wichtigkeit. Gleichzeitig stellen solche Situationen eine Herausforderung und Chance dar. Denn es wird deutlich, dass man die eigenen Probleme relativ schnell klären muss, um den Klienten unbefangen gegenüberzustehen und mit diesen sinnvoll weiter zu arbeiten.[20]

Alltagsprobleme als Spiegel

Herausforderung und Chance

Aber keineswegs immer sind unsere unterschiedlichen Auffassungen als Berater(paar) außerhalb der Beratungssettings zu klären. Oftmals ist das sogar nicht einmal sinnvoll, da dadurch Vielfalt eingeschränkt würde. Im Sinne von Autonomie mussten wir daher lernen, uns innerhalb des Beratungsgeschehens gegenseitig abzugrenzen und unseren eigenen Standpunkt zu vertreten. Inzwischen gelingt es uns, unterschiedliche Sichtweisen dadurch deutlich zu machen, dass wir immer wieder betonen, dass wir nur eine Sichtweise bzw. einen Standpunkt vertreten und dabei nicht auf der Richtigkeit dieses Standpunktes beharren. Anschließend fragen wir die Klienten, mit welchen Aspekten unserer unterschiedlichen Sichtweisen sie etwas anfangen können und wollen, und arbeiten damit weiter. So lernen diese gleichzeitig ein Modell für Autonomie, in dem nicht eine besser ist als der andere und wir uns durch unser fragendes Einbeziehen der Klienten auch nicht über diese erheben. Darüber hinaus sehen die Klienten, dass das klare Vertreten von Standpunkten dazu führt, dass man weiterdenken und sich weiterentwickeln kann.

Vertreten von Standpunkten

Zugegebenermaßen hilft das zuvor genannte Modell auch dabei, mit dem nicht zu unterschätzenden Problem der Rivalität umzugehen. Denn wir beide wollen „natürlich" gut sein und unseren Klienten das Beste geben. Beide haben wir auch Freude daran, theoretische Konzepte weiterzuentwickeln und sie in die Praxis umzusetzen sowie unseren Ausbildungskandidaten beizubringen. (Denn auch die Ausbildung führen wir gemeinsam durch.) Dass in diesen Zusammenhängen Rivalität aufkommen kann, wissen wir nicht erst seit heute, sondern wurde uns bereits in der Frühzeit unserer Beziehung lebhaft vor Augen geführt, wenn zum Beispiel unsere eigenen Kinder in bestimmten Entwicklungsphasen mehr zum einen oder anderen von uns tendierten und dieses Erleben sehr leicht in Rivalität um die Gunst des Akzeptiert-Seins in der Arbeit mit den Paaren umschlagen konnte. Das galt es dann damals wie heute immer wieder neu miteinander anzusprechen, zumal wenn die Rivalität noch durch Spaltungstendenzen des beratenen Paares stimuliert und unterstützt wird. Auch dann ist es gut, sich zunächst die jeweiligen Standpunkte mitzuteilen und anzusehen, bevor man einzeln oder gemeinsam zu beratungsrelevanten Entschlüssen kommt. Inzwischen haben wir sogar gelernt, Rivalitäten zwischen uns als diagnostische Hinweise im Hinblick auf das zu beratende Paar zu nutzen. Das heißt, erlebte Rivalität verbindet uns inzwischen eher, als dass sie spaltet.

Rivalität

Darüber hinaus hat die gemeinsam durchgeführte Paartherapie dazu geführt, dass wir Werthaltungen wie zum Beispiel Achtsamkeit im Hinblick auf die individuellen wie gemeinsamen psychischen Grundbedürfnisse nicht nur anderen lehren, sondern bewusst bei uns selbst leben. Das beginnt damit, dass die Probleme der Paare und deren Lösungen viele Anregungen geben, über unsere eigene Beziehung nachzudenken. Das setzt sich darin fort, dass wir Strokes neben der Zuwendung und Beachtung, die wir uns geben, auch als Aufmerksamkeit, Höflichkeit und gutes Benehmen dem Partner gegenüber leben oder Struktur als interindividuelle Disziplin begreifen, die den Partner genauso wichtig nimmt wie einen Klienten und sich neben einer absoluten Verbindlichkeit auch in Kleinigkeiten niederschlägt. Alle diese Merkmale haben wir in der Arbeit mit Paaren auch für die eigene Beziehung als essenziell kennengelernt und sind froh, sie übernommen und weiterentwickelt zu haben. Insofern ist die Arbeit mit Paaren, richtig verstanden, immer auch ein wechselseitiger Lernprozess.

wechselseitiger Lernprozess

In diesem Lernprozess haben wir in den dreißig Jahren unserer Zusammenarbeit auch unsere Autonomie immer wieder neu gefunden und weiterentwickelt. Dies zeigt sich zum Beispiel an der von uns gelebten Art und Weise „Mann" und „Frau" zu sein, die bei uns in verschiedenen Aspekten gegenteilig ausgeprägt sind zu dem, wie sie in der Gesellschaft zu finden sind. Gerade dadurch sind wir für viele Paare ein erlaubnisgebendes Modell, ihren eigenen Stil der Verwirklichung als Frau oder Mann zu finden; wie auch wir durch unsere Arbeit mit Paaren und die Lösungsmuster, die diese Paare finden, uns immer wieder angeregt sehen, unser Rollenverhalten zu überdenken und uns unabhängig von gesellschaftlichen Vorstellungen Gedanken darüber zu machen, wie man als Mann und Frau zusammen zu leben hätte.

narzisstische Überhöhung

Gleichzeitig muss bei der Modellwirkung, die wir für einige Paare haben, auch auf eine Gefahr hingewiesen werden: auf die Gefahr, dass beratene Paare in unserer modellarmen Zeit allzu schnell das erlebte Beraterpaar narzisstisch überhöhen, sprich: idealisieren und zu ihrem Vorbild erklären, ohne sich dem mühseligen, aber notwendigen Suchen nach dem eigenen und eigenständigen Stil, ein Paar zu sein, zu unterziehen. Dass solch ein Unterfangen auch unsere narzisstischen Seiten als beratendes Paar stimuliert, ist offenkundig und muss auch von uns immer wieder „bearbeitet" werden.

6. Anwendungsbereiche

„Beratung bei und in Paarkonflikten" ist unser Beitrag überschrieben. Dabei haben wir uns in vorangegangenem Text nicht ausschließlich, aber überwiegend auf Ehepaare und Lebenspartnerschaften bezogen. Trotzdem gilt naturgemäß vieles von dem, was wir geschrieben haben, sowohl dann, wenn nur eine Beraterin/ein Berater die Beratung alleine durchführt, als auch dann, wenn es sich um andere Formen intensiver dyadischer Beziehungen (wie z.B. nicht [mehr] verheiratete Elternpaare oder Chef und Stellvertreter oder Beratungsteams in Heimen) handelt. Hier mag zwar die Intensität der Geltung wie auch Anwendung durchaus differieren, bleiben und Bestand haben wird jedoch all das, was die Beziehung und Bezogenheit solcher Konstellationen betrifft. – Insofern überschreitet die mögliche Anwendungsbreite durchaus den durch die Überschrift vorgegebenen Rahmen.

andere Formen intensiver dyadischer Beziehungen

7. Zusammenfassung

(Ehe-)Paarberatung als Bemühen, dem ratsuchenden Paar in einem begleitenden Prozess beziehungsorientierter Begegnung Hilfe zur Selbsthilfe angedeihen zu lassen, war – zu Beginn des letzten Jahrhunderts erstmals institutionalisiert – und ist bis heute von zwei grundlegenden Entwicklungsrichtungen geprägt: eine stark pädagogisch/erzieherische Paarberatung und ein Modell von therapeutisch-kurativer Paarberatung. Beide Richtungen lassen sich auch heute noch in ihren Ansätzen erkennen, beide finden sich auch in transaktionsanalytisch geprägter (Ehe-)Paarberatung (obwohl es transaktionsanalytische Paarberatung als solche gar nicht gibt).

Für die Verfasser dieses Beitrages, ein Ehepaar, das mit Paaren arbeitet, sind neben den transaktionsanalytisch geprägten Zielvorstellungen von Autonomie-Förderung bei Ratsuchenden (wie auch Beratern) vor allem beziehungsorientierte Betrachtungsweisen durchgängige Eckpunkte ihrer Erörterungen: Sei es, dass sich diese auf eine vertragsorientierte Vorgehensweise, die Verschränkung von Diagnostik und Intervention, Bewusstheit als Voraussetzung für Intimität, gesunde und ungesunde Abhängigkeit oder den Umgang mit Macht, Ohnmacht und Kontrolle beziehen. Dass das alles genauso wenig wie die Erörterung des Themas „Als Paar mit Paaren arbeiten" nicht nur Theorie ist, sondern erlebte (Alltags-)Wirklichkeit, belegen die Beispiele.

Anmerkungen

1 Dabei haben sich 90 Minuten Gesprächszeit bei einem zwei- bis dreiwöchigen Rhythmus für Einzelpaare und etwa vier Stunden bei einer Gruppe von fünf Paaren als angemessen erwiesen.
2 Selbstverständlich sind auch Fälle bekannt, in denen die Ratsuchenden aufgrund mehr oder minder starken Drucks des Partners/der Partnerin mit in die Beratung kommen oder das „Machtwort einer Autorität" (z.B. Pfarrer, Arzt, Therapeut, Richter) sie dazu „veranlasst" hat.
3 So z.B.: Robert Hodges (1964), Thomas Harris (1965), James Horewitz (1965, 1967), Victor Matson (1966), Ray Morgan & George Mac Farlane (1966), Leon Mainlish (1966), H.D. Johns & Heges Caper (1968), Taibi Kahler (1972), Robert A. Mitchell (1972), Ira J. Tanner (1973), Frank E. Millar (1973), Gabriella Scholnock (1973), Josef Cassis & Jay Koonce (1974), Sally Edwards (1975), Art Greer (1975) oder James Muriel & Dorothy Jongeward (1975).
4 Im „*Transactional Analysis Journal*" (TAJ) sind beispielsweise Namen wie Taibi Kahler (1972), Robert A. Mitchell (1972), Dolly Feigenbaum (1977), Robert Taibbi (1981), Laura W. Boyd & Harry S. Boyd (1981), Merle Friedmann & Diana Shmukler (1983), Allen Kanter (1984), Kalman J. Kaplan (1985), Robert F. Massey (1989), Ellyn Bader & Peter T. Pearson (1990), Kalman J. Kaplan (1990), Terry Simerly (1996), Ray Little (1999), Graham Perlman (2000) zu nennen.
5 In der deutschsprachigen „*Zeitschrift für Transaktionsanalyse*" sind Beiträge von H. Jellouschek (1984), Peter Raab (1995), Robert F. Massey & Sharon Davis Massey (1995), Ellen Bader & Peter Pearson (1996), Ingrid & Fritz Wandel (1998) und Antoni Tomkiewicz & Beate Pavlowska (1999) erschienen.

6   Und das gilt nicht nur in den Anwendungsfeldern „Beratung" und „Psychotherapie", sondern ebenso in den Anwendungsfeldern „Pädagogik und Erwachsenenbildung" und „Organisation".

7   Obwohl hier wie auch an anderen Stellen des Textes von der Verhaltenstherapie oder der Systemischen Paartherapie geschrieben ist, sind sich die Autoren darüber klar, dass es, mit Ausnahme der Anfangszeit einer Theoriebildung, genauso wenig die Psychoanalyse, die (Kognitive) Verhaltenstherapie, die Systemische Therapie wie auch die Transaktionsanalyse, sondern immer bestimmte Schulen und/oder Richtungen innerhalb der namensgebenden Hauptrichtungen gibt.

8   Anders ausgedrückt: Empfängnisverhütung, berufliche Selbstständigkeit von Frauen, soziale Akzeptanz von Scheidungen und von Lebenspartnerschaften ohne Trauschein, Selbstverständlichkeiten von Patchworkfamilien und nicht zuletzt die staatliche Absicherung von alleinerziehenden Müttern (und notfalls auch Vätern) bewirken, dass man angesichts der Enttäuschungen, die man in einer Partnerschaft erlebt, die Wahl hat, ob man sie durch gemeinsames Wachstum überwinden will und kann oder es ein guter Weg ist, sich zu trennen.

9   Ein Vorgehen, das bereits vom Begründer Eric Berne (1961/2001, 1966/2005, 1972/1975) praktiziert wurde und sich bis heute fortsetzt (z.B. SCHMID 1994; MOHR 1990; RATH 2007; HAGEHÜLSMANN & HAGEHÜLSMANN 2008).

10 Analog der gerade erwähnten Subsummerierung verschiedener Paarkonstellationen unter dem einen Begriff „Paarberatung" werden wir in diesem Beitrag auch nicht mehr zwischen Paarberatung und Paartherapie unterscheiden, sondern beide Begriffe synonym verwenden.

11 Um der Vollständigkeit willen sollte allerdings nicht unerwähnt bleiben, dass das Konzept der Grundbedürfnisse außer um „standing" nochmals um ein weiteres „s" für Spiritualität ergänzt wurde (BORRIS 2007, 158–163). Und damit ist wieder beides gemeint: das Bedürfnis nach übergeordnetem Sinn und die entsprechende Haltung des Wegbegleiters oder Beraters.

12 Früher hatten diese Verträge fast ausschließlich explizit mit Veränderung zu tun. Seit etwa zehn bis fünfzehn Jahren sind auch z.B. Verträge über das Ertragen von schwerer Krankheit oder Erdulden von unabwendbarem Leid von den meisten Transaktionsanalytikerinnen „akzeptiert".

13 Gerade bei diesem Schritt der Entscheidung/Neuentscheidung zur Veränderung erleben wir immer wieder die Tendenz, diese Entscheidung von der Machbarkeit abhängig zu machen. Also nicht zu entscheiden „Ich will nach New York und werde das für mich machbar machen", sondern sich mit der Tendenz zur Entscheidung „Wenn ich es schaffe, gehe ich nach New York" zu begnügen. Im Allgemeinen – so unsere Erfahrung – deutet dieser Wechsel auf (meist nicht bewusste) innere Widerstände hin, die dringender Auflösung bedürfen, soll der Beratungsprozess erfolgreich abgeschlossen werden.

14 Bob Goulding erzählt in seinem Aufsatz „How to Catch Fish" (1978) die interessante Lebenserfahrung, dass er erst ab dem Tag zum erfolgreichen „Fischer" wurde, als er sich entschied „Fische zu fangen, statt angeln zu gehen".

15 Mit dem psychischen Laufenlernen ist es nicht anders als mit dem physischen: Man fällt zumindest zu Beginn immer wieder auf den „Po" (= in alte, wohlbekannte Muster, das „geliebte Elend"), muss aufstehen und erneut mit dem Üben fortfahren.

16 Der Umgang mit Gefühlen ist ein wesentlicher Punkt, warum wir mit Paaren bevorzugt in Gruppen arbeiten. Der offene Ausdruck von – auch ärgerlichen – Gefühlen eines Paares wird häufig zum Modell für die anderen. Dies reduziert nicht nur die Angst vor aggressiven Äußerungen, sondern insgesamt die Angst vor Gefühlen.

17 Die nachfolgenden Ausführungen folgen neben zusammenfassenden Gedanken des vorangegangenen Textes im Wesentlichen (teils wörtlichen) Aussagen eines Artikels der Autoren „Beziehungsorientierte Transaktionsanalyse" aus der *Zeitschrift für Transaktionsanalyse* 2008, 25, 64–68.

18 Mangelnde Verbindlichkeit („… bis dass der Tod uns scheidet") wie das Klammern an das Bild vom anderen statt Bezogenheit zum realen Menschen mit seinen Ecken und Kanten sind oftmals die Auslöser des Misslingens von Beziehungen durch resignatives Verdrängen anstehender Auseinandersetzungen. Nur wenn meine Verbindlichkeit uneingeschränkt gilt, muss ich die anstehenden Probleme wirklich lösen oder ein Leben lang unglücklich sein. Wer will schon Letzteres?

19 Dass dabei der Umgang mit uns oftmals viel konstruktiver verläuft als mit dem eigenen Partner, offenbart dann Ressourcen personenbezogenen Handelns, über die sich das beteiligte Paar in Bezug zueinander nicht oder nicht mehr bewusst ist.

20 Das heißt auch: Ein eigener Krach muss beispielsweise so weit geklärt sein, dass man zumindest weiß, wann man in Ruhe weiter darüber spricht und ihn aufklären wird. Und wenn dann noch etwas Ruhe zwischen dem Therapeutenpaar selber eingekehrt ist, bevor man mit den Klienten weiterarbeitet, kann das nur mehr als dienlich sein.

Ute Hagehülsmann

Diplom-Psychologin, Psychologische Psychotherapeutin, Supervisorin (BDP), Lehrende Transaktionsanalytikerin (TSTA), Prozessberaterin in Organisationen.
Engagiert und begeistert von den vielfältigen Möglichkeiten im Spannungsbogen von Psychotherapie bis Personal- und Organisationsentwicklung.

Dr. Heinrich Hagehülsmann

Dr. phil., Diplom-Psychologe, Psychologischer Psychotherapeut, Supervisor (BDP), Transaktionsanalytiker (CTA), Coach und Mentor für Führungskräfte.
Verbindet Wissenschaftlichkeit mit bodenständiger Transzendenz und versteht Beratung als unterstützenden Prozess in allen Aspekten des Lebens.

Anschrift der Verfasser:
Werkstatt Psychologie
Institut für Transaktionsanalyse in Therapie, Beratung, Weiterbildung und Supervision
Wiemkenstraße 25
D-26180 Rastede-Ipwege

Beratung mit interkulturellen Zielgruppen – Projekte zur persönlichen Begegnung und Entwicklung mit Berufsschülern

Marie-Luise Haake

1.	**Definition**	108
	1.1 Klärung des Kulturbegriffes	108
	1.2 Anforderungen an die Berater/in	109
2.	**Geschichte**	111
3.	**Gegenwärtiger Stand**	113
	3.1 Schulprojekte als Orte lebendiger Begegnung	115
	3.2 Schulprojekte als Orte modellhafter Gestaltung	116
	3.3 Beratung als Prozessbegleitung für interkulturelle Schulprojekte	118
4.	**Theorien, Modelle und Konzepte**	120
5.	**Methoden**	121
	5.1 Konzeptionelle Überlegungen	121
	5.2 Die Methoden im Einzelnen	122
	5.2.1 Spaziergang zur Erinnerung	122
	5.2.2 Begegnung mit erfolgreicher Migration	122
	5.2.3 Kampf als Körpererfahrung	123
	5.2.4 Alltagssituationen anders gestalten	123
	5.3 Abrundende Überlegungen	124
6.	**Anwendungsbereiche**	126
7.	**Zusammenfassung**	127

1. Definition

Die interkulturelle Beratung richtet sich primär an Menschen, die als politische Flüchtlinge, als Arbeitsmigranten oder als sogenannte „Spätaussiedler" etc. nach Deutschland kommen. Die sozialen Sicherungsnetze, verschiedene Versorgungsansprüche, Integrationsangebote, der Schulbesuch der Kinder und der Pflegebedarf von älteren Familienangehörigen erfordern Beratungsbedarfe in unterschiedlichster Ausprägung.

Beratung mit interkulturellem Klientel in klassischem Sinne findet in Deutschland darüber hinaus als Sozialberatung in Jobcentern, als Berufsberatung, als Prozessbegleitung in Stadtteilen zur Verständigung zwischen verschiedenen Ethnien und in Schulen in Form von Projekten mit Klassenverbänden oder ganzen Jahrgangsstufen statt.

Im Beratungskontext sind diese Beratungen dem offenen Beratungsfeld zuzuordnen, sie haben immer auch den Gruppenaspekt der spezifischen Communities und die damit verbundene Dynamik zu berücksichtigen.

interkulturelle Beratung

Interkulturelle Beratung ist jedoch nicht ohne zumindest ansatzweise Klärung des Kulturbegriffs (1.1) und der spezifischen Qualifikation des Beraters (1.2) zu definieren.

1.1 Klärung des Kulturbegriffes

Um den Begriff „Kultur" zu klären und zumindest ansatzweise seine Bedeutung zu verstehen, sind vier Schritte von der Kultur im Allgemeinen bis hin zu einer spezifischen Interkulturalität notwendig:

Kultur im weitesten Sinne

Kultur (lat. Bebauung, Pflege des Geistes) kann zunächst einmal als „die Gesamtheit der typischen Lebensformen größerer Gruppen einschließlich ihrer geistigen Aktivitäten, bes. der Werteinstellungen", verstanden werden. Das heißt: „… Kultur gilt im weitesten Sinne als Inbegriff für all das, was sich der Mensch geschaffen hat" (Meyers Lexikon, 1998). Diese Definition schließt die nachhaltige Prägung der sozialen Identität eines Menschen durch seinen kulturellen Kontext ein.

anthropologisches Kulturkonzept

Für die interkulturelle Arbeit ist dieser Kulturbegriff durch das anthropologische Kulturkonzept von E. Tylor zu ergänzen. Ihm zufolge ist Kultur eine „Komplexität von Wissen, generellen Einstellungen, Kunst, Moral, Rechtsverständnis, Sitten, Gebräuchen und dem daraus folgenden Verhalten, durch das eine Person als Mitglied einer Gesellschaft angesehen wird" (Intercultural Integration 2004, 15). Damit sind zwar wesentliche Determinanten der Thematik näher benannt, bedürfen aber meines Erachtens der zusätzlichen Differenzierung, wie sie u.a. in den Untersuchungen von D. Baecker (2009, 5) zu finden sind: Kultur ist „kein geschlossenes Ensemble von Wertmustern, Verhaltensstandards und symbolisch kodierten Handlungen, sondern … ihre Sinndeutungsansprüche und -angebote bedürfen der Befragung und Reflexion".

Interkulturalität selbst sollte ebenfalls definiert sein. Hierzu kommt Waldenfels (2006, 110) in seinen Ausführungen zu den Phänomenen des Fremden zu folgender These: „Interkulturalität … ist eine Zwischensphäre, deren Charakter weder auf etwas Eigenes zurückführt noch in ein Ganzes integriert ist … Es bildet in diesem Sinne ein Niemandsland, eine Grenzlandschaft, die zugleich verbindet und trennt." Diese These hat eine Grenzziehung zwischen dem Fremden und dem Eigenen zur Folge und verdeutlicht, dass das Gemeinsame, das Interkulturelle der individuellen Bewusstheit, des persönlichen Willens, des Engagements bedarf. Darüber hinaus braucht Interkulturalität „Räume" und Strukturen, in denen sie entwickelt werden kann.

Interkulturalität

Insgesamt tangiert Beratung in diesem Kontext somit politisch und gesellschaftlich offene Fragen und bedarf der Befragung und der Verständigung mit dem Ziel der Begegnung auf persönlicher, systemischer und struktureller Ebene.

1.2 Anforderungen an die Berater/in

Interkulturelle Beratung erfordert von Beratern zunächst einmal die Bewusstheit über die eigene kulturelle Prägung und die Konsequenzen, die sich daraus für ihr Handeln und ihr Beratungsangebot ergeben. Erst diese Klarheit in der eigenen Haltung ermöglicht Differenzierungen in der Begegnung mit Menschen anderer kultureller Prägung. Darüber hinaus benötigt der Berater ein ihn kontinuierlich stimulierendes Interesse am „kulturell anderen" und dem gemeinsamen Prozess, in dem die unterschiedlichen Grade der Anerkennung und Wertschätzung von Zugehörigkeit der Einzelnen zu ihren Communities und die damit einhergehenden Machtprobleme gleicherweise zu berücksichtigen sind.

Bewusstheit über die eigene kulturelle Prägung

ein kontinuierlich stimulierendes Interesse am „kulturellen anderen"

Gleichwohl ist es ein Merkmal transaktionsanalytischer Beratung und des ihr zugrundeliegenden Menschenbildes, sich von diesen gegenseitigen Werturteilen nicht vereinnahmen zu lassen, sondern
- auf der persönlichen Ebene eine Kultur des gegenseitigen Respekts zu etablieren,
- auf der Ebene von Gruppen/Schulklassen/in Seminaren und Projekten die Chancen und die Akzeptanz der Unterschiede zu vermitteln,
- auf der Ebene von Organisationen (Verwaltungen/Schulen/Betrieben) Strukturen zu entwickeln, die eine ebenbürtige Partizipation aller gesellschaftlichen Ethnien ermöglichen.

Kultur des gegenseitigen Respekts

Zusätzlich setzt Beratung im interkulturellen Feld spezielle Selbstkompetenzen voraus, wie sie z.B. in den Kernkompetenzen der EATA für Berater/innen (S. 87) formuliert sind. Neben der oben erwähnten Klarheit über die eigene kulturelle Identität sollte der Berater über „die Fähigkeit, sich selbst verunsichern zu lassen und nicht an den starren und normalisierenden Phantasien über ‚die anderen' festzuhalten" (Maar Castro Varela 1998, 12), als weitere Grundvoraussetzung verfügen. In transaktionsanalytischer Sprechweise würden wir diese Kompetenz als einen hohen Grad der Ausprägung der drei Komponenten von Autonomie (S. 23) bezeichnen:

spezielle Selbstkompetenz

Autonomie

- *Bewusstheit* über die eigene individuelle und kulturelle Identität mit ihren Ressourcen und Grenzen, um sie im Hier und Jetzt angemessen zu kommunizieren.
- *Spontanität* für eine direkte offene Begegnung mit dem Individuum inklusive der Respektierung seiner kulturellen Prägungen, verbunden mit einem Austausch über die Gemeinsamkeiten und Unterschiede.
- *Intimität* durch das Einbringen von eigenen Gefühlen und Empfindungen sowie die Wahrnehmung und Ansprache der emotionalen Befindlichkeit „des anderen" zur Überwindung von Grenzen und zur Gestaltung von Beziehungen (nach BERNE 1964).

O.K./O.K.-realistisch-Haltung

Ohne diese Kompetenzen, die sich in einer konsequenten O.K./O.K.-realistisch-Haltung ausdrücken, ist ein hilfreicher Kontakt nicht zu erreichen. Erst das kontinuierliche Bemühen um die „O.K./O.K.-realistisch-Haltung" ermöglicht eine glaubwürdige Kontaktaufnahme und bietet gleichzeitig Schutz für den/die Berater selbst und das Klientel gegen unspezifische und häufig undifferenzierte Machtfragen, die in diesem Bereich immer wieder eine Rolle spielen.

kulturelle Hintergründe der Zielgruppen

Neben diesen Anforderungen an die Persönlichkeit bedarf es des neutralen Wissenserwerbs über die kulturellen Hintergründe der Zielgruppen. Das heißt: Grundkenntnisse der Kultur des Gesprächspartners sind für eine kommunikative Souveränität unerlässlich. Sie erlauben dem Beratenden, die spezifischen Sinndeutungen zu explorieren, den Kontext zu verstehen und die Kommunikation auf dieser Basis zu entfalten. Einzig entsprechende Grundkenntnisse erlauben auch eine vorsichtige Konfrontation von Trübungen (S. 27) und Redefinitionen (S. 65). Dass es dabei wichtig ist, die kulturellen Ausprägungen nicht vorschnell als Trübung einzuordnen, nur weil sie im Augenblick als nicht adäquat erlebt werden, kann und muss hier nochmals betont werden.

2. Geschichte

Interkulturelle Aspekte fanden häufig erst dann politisches oder wissenschaftliches Interesse, wenn Probleme – häufig von strafrechtlicher Relevanz – auftauchten. Da ist zum einen die auffallend schlechte Bildungsbeteiligung der Schüler/innen mit Migrationshintergrund, die immer wieder Anlass zur Klage gibt, wobei die OECD-Studie belegt, dass dies weniger kulturelle als vielmehr soziale Ursachen hat. Denn die erfolgreiche Bildungsbeteiligung ist generell von der sozialen Schicht (unter dem Aspekt arm und reich) abhängig. Und Migranten gehören größtenteils den sozial ärmeren Schichten an, auch weil ihre bisherigen Abschlüsse – wie z.B. im Falle der russischen Migranten – hier nicht anerkannt werden. Als Folge erfahren die Familien hierdurch einen strukturell bedingten Statusverlust, mit dem sie sich als kleinste soziale Einheit insgesamt auseinanderzusetzen haben und den sie aus sich selbst heraus kompensieren müssen, aber in der Regel nicht können.

Migrationshintergrund

Im Bereich der wissenschaftlichen Auseinandersetzung ging es in der Vergangenheit immer wieder um kulturelle Fortschritts- und Realitätsvorstellungen, nicht aber um Interkulturalität thematisierende Studien. Dazu wurden einzelne Migrationsgruppen soziologisch untersucht (z.B. Jugendstudien und Studien zur Gewaltbereitschaft in der Gesellschaft), interkulturelle Deutschlandstudien aber sind erst neueren Datums. Trotzdem drängte sich die Auseinandersetzung mit den unterschiedlichen Kulturen und Ethnien in unserer Gesellschaft im Alltag (Arbeitsplatz, Einkauf ...) vieler Menschen aber geradezu auf. Konnten in privatem Kontext die Zuwanderungsfragen noch verdrängt, geleugnet oder übersteigert wahrgenommen werden, so bildete sich die Realität jedoch stadtteilbezogen, regional und gerade in Schulen entsprechend ab, wobei die gesellschaftlich offenen Fragen und Probleme dort meist deutlicher zutage traten als im sogenannten privaten Kontext, in dem sich der persönliche Rückgang als Ausweichventil anbot. Dennoch wurde und wird die Thematik selten offen, d.h. ohne eine Aufforderung zur Anpassung an das System, angesprochen. Zugegeben, die offene Ansprache war und ist kein ungefährliches Unterfangen, soll sie nicht zu Konflikten und zu vertiefter Separierung unterschiedlicher Gruppen führen. Dennoch bleibt festzuhalten, dass Deutschland als Staat sich nie entschloss, ein Einwanderungsland zu sein. Primär das erklärt auch das gering ausgeprägte wissenschaftliche Interesse an diesem Thema sowie die Tatsache, dass die Debatte immer noch offen ist und die damit verbundenen Probleme nur z. T. bewusst und noch lange nicht gelöst sind. Und genau das offenbart Handlungsbedarf. Zwar konnte die schleichende interkulturelle Veränderung in der Generation der südeuropäischen Arbeitsmigranten noch nach und nach sozial bewältigt werden, doch die Zuwanderung türkischer Mitbürger und die Integration der russisch geprägten sogenannten „Spätaussiedler" stellt eine andere Herausforderung dar, weil z.B. die türkischen Arbeitsmigranten auch ohne den Entschluss zum fortwährenden Bleiben kamen. Trotzdem leben die Familien dieser Migranten aber in der dritten und vierten Generation in Deutschland. Hier ist ihre Heimat und in der Türkei sind (lediglich) die Wurzeln ihrer Familien. Ihre Identitätsbildung findet daher sowohl im Kontext unserer Gesellschaft als auch durch die familiäre

wissenschaftliche Auseinandersetzung

Zuwanderungsfragen

Frage der Integration Prägung und deren Wurzeln statt. Trotzdem ist die mit allen verbundene Frage der Integration ungelöst und drängt mehr und mehr ins öffentliche Bewusstsein. Zwar gibt es an einigen Universitäten bereits interkulturelle Deutschlandstudien, womit diese Realität wissenschaftliche Relevanz erhält. Es bleibt jedoch zu hoffen, dass es nicht zu spät ist und gleichzeitig auch die allgemeine Bewusstheit Schritt für Schritt eine Veränderung erfährt, die uns einer adäquaten Lösung zuführt. Dabei ist es auch weiterhin wichtig, soziale Konflikte nicht zu kulturalisieren, sondern „Kultur als Speicher von Komplexität zu betrachten, deren Reichtum gerade angesichts der Beschleunigung und der wachsenden Interdependenz von Handlungsketten dringend gebraucht wird" (BAECKER 2009).

3. Gegenwärtiger Stand

Die zuvor beschriebene Realität tritt im schulischen Bereich mit den gesellschaftlich offen Fragen und den Problemen besonders deutlich zutage. Lehrerinnen und Lehrer, Schülerinnen und Schüler können sich dieser Realität nicht entziehen. Die Schulen definieren sich weitgehend nicht als deutsche Schulen mit einer interkulturellen Schülerschaft. Daher wird das Lernen so gestaltet, als seien alle Schüler in einem deutschen Sprachkontext und in einer entsprechenden Kultur aufgewachsen – ein fataler Irrtum mit entsprechenden Folgen. Denn er berücksichtigt weder die Tatsache, dass Sprache in ihrer Grobstruktur bereits vorgeburtlich gelernt wird (siehe Geo-Wissen 40, 2007), noch die kulturellen Grundprägungen, die in den ersten Lebensjahren erworben werden. All das zusammen genommen lässt vieles an den Schulstrukturen, der Lernkultur und auch die Lehrinhalte fraglich werden.

Realität im schulischen Bereich

Die Sorge, Fehler zu machen, die Befürchtung, der Thematik nicht gewachsen zu sein, der Druck der Lehrpläne, in denen diese Fragen keine Berücksichtigung finden, bringen Pädagogen jedoch eher dazu, diese Realität hinzunehmen und den offenen Diskurs zu vermeiden. Wobei große Unsicherheiten auf der Handlungsebene und der Mangel an Konzepten solche Tendenzen zusätzlich verstärken. Zwar kann die vermehrte Ausbildung von Lehrerinnen und Lehrern mit Migrationshintergrund in den letzten Jahren als eine erste Antwort angesehen werden, die verbleibende generelle Verfahrenslinie auf der kommunikativen und der sozialen Ebene kommt jedoch weiterhin einer Leugnung gleich.

große Unsicherheit auf der Handlungsebene und Mangel an Konzepten

Transaktionsanalytisch betrachtet ist Leugnung eine Form der Redefinition, mittels derer Individuen ihre Wahrnehmung an ihr eigenes „Weltbild", ihren individuellen Blick auf die Welt, anpassen. Ihr Bezugsrahmen (S. 63f) ist die persönliche Konstruktion der Wirklichkeit, der frühkindlich geprägt wird und eine Fülle von vorlogischen Entscheidungen enthält. In ihm sind Überlebensstrategien und -schlussfolgerungen enthalten, deren Aufgabe es ist, das emotionale Überleben einer Person zu sichern. „Unter innerem Bezugsrahmen versteht man die Gesamtheit des zur Gewohnheit gewordenen Fühlens, Denkens einer Person, die habituelle Einstellung zu sich selbst, zu anderen, zum Leben und zur Welt" (KOUVENHOVEN, KILTZ, ELBING 2002, 62 ff.) Die kulturellen Eigenheiten der Familie und der sie umgebenden „Community" geben diesem Bezugsrahmen eine zusätzliche Prägung. Zur Aufrechterhaltung dieses Bezugsrahmens können interne Prozesse (wie z.B. das anschließend erläuterte Abwerten [S. 65]) oder auch nach außen gerichtete Handlungsweisen – wie z.B. Redefinieren [S. 65] oder Passives Verhalten [S. 65] – mobilisiert werden.

innerer Bezugsrahmen

Bei dem zuvor genannten Mechanismus der Abwertung (S. 65 oder auch Bd. 1, S. 270) können Reize, Probleme oder alternative Handlungsmöglichkeiten auf verschiedenen Ebenen abgewertet werden – auf der Ebene
➤ *der Existenz: Ich nehme das nicht wahr ... Das gibt es nicht ...*
➤ *der Bedeutung: Das kann so sein, aber für mich ist das nicht wichtig ...*
➤ *der allgemeinen Änderbarkeit: Das ist so und wird so bleiben ...*

➤ *der persönlichen Lösungsfähigkeit: Ich kann daran nichts tun, andere vielleicht ...*

Zur Verdeutlichung hier einige typische Abwertungen, die in diesem Kontext häufig vorkommen:

Autochthon Deutsche	andere kulturelle Herkunft
Schüler: Die jungen Ausländer sind genau wie wir. *(Abwertung eines Reizes auf der Existenzebene)*	*Schüler:* Ich muss immer besser sein als die Deutschen, wenn ich die gleichen Chancen haben will. *(Abwertung der Existenz von Handlungsalternativen)*
Lehrer/innen: Ausländer, die hier aufgewachsen sind, haben dieselben Eingangsvoraussetzungen. *(Abwertung eines Problems auf der Existenzebene)*	*Eltern und Schüler:* Schrift- und Wortsprache sind dasselbe; wenn ich mich verständigen und fast alles lesen kann, reicht das aus. *(Abwertung auf der Existenz- und Bedeutungsebene)*
Schüler: In kulturell gemischten Klassen war ich immer, das ist normal und macht mir nichts aus. Dass es Zoff gibt, ist normal und liegt an der Reizbarkeit der Ausländer. Daran kann man nichts ändern. *(Abwertung eines Problems auf der Existenz-, Bedeutungs- und Änderbarkeitsebene)*	*Eltern und Schüler:* Die Deutschen bestimmen immer. Ich muss mich wehren, damit die Probleme nicht größer werden. Verstehen tun die uns sowieso nicht! *(Abwertung der Änderbarkeit und persönlichen Lösungsfähigkeit)*
Lehrerinnen: Frauen haben keine Chance bei ausländischen jungen Männern. *(Abwertung der allgemeinen Änderbarkeit durch Leugnung von Alternativen)*	*Junge ausländische Männer:* Wenn ich auch noch Frauen über mich bestimmen lasse, mache ich mich vor meinen Leuten total lächerlich! *(Abwertung der Existenz und Bedeutung von Problemen und deren Änderbarkeit durch Handlungsalternativen)*

Tab. 1: Typische Abwertungen im Schulalltag

beidseitige Resignation

In diesen Abwertungen wird gleichzeitig die beidseitige Resignation deutlich. Besonders die Leugnung von Handlungsalternativen führt zu einer Starre und lässt die Beteiligten in „passivem Nichtstun" verharren. Auf diese Weise legitimiert jede Seite sich selbst und ihr Tun.

Berücksichtigen wir, dass Probleme grundsätzlich auf der psychologischen Ebene gelöst werden und Konflikte durch die Vermeidung der Ansprache und der Klärung eskalieren, sind damit erste grobe Determinanten der gegenwärtigen Verständigungsprobleme an vielen Schulen und auch der gesamten Gesellschaft benannt.

3.1 Schulprojekte als Orte lebendiger Begegnung

Mit Projekten schaffen Schulen Lernmöglichkeiten, die durch alternative Zeitstrukturen Chancen zu erweiterten Formen der Begegnung beinhalten. Damit bieten sie einen Rahmen für die Begegnung auf der persönlichen wie emotionalen Ebene, fordern und fördern die soziale Kompetenz und schärfen das Bewusstsein für die Gemeinsamkeiten und Unterschiede, gerade im interkulturellen Bereich.

Rahmen für die Begegnung auf der persönlichen wie emotionalen Ebene

Welche Tiefe der Begegnung dabei gewonnen werden kann, lässt sich mittels des sog. Eisbergmodells (FREISE 2005, 17) verdeutlichen:

Abb. 1: Tiefe der Begegnung anhand des „Eisbergmodells" (nach FREISE 2005)

Kommunizieren wir im Alltag auf der Ebene der allgemeinen und der Alltagskultur, so ist es in Schulprojekten dieser Art möglich, auch Teile der institutionalisierten und internalisierten Kultur anzusprechen. Denn Schulprojekte dieser Art bieten dazu die entsprechenden kommunikativen Ebenen und Erfahrungsräume.

Solche Projekte orientieren sich an Modellen der interkulturellen Sozialarbeit, die den Austausch zwischen Individuen fördern, der Tendenz zur gegenseitigen Abschottung entgegenwirken und aus dieser Begegnung individuelle und strukturelle Ressourcen entwickeln wollen. Dafür stellen sie einen „kulturellen Lernprozess dar, der eine besonders wirksame Form des sozialen Lernens ist und zusätzlich die soziale Kreativität und den Erfindungsreichtum fördert ... Wenn ein Mensch mit einem anderen oder von ihm lernt, identifiziert er sich mit diesem und seinen intentionalen Angeboten" (TOMASELLO

Modelle der interkulturellen Sozialarbeit

2006, 21). Damit erweisen sich Projekte als offene Lernformen, in denen die Teilnehmer selbst zu Akteuren werden, dabei ihre Sach-, Selbst-, Sozial- und Methodenkompetenz erweitern und auf diese Weise auch zur Bewusstwerdung und Erweiterung der persönlichen Ressourcen beitragen.

3.2 Schulprojekte als Orte modellhafter Gestaltung

Die Planung und differenzierte Ausgestaltung solcher Schulprojekte orientiert sich im Hinblick auf ihre Modellwirkung für die Gestaltung von Lernprojekten zweckmäßigerweise an den von Berne definierten psychologischen Grundbedürfnissen, die ich im Folgenden nur kontextbezogen erläutern werde:

psychologische Grundbedürfnisse

Die Teilnehmer agieren in einem zeitlich und inhaltlich vorgegebenen Rahmen, der ihnen einerseits Gestaltungsfreiheiten bietet und ihnen andererseits thematisch und methodisch als Orientierungsrahmen dient. Damit wird nicht nur das *Grundbedürfnis nach Struktur*, sondern gleichzeitig das Bedürfnis nach Zugehörigkeit versorgt.

Kontinuierliche aufeinander bezogene Aufgaben, die sich an den Teilnehmern und ihren Erfahrungswelten orientieren, bieten Anregungen auf der kognitiven, der sozialen und der haptischen Ebene. Durch sie werden die Teilnehmer ermuntert, selbstständig und gestalterisch in Zusammenarbeit mit anderen aktiv zu werden. Diese Bezogenheit will persönliche Erfolgserlebnisse ermöglichen und zur Wahrnehmung der eigenen Realität und der Realität „der anderen" anregen. Sie spricht damit das Bedürfnis nach Initiative, eigenständigem Denken und Fühlen an. Das heißt: Sie *stimuliert* die Beteiligten.

Die stimulierenden Angebote werden so gewählt und strukturiert, dass durch die Art ihrer Anlage wie auch bei der Präsentation von Zwischenergebnissen die Möglichkeit zur bedingungslosen und bedingten Anerkennung (*Strokes*) besteht. Damit erfahren die Teilnehmer individuelle Bedeutung und erleben sich als erfolgreich.

Verträge

Die Verträge für solche Formen des Arbeitens lassen sich in der Regel als Dreiecksverträge (S. 86) beschreiben. Die zertifizierte Bildungseinrichtung (Akademien etc.) als Projektträger (Project owner) offeriert das Vorhaben zunächst der Schule auf der Kooperationsebene durch die Vorstellung des genauen Programms und des von ihr vertraglich bestellten Projektteams. Die Schule als Kooperationspartner legitimiert einerseits auch den Projektleiter und seine Mitarbeiter (das Projektteam) und beauftragt andererseits die Klassenlehrer/innen mit der konkreten schulischen Vorbereitung und Abwicklung. Beide zusammen gleichen die Zielvorstellungen und Erwartungen mit denen der Schüler ab und schließen Verträge mit dem Projektteam über ihre Rolle bei der Maßnahme und die Kriterien der Nachhaltigkeit in schriftlicher Form.

Die individuelle vertragliche Zustimmung vonseiten der Schüler geschieht in Form einer schriftlichen Anmeldung, die gleichzeitig als Zustimmung zu dieser Form der Arbeit betrachtet wird. Darüber hinaus haben die Schüler/innen im Verlauf der Aktivitäten bei den „spezifischen Spielregeln" die Möglichkeit, individuelle Verträge (Abmachungen) im Hinblick auf die generellen Vertragsinhalte zu schließen.

Nehmen neben den Schülern auch Lehrer oder andere Mitarbeiter der Schule (z.B. Sozialarbeiter) an solchen Projekten teil, so sollten mit ihnen weitere Verträge – unter Berücksichtigung ihrer aktuellen wie ihrer schulischen Rolle – abgeschlossen werden.

Diese zuvor aufgezeigten verschiedenen Arbeits- und Vertragsebenen verlangen klare, transparente Absprachen. Gleichzeitig erhöht die Transparenz solcher Verträge für alle Teilnehmer die Chancen der Unvoreingenommenheit und definiert zusätzlich die systeminternen Rollen mit ihren Aufgaben und Funktionen. Sie erhöht darüber hinaus auch die Bewusstheit über diese Sachverhalte bei allen Beteiligten.

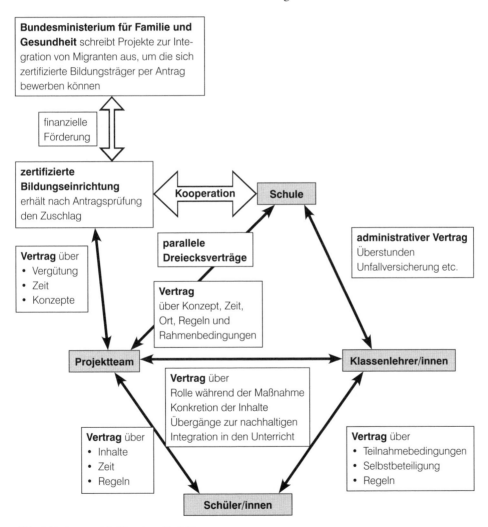

Abb. 2: Vertragsarchitektur eines Projektes

3.3 Beratung als Prozessbegleitung für interkulturelle Schulprojekte

Im Kontext solcher Schulprojekte findet Beratung eher als Initiierung und Begleitung von Prozessen statt. Dabei hat der Berater bei der Planung drei Aspekte zu beachten:

Diagnose des Gruppenprozesses

1. Es ist eine Diagnose des Gruppenprozesses zu stellen und die Weiterentwicklung dieses Prozesses in Richtung einer Integration aller kulturellen Untergruppen voranzutreiben.

Das geschieht beispielsweise nach Kriterien von Bernstein und Lowy (1969), die die soziale Entwicklung in der Gruppe in fünf Stufen unterteilen und diesen entsprechende Erkennungsmerkmale und Interventionsmöglichkeiten zuordnen:

	Phasenmerkmal	Erkennungsmerkmal
1	Orientierung	Neugier auf andere, Wunsch nach Kontakt und Bindung, wenig Vertrautheit
2	Machtkampf und Kontrolle	Frustration an der Realität der Gruppe, Bemühung um Status, Gefahr d. Vereinzelung
3	Vertrautheit und Intimität	engere Freundschaften, Ausweitung persönlicher Kontakte
4	Differenzierung	gefestigter Zusammenhalt, gute Kommunikation, wenig Machtprobleme
5	Trennung und Abschied	Rückschau und Auswertung, Regression und Leugnung

Tab. 2: Phasen des Gruppenprozesses und ihre Erkennungsmerkmale in Schulprojekten (in Anlehnung an BERNSTEIN & LOWY 1969)

Zu Beginn eines Projektes befinden sich die meisten Klassen, die daran teilnehmen, zwischen der ersten und zweiten Phase. Ein Ziel der Projektarbeit ist die beschleunigte Erreichung der Stufen drei und vier.

Gesprächsräume

2. Es sind Gesprächsräume zu schaffen, die individuelle interkulturelle Begegnungen ermöglichen und diese durch Aufgaben im Sinne der Ziele strukturieren.

Eine wichtige Voraussetzung für die Integration von Migranten ist die Möglichkeit des Austausches über die gegenwärtige Situation und über den Stand des familiären und persönlichen Migrationsprozesses. Das wird auch durch den sechsten Familienbericht der Bundesregierung unterstrichen, der die besondere Situation ausländischer Familien in Deutschland untersucht. Er konstatiert „die zentrale Bedeutung von Migrationsprozessen von Familien und der Wahrnehmung ihrer Migrationsgeschichten durch die Aufnahmegesellschaft als Grundvoraussetzung für eine erfolgreiche Förderung der Integration und der von den Zuwandernden einzufordernden Identifikationsbereitschaft mit der Kultur des Aufnahmelandes" (2000, 5). Das korrespondiert mit entsprechenden Erkenntnissen aus Beratungsprozessen, nämlich dass unverarbeitete, verdrängte Erlebnisse durch das Gespräch mit anderen und durch das damit erfahrene Interesse an der eigenen Person in ihrer inneren Dynamik abgeschwächt werden. Die Erzähler fühlen sich als Person gesehen, sie selbst und ihre Erfahrungen erhalten dadurch eine andere, neue Bedeutung.

3. Es gilt Übergänge und Übertragbarkeiten in den schulischen Alltag zu schaffen.
Damit eine Nachhaltigkeit im schulischen Alltag möglich wird, sind die Übergänge und die Übertragbarkeiten schon bei der Planung zu berücksichtigen. Dazu bedarf es einer differenzierten Feldkompetenz auf kultureller sowie interkultureller und struktureller Ebene, hier bezogen auf den schulischen Kontext, in den die Erfahrungen integrierbar sein müssen.

Übergänge und Übertragbarkeiten

4. Theorien, Modelle und Konzepte

Die hier aus Sicht der Transaktionsanalyse zu nennenden Theorien, Modelle und Konzepte sind zu einem Teil bereits im Überblicksartikel in Band 1 dieses Buches ausreichend dargestellt und erläutert und werden in den vorangegangenen Kapiteln dieses Beitrages bereits kontextbezogen expliziert. Das gilt für die Theorie der Autonomie (S. 23), das Modell des Bezugsrahmens (S. 63 ff) und das Konzept der Abwertung (S. 65), für die Theorie der Grundbedürfnisse (S. 32 ff) oder auch das Vertragskonzept (S. 67 ff).

Ich-Zustände In diesem Beitrag bisher nicht explizit angesprochen ist das Modell der Ich-Zustände (S. 23 ff), das eine wichtige Grundlage bei der Auswertung der Erfahrungen darstellt, die bei der Methode „Spaziergang der Erinnerungen" (5.2.1) gesammelt werden. Zeigt sich doch an diesem Modell, wie stark die Muster des Denkens, Fühlens, Glaubens und Handelns im Eltern-Ich-Zustand (S. 24) der kulturellen Prägung unterliegen, und diese wiederum mit entsprechenden Mustern aus der Vergangenheit der Teilnehmer/innen korrespondieren, die im Kind-Ich-Zustand (S. 25) gespeichert sind. Gerade das gemeinsame Gespräch kann durch die Integration von Erzählakt und Reaktion der Zuhörer wesentlich dazu beitragen, dass nicht nur zunehmendes gegenseitiges Verständnis, sondern auch das Erkennen der eigenen Gebundenheit (Trübungen; (S. 27) wachsen und der Erwachsenen-Ich-Zustand Handlungsträger für neue Möglichkeiten im Hier und Jetzt entwickeln und erproben kann.

Zusätzlich adressiert auch die Methode „Begegnung mit erfolgreicher Migration" (5.2.2) das Modell der Ich-Zustände. Die authentisch und persönlich vorgestellten erfolgreichen Migrationsprozesse können zusammen mit den erforderlichen Werten und Handlungskriterien via Modelllernen im Eltern-Ich-Zustand verankert werden. Außerdem kann durch die Schilderungen Hoffnung für den eigenen Prozess gewonnen werden, die ein Gegengewicht gegen die bisher gespeicherten Inhalte des Kind-Ich bilden. Gleichzeitig entstehen neue Handlungsmöglichkeiten im Hier und Jetzt, die eine Bereicherung des Erwachsenen-Ich-Zustands darstellen.

Potency, Permission, Protection In der Vorbereitung solcher Projekte, bei der Absprache der ethischen Rahmenbedingungen und der Vereinbarungen zur Arbeit im Team wie bei ihrer Durchführung ist das Konzept der „3P" (Potency, Permission, Protection; ÜA S. 19f) handlungsleitend. Es ist sozusagen ein Indiz der Professionalität. Dabei sollten nicht nur die Vertrauenswürdigkeit, die Verantwortungsbewusstheit und die Authentizität (potency) der einzelnen Mitarbeiter gewährleistet sein. Sondern es ist darüber hinaus auch für die Arbeitsatmosphäre förderlich, wenn ein Klima von Erlaubnis, Ermutigung und der Verständigung (permission) das Zusammensein bestimmt und so dazu beiträgt, dass die Motivation der Teilnehmer/innen auf einem hohen Niveau gehalten werden kann. Denn die Konfliktgefahr in solchen Projekten ist sehr hoch, sodass bereits in der Planungsphase der Schutz der Einzelnen und der Gruppe als Ganzes (protection) mitgedacht werden sollte. Dass dabei auch die Erfolgschancen der Projekte durch klare Strukturen und Grenzen erhöht werden, erfreut zusätzlich.

5. Methoden

Hinsichtlich der Auswahl der Methoden, die sich für Schulprojekte der zuvor genannten Art eignen, bedarf es ausreichender Kenntnis der Lebensrealitäten der Zielgruppen. Denn die jeweils gewählten Methoden müssen geeignet sein, einerseits den Alltag abzubilden und davon ausgehend andererseits Reflexions- und Vertiefungsmöglichkeiten bieten. Von daher können die meisten methodischen Konzepte der Transaktionsanalyse zwar bei Reflexion und Vertiefung der gewonnenen Erfahrungen hilfreich sein, nicht aber zum unmittelbaren Erleben der Wirklichkeit beitragen.

Lebensrealität der Zielgruppen

5.1 Konzeptionelle Überlegungen

Bei der Auswahl der Methoden gehen wir von einem Lernverständnis als „erfahrungsbedingtes Problemlösen" aus, „das einen Identitäts- und Kompetenzaufbau zum Ziel hat" (Becker et al. 2006, 27). Dabei ist zu berücksichtigen, „dass Aufgaben in diesem Kontext nur angenommen werden, wenn sie einen inneren und inhaltlichen Bezug zur Lebenswelt der Zielgruppe haben" (GIRMES 2003, 6). Das verbindende Thema vieler junger Menschen an Berufsbildenden Schulen ist der Kampf um einen Platz in der Gesellschaft durch die Teilhabe an der Arbeitswelt, die ihnen in der Folge auch einen anderen Selbstwert vermittelt. Das zu erreichen ist eine interkulturell übergreifende Lebensaufgabe und -erfahrung.

erfahrungsbedingtes Problemlösen

Platz in der Gesellschaft

Nun machen die Schülerinnen und Schüler der genannten Zielgruppen bei ihren Bewerbungen immer wieder die Erfahrung, dass z.B. im kaufmännischen Bereich der Hauptschulabschluss eine schlechte berufliche Eingangsvoraussetzung ist. Inzwischen schulmüde, sehen sie sich daher genötigt, sich dennoch weiter zu qualifizieren und den Realschulabschluss zu erwerben. Gleichzeitig ist ihr Alltag weiterhin davon geprägt, dass ihre Ansprüche an das eigene Leben im Widerspruch zu den ökonomischen Voraussetzungen ihrer Familien stehen. Um ihren eigenen Wünschen und Ansprüchen gemäß leben zu können, gehen sie daher oft neben der Schule einer geringfügig bezahlten Beschäftigung nach. Die zusätzlichen Jobs fordern die Schüler jedoch so, dass sich dies deutlich im Leistungsbild niederschlägt. Damit geraten sie oftmals in einen zusätzlichen Teufelskreis zwischen Selbstbild, Anforderungen und persönlichen Wünschen und gefährden ihren nächsten angestrebten Bildungsabschluss oder zögern dieses Ziel deutlich hinaus.

Auf diesem Hintergrund bietet sich für ein Schulprojekt an Berufsbildenden Schulen ein übergeordnetes Thema für die Teilnehmer/innen aus allen kulturellen Gruppen an, für das der Titel *„Lebenskampf und Lebenskunst"* gefunden wurde. In ihm beschreibt der eine Teil des Themas die verbindende Gegenwart und der zweite Teil vermittelt eine positive Vision. Zur Umsetzung des Themas bzw. der Teilthemen müssen im Projekt Gesprächsräume geschaffen werden, die zum Austausch über die verschiedenen Kämpfe mit den jeweiligen Erlebnissen und Erfahrungen anregen. Jeder Teilnehmer erhält so die Chance für seinen Raum, kann seine Sicht gemäß seines persönlichen Bezugsrahmens und dessen

Lebenskampf und Lebenslust

kultureller Eigenart in den Austausch mit anderen bringen. Damit lässt er/sie andere daran teilhaben und stellt sich selbst in den Dialog mit anderen. Das ist für viele Schüler auch deswegen eine neue Erfahrung, da sie weder in der Familie noch im weiteren persönlichen Umfeld einen Austausch dieser Art (die anderen interessieren sich für mich) kennen.

Ein Projektprozess verläuft dann beispielsweise thematisch in vier Schritten:
➤ Spaziergang zur Erinnerung;
➤ Begegnung mit „erfolgreicher" Migration;
➤ Kampf als Körpererfahrung;
➤ Veränderung von Alltagssituationen.

5.2 Die Methoden im Einzelnen

5.2.1 Spaziergang zur Erinnerung

Austausch von Erlebnissen und Erfahrungen

Dieser Schritt dient dem Austausch von Erlebnissen und Erfahrungen anhand lebenspraktischer Beispiele.

Räumliche Voraussetzung ist ein Saal, ein großes Foyer oder eine Aula, in der interkulturell zusammengesetzte Kleingruppen von Schülern zu einem Spaziergang zu vier optisch nachgebauten öffentlichen Konfliktplätzen ihres Alltags (Bushaltestelle, Disco, Schule, Familie) gebeten werden. An den jeweiligen „Inseln" tauschen die Jugendlichen ihre „Kampferlebnisse", die sie an diesen realen Orten hatten, miteinander aus. Außerdem geben sie an jedem Ort jeweils eines ihrer Erlebnisse in digitaler Sprachform (d.h. als Sprachaufzeichnung) anonymisiert zu Protokoll. (Diese Form vermeidet die Beschämung durch mangelndes Schriftdeutsch und gewährleistet die Chancengleichheit.)

Die Gesamtgruppe partizipiert an den ausgetauschten und teilweise aufgezeichneten Erlebnissen, indem jede Kleingruppe eines der erzählten Erlebnisse – egal von welchem Ort – allen darstellt. Methodisch kann bei der Wiedergabe zwischen einem Rollenspiel, einem gemalten Comic oder einem erzählten Märchen gewählt werden. Das regt zunächst einen zusätzlichen Verständigungsprozess in der Kleingruppe an, weil sich alle auf ein Erlebnis einigen müssen. Das ist zugleich der erste Versuch einer gegenseitigen „öffentlichen" Anteilnahme am Leben der jeweils anderen. Darüber hinaus erweitern die Teilnehmer durch den Austausch auch ihre Handlungsoptionen, indem alle Ich-Haltungen (S. 28) angesprochen werden und gleichzeitig Schutz (protection) gewährleistet ist.

5.2.2 Begegnung mit erfolgreicher Migration

Modelllernen

Dieser Schritt dient dem Modelllernen.

Die Befragung von etablierten Personen mit Migrationshintergrund (wie zum Beispiel Geschäftsführer eines türkischen/europäischen Handelsunternehmens, türkische Rechtsanwältin, türkische Sozialarbeiterinnen bei der Polizei, türkische Grundschullehrerin,

Sozialarbeiterin mit Spätaussiedlerhintergrund in einem Kulturzentrum) und deren Berichte über ihre Erfolge, Misserfolge, ihre Umwege und ihre derzeitige Situation erweitern den Blick der Jugendlichen. Die Umwege anderer (erfolgreicher) Menschen haben zudem den Status der Erlaubnis (permission) für die Jugendlichen und vermitteln damit Ermutigung und neue Motivation. Gleichzeitig verdeutlichen die Zielstrebigkeit und die erreichten Ziele „der Modelle" aber auch, welcher Entwicklungsbedarf hinsichtlich ihrer Erwachsenen-Haltung (ER; S. 28) und ihrer Eltern-Haltung (EL; S. 28) für sie selbst noch besteht.

5.2.3 Kampf als Körpererfahrung

Dieser Schritt dient als erlebnispädagogische Übungsphase.

Die Zielgruppe aus Berufsschülern, die große Probleme mit der Abstraktion von Erkenntnissen hat, ist kognitiv durch die ersten beiden Angebote in dieser Hinsicht ausreichend gefordert. Daher brauchen die Jugendlichen körperliche Aktivität zum Ausgleich und verfestigen damit gleichzeitig auch die bisherigen Inhalte, weil sie auf diese Weise sich selbst ganzheitlich erleben. Außerdem wird das Vertrauen in ihre persönliche Kraft (potency) gestärkt.

erlebnispädagogische Übungsphase

Weiterhin dienen die erlebnispädagogischen Übungen dem Ausbau der Eltern-Ich-Kompetenzen, weil im Ablauf klare Grenzen und Regeln eingehalten werden müssen und eine Abweichung zur Thematisierung in der Gruppe führt sowie klare Konsequenzen zur Folge hat. Zusätzlich werden durch das Bestehen erfolgreicher Probekämpfe kontinuierlich ihre kindhaften Haltungen (S. 28) trainiert und entwickelt sowie die Inhalte ihres Kind-Ich-Zustandes (K in Strukturmodell; S. 25) erweitert.

Diese Erfolge werden möglich. weil die Aufgaben an den Kompetenzen der jungen Menschen ausgerichtet sind. So dürfen die Teilnehmer in dieser Phase beispielsweise immer wieder selbst entscheiden, ob sie bei bestimmten Übungen kurzzeitig (nach Voranmeldung) aussteigen oder/und wieder einsteigen. Akzeptierte Kriterien dafür sind zu große Nähe, Überforderung der körperlichen Kräfte und/oder Unübersichtlichkeit – das heißt, es kommt zu kurzen Vertragsabschlüssen (S. 67 ff). Die Ermunterung zu dieser Selbstverantwortung (mit Stärkung, der Erwachsenen-Ich- und Eltern-Ich-Haltung) beinhaltet gleichzeitig die Erlaubnis (permission) wie Verpflichtung (protection), hierbei ihre kulturellen Grenzen zu berücksichtigen.

5.2.4 Alltagssituationen anders gestalten

Dieser Schritt dient der Reflexion und Neuorientierung.

Reflexion und Neuorientierung

Dieser methodische Schritt knüpft an die Erlebnisse des „Spaziergangs zur Erinnerung" an. Auf der Basis der digitalen Sprachprotokolle werden vom Berater verfremdete lebensnahe Fallbeispiele erstellt. In interkulturellen Kleingruppen haben die Schüler dann im ersten Schritt die Aufgabe, Ideen zusammenzutragen, die zu einer Eskalation der beschriebenen Situation beitragen (paradoxe Intervention). Im zweiten Schritt werden sie aufgefordert, Möglichkeiten zur konstruktiven Auflösung der vorgegebenen Situation zusammenzustellen.

Die Veröffentlichung der Ergebnisse erfolgt diesmal in Bildform auf Flipchartbögen (ein weiterer Schutz [protection] vor Beschämung) an zwei sich gegenüberliegenden Bereichen des Seminarraumes. Im nächsten Arbeitsschritt wird der Zwischenraum durch eine Markierung geteilt. Jeder Teilnehmer verortet sich nun räumlich zwischen den Plakaten an der Stelle, die er für sich – bezogen auf die dargestellte Situation – als den angenehmsten Standort zwischen den Lösungspolen ansieht, und erläutert den anderen seine Standortwahl.

Die daraus entstehende Information, dass jeder sich täglich in vielen Alltagssituationen so verorten muss, stärkt einerseits das Erwachsenen-Ich und zeigt andererseits, dass man diese zumeist intuitiven Prozesse auch bewusst gestalten kann, um Eskalationen zu vermeiden oder andere Gegebenheiten wie z.B. interkulturelle Kriterien verstärkend zu berücksichtigen. Auch die abschließende Auswertung berücksichtigt noch einmal diesen Punkt und fragt nach Formen der Unterstützung, die einzelne benötigen, um zu bewussteren Entscheidungen und bewussterem Handeln zu kommen.

Damit ist der gesamte Ablauf in seinen vier Schritten nicht nur einer klaren Struktur (S. 32) gefolgt und hat auf alle Beteiligten (Schüler wie Betreuer) stimulierend (S. 33) gewirkt, sondern auch an vielen Schnittpunkten und Einzelschritten eine breite Palette möglicher Anerkennung (Strokes; S. 33) geboten.

5.3 Abrundende Überlegungen

Meinen abschließenden Gedanken stelle ich eine Erfahrung von Geert Hofstede voran:

„Auf einer seiner Weltreisen erwarb er drei Weltkarten. Die erste zeigt Europa und Afrika in der Mitte, Nord- und Südamerika im Westen und Asien im Osten. Die Begriffe „der Westen" und „der Osten" sind Produkte einer eurozentristischen Weltsicht. Die zweite, auf Hawai gekaufte Karte zeigt den Pazifischen Ozean in der Mitte, Asien und Afrika links (Europa winzig klein in der oberen Ecke) und Nord- und Südamerika rechts. Die dritte Karte war wie die zweite nur auf den Kopf gestellt, der Süden oben und der Norden unten und Europa weit entfernt in der rechten unteren Ecke ... Die Erde ist rund und alle Völker haben von jeher ihr Land als Mittelpunkt der Welt betrachtet" (HOFSTEDE 2006, 7).

Begegnung und „Unterwegssein" Begegnung und „Unterwegssein" können die Wahrnehmung verändern, bewusste Reflexion Standpunkte erschüttern und erweitern. In diesem Sinne werden durch Inhalt und Methodik solcher Projekte die Separierung und Fortschreibung bestehender Vorurteile und Gruppenbildungen weitgehend bewusst wahrgenommen, verändert oder sogar vermieden. Und sie sind ein Erlebnis- und Erfahrungsbogen für *alle* Beteiligten. Denn die kontinuierlich verlaufenden Parallelprozesse fordern nicht nur die Teilnehmer/innen, sondern auch die begleitenden Berater in ähnlicher Weise heraus. Das heißt: Alle Teilnehmer sind an solchen Tagen stimuliert, „permanent die Schwelle zwischen dem Eigenen und dem Fremden zu überschreiten […] und dabei ist für beide Seiten ungewiss, wie [die Grenzüberschreitung] sie verändert" (GRUNEWALD, 2003, 15). Diese Veränderung als persönliche und professionelle Weiterentwicklung anzunehmen und die Bereitschaft, sich kontinuierlich in den eigenen Horizont „des persönlichen Woher und Wohin" zu stellen, ist die Nachhaltigkeit, die sich nicht nur für Teilnehmer, sondern auch für Berater aus solchen Projekten ergibt.

6. Anwendungsbereiche

breit gesteckter Anwendungsrahmen

Die zuvor dargestellten Arbeitsformen ermöglichen einen breit gesteckten Anwendungsrahmen. Sie können gleicherweise beispielsweise

- in *Integrationskursen*, die mehr als Sprachunterricht bieten wollen, Anwendung finden;
- eine *betriebliche Weiterbildung* um den Aspekt der kulturellen Herkunft bereichern, was gleichzeitig auch zur Konfliktreduktion beitragen könnte;
- in *Weiterbildungen von Beratern allgemeiner Beratungs- und Lebensberatungsstellen, in Jobcentern und der Agentur für Arbeit* mit leicht abgewandelten Arbeitsformen als Erweiterung der bisherigen Arbeitsansätze im interkulturellen Bereich genutzt werden;
- in der *Stadtteilarbeit*, die sich der Integration von Migranten verpflichtet hat, Ermutigung zur persönlichen Begegnung stiften und die Grundlagen für die Akzeptanz und Annahme von Beratungsangeboten vorbereiten;
- die *transaktionsanalytischen Weiterbildungen* um Teile aus diesem Konzept bereichern bzw. zu Seminaren zur kulturellen Skriptentwicklung anregen.

Obwohl die vorangestellten Einsatzmöglichkeiten nur eine geringe Teilmenge aus allen Möglichkeiten darstellen, dürfte sie ausreichen, um den behaupteten „breit gefächerten" Anwendungsrahmen wenigstens ansatzweise zu „belegen", mehr aber noch, um eigenen kreativen Ideen und Anregungen Raum zu geben.

7. Zusammenfassung

Interkulturelle Beratung für verschiedene Zielgruppen (wie z.B. politische Flüchtlinge oder Spätaussiedler) und aus verschiedenem Anlass (wie z.B. Berufsberatung oder Stadtteilarbeit) ist im deutschsprachigen Kulturraum erst relativ jung. Sie erfordert neben hinreichender Kenntnis der kulturellen Gegebenheiten des und der anderen und einer O.K.-O.K.-Grundhaltung spezielle Selbstkompetenzen wie auch Selbstsicherheit. Das trifft besonders auf den schulischen Bereich und noch spezieller auf die Berufsbildenden Schulen zu, in denen die verschiedenen kulturell geprägten Bezugsrahmen aufeinanderstoßen, aber kaum einmal benannt und noch wenig einander erklärt werden. Schulprojekte als Orte lebendiger Begegnung setzen genau hier an, fördern den Austausch zwischen Individuen und Gruppen kulturunterschiedlicher Prägung. Und deeskalieren Machtkämpfe durch infolge des Miteinandersprechens entstehende Vertrautheit und Intimität. Das stärkt Eltern- wie Erwachsenen-Ich-Haltungen. Die methodischen Konzepte folgen der Spur des erfahrungsbedingten Problemlösens und lassen sich diesem Leitspruch entsprechend an und in unterschiedlichen Anwendungsfeldern gewinnbringend einsetzen.

Marie-Luise Haake

22 Jahre Tätigkeit im Vollzeitbereich und im sonderpädagogischen Bereich von Berufsschulen; Konzeption und Durchführung staatl. geförderter außerschulischer Projekte zur Deeskalation und zur Integration von Migranten (Bundesministerium für Familie und Gesundheit).

Lehrberechtigte Transaktionsanalytikerin (PTSTA) mit den Schwerpunkten: Professionalisierung in interkultureller Kompetenz, strategisches und individuelles Gesundheitsmanagement.

Eigene Praxis für Supervision, Beratung und Psychotherapie (HP).

Anschrift der Verfasserin:
Marie-Luise Haake
Zeppelinstraße 8
73430 Aalen

Krisen als Chancen wahrnehmen – Beratung als Krisenmanagement

Hilde Anderegg Somaini

1. **Definition und Beschreibung der Begriffe** 131
    1.1 Krise 131
    1.2 Chance 131
    1.3 Abgrenzung zwischen dem generellen Begriff der Lebenskrise
        und der akuten Krise 131
    1.4 Beratung in Krisen zur Entwicklung von Chancen 132
2. **Geschichte** 133
    2.1 Ursprung des titelgebenden Begriffspaars 133
    2.2 Zur Entwicklungsgeschichte des professionellen Umgangs mit Krisen 133
3. **Gegenwärtiger Stand** 135
    3.1 Genereller Ansatz einer Krisenintervention 135
    3.2 Individueller Ansatz einer Krisenintervention 135
    3.3 Die Bedeutung von Riten 136
    3.4 Der Ansatz nach Kübler-Ross 137
    3.5 Der Ansatz von Jorgos Canacakis 137
    3.6 Die fünf Säulen der Identität nach Hilarion Petzold 138
4. **Transaktionsanalytische Beratungsmodelle und Methoden** 139
    4.1 Das Phasenmodell „Krise als Chance" 139
    4.2 Piktogramm des Phasenmodells „Krise als Chance" 140
    4.3 Methodische Interventionen in den Phasen des Modells
        „Krise als Chance" 141
        Phase 1: Abwehr und Widerstand 141
        Phase 2: Verzweiflung 142
        Phase 3: Regression 142
        Phase 4: Selbstwahrnehmung und Anerkennung 143
        Phase 5: Neuorientierung und Lösung 143
        Phase 6: Integration 144
5. **Fallbeispiel mit einhergehender Reflexion** 145
6. **Anwendungsbereiche** 149
7. **Zusammenfassung** 150

Anmerkungen 151

Die Krise als Chance gedeutet, zeigt sich nach chinesischem Verständnis in der Kalligrafie in zwei übereinander- oder nebeneinandergestellten Schriftzeichen. Sie symbolisieren zusammengenommen das Wort Krise: Das eine Zeichen steht für Risiko und Gefahr, das andere für Chance – genauer übersetzt für gefahrvolle Gelegenheit. Im fernöstlichen Verständnis ist damit keine Ambivalenz gemeint, sondern Eindeutigkeit, die in der Zweideutigkeit liegt. Anders ausgedrückt, wird das Leben selbst als Gefahr und Chance in eine konkretere Reduktion gefasst, um das Geschenk des Lebens als gefahrvolle Gelegenheit zu begreifen. Daraus wiederum könnte man folgern, dass die Krise als Chance enthält, was man mit ihr in der Tat anzufangen weiß.

Spanne ich den Bogen vom Individuum zur Welt, inspiriert mich die chinesische Lesart auch hinsichtlich dieser Perspektive: Die von uns heute so oft beklagten gesellschaftlichen Dauerkrisen sind auch Dauerchancen, die uns aufzufordern scheinen, unsere Lebensgestaltung neu hervorzubringen. So gesehen beinhaltete die Metapher zugleich eine Art Warnung und Entwarnung für unser Leben. Bleibt nur die Frage, was wir als einzelner Mensch und als Gemeinschaft daraus machen. Spezifischer gefragt: Was heißt das für uns Beratungsfachleute, die wir mit unserer Arbeit und Aufgabe immer auch zum gesellschaftlichen Spiegel gehören?

1. Definition und Beschreibung der Begriffe

1.1 Krise

Das seit dem 16. Jahrhundert bezeugte Wort ist aus griechisch „krisis = Entscheidung, entscheidende Wendung" entlehnt. In dieser Form erscheint es zuerst als Terminus der medizinischen Fachsprache zur Bezeichnung des Höhe- und Wendepunktes einer Krankheit. Im 18. Jahrhundert jedoch verallgemeinert sich unter dem Einfluss von französisch „crise" der allgemeine Gebrauch des Wortes in Richtung von „entscheidende, schwierige Situation" und setzt sich als Hauptform allmählich „Krise" durch (DUDEN, Etymologie 1989).

Terminus der medizinischen Fachsprache

entscheidende, schwierige Situation

Heute ist Krise als Begriff eines Veränderungsmomentes in einem zugespitzten, für den Menschen schwierigen Erfahrungsprozess, sozusagen als ein „unglücklicher oder bedrängender Umstand" zu verstehen, der nach Veränderung drängt.

unglücklicher oder bedrängender Umstand

1.2 Chance

Dieses im 19. Jahrhundert aus dem Französischen „Chance" entlehnte Fremdwort, das schon zuvor unser Lehnwort Schanze gleich Glückswurf beeinflusst hatte (DUDEN ebd.), entwickelte sich von der ursprünglichen Bedeutung „glücklicher Fall des Würfels beim Glücksspiel" zur allgemein übertragenen Bedeutung „glücklicher Umstand".

glücklicher Umstand

Einen unglücklichen oder bedrängenden Umstand (die Krise), der nach Veränderung drängt, als glücklichen Umstand (die Chance) zu sehen, nimmt der Krise nicht nur das allzu oft mitschwingende Dramatische, sondern ermöglicht auch, das chinesische Verständnis von „Krise als Chance" in der deutschen Sprache wiederzufinden.

1.3 Abgrenzung zwischen dem generellen Begriff der Lebenskrise und der akuten Krise

Mit G. Caplan sehe ich eine Krise als anhaltenden emotionalen Erregungszustand mit Anspannung und Angst, der aus einer Erschütterung des Bezugsrahmens und der entsprechenden Desorganisation des Fühlens, Denkens und Verhaltens resultiert. Krisenhaftes Erleben und die entsprechende (Nicht-)Bewältigung entstehen aus der subjektiven Bewertung der betroffenen Personen (CAPLAN 1961). Dieses Erleben kann sich zu einer ausweglosen subjektiven Situation, einer akuten Krise, zuspitzen.

akute Krise

Aber längst nicht alle Krisen zeigen diesen Akutcharakter, der zunächst nach Schutz und Sicherheit verlangt. Von dieser Art von Krise, wie sie z.B. für Konflikte typisch ist, lassen sich durchaus jene eher nicht ausweglosen Krisen unterscheiden, die im Hinblick auf Wachstum und Erfahrung beratend begleitet werden können. Gemeint sind einerseits die sogenannten kritischen Lebensereignisse (FILIPP 1981), die mit der Notwendigkeit zur Neuorientierung wie beispielsweise der Veränderung des bisherigen Lebenskonzeptes oder

kritische Lebensereignisse

Lebenskrise

der Übernahme neuer Rollen einhergehen. Gemeint sind andererseits die sogenannten Lebenskrisen, die aus Verlusterlebnissen, wie z.B. Todesfall, Trennung, Beziehungsabbruch zu einem nahestehenden Menschen, beruflicher Enttäuschung oder Entwurzelung durch örtliche Veränderungen, entstehen. Alle großen menschlichen Ereignisse wie Geburt, Heirat, Tod bringen emotionale Belastungen mit sich, die eine Krise auslösen können, weil sie eine Bewältigung der noch nicht bekannten Situation erfordern und damit uns Menschen in manchmal bedrohliches Ungleichgewicht bringen.

1.4 Beratung in Krisen zur Entwicklung von Chancen

Krisenhaft erfahrene Situationen können also aus unterschiedlichen Gründen entstehen. Zu ihrer Bewältigung braucht der Mensch in jedem Falle den anderen Menschen und sucht ihn auch intuitiv, weil er zum Überleben auf menschliche Solidarität angewiesen ist. Ihr Verlust wird als besonders bedrohlich erlebt. Das heißt: „Die Überwindung der Krise hängt von den Interaktionen ab, die sich während dieser Periode zwischen dem Individuum und den Schlüsselfiguren seines emotionalen Milieus abspielen" (CAPLAN, ebd.). Das wiederum bedeutet, dass der **zwischenmenschliche Rückhalt als maßgeblich für die Krisenbewältigung** zu verstehen ist. In der mobilen Gesellschaft hat die solidarische Krisenbegleitung in Form eines zwischenmenschlichen Rückhalts jedoch an Bedeutung verloren und der Anstrengung Platz gemacht, die Krise aus der Welt zu schaffen, was die möglichen Chancen zum Wachstum erschwert. Umso mehr steht die Krise im Fokus psychosozialer Beratung, mit der die Chance, die in der Krise liegt, gesehen und genutzt werden kann.

2. Geschichte

2.1 Ursprung des titelgebenden Begriffspaars

Die zuvor bereits angesprochene menschliche Solidarität, von C. Steiner (1980) Kooperationsbereitschaft genannt, ist nach transaktionsanalytischer Auffassung etwas Grundgegebenes, zur Ausstattung des Menschen Gehörendes, dessen Ursprünge sich in der Evolutionsgeschichte des Menschen herausgebildet und gefestigt haben (AGUILERA 2000)[1]. Menschen können schlimmste Gefahren und Bedrohungen bestehen und überstehen, jedoch körperlich und seelisch nur überleben, wenn sie in solch kritischen Ereignissen bei ihren Mitmenschen physischen und emotionalen Rückhalt finden (AGUILERA, ebd.). Es ist dann ganz praktischer „gesunder Menschenverstand", gepaart mit Wärme und Fürsorge, die die menschliche Erschütterung abbauen helfen.

<small>physischer und emotionaler Rückhalt</small>

Das heißt: Menschliches Leid wahrnehmen, sich kümmern, jemandem Zuflucht bieten, ein schützendes Umfeld schaffen, sind in diesem Sinne unzählige Male als Teil unseres biologischen und sozialgeschichtlichen Erbes in unserer Geschichte beschrieben.

In diese menschliche Ressource vertrauen zu könne ist uns gewissermaßen „mitgegeben". Das Naheliegende müsste daher sein, diese Einsicht in unsere biologische und soziale Hinterlassenschaft, gepaart mit der naturwissenschaftlichen Sichtweise, den Menschen auch bei schwerwiegenden kritischen Ereignissen als ein sich selbst im Widerhall mit anderen erneuerndes System zu verstehen, in unserem professionellen Umgang mit Krisensituationen zu würdigen und zu nutzen. Anders ausgedrückt: Als Basis unserer Auffassung „Krise als Chance" können wir den Menschen aufgrund seiner evolutionären Grundvoraussetzung als ein Wesen sehen, das im Verbund höchst belastbar ist.

<small>der Mensch als im Verbund höchst belastbares Wesen</small>

2.2 Zur Entwicklungsgeschichte des professionellen Umgangs mit Krisen

Neben den zuvor genannten, mehr evolutionsbiologischen und historischen Wurzeln unseres Umgangs mit Krisen gibt es selbstverständlich auch eine Entwicklungsgeschichte des professionellen Umgangs mit Krisen.

Die heutige moderne Form der professionellen Krisenintervention geht auf die Arbeiten Eric Lindemanns und seiner Kolleg/inn/en zurück, die nach dem sogenannten Bostoner „Coconut Grove-Feuer" am 28. November 1942 begannen.[2] Lindemann und Mitarbeiter/innen des Massachusetts General Hospital bemühten sich dabei nicht nur aktiv darum, den Überlebenden zu helfen, die bei der Katastrophe nahestehende Personen verloren hatten (AQUILERA 2000), sondern Lindenmann nutzte seine Erfahrungen mit den psychischen Symptomen der Überlebenden auch zur Erforschung des von ihm so genannten Trauerprozesses. So beschreibt er in seinem zum Meilenstein in der Erforschung von Trauer gewordenen Bericht von 1944 bereits – lange vor Elisabeth Kübler-Ross (1977) – eine Reihe von Phasen, die durchlaufen werden müssen, um den Verlust

<small>Trauerprozess</small>

akzeptieren und verarbeiten zu können. Darüber hinaus schloss Lindemann aus seiner Erfahrung mit Trauerreaktionen, dass es interessant und für die Entwicklung präventiver Maßnahmen wichtig sein könnte, den theoretischen Hintergrund des Konzeptes der emotionalen Krise am Beispiel der Trauerreaktion einer näheren Betrachtung zu unterziehen.

Bemühungen zur Aufrechterhaltung der psychischen Gesundheit

Die entsprechenden theoretischen Überlegungen führten jedoch nicht nur zur Entwicklung von Krisen-Interventions-Techniken (LINDEMANN 1956), sondern dem primären Anliegen Lindemanns, Bemühungen zur Aufrechterhaltung der psychischen Gesundheit und zur Verhinderung emotionaler Störungen gemeindeweit auszudehnen, folgend, auch dazu, dass er im Jahre 1946 zusammen mit G. Caplan das sogenannte Wellesley-Projekt, ein regionales psychiatrisches Gesundheitsdienstprogramm für Harvard und Umgebung, ins Leben rief.

G. Caplan (1951/1961), ein weiterer Pionier der Krisenerforschung, bezieht sich in seiner Theorie auf die Arbeiten des Psychoanalytikers Eric H. Erikson (1950, 1959, 1968) und betrachtet ganz bewusst materielle, physische und soziale Anforderungen der Realität als ebenso wichtige Verhaltensdeterminanten für den Umgang und die Bewältigung von Krisen wie Triebe, Instinkte und Impulse des Individuums. Auch er versteht den zwischenmenschlichen Rückhalt als maßgeblich für jede Art von Krisenbewältigung.

Zusammen genommen verlangt diese – sicherlich verkürzt wiedergegebene – Basisgeschichte des professionellen Umgangs mit Krisen von uns Beratungsfachleuten nicht nur die Fähigkeit, Mitgefühl und menschliche Fürsorge mit soziokulturellem Denken verknüpfen zu können, sondern auch, uns selbst als Mitmensch verstärkt in unsere Beratungsbeziehungen einzulassen.

3. Gegenwärtiger Stand

Sichtet man die Konzepte, die eine Krise als Wendepunkt im Leben eines Menschen verstehen, den wir als Beraterinnen und Berater unterstützen, zeigen sich zwei übergeordnete Betrachtungsweisen oder Richtungen des Beratungsprozesses. Ein Teil der Konzepte ist primär auf Loslassen oder Abschied, d.h. Trauerprozesse und Rituale, als Ziel oder Prozess der Beratung gerichtet. Ein anderer Teil zentriert sich auf das Finden einer neuen Identität, bei der die Krise als Herausforderung figuriert. Letzten Endes sind jedoch beide Prozesse miteinander verknüpft, selbst wenn sie im Beratungsprozess unterschiedliche Schwerpunkte anbieten.

Trauerprozesse und Rituale

Finden einer neuen Identität

Dieser mehr verknüpften Sichtweise entsprechen die beiden folgenden Modelle, die den Krisenbegriff eher allgemein verstehen und keine Spezifizierung auf Loslassen oder Identitätsfindung nahelegen.

3.1 Genereller Ansatz einer Krisenintervention

Die Grundlagen dieses Ansatzes sind aus der Kurzzeittherapie hervorgegangen und beruhen auf der Beobachtung, dass es bestimmte Verhaltensmuster gibt, die den meisten Krisen gemeinsam sind. Dabei konzentriert sich dieser Ansatz auf den kennzeichnenden Verlauf eines bestimmten Typs von Krise, ohne dabei in irgendeiner Weise auf die Psychodynamik des Einzelfalles einzugehen (AQUILERA 2000).

Verlauf von Krisen

In der methodischen Anwendung vollzieht sich dieser Ansatz in vier Interventionsschritten (MORLEY, MESSICK & AQUILERA 1967): Der *erste Schritt* ist die Einschätzung des Betroffenen und seines Problems, inklusive der Untersuchung, ob dieser eine Gefahr für sich selbst oder andere darstellt. Der *zweite Schritt* ist die Planung der Interventionen unter Einbezug der Bedeutung der Krise für den Betroffenen. Ziel ist die Wiederherstellung des psychischen Gleichgewichts. Der *dritte Schritt* sind Interventionen mit folgenden Hilfsangeboten: 1. Hilfe, um ein intellektuelles Verständnis des Betroffenen für seine Krise zu ermöglichen; 2. Hilfe, sich über seine aktuellen Gefühle klar werden zu können; 3. Hilfe zur Ergründung des Bewältigungsvermögens; 4. Hilfe zur Eingliederung des Klienten in die soziale Welt. Der *vierte Schritt* beinhaltet die Auflösung der Krise durch Reflexion des abgelaufenen Prozesses und dessen Würdigung sowie Hilfestellung bei der Formulierung von realistischen Zukunftsplänen, auch und vor allem hinsichtlich des Umgangs mit künftigen Krisen.

3.2 Individueller Ansatz einer Krisenintervention

Dieser Ansatz unterscheidet sich insofern vom generellen, als die Einschätzung der in der Krise befindlichen Person, d.h. ihrer intrapsychischen Prozesse und interpersonalen Relationen, im Vordergrund steht. Nach Aquilera (2000, 50) kommt er jedoch nur in solchen Fällen zur Anwendung, in denen der generelle Ansatz nicht greift.

Störung und Wiederherstellung des psychischen Gleichgewichts

Ohne sich mehr als marginal mit der psychogenen Vergangenheit der betroffenen Person auseinanderzusetzen, stehen im Mittelpunkt des Interesses die unmittelbaren Ursachen für die Störung des psychischen Gleichgewichts sowie diejenigen Prozesse, die in Gang gesetzt werden müssen, um das vorherige Funktionsniveau wiederherzustellen oder sogar ein höheres zu erreichen (AQUILERA, ebd.).

3.3 Die Bedeutung von Riten

Überall in archaischen Kulturen wie in den großen Religionen finden wir Prozesse der Bewältigung, die „rituellen Charakter" haben. Die meisten dieser Riten dienen nicht nur den durch Loslassen gekennzeichneten Formen der Krisenbewältigung, sondern oftmals gleichzeitig auch der Bildung soziokultureller Identität. In der Mehrzahl fußen sie dabei auf dem Spüren und Ausdrücken von Gefühlen, die m.E. wesentlich zur Krisenbewältigung beitragen. Viele der hier zu nennenden Riten sind zwar klar in ihrem Ablauf gegliedert, aber nur in Form von Piktogrammen aufgezeichnet, die den strengen Ablauf des kritischen Wendepunktes, d.h. die Trennung, den Ausnahmezustand und die Wiedereingliederung (TURNER 1989), symbolisieren und gestalten. In all diesen Riten geht es um die Sicherung menschlicher Zugehörigkeit und die Regelhaftigkeit einer Gesellschaft. In allen Riten zeigt sich auch die Macht und Kraft, die in solchen kulturellen Ausdrucksformen liegt.[3]

Sicherung menschlicher Zugehörigkeit und Regelhaftigkeit einer Gesellschaft

Ein eindrückliches Beispiel für diese Form des Loslassens, der Trennung und der Wiedereingliederung ist der jüdische Ausdruck der Trauer, symbolisiert durch das Zerreißen der Gewänder der Trauernden vor der Bestattung. Dieses Zerreißen gibt nicht nur die Möglichkeit für körperliche, seelische und geistige Erleichterung, sondern erlaubt dem Trauernden auch, seinen aufgestauten Zorn und seine Beklemmung durch einen kontrollierten und vom religiösen Regelwerk gebilligten „Akt der Zerstörung" auszuleben (MAURICE LAMM in KÜBLER-ROSS 1977). Anders ausgedrückt: Zur Bewältigung des Verlustes tritt die jüdische Religion der Repression von Emotionen entgegen und erlaubt dem Trauernden, seine Trauer und seinen Schmerz offen mit-zu-teilen.

Ein anderes, selbst erlebtes Beispiel ist der Tod meines Vaters, in dessen Bedeutungsgeschichte Katzen gehörten, die er über alles liebte. Ich hatte ihm in den letzten Jahren vor seinem Tod von meinen vielen Reisen immer wieder Postkartenbilder von Katzen gesandt. Er hatte sie alle sorgfältig aufbewahrt und anscheinend mit seinem Zimmernachbarn im Pflegeheim ausgetauscht.

Ich hatte die wunderbare Chance, meinen hochbetagten Vater in den Tod zu begleiten. Am Morgen nach seinem Tod schlug mir sein Zimmernachbar vor, den Aufgebahrten mit den Katzenbildern zu schmücken. Wir taten wie vorgeschlagen. Folge: Mein Vater lag da, in meinem Empfinden wie ein Pharao, in Gesellschaft all dieser bezaubernden Katzenwesen auf Karten. Ein heiliges Bild, das zu gestalten dem nachbarlichen Freund, mir als seiner Tochter und meinem Sohn, dem Enkel, erlaubte, zusammen zu trauern, zu weinen und uns zu trösten.

So lässt sich zusammenfassend feststellen: Man kann nicht nur die Rückbesinnung auf uralte Bräuche und Sitten, sondern ebenso gut auch Neuerfindungen von Riten und Ritualen nutzen, um Krisenbewältigungen zu dramatisieren und gemeinsam sinnlich erlebbar zu machen. Gleichzeitig beinhaltet diese Gestaltungs-Komponente des Zugehörigkeitsempfindens im Trauerprozess den Ausdruck des schon erwähnten urmenschlichen Grundbedürfnisses nach Solidarität.

urmenschliches Grundbedürfnis nach Solidarität

Die folgenden Modelle aus unterschiedlichen Denkrichtungen tragen primär dem Loslassen und Abschiednehmen Rechnung. Dabei lässt sich feststellen, dass alle ausgesprochen gut mit Transaktionsanalyse zu verbinden sind.

3.4 Der Ansatz nach Kübler-Ross

Vielleicht der bekannteste Ansatz im Umgang mit abschiedsorientierten Lebenskrisen ist das Phasenmodell von Elisabeth Kübler-Ross (1977), das auf Interviews mit Sterbenden basiert und die „endgültigste Krise" des Menschen gesellschaftlich zu enttabuisieren vermochte. Kübler-Ross zeigt in ihrem Konzept für den Sterbeprozess fünf Stadien der Krise auf, die kein Mensch zu umgehen vermag. Es sind dies die Stadien der Verweigerung: („Nein, ich nicht."), des Widerstands, Zorns und Ärgers: („Warum ich?"), des Verhandelns: („Ja, ich, aber ..."), der Depression: („Ja, ich.") und letztlich das Stadium der Hinnahme des Unausweichlichen: („Meine Zeit wird nun sehr kurz, und das ist in Ordnung so.").

Das Modell von Kübler-Ross mit seinem Fokus „Loslassen" ist, wie alle Phasenmodelle, konzeptionell als zirkuläres Prozessgeschehen zu verstehen. Ursprünglich für den Sterbeprozess herausgearbeitet, kann es genauso zur Beschreibung von Lebenskrisen im weitesten Sinne dienen, sei das für den Verlust der Gesundheit, einer Lebensphase oder beispielsweise auch eines finanziellen Vermögens oder den Verlust der professionellen Kompetenz (sogenannte „Competence-Curve" nach J. HAY 1994/1996).

Fokus „Loslassen"

zirkuläres Prozessgeschehen

3.5 Der Ansatz von Jorgos Canacakis

Einen weiteren, auf Abschied orientierten Ansatz zeigt Jorgos Canacakis (1987) in seiner Forschung und Erfahrung mit Krisen. Im Unterschied zu Kübler-Ross und anderen Autoren schaut er auf die Krise in einem soziokulturellen Verständnis und nimmt die Rituale seiner griechischen Heimat als Vorlage, um den Trauerprozess zu beschreiben. Auch seinem Modell, das er Trans-Zyklen-Modell nennt, liegen fünf Phasen der Trauer zugrunde, die er durch Anteile der in Griechenland üblichen Dramatisierung des Trauerprozesses anreichert. Damit betont er die Bedeutung der Gemeinschaft und verlegt das innere Trauerdrama nach außen, um Mitgefühl, Anteilnahme und den gemeinschaftlichen Gestaltungswillen zum Tragen zu bringen. Den ersten Trans-Zyklus nennt er: „Bewusstwerdung des inneren und äußeren Bewegt-Seins", den zweiten: „Zeit der Inspiration und des kreativen Sprungs", den dritten: „Selbstregulierung durch die Dynamik

Trans-Zyklen-Modell

des schöpferischen Tuns", den vierten: „Stabilisierung und erneute Beziehung nach innen und außen", den fünften schließlich „Neuordnen, Neuanfangen, Neuorientieren".

Betonung des sozialen Aspektes und des Gehaltenwerdens in einer Gemeinschaft

Das m.E. Bedeutsame an diesem, ebenfalls auf Ritualen basierenden Modell ist die Betonung des sozialen Aspektes in der Krise, des Gehaltenwerdens in einer Gemeinschaft. Außerdem beschreibt es ein ausgesprochen sinnlich erlebbares Vorgehen und Durcharbeiten eines Trauerprozesses, das in der Lage ist, Menschen in ihrer Solidarität füreinander zu erreichen und ihre Gefühle zu explorieren. Darüber hinaus ist dieses Modell besonders für die Arbeit mit Gruppen geeignet und gut zu verweben mit transaktionsanalytischen Konzepten wie beispielsweise dem von Georg Thomson (1989) formulierten Gefühlskomplex der Trauer und deren Ausdrucksvariablen.

Während die bisher dargestellten Ansätze einen phasenhaften Verlauf zeigen, der von der Abwehr des Erlebten über das Ausleben und Ausdrücken der entsprechenden Gefühle hin zu einem neuen Reifeschritt und einer Akzeptanz des Geschehens führt, ist das nachfolgende Modell eher identitätsbildend ausgerichtet.

3.6 Die fünf Säulen der Identität nach Hilarion Petzold

Integrative Identitätstheorie

Ein anderer Zugang zum Krisenverständnis, den ich schätze und favorisiere, stammt aus der Integrativen Identitätstheorie von Hilarion Petzold (1998). Sein Modell ist jedoch nicht auf Phasen ausgerichtet, sondern auf das immer wieder herzustellende Gleichgewicht in allen menschlichen Lebensbereichen und die sich daraus bildenden Identitäten. Dabei unterscheidet er in seinem Ansatz fünf zentrale Identitätsbereiche, die er *„Säulen der Identität"* nennt: 1. die Säule der Leiblichkeit; 2. die Säule des Sozialen Netzes; 3. die Säule der Arbeit und Leistung; 4. die Säule der materiellen Sicherheit und 5. die Säule der Werte. Petzold geht davon aus, dass es zur Krise kommt, wenn mehrere dieser fünf Säulen zusammenbrechen, eine nicht vorhanden ist und andere zusammenbrechen oder eine Säule zusammenbricht, der jemand sehr viel Bedeutung beigemessen hat. Selbstattribution und Fremdattribution informieren dabei, welche Säule geschädigt ist und welcher Teil in der Krise nicht mehr gewährleistet werden kann.[4]

Selbstattribution und Fremdattribution

Auch Petzold beschreibt, wie Menschen in Krisen durch äußere Einflüsse im Sinne von einschneidenden und/oder bedrohlichen Veränderungen emotionale Labilisierung erfahren, die mit den gewohnten Bewältigungsstrategien nicht mehr reguliert werden kann. Sein Modell eignet sich diagnostisch hervorragend für die Ausgangssituationen im Umgang mit Krisen (siehe auch Fallbeispiel S. 145), weil es situationsanalytisch sehr klar und effektiv zeigt, in welchen Lebensbereichen die Krise zum Ausdruck kommt, auf welche anderen „Säulen" diese einwirkt und in welchem Aspekt der Identität die Beratung ansetzen kann. Ich arbeite gerne mit diesem Modell.

4. Transaktionsanalytische Beratungsmodelle und Methoden

Die Transaktionsanalyse besitzt bislang noch kein eigenes, in sich geschlossenes Phasenmodell zur Krisenbewältigung, jedoch eine Fülle von Konzepten, durch die die verschiedenen Aspekte der zuvor beschriebenen Ansätze interpretiert, präzisiert und vor allem methodisch umgesetzt werden können.

Fülle von Konzepten

So bietet uns die Theorie des Bezugsrahmens (SCHIFF et al. 1975), die u.a. die Gesamtheit unserer Reaktionen auf einen bestimmten Auslöser hin beschreibt, ein Verständnis für das Gesamtgefüge seelischen Geschehens. Dies gerät dann ins Wanken (in eine Krise), wenn ein Ereignis bewirkt, dass das übliche Denken, Fühlen oder Handeln nicht mehr in gewohnter Weise aufrechterhalten werden kann. Das Konzept der Autonomie (ÜA S. 23) macht darüber hinaus deutlich, wie hinsichtlich der Aspekte Bewusstheit, Spontaneität und Intimität die Fähigkeiten erlangt oder wieder hergestellt werden können, die aus dem Verlauf der Krisenbewältigung Wachstum entstehen lassen. Die Modelle Gefühle (ÜA S. 51ff) und Grundbedürfnisse (S. 32ff) zeigen die Bedeutung emotionaler Ausdrucksformen, mitmenschlicher Zuwendung und klarer Strukturen für die Überwindung von Krisen. Last but not least belegen die Theorien vom Skript (ÜA S. 55), von Passivität (SCHIFF et al. 1975; ÜA S. 65) und Frühen Entscheidungen (GOULDING & GOULDING 1979; ÜA S. 37ff), warum und womit der heilende zyklische Ablauf bei der Trauerarbeit oder in anderen Krisensituationen blockiert wird. Selbst das grundlegendste Modell der Transaktionsanalyse, das Ich-Zustandsmodell (ÜA S. 23ff), zeigt mit seinen Aspekten Trübung und Enttrübung auf, wodurch gesundes Wachstum in einer Krisensituation gehindert oder gefördert werden kann. Insgesamt braucht sich die Transaktionsanalyse, wie zuvor und in weiteren Kapiteln zur Anwendung deutlich wird, hinsichtlich ihrer konzeptionellen Möglichkeiten, in Krisen beratend tätig zu werden, also keineswegs zurückzuhalten. Dennoch wäre es sicher wünschenswert, wenn die vorhandenen Konzepte und Teilkonzepte hinsichtlich Krisenberatung noch besser verzahnt würden.

Bezugsrahmen

Autonomie

Gefühle
Grundbedürfnisse
Skript
Passivität
frühe Entscheidungen
Ich-Zustandsmodell

4.1 Phasenmodell „Krise als Chance"

Für meine Beratungsarbeit zur Unterstützung der Chance in der Krise habe ich meinen eigenen Rahmen entwickelt, der in gleicher Weise als Modell wie als Methode verstanden und gehandhabt werden kann. In dieses Phasenmodell, in dem ich die „Krise als Chance" in sechs Stationen unterteile, habe ich die Arbeiten von Aguilera (2000), Kübler-Ross (1977) und Canacakis (1990) integriert. Darüber hinaus hat mich Oppitz' (1997) ethnologische Forschungsarbeit über die Naxi aus Nordwest-Yunnan[5] inspiriert, wie in dieser Kultur üblich, eine Piktogrammschrift zu entwickeln, in der die Phasen der Krise und die Stationen ihrer Überwindung in einer Bildsprache wiedergegeben werden. Da diese sowohl rational wie intuitiv (links- und rechtshemisphärisch) wahrgenommen werden kann, ermöglicht sich dadurch ein ganzheitliches Verständnis für die Situation der Erschütterung auf der Ebene von Bewusstheit und Wahrnehmung.[6]

sechs Stationen

Darüber hinaus dient mir mein Phasenmodell mit seinen sechs Stationen zur Diagnostik, um mir folgende Fragen zu beantworten: Wo befindet sich die Klientin gerade? Welche psychischen Aufgaben müssen in dieser Phase vollzogen werden? Womit hindert sie sich, die Aufgaben zu erfüllen? Die Antworten auf diese Leitfragen zeigen mir, welche – meist transaktionsanalytischen – Methoden ich zu wählen habe, um das Wachstum zur nächsten Phase zu unterstützen. Damit und darüber hinaus stellt das Phasemodell „Krise als Chance" auch den Wegweiser zur Beratungsplanung dar.

4.2 Piktogramm des Phasenmodells „Krise als Chance"

1. *Phase der Abwehr und des Widerstandes*
   Vom Blitz getroffen (Scheitern und Flucht)

2. *Phase der Verzweiflung*
   Wanderung durch die Wüste (Orientierungslosigkeit)

   _____

3. *Phase der Regression*
   Rückzug in die Höhle (Einsamkeit, Verlassenheit)

4. *Phase der Selbstwahrnehmung und Anerkennung*
   Spiegelung im See (Konfrontation mit sich selbst und der Annahme seiner selbst)

5. *Phase der Neuorientierung und Lösung als Prozess*
   Ersteigen des Berges (Entscheidung zur Selbststeuerung und Handlungsschritte)

6. *Phase der Integration*
   Rückkehr in die Stadt (Neue Einordnung in das Leben und die Welt)

Abb. 1: Phasenmodell und Piktogramm der „Krise als Chance" (Hilde Anderegg Somaini 2006)

Wie bei allen Phasenmodellen haben auch die Stationen der „Krise als Chance" fließende und grenzüberschreitende Übergänge und wiederholen sich periodisch. Manchmal beginnen oder enden sie an einem unerwarteten Ort des in sich wiederkehrenden Kreislaufes. Oft spielt die Dynamik des Verlaufs „ver-rückt". Letztlich gleicht die Wiederholung von Phasen oder Teilen davon einem Spiralprozess, der die Verarbeitung signalisiert.

in sich wiederkehrender Kreislauf

Dieses Modell ist insofern auch als Methode zu verstehen, als es den Klienten ein Verständnis für die eigene Situation und damit auch Bewusstheit (z.B. im Zusammenhang mit Bedürfnissen und Gefühlen in einer jeweiligen Phase) vermittelt und dabei in sich selbst erlaubnisgebend (z.B. die Erlaubnis, „in der Krise sein zu dürfen") wirkt. Auf diese Weise können erste Bausteine der Autonomie zurückgewonnen werden, die in einer Krise so häufig als verloren erlebt werden.

4.3 Methodische Interventionen in den Phasen des Modells „Krise als Chance"

Im Folgenden werde ich zu jeder Phase beispielhaft mindestens eine typische transaktionsanalytische Methode vorstellen, wobei ich ausdrücklich auf die Vielzahl von Methoden hinweise, die in jeder Phase zum Tragen kommen können.

Phase 1: Abwehr und Widerstand

In dieser Phase eines Beratungsprozesses ist der Klient üblicherweise in einem Zustand der Anspannung und Erschütterung und kann noch gar „nicht fassen", was denn eigentlich passiert ist, obwohl er den Auslöser für die Krise durchaus kennt. Der Klient oder die Klientin fühlt sich sozusagen vom Blitz getroffen. Das Gefühlsspektrum spannt sich von Sich-ohnmächtig-Fühlen bis zum körperlichen Erbrechen. Gleichzeitig lässt er bzw. sie die meisten und differenzierten Gefühle, die zu dieser Situation gehören, noch nicht zu.

Zu diesem Zeitpunkt des beratenden Prozesses arbeite ich mit dem Konzept der Abwertungsmatrix nach Mellor und Schiff (1975; ÜA: S. 65). Sie veranschaulicht, wie eine Person eine Situation, ein Problem oder einzelne Aspekte eines Problems missachtet, ausblendet, ausschaltet oder gering schätzt und auf diese Weise nicht adäquat mit der Situation umgeht oder das Problem löst.[7] Die Abwertungsmatrix überzeugt durch ihre hilfreiche logische Struktur, mit der wir Beratungspersonen verhindern können, uns in der Trauerprozessarbeit zu „verirren".[8]

Abwertungsmatrix

Indem ich den einzelnen Aspekten der Abwertung im Gespräch vorsichtig eine andere Wahrnehmung der Realität gegenüberstelle (konfrontiere), erarbeite ich nach und nach eine von mir sogenannte Wertschätzungsmatrix (ANDEREGG 2006)[9], deren Ziel es ist, die Gegebenheiten und Möglichkeiten auf allen vier Ebenen zu sehen und die Krise dadurch als Chance wahrzunehmen und zu durchleben. Gleichzeitig kann die Klientperson oder auch die Klientengruppe sich überzeugen, in der Lage zu sein, aus sich selbst heraus wieder ins Gleichgewicht zu kommen.

Wertschätzungsmatrix

„Natürlich" geschieht die Erarbeitung der Abwertungsmatrix und der Wertschätzungsmatrix nicht in einer Sitzung. Vielmehr werden die einzelnen Aspekte dieser Matrizes, in denen die Klientin oder der Klient wiederkehrend andere Gegebenheiten bei sich selbst, anderen Menschen oder der Umgebung abwertet, vor allem in der Anfangsphase der Beratung auch immer wieder konfrontiert. Mit anderen Worten: Genauso zyklisch wie das Auftreten von und der Umgang mit den einzelnen Phasen des Krisenbewältigungsprozesses sind das Auftreten von entsprechenden Abwertungen auf allen vier Ebenen und die ebenfalls entsprechenden konfrontativen Interventionen.[10]

Phase 2: Verzweiflung

Wanderung durch die Wüste

Nimmt die Klientin in dieser Phase bewusst wahr, dass alte Fühl-, Denk- und Verhaltensmuster infrage gestellt sind, erlebt sie Verunsicherung und Orientierungslosigkeit und damit Stress. Zudem spürt sie Trauer über den Verlust (bei Veränderungen z.B. des Gewohnten). Dieser Zustand gleicht einer Wanderung durch die Wüste. Hier steht die Begleitung beim und die Ermutigung zum Ausdruck von Gefühlen im Mittelpunkt der Beratung. Von der Annahme ausgehend, dass jedes Gefühl seine Funktion hat (S. 51f), führt der Umgang mit Gefühlen zu jeweils neuer Energie und neuem Erleben, was den gesamten Prozess zur dritten Phase vorantreibt.

Häufig entpuppt sich in der zweiten Phase auch die Versorgung der Grundbedürfnisse, Stimulation, Strokes (Anerkennung) und Struktur (S. 32ff) als unterbrochen. Die beraterische Intervention kann dann entweder in den Sitzungen selbst dazu beitragen, diese Grundbedürfnisse zu befriedigen, oder anregen, dies außerhalb zu tun. Letzterem entspricht z.B. die Ermunterung, sich selbst eine Blume zu schenken (Strokes) und diese bewusst gestaltend in eine Vase zu stellen (Stimulation), sich einen Tagesplan zu machen (Strukur) oder systematisch andere Menschen anzurufen (Strokes).

Phase 3: Regression

Bedürfnisse nach Kontakt

In dieser Phase der Einsamkeit und Verlassenheit tendieren Menschen dazu, sich – in die Höhle – zurückzuziehen, den Kontakt abzubrechen und dabei die notwendige Solidarität zu vermeiden. Gleichzeitig erleben sie Bedürfnisse nach Kontakt und realem wie symbolischem Gehaltenwerden, d.h., sie erleben regressive Bedürfnisse.

Auch hier zielt die beraterische Intervention darauf ab, Bedürfnisbefriedigung anzuregen. Häufig wehren die Klienten jedoch Vorschläge, die in diese Richtung gehen, mit „Ja-aber-', ‚Spiel'-Ansätzen" oder tangentialen Transaktionen (S. 65) ab. Dann kann diagnostisch darauf geschlossen werden, dass hier vertraute, jedoch einschränkende Grundgebote wie „sei nicht wichtig", „sei nicht du selbst", „sei nicht nahe" oder „gehöre nicht dazu" aktiv werden, die eruiert werden sollten.

Hilfreiche Interventionen bestehen z.B. in der Arbeit an sogenannten Engpässen: zwischen Sollen und Wollen (1. Grad), zwischen Einschränkung und Autonomie (2. Grad) oder zwischen einem destruktiven und einem neuen bejahenden Selbstverständnis (3. Grad; im Einzelnen siehe GOULDING & GOULDING 1979). Gelingt es, diese Engpässe aufzulösen, beginnt häufig Wachstum, in dem alte, einschränkende Entscheidungen aufgehoben und erstarrte Elemente des Bezugsrahmens gelöst werden. Gleichzeitig kann sich die Klientperson durch die Versorgung und Akzeptanz, die sie erfährt, langsam aus ihrer Höhle herausbegeben und sich der Phase 4 nähern.

Phase 4: Selbstwahrnehmung und Anerkennung

In dieser Phase der Konfrontation mit sich selbst, dem Sich-Spiegeln im See, und der Annahme seiner selbst hat sich der Klient mit dem Entstehen der Krise, seinen möglichen Anteilen, der Akzeptanz seines „So-Seins" und möglicherweise seiner Biografie auseinanderzusetzen. Dabei stellt sich diagnostisch die Frage, ob der Klient die Erlaubnis hat, fürsorglich im Umgang mit sich selbst zu sein oder durch destruktive elterliche Botschaften (S. 40) wie z.B. „Sei nicht du selbst" daran gehindert ist.

Akzeptanz seines „So-Seins"

Interventionstechnisch kann auch in dieser Phase wiederum sehr stimmig auf die „3 S" (S. 32ff) Bezug genommen und deren Einüben in die Alltagspraxis angeregt werden – sei das nun, um für sich selbst initiativ zu werden, für sich Raum und Zeit bewusst zu planen oder sich etwas Gutes zu tun. Genau hier können Hausaufgaben eine wichtige, unterstützende Rolle spielen. Darüber hinaus geht ggf. die Neuentscheidungsarbeit aus der dritten Phase weiter. Das heißt, es wird alles wahrgenommen, was Chancen für Wachstumsprozesse bietet.

die „3 S"

Besonderes Augenmerk lege ich dabei auf die Psychodynamik der Klienten, aus der heraus sie sich für ihren Anteil an der Krise kritisieren und ihren Wert herabschätzen. Kommt diese nämlich in dem in dieser Phase angesagten Prozess der Selbstwahrnehmung und Anerkennung weiterhin ungebremst zur Wirkung, bedeutet das in der Regel eine massive Beeinträchtigung der Beratung wie des Wachstums. Daher kann es durchaus notwendig werden, seine eigene Potenz im Sinne der „3 P" (S. 19) einzusetzen, um statt der Selbstkritik Selbstakzeptanz zu schaffen bzw. zumindest anzubahnen. Dann erst, wenn es Klienten gelingt, die Krise als Teil ihres Lebensweges anzunehmen (Selbstakzeptanz), statt sich permanent für sie zu beschuldigen, ist so jemandem der Übergang zu Phase 5 möglich.

die „3 P"

Phase 5: Neuorientierung und Lösung

Bei der Ersteigung des Berges unterstütze ich die Entscheidung zur Selbststeuerung und zu aktiven Handlungsschritten. Das ist die Phase der Mitfreude und Begleitung – und damit der Verankerung eigenverantwortlicher Sorge für sich selbst.

Mitfreude und Begleitung

Chance zum Wachstum

Phase 6: Integration

In dieser Phase der neuen Einordnung in das Leben und die Welt – der Rückkehr in die Stadt – erarbeitet die Klientin, was sie jetzt, nach oder am Ende der Krise mit ihren Erfahrungen und dem neu Gelernten in der Welt anfangen will (z.B. eine Zeit lang allein leben, den Beruf wechseln oder sich räumlich verändern). Erst dadurch wird die „gefahrvolle Gelegenheit" (die Krise hätte auch in einer Erfüllung des Skripts enden können) als genutzte Chance zum Wachstum in die eigene Person und Biografie integriert.

Die primäre beraterische Intervention in dieser abschließenden Phase der Begleitung in einen „neuen Lebensabschnitt" ist naturgemäß jede Form von Erlaubnis (wie), beispielsweise „Sie dürfen ihren eigenen Lebensstil entwickeln" oder: „Sie dürfen das Leben auch genießen."

5. Fallbeispiel mit einhergehender Reflexion

Hier beschreibe und kommentiere ich zunächst den Anfang eines Erstkontaktes, dessen Qualität den Beratungsprozess in der Folge maßgeblich beeinflusst und bestimmt. Daran anschließend schildere ich die Beratungselemente: Kontakt, Verträge, narrative Begleitung in der Krisengeschichte und Durcharbeitung der Krise unter Nutzung meines Phasenmodells „Krise als Chance" sowie die Hausaufgaben zur Verankerung im Alltag. Diagnostische Überlegungen und der Bezug zu den oben dargelegten theoretischen Gedanken runden die Falldarstellung ab. Dass dieses Vorgehen mit meinen persönlichen Lebenskrisen und den aus ihnen gewonnenen beraterischen Erfahrungen zu tun hat, will ich auch deswegen hier nicht unerwähnt lassen, da beide zusammen letztlich die hauptsächliche Ressource meiner beraterischen Tätigkeit von Krisen als Chance bilden.

Frau C. ruft telefonisch für eine dringliche Krisenberatung an. Die Abklärung am Telefon ergibt, dass Frau C. sich nicht in einer akuten Krise befindet, in der es zuerst um Schutz und Sicherheit gehen würde (siehe S. 131), sondern in einem sich offensichtlich zuspitzenden depressiven Zustand, ausgelöst durch den Verlust der Erwerbsarbeit vor sechs Monaten. Frau C. kommt auf Empfehlung eines ehemaligen Arbeitskollegen, der vor längerer Zeit bei mir in Beratung war. Wir vereinbaren einen geschäftlichen Vorvertrag über Geld, Zeit, meine und ihre Zuständigkeit und gemeinsame Verantwortung. Das Gespräch am Telefon dauert nicht mehr als vier Minuten.

Frau C. kommt eine Woche später zur ersten Sitzung. Im ersten Kontakt an der Tür erlebe ich mich bewusst freundlich und wertschätzend, selektiv offen, eher zurückhaltend. Frau C. wirkt auf mich unsicher, irgendwie beschämt und gleichzeitig angespannt.

Wie immer lege ich Wert auf meine Vorstellung, bevor ich zu arbeiten beginne. Dabei fasse ich kurz meinen beruflichen Hintergrund zusammen und sage etwas über meine private Lebenskonstellation. Ich beleuchte auch mein Menschenbild, meine ethischen Grundsätze, meine Arbeitsmethoden, kurz: was Transaktionsanalyse ist und mein Verständnis davon. Dabei achte ich auf einfache Sprache, Sachlichkeit und Klarheit. Dann fasse ich, Bezug nehmend auf unser telefonisches Gespräch, nochmals den Administrativ-Vertrag (S. 67f) zusammen. Meist findet durch eine solche Information bei meinem Gegenüber eine sichtliche Entlastung statt. (Auch die Beraterin scheint ein ganz gewöhnlicher Mensch zu sein.)

Frau C. schaut mich an, lächelt und atmet aus. Fragen will sie vielleicht später stellen. Ob sie erzählen möge, was sie bewege, frage ich sie.

Während die Klientin erzählt, bin ich einfach interessiert, „ganz Ohr". Ich achte auf ihre Wahrnehmung des kritischen Ereignisses, das soziale Netz, das sie beschreibt, und die ihr bekannten Bewältigungsmechanismen. Ich greife nicht in ihr Erzählen ein, sondern gebe Zeit und Raum für ihre Geschichte und ihre Bedeutungsmuster. Nach ihrer Schilderung stelle ich zur diagnostischen Abklärung vier Fragen, die ich in einer solchen Situation für unabdingbar erachte:

1. Sind Sie in aktueller Gefahr, sich oder anderen etwas anzutun oder sich zu verwirren? (Ich prüfe also nochmals, ob es nicht doch um eine akute Krise gehen könnte.)

„Nein, so weit wolle sie sich nicht bringen", meint sie. Jedoch komme sie selber nicht mehr weiter. Es werde alles nur noch schlimmer.

2. Welche Bedeutung geben Sie Ihrer Situation? (Denn die gleiche bedrohliche Situation kann für jeden Menschen etwas sehr Unterschiedliches bedeuten.)

Angst, sich noch mehr zu isolieren, sei das eine, sagt sie. Das andere sei ihre völlig ungewisse Zukunft als 52jährige.

3. Was haben Sie schon unternommen, um Ihre Situation zu meistern? (Diese Lösungsbestrebungen sind als Ressourcen zu betrachten und dementsprechend zu würdigen.)

Vielleicht nicht alles, was in ihrer Macht stände, jedoch habe sie vieles versucht, schildert sie. Es fehle ihr nicht an gutem Willen. Sie jobbe auf Geheiß der staatlichen Arbeitsvermittlungsstelle in einer ihr unangemessenen administrativen Hilfsarbeit bei einer Arbeitgeberin, bei der sie sich ausnützen lasse, jedoch resigniert habe.

4. Was wollen Sie für sich erreichen? (Hier erfahre ich erste Information über Ziel- und Lösungskompetenz.)

Einen Ausweg finden wolle sie; doch habe sie ihren Selbstwert verloren, das sei das Schlimmste.

Was ich zunehmend vermeide im Anteilnehmen an menschlich Schwerem, ist, „alles zu verstehen", denn ich kann realistischerweise nur einige Aspekte der bedrohlichen Situation des Klienten verstehen. Ich kann jedoch nachvollziehen, wie schlimm es für den Klienten sein muss. Das gibt mir Authentizität anstelle von unnötiger Anpassung.

Zu diesem Zeitpunkt der Beratung habe ich genügend Informationen über Fühlen, Denken und Handeln von Frau C. Um ihr ein Arbeitsmodell vorzuschlagen, brauche ich jedoch vermehrte Kenntnisse ihres Lebenskontextes. Diesen erfahre ich sehr direkt über Fragen zum 5-Säulenmodell von Hilarion Petzold (S. 138). Daraus geht hervor:

Ihre Leibbefindlichkeit erlebt sie in einem schlechten Zustand. Sie schlafe nur noch mit Schlafmittel und leide unter Kopfweh. Sie esse sehr ungesund, was sich in einer Gewichtszunahme von sechs Kilo innerhalb zwei Monaten zeige. Dafür schäme sie sich. Die Schuldfrage quäle sie.

Ihr soziales Netz habe sie in diesem halben Jahr sehr vernachlässigt. Ihre Tochter mit dem von Frau C. geliebten Enkelkind sei in eine andere Stadt gezogen. Sie wolle diese mit ihrer „Depression" auch nicht belasten. Frau C. hat einen Partner. Sie wohnt jedoch nicht mit ihm zusammen. Er sei verheiratet. Sie kenne er nur mit ihrem „Sonntagsgesicht". Da spiele sie immer noch die starke freie Frau. Auch ihn wolle sie nicht belasten. Seit Tagen gehe sie nicht mehr ans Telefon. Kontakte mit Freundinnen verbiete sie sich in diesem Zustand ebenfalls.

Ohne ihre Arbeit und Leistung sieht sie sich als nichts wert, ja als überflüssig. Sie war 15 Jahre eine qualifizierte Mitarbeiterin eines bedeutenden Unternehmens, was ihre Zeugnisse beweisen würden und frühere Vorgesetzte bestätigen könnten. In den letzten vier Jahren war sie in einer Stabsstelle zuständig für die Qualitätssicherung im gleichen Unternehmen, was sie als Pionierarbeit für die Firma bezeichnet, die sie äußerst gerne und erfolgreich geleistet habe. Ein zweimaliger Wechsel in der obersten Führung habe jedoch dazu geführt, dass viel Unklarheit entstanden sei. Deren Inkompetenz sowie die Bevorzugung anderer seien für ein immer schlechter werdendes Klima verantwortlich gewesen. Ihre Arbeit sei plötzlich abgewertet und missachtet worden. Sie als Person fühlte sich übergangen. Und dann das: eines Tages die Kündigung, nachdem sie vier Tage krank war! Es wurde auch anderen Mitarbeitern gekündigt, doch dass es sie treffen würde, hätte sie nicht geglaubt.

Probleme mit der materiellen Sicherheit hätte sie noch nicht wirklich. Sie sei zwar darauf angewiesen, bis zur Pensionierung ihr Einkommen zu verdienen. Doch könne sie zurzeit über die Runde kommen.

Sie halte viel auf Arbeits-Werte wie Zuverlässigkeit, Redlichkeit, Teamgeist, am gleichen Strick ziehen. Ihre Enttäuschung sei groß. Eine Welt sei für sie zusammengebrochen. Denn der Stellenwert der Arbeit sei ihr in ihrem Leben immer sehr wichtig gewesen. Doch so …?

Frau C. beschreibt damit, wie sie durch einen äußeren Umstand im Sinne eines bedrohlichen Einschnitts in ihrem Leben in die Krise geraten ist. Diese hat bei ihr ein emotionales Ungleichgewicht ausgelöst, das sie mit den gewohnten Bewältigungsstrategien nicht mehr zu regulieren in der Lage ist. Das heißt, für Frau C. ist eine Welt zusammengebrochen, auf die sie lange Zeit in ihrem Leben bauen konnte. Dabei können ihr Selbstbild (stark und perfekt sein) und ihr Fremdbild (stark und perfekt sein) offensichtlich nicht mehr aufrechterhalten werden. In der Folge ist auch ihr Selbstwert, der maßgeblich auf Leistung und Perfektsein beruht, zerstört. Die in einer altersmäßig kritischen Lebensphase zusammengebrochene Identitätssäule „Arbeit und Leistung" löst eine Erschütterung aus, durch die sämtliche Lebensbereiche der Frau „mitgeschüttelt" werden. Und damit rückt auch die lange ausgesparte Sinnfrage wieder ins Zentrum. Von zusätzlicher Bedeutung scheint mir dabei, dass sich Frau C. Unterstützung von außen holt, weil sie glaubt, ihre ihr nahestehenden Menschen nicht belasten zu dürfen.

Verknüpfe ich den Bauplan der fünf Säulen mit der Matrix der Abwertung, ergeben sich daraus folgende diagnostische Überlegungen: Die Säule „Arbeit und Leistung" von Frau C. ist zusammengebrochen. Vier der fünf Säulen ihrer Identität sind deutlich mitbetroffen. Frau C. macht eine Fülle von Abwertungen bei sich, den anderen und ihrer gesamten Lebenswelt. Es zeigen sich markante Abwertungen auf der Bedeutungsebene, wie z.B. die Kündigung mache deutlich, dass sie keinen Wert mehr habe.

Mit diesem Kontextwissen entscheide ich mich, der Klientin mein Phasenmodell „Krise als Chance" mit der Einladung vorzustellen, dieses, unabhängig von ihrer persönlichen Krise, als Information zu betrachten.

Frau C. nimmt die einfache Bildsprache des Piktogramms, die ihr zugleich Nähe und Distanz zu ihrer Krise ermöglicht, auf und lässt sich seelisch berühren. Dann bringt sie sich ins Denken und erkennt sofort, an welcher Station des Weges sie sich selbst befindet. „Ich bin in der Höhle", sagt sie staunend wie ein Kind und zugleich nachdenkend auf der Ebene der erwachsenen Frau. „Der Blitz erschüttert mich immer noch. Ich bin zuerst einmal über Wochen durch die Wüste gegangen. Doch die Höhle, die spüre ich förmlich. Da sehe ich den Ausgang nicht. – Ja logisch. Da drinnen ist stockdunkel. Da muss ich vielleicht eher tasten …"

Von diesem Augenblick an kommt Lebendigkeit in ihr Gesicht. Nach der bildlichen Betrachtung und ihren eigenen Kommentaren dazu übernimmt sie intuitiv die Führung ihres Prozesses und damit die Verantwortung für diesen. Sie bittet um Papier und Bleistift und zeichnet das Piktogramm auf. – Die Hausaufgabe, diesen Plan wirken zu lassen, nimmt sie gerne entgegen.

Bis zur nächsten Sitzung zwei Wochen später wandelt sich die Energie der Krise als Chance: Der Schmerz darf fließen. In der Folge geht sie noch einmal zum Blitz zurück. Der Blitz habe sie zu Boden gebracht, aber nicht getötet. Ihre Empfindungen werden gelöst, indem ich sie bitte, das „Zu-Boden-gebracht-Werden" körperlich (wie zugleich auch rituell) zu inszenieren, d.h., eine Haltung einzunehmen, die der Empfindung entspricht. Dazu legt sich die Klientin zusammengekauert auf den Boden und spürt nach einer Weile, dass sie sich bewegen möchte. Mit den zurückkehrenden Lebensgeistern merkt sie, dass „der Blitz sie nicht getötet hat". Und mit zunehmender Tiefenatmung kann sie auch Wut und Empörung ausdrücken. Damit befreit sich auch ihr Denken über die Situation. Sie kann schildern, dass sie sich als nicht handlungsfähig erlebt, und als Ziel definieren, dass sie die Handlungsfähigkeit wieder erlangen will. Auf diese Weise wandert sie bis hin zur vierten, fünften und sechsten Station und durchläuft damit alle nötigen Prozessphasen.

insgesamt vier Sitzungen

Insgesamt waren für diese Krisenberatung vier Sitzungen geplant. In ihnen wurden alle Stationen der Krise durchgearbeitet und nach den gemeinsam entwickelten Vorstellungen der Klientin und der Beraterin rituell inszeniert. Dabei wurde die „Rückkehr in die Stadt" als Probephantasie behandelt. Ihren Abschluss fand die Krisenberatung bildlich gesprochen „am Fuße des Berges": Die Klientin nahm wieder Kontakt auf mit ihren Liebsten. Sie hatte gelernt, sich in der Krise den andern zuzumuten. Gleichzeitig informierte sie sich über ihre rechtliche Situation am Arbeitsgericht. Auch der Wunsch, einer beruflichen Vision nachzugehen, tauchte auf.

Am Ende der Beratung äußert die Klientin zudem Interesse, nach der Sommerpause mit einem neuen Vertrag weiter an ihrem Selbstwert zu arbeiten. Dem stimme ich zu.

6. Anwendungsbereiche

Wie das vorausgegangene Beispiel aus meiner Praxis zeigt und sich in anderen Fällen beobachten lässt, eignet sich das Phasenmodell „Krise als Chance" mit seinen sechs Stationen als Leitidee für viele transaktionsanalytisch orientierte Beratungsprozesse im Umgang mit kritischen Ereignissen. Dabei werden die Existenz der Krise, ihre Bedeutsamkeit, ihre Lösungsmöglichkeiten und die persönlichen Fähigkeiten zu ihrer Bewältigung deutlich hervorgehoben und führen gleichzeitig im Piktogramm in bildlicher Sprache zur Reduktion und verstehbaren Verdichtung des beraterisch geführten Krisenprozesses. Die Verständlichkeit wiederum gibt Sinn, Mut und Ansporn, die persönlichen Fähigkeiten zur selbst gestaltenden Bewältigung des Prozesses einzusetzen.

Leitidee für Beratungsprozesse

Insofern entpuppt sich die Überschrift dieses Beitrags „Krise als Chance wahrnehmen – Beratung als Krisenmanagement" nicht nur als einzelfallbezogene Sichtweise, sondern auch als sehr verschiedene Beratungsfelder übergreifende und im Berne'schen Sinne als marsisch (BERNE 1972/1975, 95f) zu begreifende Angehensweise.

marsisch zu begreifen

7. Zusammenfassung

In diesem Aufsatz zeige ich, wie ich das chinesische Verständnis von „Krise als Chance" aufgreife und in ein Phasenmodell der Krisenbewältigung überführe. Dabei schließe ich mich auch dem Verständnis an, nicht eine Ambivalenz zwischen Krise und Chance zu sehen, sondern die Eindeutigkeit der begrifflichen Zweideutigkeit stehen zu lassen. Insgesamt wird klar: Nicht die Krise ist die Krise, sondern die Chance, die unerfüllt bleibt.

Dem sozialen Grundbedürfnis des Menschen nach Solidarität in der Krise folgend, erhält der „zwischenmenschliche Rückhalt" maßgebliche Bedeutung für die Krisenbewältigung und bietet sich als Leitidee der Beratung an.

In der Betrachtung des gegenwärtigen Standes der verschiedenen Modelle zur beratenden Krisenintervention wird zwischen Konzepten und Methoden für Begleitung und Unterstützung von mehr auf Abschied oder mehr auf Identitätsfindung orientierten Prozessen unterschieden. Transaktionsanalytische Beratungsmodelle und Methoden ermöglichen beide beratenden Sichtweisen, bedürfen jedoch, zweckmäßigerweise einer besseren Verzahnung hinsichtlich Krisenberatung.

Auf der Abwertungsmatrix aufbauend, die sie im Beratungsprozess in eine „Wertschätzungsmatrix" wandelt, präsentiert die Autorin ihr eigenes Phasenmodell, unterteilt in sechs Stationen der Krise, das sie mithilfe eines Piktogramms in praktische Beratung umsetzt. Das expliziert und illustriert auch das von ihr berichtete Beispiel aus der eigenen Praxis.

Summa summarum zeigt sie, dass „Krise als Chance" heißt, sie beratend in einen strukturierten Prozess der Reduktion zu fassen und das Drama des Verlustes in seiner Verarbeitung mit Empathie und Zuversicht in einen sozialen Außenraum zu bringen, um diesen zielgerichtet zu einer sich selbst „heilenden Krise" zu lenken.

Anmerkungen

1 In der nachfolgenden Darstellung der „Geschichte der Krisenberatung" stütze ich mich im Wesentlichen auf die Grundlagenforschung von Donna C. Aguilera, PhD, FAAN, FIAEP, Mitglied und Beraterin der Abteilung für Katastrophenschutz und psychische Gesundheit des Amerikanischen Roten Kreuzes.

2 Bei diesem bis dahin schlimmsten Gebäudebrand der amerikanischen Geschichte kamen 493 Menschen ums Leben, als die Flammen in einem voll besetzten Nachtclub um sich griffen.

3 Aus transaktionsanalytischer Sicht ist dabei interessant, dass Rituale der vollziehenden Person in der Regel aus der Eltern-Ich-Haltung (z.B. von der Kirche) vorgeschrieben werden, in der Erwachsenen-Ich-Haltung bejaht werden (z.B. Ja sagen zu einem Hochzeitsbund) und dann sehr oft in der Haltung des Angepassten Kindes vollzogen werden.

4 Ein Beispiel zur Leiblichkeit: „Ich bin perfekt gebaut" (Selbstattribut). „Dieser Mann besticht durch seinen perfekten Körper" (Fremdattribut).

5 Die Naxi, wohnhaft in Nordwest-Yunnan, sind eine Gesellschaft am Schnittpunkt chinesischer, tibetischer und panhimalayischer Einflussbereiche.

6 Mit meiner beispielhaften Darstellung knüpfe ich im Übrigen an die transaktionsanalytischen Wurzeln an. Denn schon Eric Berne unterstützte die Bewusstheit der Klienten am Beginn von Therapie durch die grafische Darstellung der Ich-Zustände und initiierte damit Schritte auf dem Weg zur Autonomie.

7 In meiner Praxis brauche ich die vereinfachte Tabelle vier möglicher Ausblendungsebenen, die folgende hilfreiche Fragestellungen beinhaltet (SCHLEGEL 1995):
  ➤ 1. Hat der Betreffende eine grundlegende wahrnehmbare Gegebenheit nicht wahrgenommen? (Ist ihm klar, was das Problem ist, das die Krise ausgelöst hat?)
  ➤ 2. Hat er die Bedeutsamkeit und damit die Problematik einer Gegebenheit nicht erkannt? (Was bedeutet die Krise psychodynamisch, sozial, wirtschaftlich, gesundheitlich?)
  ➤ 3. Übersieht er, dass sich etwas ändern, dass sich also das Problem lösen lässt, wozu die Vorstellung von Erfolg versprechenden Eingriffsmöglichkeiten gehört? (Welche Trübungen verhindern, dass er angemessene Lösungen sieht?)
  ➤ 4. Traut er sich (oder anderen Beteiligten) nicht zu, im Sinne erkannter sinnvoller Möglichkeiten zu handeln? (Ist er dazu aus irgendwelchen anderen Gründen nicht fähig?)

8 Wenn beispielsweise eine Person das kritische Ereignis nicht wahrhaben will, macht es wenig Sinn, auf die Bedeutung der Krise, deren Veränderungspotenzial oder die eigenen Fähigkeiten zur Veränderung zu fokussieren.

9 Aufgrund meiner Ausrichtung auf die bisher ungenutzten oder sogar unentdeckten Ressourcen meiner Klientinnen und Klienten habe ich die Abwertungsmatrix entsprechend fokussiert und für mich unter dem Terminus „Wertschätzungsmatrix" zusammengefasst. In Analogie zu den vier Ebenen der Abwertungsmatrix beinhaltet letztere:
  ➤ 1. das Wahrnehmen und Anerkennen der Krise
  (Ich nehme meinen Verlust wahr und gebe meinen Gefühlen Ausdruck.)
  ➤ 2. das Erfassen der Bedeutung und Auswirkungen der Krise (Die Krise hat mir etwas zu sagen; sie bedeutet beispielsweise, mir die Sinnfrage meines Lebens neu zu stellen.)
  ➤ 3. die realistische Einschätzung und das Vertrauen in die Lösbarkeit der Krise
  (Ich habe die Wahl verschiedener Möglichkeiten, die ich prüfen werde.)

➤ 4. den Mut, Entscheidung und eigene Fähigkeiten (SCHLEGEL 1996) zur Lösung einzusetzen (Ich kenne meine Ressourcen und entscheide mich, sie für die Überwindung der Krise einzusetzen, und übernehme die Verantwortung dafür.)

Obwohl ich seit Längerem mit der Wertschätzungsmatrix arbeite und sie auch gegenüber meinen Klientinnen so benenne, habe ich sie bisher nicht unter meinem Namen veröffentlicht, weil ich unsicher bin, ob dieser Begriff schon vergeben ist.

10 Dabei hat sich im Hinblick auf den Umgang mit Abwehr und Widerstand der Phase 1 insgesamt ein Vorgehen in drei Schritten als hilfreich erwiesen: Diagnostik – Bewertung – Aufbau der Wertschätzung. Dazu nutze ich die Empfehlungen verschiedener Autoren:

Schritt	Ziel	Modell	Autoren	Beispiel
1	Diagnostik	Abwertungsmatrix	Mellor und Schiff (1975)	Beraterin nimmt wahr, dass der Klient seinen Urlaub planen will wie immer, obwohl seine Frau, die ihn verlassen hat, nicht mehr mitkommt.
2	Bewertung	Bewertungsmatrix	Hennig und Pelz (1998)	Beraterin sieht, dass der Klient die Bedeutung des Verlassen-Werdens nicht wahrnimmt.
3	Aufbau der Wertschätzung	Wertschätzungsmatrix	Anderegg Somaini (2006)	Berater ermutigt Klient, seine Verlassenheit wahrzunehmen und die Trauer zuzulassen.

Abb. 2: Schrittfolge des Vorgehens im Umgang mit Abwehr und Widerstand

Durch die Bewusstheit für und das Zulassen seiner Gefühle erlebt sich der Klient deutlich in seiner Situation und kann sich behutsam in die zweite Phase begeben.

Hilde Anderegg Somaini

Studium der Sozialarbeit, Lehrberechtigtes Mitglied der SGTA (PTSTA of EATA), Gründungs- und Leitungsmitglied des „Eric Berne Instituts, Zürich, für angewandte Transaktionsanalyse" (1991 bis 2004), Supervisorin/Coach BSO, Dozentin für den Bereich Persönlichkeit und Beruf an der Fachhochschule für Soziale Arbeit, Zürich, HSSAZ (1990 bis 2004). Psychologische Praxis für Beratung und Bildung.

Anschrift der Verfasserin:
Hilde Anderegg Somaini
Wildbachstr. 62
CH-8008 Zürich

Aspekte heilsamer Grenzerfahrungen – Beratungsprozesse bei Suizidalität

Karl-Heinz Schuldt

1. **Definition von Suizidalität** ... 157
2. **Geschichtliche Entwicklungslinien** ... 158
3. **Gegenwärtiger Stand wissenschaftlicher Erkenntnis** ... 159
   - 3.1 Demografie ... 159
   - 3.1.1 Suizide ... 159
   - 3.1.2 Suizidversuche ... 160
   - 3.1.3 Suizidhandlungen ... 160
   - 3.2 Risikoeinschätzung ... 160
4. **Theoriemodelle** ... 162
   - 4.1 Verhaltensorientierte Beschreibungen ... 162
   - 4.1.1 Das „Präsuizidale Syndrom" nach Erwin Ringel ... 162
   - 4.1.2 Phasen der suizidalen Entwicklung nach Walter Pöldinger ... 163
   - 4.2 Tiefenpsychologische Beschreibungen ... 164
   - 4.3 Transaktionsanalytische Beschreibungen ... 165
   - 4.3.1 Suizidalität „im" Funktionsmodell der Transaktionsanalyse nach William H. Holloway ... 167
5. **Methoden zum beraterischen Umgang mit Suizidalität** ... 170
   - 5.1 Überlegungen zu Beratungsbeziehungen im suizidalen Raum ... 170
   - 5.2 Planung der Beziehungsgestaltung mit dem Funktionsmodell ... 173
   - 5.3 Maßnahmen bei misslingender Beziehungsaufnahme ... 177
   - 5.3.1 Der Nicht-Suizid-Vertrag ... 178
   - 5.3.2 Indikation und Kontraindikation von Nicht-Suizid-Verträgen ... 179
6. **Anwendungsbereiche** ... 181
7. **Zusammenfassung** ... 183

Anmerkungen ... 184

Letzter guter Rat[1]

Hinter der Hecke sitzen sie
Leben und Tod
Beide rufen mich
beide wollen mir raten

Hinter der Hecke
höre ich ihre Stimmen
Durch die Hecke darf ich nicht durch
darf sie nicht sehen

„Hör auf dein Unglück zu lieben
und liebe Dein Glück!
Noch heut! Du hast nicht mehr viel Zeit"
ruft die eine Stimme

Die andere sagt:
„Behalte lieb was du liebhast
Auch Unglück lieben kann Glück sein
und die Liebe wechseln bringt Unglück"

Dann sagen sie beide: „Geh!"
und ich gehe und weiß
eine davon ist mein Tod
und eine mein Leben

(E. Fried, 1990)

Die Begegnung mit suizidgefährdeten Menschen in Beratungsprozessen erfordert neben einer stabilen Persönlichkeitsstruktur ebenso Wissen über die Problematik suizidaler Dynamiken wie ein hohes Maß an Intuitionsbereitschaft. Denn in Beratungsprozessen bei Suizidalität geht es meist um Grenzerfahrungen zwischen Leben und Tod. Im Mittelpunkt stehen Fragen der Existenz. Der Zugang zu diesen Fragen wird nicht nur über Gefühle, Worte oder Handlungen, sondern auch über Bilder oder andere Assoziationen vermittelt. – Die Gestaltung dieses Beitrages trägt dem Rechnung. Ein erstes Beispiel sei das vorstehende Gedicht.

---

1   Aus: Erich Fried, Lebensschatten. © Verlag Klaus Wagenbach, Berlin 1981.

1. Definition von Suizidalität

Sucht man nach einer gleichermaßen von Wissenschaftlern wie Praktikern anerkannten Definition für den Begriff „Suizidalität", findet man Folgendes: „Suizidalität ist die Summe all derjenigen Denk- und Verhaltensweisen eines Menschen, die selbstdestruktiven Charakter haben können und das eigene Versterben direkt oder indirekt in Kauf nehmen sowie aktiv oder durch Unterlassung anstreben" (LEHLE, GREBNER, NEEF et al. 1997, 1). **selbstdestruktiver Charakter**

Diese Definition von Suizidalität benennt durch die Einbeziehung von „Denkweisen" eine innere Welt, die sich nicht automatisch in Verhaltensmustern abbildet. Diese Welt kann vielmehr nur durch Befragungen, durch „In-Beziehung-Treten" erschlossen werden. Ebenso ist in dieser Definition das „direkte oder indirekt Versterben" als direktes Ziel, aber auch als in Kauf zu nehmender Nebeneffekt im Denken und Handeln benannt. Dies vergrößert das Verstehens- und Handlungsfeld entsprechend.

Das heißt: Mit der zuvor genannten kurzen Definition wird ein breites Spektrum der Suizidalität deutlich, welches sich in viele Aspekte auffächert. Dabei werden die in der Definition nicht genannten Aspekte der Gefühlswelt und der Beziehungswelt von mir zusätzlich eingeflochten. **breites Spektrum**

2. Geschichtliche Entwicklungslinien

Die „Geschichte" suizidalen Geschehens bis hin zu medizinischen und psychiatrischen Behandlungsformen und deren Einordnung in soziologische, kulturelle, politische und religiöse Zusammenhänge ist sehr umfangreich und, philosophisch gesehen, so alt wie die Menschheitsgeschichte selbst. In manchen Kulturen gilt der Suizid beispielsweise unter bestimmten Gesichtspunkten als Ehrensache, in anderen Kulturen wurde er bis vor Kurzem mit dem Tode bestraft.[1]

relevante Krisensituationen

Im europäischen Raum sind wir in der „Suizidgeschichte" bei der Erkenntnis angekommen, dass es sich bei der Suizidalität um menschliche, psychische und psychiatrisch relevante Krisensituationen handelt, die einer Behandlung bedürfen, statt wie früher praktiziert, einer Aussonderung oder gar Bestrafung. Das damit verbundene Problem der Früherkennung von Suizidalität durchzieht dementsprechend die Suizidforschung wie Suizidprophylaxe seit ihren Anfängen. Vor allem die Aufdeckung von sogenannten Risiko-

Risikogruppen

gruppen wie z.B. psychisch Kranke, chronisch körperlich Erkrankte oder alte Menschen, diente dabei schon immer als erstes grobes Raster für Ursachen- wie Präventionsforschung. Entsprechend wurden Risikolisten, Fragebögen und psychopathologische Auswahlverfahren entwickelt, um etwaige Anzeichen für Suizidalität besser erkennen und einschätzen zu können. Diese Bemühungen sind keineswegs als abgeschlossen zu sehen, sondern dauern an.

selbstdestruktives Verhalten

In Theorie und Praxis der Transaktionsanalyse wurde und wird Suizidalität bislang als passives Verhalten, als Notausgang, als selbstdestruktives Verhalten oder als „psychologisches Spiel dritten Grades" definiert. Interventionsstrategien wurden und werden daher primär so ausgerichtet, dass bei suizidalem Verhalten der Schutz für den Klienten (stationäre Unterbringung, Non-Suizidvertrag) im Vordergrund stand und steht.

Demgegenüber standen Bindungsaspekte, Autonomiefragen und ethische Fragen individueller Abwägungen für oder gegen den Suizid oder gar gesellschaftlich-politische Überlegungen bis vor wenigen Jahren weniger im Blickfeld.

3. Gegenwärtiger Stand wissenschaftlicher Erkenntnis

Suizide werden, soweit sie als solche erkannt werden, statistisch dokumentiert. Suizidversuche dagegen werden oft keiner Datenauswertung zugeführt. Der Umgang mit der Dokumentation von suizidalen Handlungen, seien es Suizide oder Suizidversuche, ist nach wie vor durch eine weitgehende Tabuisierung geprägt.

Tabuisierung

3.1 Demografie

3.1.1 Suizide

In der Bundesrepublik Deutschland starben im Jahr 2007 9402 Menschen durch Suizid, davon waren 7009 Männer und 2393 Frauen (Statistisches Bundesamt, Wiesbaden, 10/2008). Dies entspricht einer Durchschnittsrate von 11,7 Suizidfällen auf 100000 Personen. (Im Vergleich: Im gleichen Jahr kamen im Straßenverkehr ca. 6000 Menschen zu Tode.) Dabei muss laut Veröffentlichung des Statistischen Bundesamtes eine signifikante Dunkelziffer einbezogen werden, da bei der Todesursachenklärung oftmals Aspekte der Tabuisierung oder undeutliche Standards eine Identifizierung als Suizid erschweren. Außerdem werden beispielsweise die Drogentoten auch bei Vorliegen einer suizidalen Handlung nicht zu den Suizidtoten gezählt (s. a. Klassifizierung von Todesursachen nach ICD 10) oder es wird beim Suizid alter Menschen manchmal aus Rücksicht auf die Angehörigen eine andere Todesursache (z.B. Herzversagen) benannt.

Durchschnittsrate

Dunkelziffer undeutliche Standards

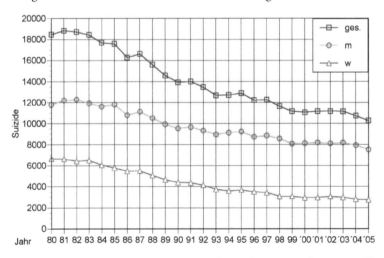

Abb. 1: Anzahl Suizide pro 100000 Personen (Quelle: Statistisches Bundesamt Wiesbaden)

Aktuelleres Zahlenmaterial aus den Jahren 2006 bis 2008 liegt derzeit nicht in Form einer Grafik vor. Man kann aber davon ausgehen, dass die Suizidrate weiterhin leicht sinkt.

Durch Suizid sterben ca. dreimal so viele Männer wie Frauen. Während die Suizidrate mit steigendem Lebensalter (60+) ansteigt (immer pro 100000 Menschen gerechnet), ist die Gesamtzahl der Suizide seit 1975 rückläufig.

3.1.2 Suizidversuche

Im Gegensatz zu Suiziden werden Suizidversuche aus datenschutzrechtlichen Gründen nicht mehr durch öffentliche Stellen erfasst, sondern allenfalls in wissenschaftlichen Studien erhoben (SCHMIDTKE et al. 2000).

Die Zahl der Suizidversuche ist fünf- bis zehnmal so hoch wie die Zahl der Suizide. Dabei ist das Verhältnis bei Kindern und Jugendlichen 1: ca. 30, bei alten Menschen 1:1. Das Verhältnis „Suizidversuche Männer" zu „Frauen" ist in der Altersgruppe zwischen 15 und 24 Jahren in etwa 1:4, in höheren Altersstufen gleichen sich die Werte eher auf 1:2 bis 1:1 an.

3.1.3   Suizidhandlungen

harte und weiche Methoden

Bei den Suizidhandlungen (Suizide und Suizidversuche zusammen) präferieren Männer und junge Menschen (10 bis 15-jährige) eher die sogenannten harten Methoden (Erhängen, Sturz von großer Höhe, Erschießen, Überrollenlassen), während Frauen eher die weichen Methoden (Vergiften, Tablettenintoxikation) bevorzugen.

3.2 Risikoeinschätzung

In der privaten wie professionellen Auseinandersetzung mit konkreten Suizidvorhaben gilt es als eine der ersten Maßnahmen, das sogenannte Suizidrisiko einzuschätzen. Dazu können zunächst allgemeine Informationen hilfreich sein. Diese ersetzen jedoch keine erweiterte Form der Auseinandersetzung mit dem suizidalen Menschen und „erlauben" schon gar nicht eine gegen das Wissen des anderen ausgerichtete Intervention.

Suizidrisiko

Die nachfolgende Liste (LEHLE, GREBNER, NEEF et al. 1997, 2) gibt eine Orientierung hinsichtlich der Einschätzung des Suizidrisikos. Sie ist als Aufzählung zu verstehen, in der sowohl subjektiv erlebte als auch objektiv nachgewiesene Einflussfaktoren nebeneinander stehen. Insgesamt ergeben sich daraus erste Hinweise, vor welchem Hintergrund ein Suizidrisiko eingeschätzt werden kann:

Suizidrisikoliste

Suizidrisikoliste:
1. Zugehörigkeit zu bestimmten Risikogruppen psychisch Kranker (z.B. Depression, Schizophrenie, Sucht);
2. Risikopsychopathologie (z.B. Hoffnungslosigkeit, Resignation, Isolations-, Wertlosigkeits-, Schuldgefühle, Wahn, Halluzination, Panikzustände);

3. suizidale Krisen oder Suizidversuch in der Vorgeschichte, in der Familie oder im näheren Umfeld;
4. narzisstische Kränkungen;
5. schwierige soziale Situation (z.B. Isolation, Vereinsamung im Alter, Drogenproblematik in der Jugend, chronische Arbeitslosigkeit, Randgruppen, Gesellschaftsgruppen mit erhöhtem Pegel von Hoffnungs- und Perspektivlosigkeit);
6. biologische und soziale Krisenzeiten, die mit Veränderungsanspruch einhergehen, traumatische Krisen mit dem Charakter des Ausgeliefertseins und des bevorstehenden Untergangs, Katastrophen, Schicksalseinbrüche mit offenen Perspektiven (existenzbedrohende Situationen).

Ergänzt werden sollte diese Liste meines Erachtens noch durch:
7. Menschen, die sehr früh und/oder traumatisierend wichtige Bezugspersonen durch Suizid verloren haben;
8. Menschen, die ihre suizidalen Gedanken und Impulse in der akuten Krisenentwicklung für sich behalten und nicht verbal ausdrücken.

Menschen, die diese Kriterien aufweisen, stehen grundsätzlich suizidalem Verhalten näher als andere Menschen. Personen, die gleichzeitig unter mehreren Punkten erscheinen, haben danach ein besonders hohes Suizidrisiko. Auch wenn konkrete Suizidgedanken oder -absichten in der akuten Situation nicht eruierbar sind, ist der Aspekt der Gefährdung immer wieder mit zu bedenken.

4. Theoriemodelle

extrapsychische Aspekte

innerpsychische Aspekte

Das beobachtbare Verhalten wie die zuvor genannten Risikofaktoren erfassen naturgemäß überwiegend die extrapsychischen Aspekte und damit nur die eine Seite von Suizidalität. Theorien der innerpsychischen Entwicklung ergänzen die andere Seite, beschreiben Abläufe und erhellen die intrapsychischen und transaktionalen Seiten des Geschehens. Als Beispiele für schwerpunktmäßig beobachtbares Verhalten können das Präsuizidale Syndrom nach Erwin Ringel und das Phasenmodell nach Pöldinger gelten. Eher innerpsychische Aspekte werden von tiefenpsychologisch orientierten Autoren (wie z.B. HENSELER 1974 oder KIND 1992) erläutert. Die transaktionsanalytische Sichtweise integriert beide Ansätze und ergänzt diese vor dem Hintergrund der Grundbedürfnisse und dem Leitziel Autonomie theoretisch wie im methodischen Vorgehen.

4.1 Verhaltensorientierte Beschreibungen

4.1.1 Das „Präsuizidale Syndrom" nach Erwin Ringel

Erwin Ringel hat als Psychiater und damaliger Präsident der Internationalen Gesellschaft für Suizidprävention das zum Verstehen und für die Beratungspraxis relevante „Präsuizidale Syndrom" (1974) beschrieben, das sich primär mit dem Suizidrisiko beschäftigt. Auch bei ihm gilt: Sind verschiedene Aspekte der von ihm herausgearbeiteten Einflussfaktoren zutreffend, ist das Suizidrisiko als besonders hoch einzuschätzen. Zu den Einflussfaktoren zählen:

Einflussfaktoren

➤ *Einengung*
  - der realen Lebensumstände (z.B. soziale Situation, Alter, Beweglichkeit, Wohnform ...)
  - der subjektiven Wahrnehmung (z.B. eigener Wert, Wert des Lebens, der anderen, zwischenmenschliche Beziehungen, Gefühlswelt)

➤ *gehemmte und/oder gegen sich gerichtete Aggression*
  - wie z.B. riskantes Autofahren, Suchtmittelgebrauch, aber auch Sätze wie: „Es geschieht mir ja recht!", Racketgefühle von Schuld und Versagen

➤ *Suizidphantasien*
  - noch distanziert wieder in den Hintergrund tretend (z.B.: „Ich könnte mich ja auch umbringen ..." oder: „Der hat ja auch eine Lösung gefunden.")
  - sich aufdrängende Suizidgedanken in Form von zwanghaft erlebten Handlungen (z.B. er/sie befährt zwanghaft bestimmte Autobahnbrücken und „muss" dort eigentlich herunterspringen)
  - sich aufdrängende Suizidgedanken in Form von inneren Stimmen (z.B.: „Sei kein Feigling, du musst das jetzt tun!" oder: „Ich muss das einzig Richtige tun, und das ist der Sprung hier runter.")

Ergänzt werden diese Ausführungen von E. Ringel durch die nachfolgend beschriebenen Überlegungen von W. Pöldinger (1968), obwohl Letztere sehr wohl eher geschrieben bzw. veröffentlicht wurden.

4.1.2 Phasen der suizidalen Entwicklung nach Walter Pöldinger

Bei Walter Pöldinger (1968, 20f) wird die innere Dynamik der Einengungen und der Suizidgedanken auf einer Zeitschiene mit dem Grad der Distanzierungsmöglichkeiten und umsetzbaren Beziehungswünsche (Appelle, Hilferufe, Resignation) verbunden. Die entsprechenden Phasen sind aus Abbildung 2 ersichtlich:

mangelnde Distanzierungsmöglichkeit

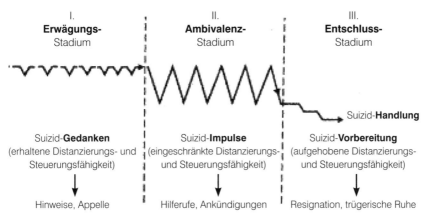

Abb. 2: Phasen der suizidalen Entwicklung (nach W. Pöldinger 1968)

Von besonderem Interesse dabei ist die dritte Phase, da Beraterinnen und Berater in diesem Stadium häufig nach längeren Krisen-Phasen einen anscheinend plötzlichen „Durchbruch" im Sinne von Klarheit, formulierten Zukunftsvisionen des Klienten und auch äußeren Handlungen (wie z.B. dem Ordnen von Unterlagen) erleben. Oder Eltern stellen bei ihren Kindern ebenso überraschende wie anscheinend positive Klärungen fest: Das Zimmer wird aufgeräumt, manches Mal werden auch lange liegen gelassene Dinge verschenkt. Hier verbirgt sich jedoch in aller Regel eine trügerische Ruhe, die subjektiv bei dem Klienten und ebenso bei den Bezugspersonen wie auch bei Beraterinnen und Beratern eine lang ersehnte Entspannung auslöst. Diese klare und positiv wirkende Ruhe des „Patienten" ist jedoch durch die Auflösung der inneren Ambivalenz mittels einer Entscheidung zum Suizid begründet und wird aufseiten der „Behandler" oftmals als lang ersehnte Entlastung vom vorhergehenden Druck missinterpretiert und falsch eingeschätzt. Kurz danach müssen dann oft klar und eindeutig geplante Suizide zur Kenntnis genommen werden. Diese Tragik lässt sich leider nicht nur im ambulanten Beratungsbereich und, wie oben erwähnt, zwischen Beziehungspartnern, Eltern und Kindern beobachten, sondern auch im Handeln von professionellen Behandlern. Denn trotz dieses Wissens entlassen

trügerische Ruhe

beispielsweise auch heute noch psychiatrische Kliniken suizidale Patienten in diesen Phasen, was einmal mehr zeigt, dass die in der trügerischen Ruhe enthaltenen Hilferufe und Appelle neben aller Handlungsdiagnostik besondere Aufmerksamkeit erfordern.

4.2 Tiefenpsychologische Beschreibungen

Ausgehend von der Freud'schen Annahme eines Aggressionstriebes, kann Suizid auch verstanden werden als Umkehrung einer Tötungsabsicht gegenüber jemand anderem auf sich selbst. Dass heißt: Jeder Suizid/Suizidale hat dieser Theorie zufolge eigentlich den Tod eines anderen im Auge.

Gleichzeitig hat jedoch auch eine andere Hypothese soziologisch-psychologisch gesehen ebenso ihre Berechtigung, nach der Menschen, die suizidal handeln, sich an vermeintliche oder tatsächliche Erwartungen („Du sollst nicht mehr leben") der Gesellschaft oder einer bedeutsamen Person anpassen. Das beispielsweise erklärt besonders gut die hohe Suizidrate alter Menschen.

Problemverständnis für Suizidalität

Innerhalb der Suizidologie ist das Problemverständnis für Suizidalität zusätzlich durch weitere tiefenpsychologisch angeregte Forschungsergebnisse ergänzt worden. Während in der klassischen psychoanalytischen Sichtweise die Frage der Aggressionszufuhr bedeutsam war, wird beispielsweise in der Narzissmustheorie die Frage nach der Selbstwertregulierung in den Vordergrund gestellt. Unter diesem Aspekt, der sogenannten narzisstischen Problematik, versuchen Menschen durch ihre suizidale Handlung einer Selbstwertkränkung dadurch zu entgehen, dass sie im Tod – als Symbol der Ruhe – schmerzfreie Heilung und Geborgenheit suchen. So begründet z.B. Heinz Henseler (1984) vor dem Hintergrund seiner wissenschaftlichen Untersuchungen, in denen er 50 Personen nach einem Suizidversuch entsprechend befragt hat, die Suizidhandlung als einen Versuch, einer unerträglichen Situation zu entfliehen und gleichzeitig (realitätsbezogene und/oder regressive) Heilungssehnsüchte und existenzielle Beziehungswünsche sichtbar zu machen.

narzisstische Problematik

Autonomieentwicklung

Unter dem Aspekt der Autonomieentwicklung kann Suizidalität tiefenpsychologisch auch als besondere Ich-Leistung verstanden werden, selbst wenn dabei der Körper als Geißel genommen wird. Hier sind es besonders Abgrenzungsbedürfnisse, um der Angst vor Selbstauflösung und unerträglichen symbiotischen Verschmelzungen zu entgehen (die übrigens auch manchmal einer Beraterin/einem Berater oder einer Institution gegenüber entstehen); ein Handlungszusammenhang, den Jürgen Kind (1992) als die „antifusionäre Funktion der Suiziddynamik" bezeichnet. Sehr häufig werden jedoch gerade Aspekte der Autonomie oder Selbstbehauptung innerhalb der suizidalen Dynamik zu wenig beachtet, da Ängste vor der narzisstischen Wut des Klienten oder vor dem Sog seiner Hilflosigkeit den Blick überlagern. Ein Beispiel für diesen verzweifelten Selbsterhaltungsdrang finden wir in der Geschichte „Moby Dick" (Melville 2001), in welcher der weiße Wal den Kapitän Ahap massiv durch Abbeißen eines Beines „kränkt" und der Kapitän daraufhin rachsüchtig den weißen Wal jagt und dabei seine Mannschaft, den Wal und sich selbst vernichtet. Genau diese verzweifelte Rachsucht wird manches Mal auch stellvertretend in

antifusionäre Funktion

der Gegenübertragung von Helfern gespürt und durch Sätze ausgedrückt wie: „Der macht mich so wütend, dann soll er sich doch endlich umbringen." Dabei werden jedoch weniger das existenzielle Bedürfnis nach Selbsterhaltung, sondern eher die rachsüchtig vernichtenden, die resignierenden oder die idealisierenden Ausdrucksformen gesehen, die das existenzielle Bedürfnis überlagern.

Der Umgang mit Kränkungen hat darüber hinaus auch einen Bezug zu frühen kindlichen Entwicklungsphasen, mit ihrer von Bindungs- und Ablösungsfragen geprägten Problematik. So kann laut Melanie Klein (1973) z.B. die frühe innere Dynamik sinngemäß als Spannung zwischen Autonomie und Bindungsbedürfnis sowie zwischen Liebes- und Hassgefühlen beschrieben werden: Der Säugling begehrt und liebt seine Mutter und fühlt sich begehrt und geliebt, wenn er seine Beziehungs- und Strokebedürfnisse erfüllt bekommt. Er „hasst" seine Mutter dagegen, wenn sie ihn frustriert. Das heißt: Hier finden erste Adaptionsversuche statt, die sowohl „gut" als auch „böse" Introjekte zurücklassen bzw. aufbauen können. In einer gesunden Entwicklung stellt sich nun zwischen dem guten Introjekt und dem bösen Introjekt eine Balance im Sinne von „Sowohl-als-auch" her und integriert sich als Ganzes mit entsprechenden innerpsychischen Reaktionen. In pathologisch geprägten Entwicklungen mit frühen und späten Kränkungen wird jedoch neben dem „guten" ein „böses" Introjekt mit Hass- und Ablehnungsgefühlen und -impulsen aufgebaut. Um des Überlebens willen und aus dem kindlichen Bindungsbedürfnis heraus werden diese dann aber verdrängt und/oder abgespalten. Trotzdem bleiben sie existenzielle Bedürfnisse, die „gesehen werden wollen" – aber mit einem hohen Maß an Beschämungsangst besetzt sind, was häufig zu einsamen Rückzügen führt. In suizidalen Krisen gewinnen die alten verdrängten und/oder abgespaltenen Erfahrungen und Impulse häufig erneut die Oberhand und werden nach außen auf die Bezugspersonen bzw. in der Beratungspraxis manchmal auf die Beraterin/den Berater projiziert. Denn so können sie auf den ersten Blick leichter ertragen werden. Trotzdem gehören die projizierten Gefühle und Impulse weiter zu diesem Menschen, der das ganze Dilemma seiner frühen und früheren traumatischen Erfahrungen oftmals erst im Suizidgeschehen selbst und/oder in der Art des vorangegangenen Beratungsprozesses offenbart. In der Gegenübertragung der Beratenden äußert sich das „gespürte Dilemma" häufig in Ohnmacht, Wut und Ambivalenz zwischen Zurückweisungsempfindungen und Einladungen zu Nähe (Intimität). Aber gerade das Eingestehen und Aushalten von Ausweglosigkeit ist in dieser Phase der professionellen Beratungsbeziehung ein notwendiger Faktor für weitere Wege. Dass Beraterinnen und Berater dazu innerlich wie in ihren Außenbeziehungen ausbalanciert sein sollen, ist eine Grundvoraussetzung solcher Wege (siehe hierzu auch Kap. 5 inklusive Abbildung 4: Balance der professionellen Begegnung).

Bezug zu frühen kindlichen Entwicklungsphasen

frühe traumatische Erfahrungen

4.3 Transaktionsanalytische Beschreibungen

Das Verständnis von Suizidalität kann u.a. auch mithilfe der Transaktionsanalyse erweitert werden, die ja selber aus tiefenpsychologischen Wurzeln erwachsen ist. Dazu bedarf es allerdings der Weiterentwicklung, vor allem aber der Spezifizierung und Explikation transaktionsanalytischer Theoriemodelle.

In vielen bisherigen Darstellungen transaktionsanalytischer Theorien und Überlegungen zu diesem Thema wurde Suizidalität – dem tiefenpsychologischen Erbe folgend – in der Regel als eine spezifische Ausprägung der allgemeinen Skripttheorie diskutiert. Suizid und Suizidversuche wurden und werden dabei oft als Notausgänge aus dem Skript betrachtet, die aufgrund frühkindlicher Skripteinflüsse entstanden sind und als Entscheidungen des kleinen Professors (BERNE 1977/1991) oder als Überlebensschlussfolgerungen (ENGLISH 1980) gespeichert und im entscheidenden Moment einer Krise reaktiviert werden.

Notausgänge aus dem Skript Überlebens-Schlussfolgerungen

So könnte eine entsprechende frühkindliche Entscheidung zum Beispiel ausdrücken, dass der eigene Tod dem Überleben dient. Dann wäre die Aussage eines Klienten „Wenn ich tot bin, dann habe ich wenigstens meine Ruhe" zwar verhaltensbezogen eine zum Tod hin tendierende Aussage, innerpsychisch aber würde er überleben und das innere Kind Ruhe, Geborgenheit und Schutz erfahren wollen. Genau diese Bedürfnisse, die zuvor aktuell verletzt bzw. nicht befriedigt wurden, würden dann in einer kindlich-magischen Sichtweise erfüllt. Andere, in dieselbe Richtung zielende Aussagen könnten sein: „Wenigstens im Himmel finde ich die Geborgenheit/Ruhe." Oder: „Wenn ich im Grab bin, werdet ihr mich vermissen und es wird euch so schlecht gehen, dass ihr selbst sterben werdet und ich euch dann endlich nahe bin (dann sicher gebunden an mich)."

verinnerlichte Eltern-Introjekte

Vor solchem Hintergrund werden die einschränkenden Botschaften verinnerlichter Elternintrojekte (z.B. „Sei nicht", „Sei nicht du selbst") als innere Konflikte deutlich, die im Suizidimpuls ihren Ausweg suchen und finden, sich in der Innensicht des Klienten aber durchaus als kreativer Akt einer Überlebensstrategie darstellen. Dabei gibt es nicht nur die bereits erwähnten Notausgänge, sondern, vom Skript her betrachtet, genauso wirksam z.B. auch die Auszahlungen (pay off) bei „Spielen 3. Grades", „die einen endgültigen Charakter haben und mit schwerer Krankheit oder Tod enden" (ÜA S. 48), deren Zustandekommen wie auch das von Notausgängen strukturanalytisch mit den Konzepten von Trübung (ÜA S. 27) expliziert werden kann. Gerade Letztere aber machen klar, dass, strukturanalytisch gesehen, an der suizidalen Krise nicht nur die „Kind-Anteile" und die internalisierten Seiten (einschränkende und fördernde Eltern-Ich-Zustände), sondern ebenso die „reifen Ich-Leistungen" (Teile des Erwachsenen-Ichs) beteiligt sein können. Genau diese Erkenntnisse erhellen aber das Verständnis für suizidale Ausdrucksformen.

Trübung

Handlungsmuster aus Denken, Fühlen und Verhalten

Zusätzlich zu den genannten Möglichkeiten auf Strukturebene erscheint es mir, den alten Gedanken der Früherkennung aufgreifend, zweckmäßig, auch die sichtbaren Ausdrucksformen der Suizidalität modellhaft im Hinblick auf ihre Erkenntnismöglichkeiten zu analysieren und dazu das Funktionsmodell der Transaktionsanalyse zu nutzen. Denn wir alle, ob suizidgefährdet oder nicht, haben uns früh beginnend im Laufe unseres Lebens per Modelllernen oder via eigener Kreation Handlungsmuster aus Denken, Fühlen und Verhalten „zugelegt", mit denen wir unseren Lebensplan umsetzen. Genau diese Handlungsmuster lassen sich in ihrem Ablauf und selbstverständlich auch in ihrer Häufigkeit und Intensität beobachten und daher mittels der Kategorien des Funktionsmodells

Aspekte heilsamer Grenzerfahrungen – Beratungsprozesse bei Suizidalität

kodieren.² Zu diesen Handlungsmustern gehören des Weiteren auch innere Begleitmuster in Form von Inneren Dialogen (S. 32), die ebenfalls mit dem Funktionsmodell zu kodieren sind. Dabei haben diese Kodierungen mit ihren sinnbildgebenden Illustrationen nicht nur den Vorteil, dass sie via Erkennen und Bemerken der sichtbaren Ausdrucksformen von Suizidalität (z.B. Sprache, Gestik, Verhalten) den Beratern nutzbare Hinweise geben, sondern via Übermittlung der Hauptkenntnisse zu Ich-Zustands-Haltungen auch für suizidale Klienten konstruktiv nutzbar werden.

Für unsere Zwecke scheint mir hier vor allem das Funktionsmodell nach William H. Holloway (1977/1980) geeignet.

4.3.1 Suizidalität „im" Funktionsmodell der Transaktionsanalyse nach William H. Holloway

Im zuvor genannten Funktionsmodell erscheint mir besonders das von Holloway skizzierte Schaubild (HOLLOWAY 1977/1980) als Leitbild für die eigene Orientierung wie auch zur Selbsteinschätzung gegenwärtiger Frustrationen, Wünsche und zukünftiger Visionen durch die Klientin/den Klienten geeignet. In diesem Funktionsmodell werden die natürlichen oder freien Kind-Ich-Anteile (fK) von den drei Anpassungsformen (hilflose, hilfreiche und trotzig angepasste Kind-Ich-Haltung) umschlossen. Mit der Umschließung wird symbolisiert, dass die Zugänge zur Haltung des freien Kindes (fK) nur durch oder über die Anpassungen und Anpassungsleistungen seitens des Beraters möglich sind. Das ist ein wichtiger methodischer Hinweis. Denn in der suizidalen Krise stehen, funktional betrachtet, genau diese Ich-Zustandsbereiche im Vordergrund, da alle anderen Ich-Haltungen energetisch nicht oder kaum besetzt sind und auch deren Verfügbarkeit eingeschränkt ist.³

Anpassungsformen

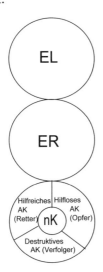

Abb. 3: Funktionsmodell nach Holloway (1977/1980, 78f)

Würde man den zuvor genannten Anpassungsleistungen im suizidalen Geschehen beobachtbare Anzeichen zuordnen, könnte man z.B. auf folgende innere Stimmen stoßen:

➤ *hilflos angepasstes Kind (depressive Position/Opferhaltung):*
Ich muss mich umbringen, weil
– ich so hilflos und ohnmächtig bin.
– ich schon immer vernachlässigt wurde.
– alles schief läuft.
– mich niemand mag, keiner liebt mich.

➤ *hilfreich angepasstes Kind (altruistische oder rettende Position):*
Ich muss mich umbringen, weil
– ich eine Last für euch bin.
– es euch dann besser geht.
– der Platz hier für jemand anderes gebraucht wird.
– damit es euch gut geht.

➤ *rebellisch (destruktiv) angepasstes Kind (trotzige, aggressive und rachsüchtige Position):*
Ich muss mich umbringen, weil:
– du dich sonst nicht änderst.
– du dann siehst, was du mir angetan hast.
– du dann vor Trauer und Schuld umkommst.

Aber auch:
– Ich bringe dich so weit, dass du mich umbringst.
– Ich krieg dich schon, selbst wenn ich und andere dabei draufgehen.

Wie schon in der Aufstellung sichtbar wird, handelt es sich bei den inneren Stimmen in der Regel um Reaktionen auf Eltern-Ich-Botschaften oder um aktuell wahrgenommene „Stimmungen", die wie EL-Botschaften erlebt werden. Diese elterlichen Seiten sind zwar abfragbar, werden aber vom Klienten aus mangelnder Distanz zum eigenen Erleben kaum als solche wahrgenommen und schon gar nicht infrage gestellt bzw. außer Kraft gesetzt. In der suizidalen Dynamik ist eben primär der Kind-Ich-Zustand als Haltung und Verhalten energetisch im Vordergrund.[4] Trotzdem reagiert die Kind-Ich-Seite innerlich total verzweifelt auf die antreibenden Stimmen, deren Wirkdynamik man sich etwa entsprechend dem von T. Kahler & H. Capers (1974) beschriebenen Ablauf eines Miniskripts vorstellen kann:

Wirkdynamik entsprechend dem Ablauf eines Miniskripts

➤ Ich darf leben, wenn ich andere versorge.
➤ Ich kann nicht mehr, also habe ich keine Berechtigung zu leben.
➤ So leicht lasse ich mich doch nicht aus der Welt hexen. Die „bösen anderen" sollen mich mal von meiner anderen Seite kennenlernen.
➤ Die Welt ist doch nicht für mich geschaffen, die Welt ist auch gemein und böse. Nur im Selbstmord finde ich Ruhe und die anderen werden dann sehen … (Verzweiflung)

Konstruktive Eltern-Ich-Anteile (nährende oder positiv-kritische Stimmen wie: „Ich stehe zu dir! Stopp, du darfst dein Leben nicht wegwerfen! Du kommst aus dieser Krise mit dem Leben davon! Es gibt Hoffnungen für dich! …" usw.) stehen dagegen energetisch kaum zur Verfügung. Und auch die Besetzungen der Erwachsenen-Ich-Instanzen sind in der akuten suizidalen Krise kaum möglich bzw. es gibt kaum Kraft, diesen Ich-Zustandsbereich energetisch zu besetzen.

Genau dieser mithilfe des Funktionsmodells näher gekennzeichnete Zustand macht gut vorstellbar, dass – wie bereits zuvor angemerkt – bisherige transaktionsanalytische Erörterungen zur Suizidalität primär auf die Stärkung der Erwachsenen-Ich-Haltung (inklusive seiner strukturellen Verankerung) und/oder schützende Unterbringung gesetzt haben. Beides bleibt und ist auch heute weiterhin eine qualitätsorientierte Wahl. Leider wird allerdings manches Mal zu schnell nach Nicht-Suizid-Verträgen oder nach Unterbringung im stationären Rahmen gesucht oder im Beratungssetting eine schnelle Überweisung zu ambulanten psychiatrischen oder psychotherapeutischen Einrichtungen eingeleitet. Folge ist oftmals, dass die Klienten dort nicht ankommen oder sich lange nicht mehr öffnen, sondern sich in ihre innere Welt zurückziehen und suizidal bleiben. Insgesamt untermauern diese Erkenntnisse und Erfahrungen nicht nur die Bedeutung der unvoreingenommenen Haltung innerhalb einer Beratungsbeziehung, sondern zeigen auch, dass die bisherigen transaktionsanalytischen Interaktionsformen, hier besonders der Einsatz von Nicht-Suizid-Verträgen, einer kritischen Neubewertung bedürfen, um den meist verschütteten Lebens- und Beziehungsaspekten innerhalb des suizidalen Geschehens Raum geben zu können.

5. Methoden zum beraterischen Umgang mit Suizidalität

5.1 Überlegungen zu Beratungsbeziehungen im suizidalen Raum

Begegnungen mit suizidalen Menschen prägen Form und Qualität der professionellen Beratungsbeziehung in besonderer Weise. Die Suizidalität bleibt dabei nicht ein distanziert zu lösendes Klienten-Problem, sondern ist in der Beratungsbeziehung existent und durch die Beratungsbeziehung selbst beeinflussbar. Daher sind nicht nur **professionelle Kenntnisse** zu Äußerungsformen, Diagnostik und zur Dynamik suizidaler Entwicklungen und deren Verknüpfung mit transaktionsanalytischen Theorien und Modellen wichtig, sondern das **Sich-Einlassen auf jene frühen Bedürfnisse und Traumata**, die sich heute in symbolisierter Form in den Ausdrucksformen der bereits angesprochenen Ich-Haltungen manifestieren. Sie zu entschlüsseln beinhaltet die Kunst beraterischer Arbeit in genau diesem Feld.

Dabei gilt nach wie vor der Grundsatz: Der Zugang zu Haltungen des natürlichen Kindes (fK) erschließt sich für den Klienten und die Beraterin oder den Berater über die Entschlüsselung der Anpassungsformen. An der Grenze zwischen den eingeschlossenen natürlichen Kind-Ich-Anteilen (den Lebensbedürfnissen) und den Anpassungsleistungen (hilflos, hilfreich, rebellisch angepasst) liegt innerhalb einer professionellen Beziehungsgestaltung der **schmale Grad eines Zugangs**. Dieser Grad ist gekennzeichnet von Angst, Wut, Ablehnung und Rückzug auf der einen Seite und Freude, Dankbarkeit und hoher lebensbejahender Kraft auf der anderen Seite. Um ihn betreten zu können, sind vor allem die auf den ersten Blick aggressiv, selbstdestruktiv oder zurückweisend formulierten Haltungen und Aussagen als Anpassungshaltungen (aK) zu identifizieren und durch befragende Formulierungen hin zum eigentlichen Anliegen zu entschlüsseln.

Das zuvor Gesagte kommt für mich in sehr eindrücklicher Weise in dem Märchen von Astrid Lindgren „Pelle zieht aus" (LINDGREN 1990, 150–154) zum Tragen. Im Märchen beschließt der kleine Junge mit Namen Pelle, sich in suizidaler Absicht zurückzuziehen, weil er sich von seinem Vater gekränkt fühlt (und rebellisch reagiert). Seine Mutter sagt an der Schwelle dieses Rückzugs liebevoll: „Pelle, wohin willst du gehen? … Wie lange willst du dort bleiben?" Genau diese Haltung, die sich in dem Fragesatz verbirgt, beinhaltet die für die Suizidprävention notwendige Fragestellung und Haltung, um die eigentlichen Absichten (was will dieser Mensch wirklich; also seine freien Kind-Ich-Anteile) hinter den Anpassungshaltungen zu ergründen.

Hierzu bedarf es einerseits einer klaren Bereitschaft, sich kurzfristig und in begrenztem Raum auf die Ambivalenz der inneren Welt des anderen einzulassen, ohne als Beratender zu den genannten, manchmal vorschnellen prophylaktischen Handlungen zu greifen. Gleichzeitig bedarf es andererseits einer **konsequent aufrechterhaltenen O.K.-Haltung** (+/+; ÜA S. 41f), die unter Umständen, wenn z.B. das eigene individuelle wie professionelle Skript zur Sicherheit drängen, fortwährende Achtsamkeit für die innere Dynamik nötig macht. Und zusätzlich geht es neben dem persönlichen Bestreben auch und vor allem um eine gelingende Balance zwischen den wesentlichen Wirkfaktoren in Beratungsprozessen mit Suizidgefährdeten, wie sie in der Abb. 4 veranschaulicht sind.

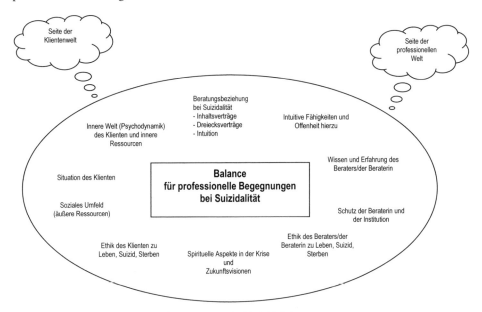

Abb. 4: Balance für professionelle Begegnungen bei Suizidalität

Wie die Abbildung veranschaulicht, ist die Seite des Beraters (rechte Seite der Abbildung) nicht nur durch professionelles Wissen, sondern ebenso durch eigene Lebenserfahrungen, die eigene Ethik zum Leben, Sterben und Suizid und intuitive Fähigkeiten generell und situativ geprägt. Zwischen beiden Seiten der zwei Welten sind die Felder der Verträge, des Kontaktes, der Institutionsverträge (siehe Dreiecksverträge; S. 86). All dies sind Einflussfaktoren, die wesentlich für mögliche Interventionen und für das Theorieverständnis sind. Die Seite des Klienten (linke Seite der Abbildung) ist u.a. durch dessen spezifische, aktuelle Situation und Sozialisation geprägt. Das meint die Innere Welt und die inneren Ressourcen der Klienten einschließlich ihrer Ethik zum Leben, Sterben und Suizid wie deren konkrete Situation und soziales Umfeld als äußere Ressourcen.

Klientenwelt

Genau diese „Klientenwelt" gilt es mit den beraterischen Rahmenbedingungen, der „Beraterwelt", in Balance zu bringen. Wobei Balancefinden z.B. konkret darin besteht, die „Welt des Klienten", der eine Suizidhandlung ankündigt, mit der „Welt der Beratenden" und ihrer Ethik und/oder ihren institutionellen Verträgen in eine konstruktive Verbindung zu bringen. Dazu bedarf es in besonders starkem Maße der Intuition, wie sie besonders bei Berne (1977/1991) für seine Konzeptualisierung der Enttrübungsarbeit maßgeblich ist. Dabei steht im aktuellen Geschehen nicht das Benennen der Muster, sondern das intuitive Erfassen der Muster im Vordergrund.

Intuition

Der Weg durch die aus den zuvor genannten Vorhaben entstehende Dynamik ist für die professionelle Seite durch die Ambivalenz zwischen guten und bösen Zuschreibungen und entsprechenden Reaktionen gekennzeichnet. Zeitweise kann hier sogar von einer „suizidalen Beratungsbeziehung" gesprochen werden, da der Ausgang dieser Beziehung wirklich offen ist. (Dabei bedarf es für diese Erfahrung keineswegs langwieriger Beratungsprozesse, sondern dies kann sich innerhalb nur eines Gespräches, einer Begegnung entwickeln.)

„Suizidale Beratungsbeziehung"

Der nachfolgende authentische Abschiedsbrief, zehn Monate vor dem Suizid geschrieben, deutet möglicherweise auf tragische Weise darauf hin, dass der Zwanzigjährige nicht oder nur unzureichend Chancen hatte (oder wahrnahm), die Schwierigkeiten seiner Selbstfindung wie die dabei auftauchenden suizidalen Impulse in einem geschützten Rahmen aussprechen zu können und sie adäquat gewürdigt zu sehen, sodass er diese seine Welt der anscheinend destruktiven Gedanken nicht mehr wandeln konnte.

Da war einmal einer, der hatte genug von den Lügen. Und so hörte er auf zu lügen. Und er sagte, was er dachte, und er sagte, was er fühlte, und er versteckte seine Gefühle nicht, sondern er lebte sie.
Es war einmal einer, der wollte, dass man ihn verstehe, und so probierte er ein letztes Mal, sich zu erklären.
Es war einmal einer, der stand zu sich und sei es noch so paradox und er musste aufpassen, denn es bestand die Gefahr, dass er in eine Therapie gezwungen würde.
Da war mal einer, der wollte sich nicht anpassen und unterordnen, und verlor so seine Freunde.
Da war mal einer, der sich dachte, vielleicht sollte er für immer seinen Mund halten.

Ansonsten sind die genannten Zuschreibungen sehr genau daraufhin „anzuschauen", inwieweit sie Ausfluss und Ausdruck früherer bzw. früher Lebenserfahrungen sind. So sind z.B. die von J. Kind (1992) entwickelten Gedanken zu antifusionären Tendenzen innerhalb des suizidalen Geschehens in professionellen Begegnungen als Abgrenzungsschritte im Sinne von Ich-Werdung zu deuten. In der Folge heißt es dann beispielsweise, die entrüstete, trotzig erscheinende Zurückweisung eines angebotenen Nicht-Suizid-Vertrages oder verschiedener Beratungsangebote dahingehend zu ergründen, inwieweit dieser Mensch z.B. Lebenserfahrungen von frühen Grenzverletzungen oder Missbrauchserfahrungen hat, die dieser Zurückweisung zugrunde liegen. Gilt es dann nicht eher zu würdigen, dass dieser Mensch seine Selbstachtung in möglichen Suizidimpulsen erhalten will? Eine mögliche Angst, dass diese Würdigung die Suizidimpulse verstärken könnte, ist dabei aus meiner 25-jährigen Praxiserfahrung unbegründet. Im Gegenteil: Die Würdigung eröffnet einen Weg zum Ruhenlassen und Heilen alter Wunden, wobei das Offenhalten der suizidalen Themen gleichzeitig als Ausdruck einer haltenden professionellen Beziehung, das heißt möglicherweise als eine (erste) antisuizidale Beziehungserfahrung, zu werten ist.

trotzig erscheinende Zurückweisung

Vielleicht verbirgt sich in den suizidalen Impulsen bzw. in aktiv suizidalen Aktionen jedoch noch ganz anderes wie z.B. existenzielle Grundfragen über ein stetiges Loslassen und Sterbenlassen von manchmal sehr gut Vertrautem – manchmal auch schon lange nicht mehr Ertragenswertem und Erträglichem?

existenzielle Grundfragen

Das zehnjährige Mädchen hatte zu ihrer Mutter eine innige und durchaus gute Beziehung. Aber es hielt die seelischen Schmerzen über die schwere Erkrankung der Mutter und die damit verbundenen Wesensveränderungen wie die permanente Ankündigung des nahen Endes durch die Ärzte nicht mehr aus. Die Einnahme von Tabletten vonseiten des Mädchens geschah durchaus in suizidaler Absicht, musste aber nicht nur als Hilferuf, sondern auch als aktiver Versuch des Abschiednehmens und Loslassens gedeutet werden, bei dem gleichzeitig Aspekte der Angst und der Aggression eine Rolle spielten. Darüber hinaus musste das eigene Totseinwollen auch noch als Verbindungssuche zur toten Mutter angenommen werden. Damit wurde der Suizidversuch des Mädchens aus professioneller Sicht nicht nur als aktiver Abschiedsversuch, sondern gleichermaßen als Beziehungssuche verständlich. Beides war im Rahmen der professionellen Beziehung auch zu würdigen.

Von der Art der Beziehung abhängig ist es auch, ob ich meine Interventionen angemessen ernst („Was möchten Sie, was aufhören soll?" oder „Ist etwas Wichtiges zu Ende gegangen, das Sie durch Ihren Tod oder Suizid ausdrücken wollen?") oder etwas humorvoller („Es gibt ja eine Menge alten Mist in Ihrem Leben. Vielleicht ist es Zeit, daraus gute Erde zu machen, anstatt sich selbst unter die Erde zu bringen …") formulieren kann. Wichtig ist jedoch in jedem Fall, dass sich die Menschen mit ihren suizidalen Sehnsüchten und Vorhaben gesehen, gewürdigt und angenommen fühlen.

Dass dieses Gesehenwerden durchaus gruppenspezifisch anzugehen ist, zeigt das Beispiel alter Menschen, bei denen es häufig eigentlich nicht um Suizid geht, sondern um das Bedürfnis, mit dem Abschiedlichen, mit dem, was nicht geht, gesehen zu werden. Loslassen ansprechen, die Trauer, aber auch die Lebenserfüllung als Thema aufgreifen, ohne dabei die „Grenzen des Machbaren" und das „Akzeptieren von Schicksalsschlägen" zu tabuisieren, wäre hier eine gelebte Suizidprävention. Dabei gehört die „Begrenztheit des Lebens zu begreifen", als Fokus und Thema nicht nur in die Arbeit mit alten Menschen, sondern in die Arbeit mit allen suizidgefährdeten Menschen, da sonst die Gefahr wachsen kann, dass Schmerzhaftes im Leben nur durch Suizidhandlungen bildhaft werden kann.

Akzeptieren von Schicksalsschlägen

Begrenztheit des Lebens

5.2 Planung der Beziehungsgestaltung mit dem Funktionsmodell

Die angesprochenen Formen der Beziehungsgestaltung und Interventionen umfassen Wissen, Bereitschaft zum Einlassen auf eine sehr intensive Begegnung (Intimität) und Flexibilität für Energiebesetzungen der unterschiedlichen professionellen Haltungen. Um diesen Ansprüchen gerecht zu werden, ist das Planen und Einhalten einer Schrittfolge sinnvoll, die – am Funktionsmodell ausgerichtet – etwa so aussehen könnte:

Planen und Einhalten einer Schrittfolge

1. Schritt: Annahme und Verständnis der von kindhaften Haltungen geprägten Klienten

In einer suizidalen Krise werden professionelle Helfer im ersten Schritt eingeladen, auf die Signale der Kind-Ich-Ebene zu reagieren und diese auch anzunehmen. Präsentiert sich z.B. eine Klientin eher als Opfer (depressive Position), so ist dies erst einmal als Ausdruck

Reaktion auf Signale der Kind-Ich-Ebene

ihres Bezugsrahmens und Entlastungsmaßnahme zu erachten und zu würdigen. Zum ersten Schritt gehört „ankommen lassen": Vorurteilsfrei gesehen und gehört werden mit allen symbiotischen Seiten, selbst mit einer erpresserisch wirkenden „Spiel"einladung („Wenn Sie mir nicht helfen können, dann weiß ich auch nicht …") und/oder selbstabwertenden Seiten („Ich weiß, dass es sich bei mir sowieso nicht lohnt.").

Auf der professionellen Seite entwickeln sich dabei im Gegenzug (Gegenübertragung) häufig Gefühle und Impulse von Mitleid, Schutz und Rettungsplänen. Aber ebenso werden auch Abwehrreaktionen spürbar, um dem Sog von Destruktivität oder Bedürftigkeit zu entkommen. Dies darf wahrgenommen werden, sollte aber einem offenen Gegenübertreten energetisch möglichst nicht im Wege stehen, obwohl man als „guter Berater" am liebsten konfrontierend und aufdeckend eingreifen möchte. In der suizidalen Situation sind hier jedoch das „aushaltende Wahrnehmen" und „in die innere Welt Hineinschauen" im ersten Schritt eher sinnvoll.

Im Erstgespräch in einer Krisenberatungsstelle berichtete ein 25-jähriger Mann verzweifelt von seiner Not. Er hatte die Trennung von seiner Freundin als Ausdruck von existenzieller Ablehnung erlebt. Sowohl diese als auch frühere Beziehungen erlebte und definierte er als Fluchtorte, die für ihn zwar Liebe und Heil, aber auch einen starken symbiotischen Charakter im Sinne gegenseitiger Abhängigkeiten hatten. Immer wieder wurde er enttäuscht und jetzt … Jetzt, nach so vielen Kränkungen sollte dies ein Ende haben, er wolle einen „Schnitt" machen. Bei der Schilderung verschiedener Bilder mit tiefen Gefühlen der Verzweiflung konnte sich dieser Klient „angenommen" fühlen, da seine suizidalen Ideen erst einmal nicht bewertet wurden und auch nicht der Versuch unternommen wurde, ihn schon jetzt hierzu in einer „Erwachsenenhaltung" zu erreichen.

Noch im Erstgespräch ergab sich, dass er früher (vom 3. bis 7. Lebensjahr) von seinem Vater fast wöchentlich misshandelt wurde, indem dieser ihn bei „Ungehorsam" gewaltsam zu einem Hauklotz schleppte und ihm dann mit dem Beil in der Hand die Abtrennung seiner Finger androhte. Seinen Suizid wollte der junge Mann durch vom Zug Überfahrenwerden mit Abtrennung der Gliedmaßen und des Kopfes begehen. Im Suizid erahnte er eine Lösung, die ihm endlich Ruhe und Frieden versprach. Es sollte etwas zu Ende gehen.

Der Zusammenhang zum früheren Trauma wurde jedoch erst am Ende des Erstgesprächs deutlich. Denn erst die Annahme seiner Not im Kontext von Ambivalenz zwischen Sehnsucht nach Gesehenwerden und aggressiven Vernichtungsideen gegenüber der Freundin ließ klar erkennen: Er erlebte die Freundin in der Trennungssituation als aggressiv-bedrohlich, da sie ihm aus seiner Sicht die Hände (Handlungsfreiheit) abschnitt. Sie erschien ihm wie sein Vater. Anders ausgedrückt: Die beraterische Beziehung, in der seine „Geschichte", seine Deutungen und Schlussfolgerungen und seine Lösungsideen erst einmal im Sinne elterlichen Mitgehens angenommen wurden, ermöglichte einen Zugang zu seiner inneren Welt.

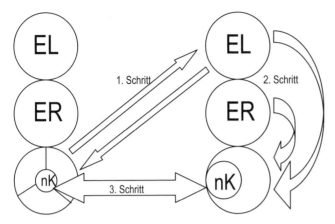

Abb. 5a: Kommunikationsablauf in der suizidalen Krise I

2. Schritt: Intuitive Erfassung des anderen und seiner grundlegenden Bedürfnisse

Im zweiten Schritt wird auf der professionellen Seite eine innere Haltung eingenommen, die für Begegnungen mit suizidalen Personen erforderlich ist: Für einen kurzen Moment mache ich mich als Berater frei von Urteilen und Handlungsoptionen, erfasse mit fast kindlich anmutender Neugierde (fK) die Welt meines Gegenübers und deren Erklärungsmuster, hier besonders seiner kindlich geprägten Welt. Erst auf der Basis des intuitiven Verstehens[5] und des Aufbaus einer Beziehung zur inneren Welt des Gegenübers können später fundierte Verträge abgeschlossen werden.

Eine innere Haltung der freien Aufmerksamkeit für mein Gegenüber und der vorurteilsfreien Wahrnehmung auch eigener kleinster Reaktionen sowie das Entwickeln innerer Bilder – verbunden mit einer manchmal voyeuristisch anmutenden Neugierde – sind gute Voraussetzungen für den intuitiven Zugang zur inneren Welt des suizidalen Menschen. Fragen zur Erkundung der Ideen, die hinter dem möglichen Totsein stehen („Ruhe haben, nichts mehr mitbekommen oder dem anderen endlich zeigen wollen, was und wer ich bin"), und die Antworten, die darauf gegeben werden, geben möglicherweise Hinweise darauf, wie sich jemand eine suizidale Idee und Handlung vorstellt und welche dahinter liegenden Hoffnungen hiermit verbunden sind. Kindhafte und deshalb bedeutsame Vorstellungen über das Totsein oder, wer wie am Grab stehen wird geben dann zusätzlichen Aufschluss zur Welt des inneren Kindes (fK). Hier wird also die Tür geöffnet einerseits zwischen einer höchst destruktiven Erfahrung oder Vorstellung und andererseits den Hoffnungen und Sehnsüchten (nach) einer heilen Welt. Hier verstecken sich die Seiten des natürlichen, freien Kind-Anteils mit entsprechenden Bedürfnissen hinter den destruktiven Seiten des angepassten Kind-Anteils. Das kann „nur" intuitiv erfasst werden.

innere Haltung der freien Aufmerksamkeit

Im oben genannten Beispiel wollte der Klient einen „Schnitt" machen, verwendete einerseits die brutalen Methoden seines Vaters und verband andererseits damit die Idee der Trennung von den traumatischen Wiederholungen.

3. Schritt: Beziehung zum Kern des anderen herstellen

Annahme des anderen

Voraussetzung für den dritten Schritt, der Annahme des anderen mit seiner Suizidalität, ist eine grundsätzliche Offenheit und Klärung eigener suizidaler Seiten, zumindest existenzieller Fragen in sich selbst – selbst wenn das als ein hoher Anspruch erscheint. Denn nur dann ist es möglich, die Suizidideen des Klienten zu erkunden. Nur aus dieser integrierten Haltung kann der Suizidimpuls als in sich stimmige Idee erst einmal als „Überlebensschlussfolgerung" wertschätzend angenommen werden. Erst in weiteren Schritten können dann mit illustrierenden und deutenden Interventionen (Berne 1966/2005) neue Wege erschlossen werden. [6]

An dieser Stelle der beratenden Beziehung (das kann sehr gut auch innerhalb eines ersten Kontaktes sein) entstehen sehr viel Dichte, Verbundenheit, Intimität und letztendlich auch eine neue Beziehungserfahrung für den Klienten wie den Berater im Sinne eines „ich bin o.k. und du bist o.k." mit dem inneren und äußeren Drama der Suizidalität.

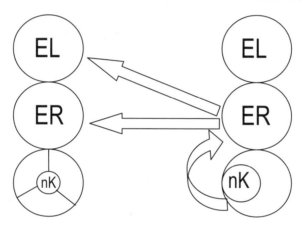

Abb. 5b: Kommunikationsablauf in der suizidalen Krise II

4. und 5. Schritt: Impulstransaktionen für die Erwachsenen-Haltung und konstruktive Eltern-Instanzen der Klienten

Ist die Annahme seiner Gesamtperson dem Klienten deutlich erfahrbar geworden, können ein vierter und fünfter Schritt darin bestehen, Haltungen des Eltern-Ichs und des Erwachsenen-Ichs anzusprechen bzw. zu aktivieren. Das Eltern-Ich könnte beispielsweise so mobilisiert werden: „Wenn Sie eine Freundin hätten, der es so geht wie Ihnen, was würden Sie für diese Freundin tun?" Oder auf die Erwachsenen-Haltung abzielend: „Ich finde, Sie beschreiben in Ihrer Not und im Suizid doch eigentlich ganz ‚normale' und gesunde Wünsche. Sehen Sie das auch so? Sind Sie bereit, in diesem Leben nach Alternativen zu suchen?"

Im vorangegangenen Beispiel könnte man den Mann vielleicht fragen: „Können Sie sich andere Schnitte, ebenso deutliche vorstellen, bei denen Sie überleben oder wirklich leben können?"

Klar muss bei dem vorangehend geschilderten Vorgehen bleiben, dass die Schritte 1 bis 5 zum einen nicht als strenge Reihenfolge, sondern im Sinne von vor und zurück als flexible Folge zu verstehen sind. Zum anderen sind sie, wenn die Energie überwiegend im Erwachsenen-Ich gehalten werden soll, durch weitere nach vorn gerichtete Fragen zu ergänzen:

keine strenge Reihenfolge, sondern vor und zurück

➤ Welche Belastungsfaktoren sehen Sie in den nächsten Tagen, die die suizidalen Tendenzen wieder verstärken könnten?
➤ Wie und mit wem geht es weiter? Was werden Sie dazu tun?
➤ Welche unterstützenden Personen stehen zur Verfügung?
➤ Wie und wann können Sie für sich selbst aktiv konstruktive Ressourcen entwickeln?

Wenn institutionell möglich, können dabei anfangs enge Beratungskontakte oder auch die Einbeziehung von Angehörigen oder Freunden sinnvoll sein. Erst nach einem gelungenen „Kriseninterventionsprozess" kann dann auch an eine Überweisung an andere Personen gedacht werden, die zu diesem Zeitpunkt in der Regel auch eher angenommen werden. Und selbstverständlich kann als weitere Möglichkeit – sofern dies noch sinnvoll erscheint – unter bestimmten Voraussetzungen auch der Einsatz eines Nicht-Suizid-Vertrages sinnvoll sein. (Dazu weiter unten Näheres.)

5.3 Maßnahmen bei misslingender Beziehungsaufnahme

Nicht immer gelingt dieses „energieverschiebende Vorgehen" und der Zugang zum anderen bleibt brüchig. Abhängig vom Auftrag der Institution und der Ethik des Helfenden sowie der Situation des Klienten können oder müssen daher bei einem weiterhin erhöhten Suizidrisiko zusammen mit dem Klienten geeignete Möglichkeiten zum Schutz bedacht und im Beratungsprozess umgesetzt werden, wie beispielsweise:

Schutz

➤ fürsorgliche Unterbringung in einer geschlossenen Klinik (z.B. bei psychotisch dekompensierten Menschen);
➤ Verordnung von Medikamenten;
➤ engmaschige Anbindung an eine oder mehrere Personen im Sinne eines Fürsorgeangebotes.

Letzteres kann beispielsweise darin bestehen, dass über einen definierten Zeitraum die Anbindung an eine andere Person so vereinbart wird, als ob der Klient kaum Erwachsenen- und konstruktive Elternfunktionen zur Verfügung hätte. Das heißt, die andere Person übernimmt elterliche Fürsorge (Funktionsmodell). Voraussetzung dafür ist allerdings, dass der Klient diese konstruktive Abhängigkeit für den klar begrenzten Zeitraum durch entsprechende Vereinbarungen akzeptiert und sich diesen anpasst.

5.3.1 Der Nicht-Suizid-Vertrag

Der Nicht-(Non)-Suizid-Vertrag (S. 67) wurde viele Jahre als besonderes Interventionswerkzeug der Transaktionsanalyse angesehen. Zusammen mit den Nicht-Psychose- und den Nicht-Tötungs-Verträgen sollten nach den theoretischen wie praktisch überprüften Vorstellungen von Bob und Mary Goulding (1981) mit diesen Verträgen die „Hintertüren" (Notausgänge) geschlossen werden, um die destruktive Erfüllung von entsprechenden Skriptausgängen zu vermeiden. Dabei kann es in der Praxis durchaus sinnvoll sein, gleich alle Hintertüren zu schließen, um eine magische Anziehung auf sonst noch mögliche andere „Schlupflöcher" zu verhindern. Unter einem anderen Blickwinkel betrachtet, sollen die genannten Verträge jene Passivität (SCHIFF et al. 1975, S. 65) vermeiden helfen, in deren Folge durch destruktives und selbstdestruktives Verhalten Abhängigkeitsbeziehungen entstehen, bei denen andere, wie z.B. Psychiater, Polizei, Staatsanwaltschaft, Ärzte oder Leichenträger, die Verantwortung übernehmen müssen.

„Hintertüren" schließen

Allerdings beinhaltet ein Nicht-Suizid-Vertrag nicht automatisch eine Entscheidung für das Leben. (Diese Entscheidung sollte laut Gouldings und anderen dann unter dem Schutz des Nicht-Vertrages angestrebt werden.) Sondern es geht um Selbstkontrolle gegenüber einer destruktiv wirkenden Kinddynamik bei fehlenden bzw. derzeit nicht abrufbaren konstruktiven elterlichen Wirkfaktoren. Die Energie für einen Nicht-Vertrag muss daher auf der Ebene des Erwachsenen-Ich (strukturell: ungetrübter Teil des Erwachsenen-Ich) aufgebracht werden. Die Nicht-Verträge werden dabei als Verträge sich selbst gegenüber verstanden, das heißt: Wenn sie in der Beratungspraxis geschlossen werden, so übernimmt die Beraterin/der Berater ausschließlich die Funktion eines Zeugen oder Notars (siehe hierzu auch Anmerkung 17 des Überblicksartikels, Band 1, S. 85). Nicht-Verträge können ohne oder mit zeitlicher Befristung abgeschlossen werden. Diese Entscheidung des Klienten ist von den unterschiedlichsten Rahmenbedingungen, Verträgen, professionellen Qualitäten und auch der ethischen Haltung zum Suizid abhängig. Wenn ich selber mit Nicht-Suizid-Verträgen arbeite, bevorzuge ich folgende, an Bob und Mary Goulding (1981) angelehnte Form[7]:

Selbstkontrolle

Ebene des Erwachsenen-Ich

Berater als Zeuge

Nicht-Suizid-Vertrag:

➤ *Ich werde mich nicht töten – weder absichtlich noch unabsichtlich.*
➤ *Ich werde mich nicht vorsätzlich verletzen und ich werde mich vor unabsichtlichen Verletzungen schützen.*
➤ *Ich werde niemand anderen töten – weder absichtlich noch unabsichtlich. Ich werde niemand anderen absichtlich noch unabsichtlich körperlich verletzen.*
➤ *Ich werde mich nicht verrückt machen und nicht verrückt werden. Ich setze alles daran, klar bei Bewusstsein und orientiert zu bleiben.*
➤ *Ich werde mich nicht durch Sucht, Verwahrlosung oder Krankheit absichtlich oder unabsichtlich lebens- und handlungsunfähig machen.*

Der Vertrag gilt bis zum .... Der Vertrag gilt auf jeden Fall so lange, bis ich ausdrücklich mit (Name einfügen) über eine Verlängerung oder Beendigung gesprochen habe. Ich übernehme die Verantwortung für die Einhaltung und Verlängerung dieses Vertrages.

Mit diesem Vertrag schütze ich mich vor selbstdestruktivem Verhalten. Suizidgedanken kann ich dennoch haben. Wenn ich in seelische Not gerate, hole ich mir Hilfe, indem ...[8]

Unabhängig von Hilfen gehe ich mit mir und anderen .../werde ich ... (Hier sind allgemeine und konkrete Handlungen für den konstruktiven Umgang mit sich selbst einzusetzen.)

Datum, Unterschrift

Diagnostisch ist bei Abschluss des Vertrages auf Unstimmigkeiten zwischen Aussage, Körperhaltung, Mimik usw. zu achten. Und ähnlich wie bei anderen Verträgen können auch hier Techniken im Sinne von „Wie können Sie sich und diesen Vertrag dennoch boykottieren?" oder z.B. auch der 5-Stuhl-Technik angewendet werden.

5.3.2 Indikation und Kontraindikation von Nicht-Suizid-Verträgen

Wie zuvor bereits angemerkt, wurden bisherige transaktionsanalytische Darstellungen zur Suizidalität eher im Rahmen von Skripteinflüssen, Skriptentscheidungen, psychologischen „Spielen", Passivität und diesbezüglichen Notausgängen beschrieben, wobei als Interventionsziele zumeist die Stärkung der Erwachsenenseiten oder schützende Unterbringungen im Fokus standen. Tatsächlich sind Suizidimpulse *auf der Verhaltensebene* ja auch gegen das Leben gerichtet und deshalb als destruktive Verhaltens- und Lebensmuster im beraterisch-therapeutischen Setting durch Eigen-Schutz und Eigen-Kontrolle als erste Maßnahme zu bearbeiten. In der Praxis begegnen uns meist aber Personen, die sich in der suizidalen Dynamik wenig zwischen der Verhaltensebene und den Kränkungen und Beziehungswünschen im emotionalen Bereich unterscheiden. Anders ausgedrückt: Im stark regredierten Zustand wird kaum mehr unterschieden zwischen Fühlen und Verhalten, so dass Verhaltensregeln (auch selbst auferlegte wie beim Nicht-Suizid-Vertrag) leicht als erneute Zurückweisung eigentlich existenziell wichtiger Anliegen (miss)verstanden werden können.

Eigen-Schutz und Eigen-Kontrolle

Wird dagegen ein Zugang, eine Beziehung (meist intuitiv) gefunden zu den eigentlichen Absichten, die hinter den Suizidideen stehen, dann findet an dieser Stelle bereits heilsame Berührung statt. Wird aber bereits nach ersten Äußerungen über Suizidgedanken oder frühere Suizidversuche zuvorderst das Angebot oder gar die Auflage gemacht, einen Nicht-Suizid-Vertrag zu schließen, besteht die Gefahr, dass die Lebensgeschichte, die hinter der suizidalen Dynamik verborgen ist, im Sinne Skript-verstärkender Zurückweisung erstickt wird. Der Berater kann zwar sich selbst damit möglicherweise auf der sicheren Seite fühlen. Dem Klienten aber, der in der suizidalen Krise äußerst verunsichert, in seinem/ihrem Selbstwertgefühl erheblich eingeschränkt und deshalb besonders auf Halt ange-

heilsame Berührung

wiesen, also eigentlich auf der Suche nach Beziehung, Achtung und Heilung ist, erscheint der Berater/die Beraterin möglicherweise wie der Teufel vor dem Paradies (SCHULDT 2002, 17-31), der den Zugang zur sinnstiftenden inneren Welt verbaut. So kann ein vorschneller Nicht-Suizid-Vertrag zu Rückzug, Anpassung oder ggf. auch Ärger, als durchaus angemessene Reaktionen in dieser Situation führen. James Hillmann, der Jungschen Schule zugehörig, sagt dazu: „Wenn der Analytiker einen Vorgang, der sich in der Seele abspielt, zu verstehen sucht, dann darf er niemals mit der Einstellung daran gehen, dass dieser Vorgang verhindert werden muss" (HILLMANN 1984, 36). Dies bedeutet:

Akzeptanz des Suizides

Suizid ist Ausdruck eines inneren Beziehungsgeschehens und wird als Lebensmöglichkeit akzeptiert. Nur durch die Akzeptanz des Suizides als eine innere Lebenswirklichkeit respektiere ich den Klienten in seinem Erleben und kann dann zusammen mit dem Klienten die wirklichen Anliegen hinter der Symptomatik aufspüren.[9] Dann genügt meistens allein das in Kontaktbringen mit dem entsprechenden Text (des Nicht-Suizid-Vertrages) und das Besprechen der dahinter liegenden Überlegungen, um eine ernsthafte und respektvolle Beziehungsgestaltung zu „erreichen", die suizidalen Menschen häufig fehlt (SCHULDT 1988). Ob dann überhaupt noch ein Nicht-Vertrag notwendig ist, ist abhängig von der jeweiligen Situation, den Ressourcen und der Entscheidung des Klienten und seines sozialen und professionellen Umfeldes.[10]

Bedingungen und Auflagen

Verträge, die direkt oder implizit dem möglichen Schutz oder der Beruhigung „nur" des Beraters/der Beraterin dienen, sind keine Nicht-Verträge, sondern sollten im Sinne von Authentizität und Redlichkeit eher als Bedingungen und Auflagen mit notwendigen Anpassungsvoraussetzungen definiert und dem Klienten gegenüber auch so formuliert werden. Entsprechend wären dann Vertragsformulierungen zu wählen wie: „Versprechen Sie mir, dass Sie sich bis zu unserem nächsten Termin nicht umbringen." Auch diese Form von Bindung kann im Einzelfall durchaus angemessen sein. Aber es wäre kein Nicht-Suizid-Vertrag, sondern eine eindeutige, klar entschiedene Symbiose(ver)bindung im Sinne einer Fürsorgevereinbarung, die im Einzelfall zwar sinnvoll und nützlich, aber gleichermaßen wegen der Einschränkung der Autonomie auch problematisch sein kann. Hier gilt es klar zu unterscheiden!

Das heißt: Welche konstruktiven oder möglicherweise auch destruktiven Wirkungen der Einsatz von Nicht-Verträgen haben kann, ist besonders unter Berücksichtigung der suizidalen Psychodynamik, der professionellen Beziehungsgestaltung und der jeweiligen Ressourcen zu beachten. Viele Beraterinnen und Berater machen jedoch eine unabdingbare Kopplung zwischen beraterischer Weiterarbeit und dem Abschluss eines Nicht-Vertrages.

6. Anwendungsbereiche

Mit den bisherigen Ausführungen wurde ein breites Spektrum zum „Problemfeld Suizidalität" erläutert, das Beraterinnen und Berater nutzen können, um ihr Wissen, ihre Erfahrungen und ihre Fragen für ihr jeweiliges Berufsfeld zu vertiefen. Dabei erfordern längst nicht alle Berufsfelder, in denen Suizidalität auftaucht, denselben Umfang an Wissen und praxisbezogenen Erfahrungen.

breites Spektrum des „Problemfeldes Suizidalität"

Die höchsten Anforderungen an Ausbildungsumfang, Wissen und Erfahrung stellen sicherlich die (sogenannten) Suizidberatungsstellen, wovon es in der Bundesrepublik Deutschland nur wenige gibt. Beispielhaft erwähnt seien hier: Arbeitskreise Leben (AKL), www.youth-life-line.de – Jugendliche helfen Jugendlichen, Berliner Krisendienst oder das Therapie-Zentrum für Suizidgefährdete (TZS) des Universitäts-Krankenhauses Eppendorf (UKE).[11] Von Klienten oder Angehörigen, die diese Einrichtungen aufsuchen, wird Suizidalität meist direkt als Problem benannt und kann daher gezielt angegangen werden. In den genannten Einrichtungen wie auch in Psychiatrischen Kliniken (stationär und ambulant) widmen sich nicht nur therapeutisch tätige Fachkräfte, sondern häufig (und manchmal ausschließlich) Berater und Beraterinnen (Sozialpädagogen, Sozialarbeiter, Fachkrankenpflegepersonal) diesen Beratungsanliegen. Aber auch in Einrichtungen wie der Telefonseelsorge, in denen die Mitwirkenden ehrenamtlich tätig sind, werden spezifische suizidpräventive Fragen beantwortet und im Rahmen des Machbaren behandelt.

Suizid-Beratungsstellen

In anderen Berufsfeldern ist Suizidalität kein Thema, das der Klient vordergründig präsentiert. Bei Jugend- und Sozialamtsdiensten, Gesundheitsdiensten, pädagogischen Einrichtungen (z.B. Schulen, Jugendwohngruppen), sozialpsychiatrischen Einrichtungen, Beratungsstellen und anderen Institutionen werden Suizidgedanken und suizidale Handlungsimpulse eher als zufällig erscheinendes „Nebenproblem" oder durch gezieltes Befragen deutlich und dann relevant. Das heißt jedoch, dass die hier in verschiedensten Beratungsfunktionen arbeitenden Berufsgruppen wie Pädagogen, Sozialpädagogen/Sozialarbeiter, Erzieher/innen, Arbeitserzieher/innen besonders hellhörig gegenüber dieser Thematik sein müssen und zweckmäßigerweise zumindest über fundiertes Wissen sowie einen zunehmenden Erfahrungsschatz verfügen sollten.

„Nebenproblem"

Schließlich gibt es noch die große Anzahl von Berufsfeldern, in denen Suizidalität „auftauchen" kann. Denn gerade die Wirkungsfelder, in denen persönliches Wachstum und/oder berufliche Fragestellungen (z.B. in der Arbeitsverwaltung oder in Supervisions- und Coaching- sowie Ausbildungssettings) im Fokus stehen, berühren immer auch existenzielle Fragen, sodass hier Suizidalität ein bedeutsames Thema werden kann. Führungskräfte, Trainer, Arbeitsvermittler, aber eben auch Ausbilder und Ausbilderinnen sollten daher im Hinblick auf ihre Beratungskompetenz auch im Umgang mit suizidalen Krisen geschult, zumindest aber gut informiert sein.

Auftauchen von Suizidalität

Anders ausgedrückt, sind notwendiges Wissen, Ausbildung und Erfahrung mit den Berufsfeldern und deren Anforderungen in Verbindung zu bringen, um mit Suizidalität adäquat umgehen zu können. Dass dabei nicht immer notwendigerweise Eigentherapie/ Selbsterfahrung und Supervision zum „Thema" Suizidalität gefordert sind, ist offenkundig; dass sie, jeweils abhängig von den Aufträgen der Institution, den ethischen und gesetzlichen Rahmenbedingungen und dem jeweiligen Auftrag und der Person der Beraterin und des Beraters, hilfreich und nützlich sein können, ist ebenso offenkundig.

7. Zusammenfassung

Nach einer das Spektrum der Betrachtung erweiternden Definition des Begriffes Suizidalität werden zunächst in gebotener Kürze geschichtliche Entwicklungslinien dieser seit Urbeginn der Menschheit relevanten Thematik aufgezeigt und deren gegenwärtiger Stand einschließlich des sogenannten Suizidrisikos und des Präsuizidalen Syndroms (nach RINGEL) sowie den Phasen der suizidalen Entwicklung erörtert. Zum genaueren Verständnis werden zusätzlich sowohl tiefenpsychologische wie auch transaktionsanalytische Gesichtspunkte herangezogen. Bei Letzterem wird besonders auf das Funktionsmodell (nach HOLLOWAY) als Orientierung bei der diagnostischen Einschätzung sowie Behandlung suizidaler Personen zentriert. In diesem Zusammenhang werden auch die Vor- wie Nachteile präventiver Maßnahmen (wie z. B. dem Nicht-Suizid-Vertrag) und die personengruppenspezifische Gestaltung der Beratungsbeziehung dargestellt und diskutiert. Überlegungen und Hinweise zum adäquaten Umgang mit Ausbildung, Wissen und Erfahrung runden diesen Beitrag ab.

Anmerkungen:

1 Die Suizide von Terroristen wiederum sind dabei öffentlich-fachlich bisher kaum bewertet worden. Trotzdem würde die Erörterung dieser sicherlich sehr spannenden Aspekte diesen Beitragsrahmen sprengen.
2 Dass man dabei keineswegs in einer Art komplementärer Parallelität von einem Modell ins andere springen oder transferieren darf, dürfte bereits im Überblicksartikel (S. 28, 84) klar geworden sein. Ein der Kategorie „natürliches Kind" zugeordnetes Verhalten wie „Weinen" beispielsweise kann aus allen drei Ich-Zuständen des Strukturmodells „gespeist" sein.
3 Berne (1977/1991) geht ja bekanntlich davon aus, dass sowohl durch frei verschiebbare (ungebundene) Energie willentlich als auch durch die im jeweiligen Ich-Zustand gebundene Energie die Ich-Haltungen sowohl verhaltens- als auch erlebensbezogen aktiviert werden können. Beeinflusst wird dieser Vorgang wiederum durch:
➤ die gegenwärtige Situation,
➤ die Stabilität oder Labilität eines Ich-Zustandes,
➤ die Dichte der Ich-Zustandsgrenzen,
➤ die strukturelle Aufnahmefähigkeit der Ich-Zustände für Energie und
➤ die willentliche Aktivierung.
In der suizidalen Krise sind die Veränderungsmöglichkeiten maßgeblich eingeschränkt. Energetisch steht meist kaum eine klare Erwachsenen-Funktion im Vordergrund. Und auch schützende Eltern-Funktionen sind anfangs kaum abrufbar.
4 Auch im Rahmen einer Strukturanalyse (historische, phänomenologische und soziale Diagnose [S. 31]) würden hier überwiegend Kind-Ich-Zustände deutlich.
5 Die intuitive Fähigkeit auf der Beratungsseite wird im Funktionsmodell dem „freien Kind", im Strukturmodell dem „kleinen Professor" (ER1 im K2) als kindliches „Wissen" und dem Erwachsenen-Ich (ER2) als realitätsangemessene Komponente zugeordnet (HENNIG/PELZ 2002).
6 Die bereits zuvor erwähnte Befürchtung, dass dadurch erst recht Suizidalität „ausbricht", ist so lange nicht begründet, wie die Erkundung mit der Annahme des Erkundeten und Respekt für die in aller Regel zwar ambivalenten, aber kreativen Ideen über das Leben bzw. den Tod verbunden ist.
7 Eine weitere zeitlich unbegrenzte Form eines Nicht-Suizid-Vertrages findet sich im Überblicksartikel in Band 1, S. 85.
8 Die konkrete Benennung konkreter Handlungen, um Hilfe zu erhalten, ist ganz wichtig, da die Schließung von Hintertüren nicht nur Ruhe und Klarheit, sondern auch neue Ängste auslösen kann.
9 Während auch ich früher relativ häufig den Klienten Nicht-Verträge nahegelegt (nie verlangt) habe, biete ich heute eher Nicht-Verträge als eine Möglichkeit an, wenn z.B. schwierige (suizidfördernde) Lebensphasen zu erwarten sind.
10 Andererseits werden von Ulrich Elbing im psychiatrischen Projekt „Der Stroke" äußerst positive Erfahrungen (Rückgang der Suizidversuche) durch die konsequente Anwendung von Nicht-Suizid-Verträgen berichtet (KOUWENHOVEN, KILTZ & ELBING 2002, 82ff). Es bleibt meines Erachtens jedoch offen, ob diese Wirkungen durch den Vertrag selbst oder die damit verbundene ernsthafte Auseinandersetzung mit dieser Fragestellung begründet sind.
11 Eine Übersicht findet sich auf der Homepage der Deutschen Gesellschaft für Suizidprävention (DGS) unter www.suizidprophylaxe.de (Roderer-Verlag, 1999).

Karl-Heinz Schuldt

Jahrgang 1954; verheiratet, drei Kinder, Studium der Sozialpädagogik; Ausbildung zum Transaktionsanalytiker (Psychotherapie)/Lehrtherapeut und Supervisor (TSTA), approbierter Kinder- und Jugendlichen-Psychotherapeut.

20 Jahre als Soz.-Päd. für die Bereiche Psychotherapie und Geschäftsführung bei einer Krisenberatungsstelle für Suizidgefährdete tätig; seit fast zehn Jahren selbstständig mit eigener Praxis für Psychotherapie und einem Ausbildungsinstitut für Transaktionsanalyse in Tübingen.

Anschrift des Verfassers:
Karl-Heinz Schuldt
Österbergstraße 4
72074 Tübingen

Aus Worten können Wege werden
Die Kunst transaktionsanalytischer Beratung in der Telefonseelsorge
Christa Matenaar, Gerhard Schlett, Gesine Wabra

1.	Telefonseelsorge – eine Einrichtung besonderer Art	188
2.	Geschichtliches	190
3.	Gegenwärtiges	191
4.	Transaktionsanalytische Modelle und Methoden als Strukturierungshilfen in einem komplexen System	194
	4.1 Der Hauptamtliche als Leiter	194
	4.2 Der Hauptamtliche als Ausbilder	195
	4.3 Supervision der Ehrenamtlichen	196
	4.4 Supervision der Supervisoren	196
	4.5 Transfer in den persönlichen Kontext	196
5.	Was sagen die Anrufenden, nachdem die Telefonseelsorge „Hallo" gesagt hat?	197
	5.1 Ein Beispiel aus der supervisorischen Arbeit der Telefonseelsorge	197
	5.2 Neuer Anwendungsbereich: Telefonseelsorge im Internet	200
6.	Zusammenfassung	204
	Anmerkungen	205

Haben Sie jemals darüber nachgedacht, was zu einer Telefonseelsorge gehört außer einem Telefon und einer Telefonnummer? Wenn nicht, könnte das ein Spiegel sein für die Anonymität und Verborgenheit, in der die Telefonseelsorge aufgrund ihres Selbstverständnisses arbeitet – wenn ja, gehören Sie entweder zur Minderheit der Insider oder der besonders wachen Beobachter des Beratungsfeldes!

Wenn Sie sich nun dem Thema Telefonseelsorge zuwenden, erwartet Sie ein – hoffentlich überraschendes und neugierig machendes – komplexes, konzeptionell bewährtes, überregional vernetztes System, in dem Transaktionsanalyse in vielfältiger Weise zur Geltung kommt.

1. Telefonseelsorge – eine Einrichtung besonderer Art

Definition

Telefonseelsorge ist ein Gesprächsangebot, das sich an Menschen in Leid und Krisensituationen wendet sowie an alle, die Beratung und Seelsorge suchen. Sie ist vermutlich die niederschwelligste Einrichtung psychosozialer Hilfe.

Hauptgesprächsthemen sind psychische Probleme und Krankheiten, Einsamkeit, Sucht sowie partnerschaftliche Probleme und familiäre Angelegenheiten. Insgesamt kommen in den 105 Telefonseelsorge-Stellen in Deutschland etwa 3,4 Mio. Anrufe jährlich an.

Selbstverständnis

Der Wortteil „Seelsorge" ist nicht zufällig und hat über beinahe 50 Jahre allen anderslautenden Wünschen getrotzt. „Seelsorge" ist ein allgemeiner, gleichzeitig inklusiver Begriff, der niemanden ausschließt. Damit signalisiert Telefonseelsorge, dass sie keine Spezialberatung anbietet, sondern offen ist für Anrufende mit jedem Leid und jedem Beschwerdebild und in Situationen von Orientierungslosigkeit und Sinnsuche zu einem offenen – auch weltanschaulich offenen – Gespräch einlädt.

Gestaltung und Ethos des Angebots

Aus diesem Selbstverständnis von Telefonseelsorge ergeben sich einige Konsequenzen, die Gestaltung und Ethos des Angebots betreffen:

➤ **Präsenz rund um die Uhr**
 Die Telefonseelsorge steht Tag und Nacht, an Wochenenden und Feiertagen zur Verfügung. Dies entspricht der Situation des Menschen, der zu jeder Zeit in eine Krise geraten kann.

➤ **Anonymität**
 Niemand muss seinen Namen nennen und kann doch ein persönliches Gespräch mit einem geschulten Menschen führen. Dieses Gespräch ist jederzeit und ohne Vorbedingung – wie Termine, Gebühren, Krankenscheine oder Konventionen – möglich. Das einzige Hindernis kann eine besetzte Telefonleitung sein. Transaktionsanalytisch gesprochen, drückt sich hier eine konzeptionell verankerte O.K.-Haltung (ÜA S. 41f) aus. Viele kranke oder sozial benachteiligte Menschen scheuen die Öffentlichkeit. Konventionen der Kleidung oder Körperpflege machen es ihnen zu schwer, Hilfe

außer Haus aufzusuchen. Ein Anruf bei der Telefonseelsorge erspart Scham und Diskriminierung. In der Verborgenheit der Anonymität ist es oft leichter, Belastendes und Intimes auszusprechen.

► **Vertraulichkeit und Datenschutz**
Fangschaltungen und Anruferkennung durch Display oder Ähnliches sind auf Antrag der Telefonseelsorge durch Rechtsverordnung unmöglich gemacht worden. Die Telefonseelsorge gibt damit bewusst alle Machtmittel aus der Hand – außer der „Macht der Ohnmächtigen". Dieser gewissermaßen institutionalisierte Verzicht auf „Retterspiele" hat bedeutende Auswirkungen auf die Kommunikation zwischen Ratsuchendem und Telefonseelsorger: Der Kontakt bleibt leichter „auf gleicher Augenhöhe", d.h. partnerschaftlich, und fördert eine „spiel"freie O.K.-Haltung auf beiden Seiten.

► **Verschwiegenheit**
Telefonseelsorger/innen stehen unter Schweigepflicht. Darüber hinaus gilt für sie das Gebot der Anonymität: Niemals eröffnen sie dem Anrufenden ihren Namen oder sonstige persönliche Daten, die zu ihrer Identifikation führen könnten. Dies gilt dem eigenen Schutz, hat aber vor allem konzeptionelle Gründe: Anonymität des Telefonseelsorgers ist eine Form der Abstinenz am Telefon. Sie überlässt damit dem Ratsuchenden die Nähe-Distanz-Regulierung, er kann sich auf diese Weise das Bild vom Berater machen, was er braucht.

► **Kostenfreiheit**
Seit 1997 ermöglicht ein Partnerschaftsvertrag mit der Deutschen Telekom den Anrufenden kostenfreie Gespräche mit der Telefonseelsorge unter den bundeseinheitlichen Freecall-Nummern 0800–111 0 111/222. Die Telekom trägt die Anrufkosten sowohl aus dem Festnetz als auch von allen Mobilfunkbetreibern.

Charakteristisch für Telefonseelsorge ist ihre Arbeit mit qualifizierten Ehrenamtlichen.

qualifizierte Ehrenamtliche

2. Geschichtliches

Bereits 1896, zwei Jahrzehnte nach Patentierung des Fernsprechers, wollte der Baptistenpfarrer Harry Warren in New York das Telefon als Kontaktbrücke nutzen, um Suizidgefährdeten einen anderen Weg als Selbsttötung aufzuzeigen. Dieser Ansatz scheiterte jedoch schon bald, da es noch zu wenig Telefone gab.

Before you commit suicide, ring me up

In England entstand erstmals 1953 ein Notruf für Suizidgefährdete. Der Baptistenpfarrer West gab in einer Londoner Zeitung ein Inserat auf: „Before you commit suicide, ring me up". West konnte seine Initiative aus persönlichen Gründen nicht fortführen, aber der anglikanische Pfarrer Chad Varah griff sie auf. Aufgeschreckt durch die hohe Suizidrate in London, veröffentlichte er am 1. November 1953 ein Inserat gleichen Inhalts in der „Times", dem er seine Telefonnummer hinzufügte. Schon bald konnte er die große Zahl der Anrufe, die ihn erreichte, nicht mehr alleine bewältigen. So wählte er zu seiner Unterstützung Frauen und Männer aus und gründete eine noch heute tätige Organisation mit dem Namen „The Samaritans".

Die Idee, Hilfe per Telefon anzubieten, wirkte wie ein Tropfen, der ins Wasser fällt und immer weitere Kreise zieht. Von England aus sprang die Idee nach Deutschland, wo 1956 die erste Telefonseelsorge entstand, die der Berliner Arzt, Pfarrer und Psychotherapeut Klaus Thomas als „Ärztliche Lebensmüdenbetreuung" gründete. Ein Jahr später entstanden die Stellen in Kassel und Frankfurt und man einigte sich auf den Namen „Telefonseelsorge". Mittlerweile sind 105 Telefonseelsorge-Stellen in Deutschland flächendeckend und rund um die Uhr gesprächsbereit. Die erneute Ausweitung des Kommunikationssystems Telefon durch das Internet schuf sodann in den 90er-Jahren wiederum neue Möglichkeiten und Anfragen an die Telefonseelsorge, die wir im Kapitel „Anwendungsbereiche" detailliert vorstellen.

In Deutschland sind die meisten Telefonseelsorge-Stellen jedoch bereits in den 70er-Jahren gegründet worden. Zu gleicher Zeit verbreitete sich die Transaktionsanalyse in Deutschland. So erstaunt es nicht, dass die Transaktionsanalyse bald Verbreitung in der Telefonseelsorge fand. Zu verdanken ist dies besonders Helmut Harsch, in den 1970er-Jahren Leiter der evangelischen Telefonseelsorge München, der das Buch „Theorie und Praxis des beratenden Gesprächs" (HARSCH 1973) herausgab. In ihm offeriert er ein Ausbildungskonzept für ehrenamtliche Telefonseelsorger auf der Basis von Transaktionsanalyse, das bis heute – angepasst an die aktuellen Erfordernisse der Telefonseelsorge – benutzt wird. Die Telefonseelsorge ist immer ein intensives Anwendungsfeld für transaktionsanalytische Konzepte geblieben, allerdings abhängig davon, ob Leiter, Hauptamtliche, Ausbilder oder Supervisoren ausgebildete Transaktionsanalytiker waren.

3. Gegenwärtiges

Gegenwärtig ist die Telefonseelsorge national und international zu einem globalen Netzwerk geworden.

globales Netzwerk

Die derzeit 105 Telefonseelsorge-Stellen in Deutschland sind miteinander in den beiden Dachverbänden „Evangelische bzw. Katholische Konferenz für Telefonseelsorge und Offene Tür" verknüpft. Mehr als 60 Telefonseelsorge-Stellen arbeiten in ökumenischer Trägerschaft der katholischen und evangelischen Kirchen vor Ort. Die Dachverbände sind Eigentümer des Namens und der Sonderrufnummer und zeichnen verantwortlich für Solidität und Fachlichkeit des Angebotes Telefonseelsorge. Fachlicher Austausch, Informationsfluss und Entscheidungsfindung werden auf Bundesebene verknüpft und zu einer corporate identity entwickelt, die ein bundesweit gültiges, einheitliches Angebot zusagt.

Die deutsche Telefonseelsorge ist eingebunden in den internationalen Verband IFOTES (International Federation of Telephonic Emergency), dem 27 weitere, zumeist europäische Länder angehören. Nationale Leitlinien und internationale Charta bilden Rahmen und Zusammenhang für Ethos und Zielsetzung der Telefonseelsorge. Außer dem europäischen Verband gibt es internationale Zusammenschlüsse für den amerikanischen und den pazifischen Raum.

deutsche Telefonseelsorge

In den deutschen Telefonseelsorge-Stellen arbeiteten im Jahr 2003 rund 7000 Ehrenamtliche in Tag- und Nachtschichten, davon ca. 80 Prozent Frauen. Etwa 1000 Personen werden pro Jahr zu ehrenamtlichen Telefonseelsorger/inne/n ausgebildet. Diese qualifizierten Ehrenamtlichen sind berufstätige Frauen und Männer aus dem pädagogisch-psychologischen Bereich, aber auch aus allen anderen Berufszweigen, die sich für die Mitarbeit interessieren: Lehrer, Sozialarbeiter und -pädagogen, Psychologen, Pfarrer, Krankenschwestern, Ärzte, Ingenieure, Bankfachleute, Buchhalter, Sekretärinnen, Finanzbeamte, Erzieherinnen usw. Oft sind es Frauen nach der Familienphase, die in ihren ursprünglichen Beruf nicht zurück wollen oder können, und Rentner, die sich engagieren möchten. Das Engagement in der Telefonseelsorge wird neben der Möglichkeit, „etwas Sinnvolles zu tun", auch als Chance zu persönlicher Weiterentwicklung erlebt. Manchmal ist es die Nähe zu einem nicht erlernten Wunschberuf (Psychologe, Sozialarbeiter o.Ä.), die zur Bewerbung führt. Es gibt für die Tätigkeit in der Telefonseelsorge keine vorgeschriebenen schulischen Grundausbildungen. Allerdings steht vor Beginn der Ausbildung und Mitarbeit ein intensives Auswahlverfahren. Auswahlkriterien sind u.a. Belastbarkeit, Introspektionsfähigkeit, Teamfähigkeit und Klärung der Motivation. Danach ist eine ein- bis zweijährige selbsterfahrungsorientierte Ausbildung obligatorisch. An die Phase der Ausbildung schließen sich während der gesamten Zugehörigkeit zur Telefonseelsorge regelmäßig Supervision und Weiterbildung an.

Ehrenamtlichkeit bedeutet nicht konzeptionelle Notlösung, weil hauptamtliches Personal nicht bezahlt werden könnte. Die Vielfalt der Lebenskompetenzen gilt der Telefonseelsorge vielmehr als Garantin für die Wirksamkeit ihres Angebotes: Motivation, qualifi-

Vielfalt der Lebenskompetenzen

ziertes Engagement, die Bereitschaft, mit Anrufenden in Beziehung zu gehen, deren Leid, Leere, Angst, Einsamkeit, aber auch Freude und Hoffnung zu teilen, ermöglicht das „Optimum, was im begrenzten Setting der Telefonseelsorge möglich ist" (SCHOHE 2004). Die Vielzahl Ehrenamtlicher führt darüber hinaus in positiver Weise zu einer Art „Gewaltenteilung", die die Macht der Helfer reduziert. Ein Anrufer kommentierte das einmal mit der Bemerkung: „Ich bin alkoholabhängig. Bei Ihnen ist immer jemand anders dran. Da werde ich nicht auch noch von einem Menschen abhängig." Anrufende wissen meistens, dass in der Telefonseelsorge keine medizinischen oder psychotherapeutischen Experten sitzen, deren Kenntnisse oft als Herrschaftswissen erlebt werden. Sie suchen in der Telefonseelsorge das Gespräch „von Mensch zu Mensch".

Gespräch von Mensch zu Mensch

Die Telefonseelsorge reagiert auf die besonderen Bedingungen des Angebots und der Mitarbeiterschaft und definiert Beratung als „Begegnen, Klären, Halt geben und Begleiten" (Telefonseelsorge – Konsenspapier 2003). Dies sind kraftvolle Umsetzungen der drei „P"s (potency, permission, protection, ÜA S. 19): Begegnung meint den authentischen, „spiel"- und manipulationsfreien Kontakt zwischen Anrufer und Telefonseelsorger, Klärung zielt auf Enttrübung der Ich-Zustände, Halt geben und Begleiten stellen die Erlaubnis an den Ratsuchenden dar, seinen Weg in Autonomie zu finden und zu gehen, wie es sich auch im Slogan der Telefonseelsorge niedergeschlagen hat: „Aus Worten können Wege werden".

Begegnung

Klärung, Halt geben und Begleiten

In der Operationalisierung bedeutet dies, dass der Anrufer die Erlaubnis hat:
➤ Anfang und Ende des Gesprächs festzulegen;
➤ zu experimentieren: Anrufende können den Kontakt mit der Telefonseelsorge probieren, bis sie das Gefühl haben, vertrauen zu können. Sie können mit Rollen, „Identitäten" probieren, so „als ob" sie in dem von ihnen dargestellten Konflikt stünden. Dies ist besonders für jugendliche Anrufer wichtig, die sich auf der Suche nach ihrer Individualität in Rollenspielen üben.
➤ zu leiden: Immer wieder geraten Menschen ins Abseits, wenn sie die Institutionen des Gesundheitswesens durchlaufen haben und trotzdem an Körper und/oder Seele krank geblieben sind. Auch die Würde, ein unheilvolles Leben führen zu dürfen oder „Verlierer" zu sein, möchte Telefonseelsorge schützen (Wieners 1998).

Seit Juli 1997 ist Telefonseelsorge in Deutschland unter den beiden bundeseinheitlichen Rufnummern 0800–111 0 111/ 222 kostenfrei zu erreichen. Nach einer kurzen Eingewöhnungsphase stieg die Zahl der Anrufe, besonders von Kindern und Jugendlichen, zunächst kontinuierlich, mit dem Einsetzen des Handy-Booms dann sprunghaft an.

Bis Juli 1997 notierten die Telefonseelsorge-Stellen bundesweit etwa 800 000 Anrufe, inzwischen ist die Zahl der zustande gekommenen Kontakte in 2004 auf etwa 3,4 Mio. Anrufe angestiegen. In dieser Zahl sind sogenannte „Aufleger", Schweigeanrufe sowie Kontakte mit dem Anrufbeantworter enthalten. Die Zahl der Belegungen, also wie oft versucht worden ist, die Telefonseelsorge zu erreichen, liegt in Höhe von 22,5 Mio. (Das ist jedoch keine Aussage über die Zahl der dahinter stehenden Anrufer, da z.B. jede Wahlwiederholung gezählt wird.) Die Anrufversuche aus dem Festnetz machten etwa 45

Prozent des Belegungsaufkommens aus (knapp 9 Mio. im Jahr), die aus dem Mobilfunknetz etwa 55 Prozent (ca. 11 Mio.).

Die Telefonseelsorge bildet auch in technischer Hinsicht ein Netzwerk. Im Telefonbereich sind Nachbarstellen durch ein Anrufweiterleitungssystem miteinander verschaltet, damit Ratsuchende so schnell wie möglich einen Gesprächspartner finden, wenn die nächstliegende Telefonseelsorge besetzt ist. Mobilfunkanrufe – diese können aufgrund noch fehlender Technik nicht „geortet" und regional zugeteilt werden – werden in stündlichem Wechsel auf eine Kette von jeweils sieben Telefonseelsorge-Stellen verteilt.

Telefonseelsorge ist an die Entwicklung der Telekommunikationsmedien gebunden. Enorme Veränderungen des Kommunikationsverhaltens spielen für die Telefonseelsorge eine zentrale Rolle. So hat sich beispielsweise der Umgang mit Intimität und Öffentlichkeit in den Medien gewandelt. Besonders bei Jugendlichen erhalten die Kommunikationsmedien zunehmend den Status von „Spielgefährten".[1]

Die durch das veränderte Kommunikationsverhalten mitbedingte hohe Anzahl von Anrufen, besonders die Zahl von Anrufen, die aus üblen Scherzen und Beschimpfungen besteht, drückte auf Motivation und Engagement von Ehrenamtlichen und Hauptamtlichen in der Telefonseelsorge. Diese Verunsicherung führte zu einem Reflexionsprozess, an dessen Ende die Telefonseelsorge im Jahr 2003 erstmals behutsam, aber doch deutlich Grenzen formulierte. Damit macht sich die Institution auf den Weg von der überfürsorglichen, allgegenwärtigen „Mutter" hin zu einer Einrichtung, die einen erwachsenen Kontrakt anbietet: „Telefonseelsorge hat den Anspruch, die Anrufenden und sich selbst wertzuschätzen ... Telefonseelsorge beendet das Gespräch, wenn ... Grenzen und Würde der Mitarbeitenden verletzt werden" (Telefonseelsorge-Konsenspapier 2003).

Grenzen und Würde der Mitarbeitenden

Auf fachlicher Ebene sorgen verbindliche Rahmen- und Leitlinien für Vernetzung. Bezüglich der Auswahl, Aus- und Weiterbildung sowie Supervision von Ehrenamtlichen sind keine bestimmten psychologisch-psychotherapeutischen Schulrichtungen vorgegeben. Auf diese Weise spiegelt die Telefonseelsorge in der Anwendung psychologisch-psychotherapeutischer Verfahren immer auch deren Entwicklungsstand. So dominieren zurzeit systemisch orientierte Konzepte, oft kombiniert mit anderen Verfahrensweisen, z. B. mit Transaktionsanalyse. Zwar gibt es zurzeit wenige Telefonseelsorge-Stellen, die konsequent transaktionsanalytisch geführt werden, Transaktionsanalyse aber gilt als attraktives Verfahren in der Telefonseelsorge.

verbindliche Rahmen- und Leitlinien

Intensivste Anwendung findet die Transaktionsanalyse in der Professionalisierung der Ehrenamtlichen in deren Ausbildung, Weiterbildung und Supervision. Das heißt: Leiter und hauptamtliche Mitarbeiter vermitteln Transaktionsanalyse über die eigene Stelle hinaus in anderen Telefonseelsorge-Stellen im Rahmen von Fortbildung oder Fortbildungskongressen.[2] Darüber hinaus werden hauptamtliche Telefonseelsorger häufig als Supervisoren oder Coach für andere – kirchliche und nichtkirchliche – Einrichtungen angefragt.

4. Transaktionsanalytische Modelle und Methoden als Strukturierungshilfen in einem komplexen System

terminologische „corporate identity"

Innerhalb des komplexen Systems der Telefonseelsorge (siehe Abb. 1) ermöglichen die Theorien, Modelle und Methoden der Transaktionsanalyse in ihrer Anwendung eine konzeptionelle und sprachliche Kontinuität, gewissermaßen eine terminologische „corporate identity" auf verschiedenen Ebenen des Systems:

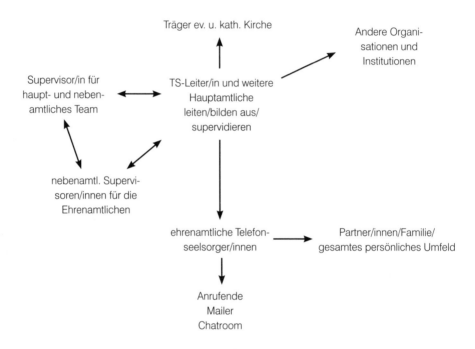

Abb. 1: Das komplexe System der Telefonseelsorge

4.1 Der Hauptamtliche als Leiter

Telefonseelsorgestellen werden meist von ein bis drei Hauptamtlichen verantwortlich geleitet. Ihre Aufgabe besteht in der Organisation des 24-Stunden-Dienstes, der Vertretung der Stelle nach innen und außen sowie der Gewährleistung guter fachlicher wie menschlicher Arbeitsbedingungen.

Umgang mit großen Institutionen

Zur Tätigkeit nach außen gehört der Umgang mit großen Institutionen, besonders den Kirchen. Zur Tätigkeit nach innen gehören die Organisation des 24-Stunden-Dienstes und die Organisation von Ausbildung, Supervision und Fortbildung des ehrenamtlichen Teams, das üblicherweise 70 bis 100 Frauen und Männer umfasst. Mitarbeit in Arbeitsgruppen, Projekten und Gremien auf Bundesebene gehört zu den äußeren wie inneren Aufgaben.

Das Verständnis für Organisationen, Organisationsabläufe, eigenes oder fremdes Rollenverhalten[3], Strategien und hierarchische Strukturen, Arbeitsaufträge und -verträge, die Befähigung, sich in Großorganisationen (z.B. Kirchen) zu bewegen – all dies ist mit Konzepten der Transaktionsanalyse zu beschreiben und zu optimieren.

Organisation des 24-Stunden-Dienstes

4.2 Der Hauptamtliche als Ausbilder

Während die Ausbildung neuer Mitarbeiter meist von den hauptamtlichen Leitern durchgeführt wird, sind als Supervisoren überwiegend nebenamtliche, dem komplexen System Telefonseelsorge nicht angehörende Fachleute tätig. Im gesamten Feld der Qualifizierung und Professionalisierung der ehrenamtlichen Mitarbeiter und Mitarbeiterinnen kommt Transaktionsanalyse von der ersten Ausbildungsstunde an zum Tragen.

Struktur- und Funktionsanalyse bieten einen Einstieg in Wahrnehmung, Beobachtung und Reflexion der Ich-Zustände (ÜA S. 23ff). Die Analyse der Transaktionen (ÜA S. 43ff) macht das eigene Kommunikationsverhalten verstehbar. Dabei wird diese erste selbsterfahrungsbezogen vermittelte Anwendung von Transaktionsanalyse meist mit Neugier und Erstaunen aufgenommen – ist es doch gerade die „einfache", umgangssprachliche Terminologie, die in kürzester Zeit den hoch motivierten Ausbildungskandidaten das Gefühl gibt, Professionalität zu schnuppern, ohne sich als „dummer Anfänger" zu fühlen. Zudem haben die Ehrenamtlichen das Gefühl, für längst Bekanntes und – oft leidvoll Vertrautes – einen Namen zu lernen, z.B. „Spiele" (ÜA S. 47ff) für das, was schon immer zu Hause „daneben" ging.

selbsterfahrungsbezogene Anwendung von Transaktionsanalyse

Die Kenntnis der verschiedenen Modelle wie Ich-Zustände (ÜA S.23ff), „Spiele" (ÜA S. 47ff), Ersatzgefühle (ÜA S.52), symbiotische Beziehungsmuster (ÜA S. 59f) und deren Manifestation in Seelsorge- und Beratungsgesprächen hilft, am Telefon den Dialog mit den Anrufenden in seinen psychologischen Implikationen zu verstehen und Hypothesen über unbewusste Überlebens- und Kommunikationsmuster zu entwerfen. In der Folge wird der ratsuchende Anrufer im Gesamt seiner Ich-Zustände als ein ganzheitlicher Mensch mit unbewussten und bewussten Anteilen begriffen, gehört und angesprochen. Dabei ist das Konzept des Kontraktes (ÜA S. 67ff) insofern besonders bedeutend, weil gerade durch die Anonymität und absolute Freiheit des Anrufenden, Dauer und Verbindlichkeit des Kontaktes zu steuern, Absprachen über Anlass, Thema, Erwartungen, Wünsche und Befürchtungen seitens des Anrufenden wichtig sind.

Im Rahmen der Selbsterfahrung der Auszubildenden sind jedoch auch Skripttheorien (ÜA S. 55f) und deren Anwendung bedeutungsvoll. Besonders bewährt hat sich Fanita English' positives Verständnis von Skript als kreativer Leistung des Kindes zur Strukturierung seines Lebensentwurfs und ihre daraus entwickelte Vier-Geschichten-Technik[4], dessen milde, spielerisch-kreative und dennoch sehr tief gehende Methode von Ehrenamtlichen mit großem Erfolg aufgenommen wird.

weitergehende Ausbildung

In der weitergehenden Ausbildung ist es dann das konkrete Üben – in Rollenspielen und Verbatims – von Gesprächen, in denen transaktionsanalytische Verfahren zur Anwendung kommen. Passivität, Abwertung, Redefinitionen sind Stichworte aus der Schiff'schen Schule (ÜA S. 63ff), die nicht nur das Anruferverhalten versteh- und nachvollziehbar machen, sondern oftmals auch das Verhalten der Rollenspieler erhellen. Dadurch werden jedoch auch Trübungen (Vorurteile etc.; ÜA S. 27) der künftigen Mitarbeiter im Laufe ihrer Ausbildung immer mehr konfrontiert und zugunsten einer „Ich-bin-O.K.-du-bist-O.K."-Haltung (ÜA S. 41f) aufgegeben.

4.3 Supervision der Ehrenamtlichen

Auch für die Supervision bietet die Transaktionsanalyse deutliche Vorzüge: Das Geschehen am Telefon und das Geschehen in der Gruppe können mit demselben Konzept und derselben Terminologie erfasst und gedeutet werden. (Dies ist besonders hilfreich, wenn es um Parallelprozesse im Telefongespräch und im Supervisionsprozess geht.)

dieselbe Terminologie

Eine nicht unbedeutende „Nebenwirkung" besteht darüber hinaus in einem möglichen seelsorgerlich-ethischen Effekt: Wenn das, was im Anrufer vorgeht, mit denselben Worten zu beschreiben ist wie das, was im Telefonseelsorger und in der Telefonseelsorge-Gruppe geschieht, so weist dies auf die existenzielle Gleichheit von Anrufenden und Berater/inne/n hin – eine Erkenntnis, die dem möglichen Ungleichgewicht zwischen dem/den Experten und dem Ratsuchenden vorzubeugen hilft.

4.4 Supervision der Supervisoren

Haupt- und nebenamtliche Mitarbeiter erhalten Supervision wie die Ehrenamtlichen. Auch dies ist ein Anwendungsfeld der Transaktionsanalyse.

4.5 Transfer in den persönlichen Kontext

Transaktionsanalyse bietet nicht nur Modelle für die Arbeit am Telefon, sondern gleichzeitig auch ein Gerüst für Selbsterfahrung und Möglichkeiten zur Verbesserung der Kommunikation und der Beziehungen im persönlichen Umfeld. Gerade im Transfer des in der Telefonseelsorge Gelernten in den persönlichen Kontext zeigt sich dieser zusätzliche Nutzen: Im Transfer des in der Telefonseelsorge Gelernten wächst das Verständnis für das eigene Geworden-Sein und das der Partner/in, Eltern usw. Dies wird von allen Mitarbeitern als großer persönlicher Gewinn erlebt.

großer persönlicher Gewinn

Dabei muss jedoch auch auf die Gefahr hingewiesen werden, die Familie und besonders den Ehepartner ungewollt zu „therapieren". Hier lässt sich jedoch durch Wachsamkeit und spezifische Verträge durchaus gegensteuern.

5. Was sagen die Anrufenden, nachdem die Telefonseelsorge „Hallo" gesagt hat?

Nachdem zuvor bereits durch die Benennung der verschiedenen Ebenen, auf denen mit Transaktionsanalyse gearbeitet wird, auch verschiedene Anwendungsfelder angeklungen sind, soll die Anwendungsbreite der Transaktionsanalyse im Folgendem nun noch durch ein Beispiel aus der supervisorischen Arbeit sowie durch einen Ausblick auf das neue Medium „Internet" illustriert werden.

5.1 Ein Beispiel aus der supervisorischen Arbeit der Telefonseelsorge

Die Arbeit in der Telefonseelsorge wird, wie bereits berichtet, durch regelmäßige Supervision begleitet. Die Ehrenamtlichen verpflichten sich deshalb, in der Regel für einen Zeitraum von zwei oder drei Jahren an einer Supervisionsgruppe teilzunehmen. (In einigen Telefonseelsorge-Stellen wird darüber auch ein schriftlicher Kontrakt im Rahmen eines persönlichen Gespräches geschlossen). Die Häufigkeit der Supervisionssitzungen kann dabei je nach Dauer der Mitarbeit oder der zeitlichen Möglichkeiten der ehrenamtlichen Mitarbeitenden von zweiwöchentlichen bis zu achtwöchentlichen Treffen variieren. (Hier bieten die einzelnen Telefonseelsorge-Stellen ganz unterschiedliche Modelle an.)

regelmäßige Supervision

In einer Supervisionsgruppe finden sich etwa acht bis zwölf Personen zusammen, um die Arbeit am Telefon mithilfe eines Supervisors kritisch zu reflektieren. Dabei orientiert sich die Supervision der Gespräche oft an der Initialtransaktion, der ersten Interaktion zwischen Telefonseelsorgern und Anrufern, vor allem am ersten Satz der Anrufenden, der in vielen Fällen bereits das „Programm" des Gespräches enthält.

Das folgende Beispiel verdeutlicht, wie Konzepte der Transaktionsanalyse im Rahmen der Supervision der Telefonseelsorge-Arbeit angewendet werden:

Wie jede Sitzung beginnt auch diese mit einem „Blitzlicht", in dem die Mitarbeitenden ihre Befindlichkeit äußern und ihre Anliegen für die Supervision benennen. Die Mitarbeiterin Inge (alle Namen geändert) möchte ein Gespräch einbringen, das für sie „frustrierend" war, bei dem sie sich „nicht gut gefühlt" hat. Sie schildert den Ablauf eines Gesprächs aus ihrem letzten Nachtdienst. Eine Frau, mit der sie noch nie zuvor gesprochen hat, meldet sich mit dem Satz: „Jetzt rufe ich noch mal an." Und betont das „Nochmal". Die Anruferin erzählt der Mitarbeiterin, dass sie gerade sehr aufgebracht darüber sei, wie sich ihre unmittelbare Umgebung, besonders eine Nachbarin, ihr gegenüber verhalte. Obwohl früher wohl ein fast freundschaftliches Verhältnis zwischen den beiden Frauen bestanden habe, ziehe sich die Nachbarin in letzter Zeit mehr und mehr zurück. Und das sei nur ein Beispiel von vielen. So ähnlich ergehe es ihr mit mehreren Bekannten und Freundinnen. Die Anruferin schildert mehrere Situationen und betont, dass sie sich von vielen Menschen, die ihr einmal sehr nahestanden, nicht mehr verstanden fühle. Auf die Frage der Telefonseelsorgerin, welche Erwartungen die Anruferin in diesem Gespräch an sie habe und was ihr Ziel sei, antwortet die Frau: „Ich will keine Ratschläge und keine Beurteilungen. Eigentlich möchte ich nur mit Ihnen reden." Etwas irritiert über diese Aussage und nach einer Erwiderung suchend, schweigt die Mitarbeiterin einen Moment, woraufhin die Anruferin in gereiztem Ton fragt: „Sind Sie noch da?" Die Telefonseelsorge-Mitarbeiterin bejaht und die Anruferin erzählt weiter, wie einsam sie sei, weil sie keine Kontakte mehr habe. Die Mitarbeiterin Inge greift die Einsamkeit auf und spiegelt der Anruferin deren Gefühle wider. Mitten im Satz unterbricht die Anruferin sie mit den Worten: „Ja, aber unterbrechen Sie mich doch nicht!" Die Telefonseelsorge-Mitarbeiterin ist sehr verunsichert, wie sie sich weiter in diesem Gespräch verhalten soll, fühlt sich gehemmt und traut sich nicht, noch etwas zu sagen. Sie reduziert ihre Einlassungen auf „Mhm" und „Ja" als Zeichen der Aufmerksamkeit, mit denen sie der Anruferin signalisieren will: „Ich bin noch da und höre dir zu." Auch diese Minimalreaktionen der Mitarbeiterin beantwortet die Anruferin mit der wiederholten aggressiv getönten Forderung: „Unterbrechen Sie mich nicht!" Die Anruferin beendet das Gespräch abrupt mit der Äußerung: „Es hat keinen Sinn, Sie verstehen mich auch nicht." Die Mitarbeiterin Inge fühlt sich nach diesem Gesprächsende schlecht und schuldig. Insgesamt hat das Gespräch 40 Minuten gedauert.

Die Supervisorin fragt Inge, was ihre Frage sei und was sie von der Gruppe wolle. Inge möchte wissen, ob die anderen Mitarbeitenden diese Anruferin kennen, und möchte hören, wie diese mit ihr umgehen. Sie will sich vergewissern, dass sie die Anruferin „richtig" einschätzt, wenn sie diese als besonders problematisch erlebt. Die Mitarbeiterinnen Maren und Lisa haben ebenfalls schon mit dieser Anruferin gesprochen. Lisa sagt: „Warum hast du sie nicht einfach reden lassen? Ich denke, das Beste ist, sie einfach reden zu lassen. Ich sage gar nichts dazu, und wenn sie fragt, ob ich noch da bin, bejahe ich das. Für mich ist das in Ordnung."

Maren dagegen reagiert auf diese Anruferin ärgerlich. Sie hat schon einmal ein Gespräch mit den Worten beendet: „So will ich kein Gespräch führen. Das bringt nichts." Beide Mitarbeiterinnen halten die Anruferin für äußerst kontaktunsicher. Maren ist fassungslos, dass Inge so lange mit der Anruferin gesprochen hat, und äußert dazu: „Wie kannst du sie so lange aushalten, das verstehe ich nicht." Die Mitarbeiterin Anita hat schon mehrmals zum Reden angesetzt und platzt jetzt erregt herein mit den Fragen: „Ja genau, was war denn mit dir los, Inge? Darum geht's doch. Wir reden die ganze Zeit über die Anruferin. Was war denn dein Problem mit ihr? So zaghaft nehme ich dich doch sonst nicht wahr. Du hast doch mehr drauf." Inge erwidert: „Eigentlich will ich nicht kritisiert werden. Ich hatte mir Unterstützung erhofft und Bestätigung, dass es euch mit ihr ähnlich ergeht." Sie stutzt einen Moment und fügt dann hinzu: „Au weia, jetzt rede ich schon wie meine Anruferin!"

Die Supervisorin greift die letzte Äußerung auf und fragt, ob sie bereit ist, sich anzuschauen, was im Gespräch zwischen ihr und der Anruferin und was in der Gruppe abgelaufen ist. Inge bejaht dieses Kontraktangebot.

Die Supervisorin fragt: „Wie hat das Gespräch angefangen, bevor es angefangen hat? Was ging ihm voraus?" Inge erzählt, dass sie in diesem Nachtdienst mehrere anstrengende Gespräche geführt und sich um 2 Uhr hingelegt habe. Sie müsse wohl eingeschlafen sein, als sie um 2.30 Uhr durch das Telefon-Klingeln hochgeschreckt sei und nicht wusste, wie lange es schon geklingelt habe. Den ersten Satz der Anruferin: „Jetzt rufe ich noch mal an" habe sie auf diesem Hintergrund als Vorwurf und mit schlechtem Gewissen gehört, weil sie eingeschlafen sei. Sie befürchtet, den ersten Anruf „verschlafen" zu haben. Ihre Absicht war, diesen „Fehler" wiedergutzu machen, indem sie besonders aufmerksam und einfühlend mit der Anruferin umgeht, also ein „gutes Gespräch" führt.

Die Supervisorin zeigt auf, dass der Einstieg eine verdeckte Transaktion war. Inge hat auf diese verdeckte Ebene reagiert. Der Einstiegssatz der Anruferin: „Jetzt rufe ich noch mal an" enthält für sie die Botschaft:

‚Du hast als Telefonseelsorge-Mitarbeiterin versagt. Telefonseelsorge muss immer für mich da sein.' Die Anruferin handelt aus der Grundposition: Ich bin O.K. – du bist nicht O.K. Das entspricht der Verfolger-Position im Drama-Dreieck. Die Anruferin vermittelt mit ihrem ersten Satz außerdem: ‚Ich versuche es noch mal mit einem Anruf, aber eigentlich bin ich überzeugt, dass mir das Gespräch nichts bringt.' Sie erlebt sich gleichzeitig als Opfer. Hinter der vordergründig wahrnehmbaren Verfolger-Rolle „schimmert" die zugrunde liegende Opfer-Haltung durch. Inge fühlt sich ertappt. Sie denkt über sich: ‚Ich bin keine gute Telefonseelsorgerin.' Das ist die Grundposition: Du bist O.K. – ich bin nicht O.K. Im Konzept des Drama-Dreiecks nimmt sie die Opfer-Position ein. Am Ende des Gesprächs haben beide Beteiligten „schlechte" Gefühle. Das deutet darauf hin, dass Inge auf ein „Spiel-"Angebot der Anruferin eingestiegen ist und „mitgespielt" hat. Der von der Anruferin ausgeworfene Haken trifft bei Inge auf den Zweifel, ob sie wirklich eine gute Telefonseelsorgerin ist (wunder Punkt). Im Verlauf des Gespräches wiederholt sich mehrmals das Muster, dass Inge „gut" sein, ein gutes Gespräch führen will und dabei insbesondere auf die Gefühlsebene der Anruferin eingehen möchte. Die Anruferin verhindert dies aber erfolgreich durch ihre Forderung, nicht unterbrochen zu werden. Die Anruferin steuert dadurch das Gespräch – sie ist in der „One-up-Position", die eigentlich eher der Telefonseelsorge-Mitarbeiterin zukäme – und vermittelt Inge wiederholt auf der verdeckten Ebene: ‚Ich lasse es nicht zu, dass du ein gutes Gespräch mit mir führst. Ich fühle mich nicht verstanden und in meinem Wunsch nicht ernst genommen.' Inge hört das auf ihrem Skripthintergrund und bestätigt sich: ‚Ich schaffe es nicht, dieses Gespräch kompetent zu führen.' Hinzu kommt, dass Inge mit der Anruferin keinen klaren Kontrakt für das Gespräch geschlossen hat, sondern den angebotenen Vertrag der Anruferin (keine Ratschläge, keine Beurteilungen, nur sprechen) übernimmt und sich ihrer Wahrnehmung nach mit ihren empathischen und den Gesprächsfluss aufrechterhaltenden Minimaläußerungen im Rahmen des Vertrages bewegt. Auf diese Weise versucht sie, doch noch ein „gutes" Gespräch zu führen. Die Anruferin fühlt sich jedoch durch dieses Verhalten in ihrem Wunsch, nur zu reden, nicht ernst genommen und nicht verstanden. So führt die Reihe der verdeckten Transaktionen zum Switch, zum Rollen-Wechsel. Die Anruferin legt die verdeckte Ebene offen: ‚Es hat keinen Sinn. Sie verstehen mich auch nicht.' Beide Beteiligte enden bei ihren Skriptüberzeugungen („Spiel"gewinn): Die Anruferin bestätigt sich, dass sie niemand wirklich versteht und die anderen schuld sind (Opfer-Position), die Telefonseelsorge-Mitarbeiterin, dass sie versagt hat, der Anruferin nicht gerecht wurde, eine schlechte Beraterin ist, „Schuld" hat (Opfer-Position). Beide fühlen sich „schlecht" (Racketgefühle).

Inge fühlt sich nach den Ausführungen der Supervisorin etwas erleichtert. Ihr ist die Stelle deutlich, an der sie das „Spiel" hätte abwenden können. Als es um den Vertrag ging, hat die Anruferin mit ihrer Frage „Sind Sie noch da?" Inge in ihrem Nachdenken, wie sie reagieren soll – hier war sie im ER –, „gestört". Das ist der Punkt, an dem Inge immer wieder zweifelt, wie viel Raum sie sich nehmen und was sie sich in einem Gespräch erlauben darf: gut für sich zu sorgen und nicht nur für die Anrufenden da zu sein. Die Supervisorin gibt ihr die Erlaubnis – auch als Stellvertreterin der Institution Telefonseelsorge –, dass es in Ordnung und notwendig ist, wenn sie gut für sich sorgt, indem sie die Bedingungen schafft, die sie für die Arbeit am Telefon braucht. Dazu gehören die Möglichkeit, zwischen zwei Gesprächen eine Pause einzulegen, um sich auszuruhen, und die Entscheidung, nur auf solche Kontrakte einzugehen, die sie auf dem Hintergrund des institutionellen Auftrags einhalten kann und will.

Das verdeutlicht nochmals das Angebot der Telefonseelsorge den Anrufenden gegenüber. Ein grundlegendes Element ist die Klärung, worum es inhaltlich gehen soll, was das Ziel des Gespräches ist und welchen Part die Telefonseelsorge-Mitarbeiter dabei übernehmen. Daraus entsteht als Ergebnis ein Kontrakt für das Gespräch, der oft auch den zeitlichen

Rahmen mit berücksichtigt. Kontrakte müssen positiv formuliert sein – die Negation kann eine „Spiel-"Einladung sein.

Inge sagt: „Ich hätte sie fragen können, was ich in diesem Gespräch tun kann, was das konkret heißt, ‚nur mit Ihnen reden´." Dann wäre die Anruferin „dran" gewesen mit der Chance, dass sie – im ER angesprochen – auch aus dem ER geantwortet hätte. Sie hätten einen Kontrakt schließen können, der für beide „O.K." und realisierbar gewesen wäre. (Statt verdeckter Transaktionen wären Paralleltransaktionen möglich geworden.) Die Telefonseelsorge-Mitarbeiterin nimmt die Ähnlichkeit ihres Vertragsangebotes mit dem der Anruferin wahr: „Wasch mich, aber mach mir den Pelz nicht nass. – Bestätigt mich in meinem Tun, die anderen sind schuld bzw. die Anruferin ist schuld, dass es mir so schlecht geht. Sagt mir, dass die Anruferin problematisch ist, dann bin ich entlastet." Anitas Reaktion hat ihr das verdeutlicht. Inge gibt auch den beiden anderen Mitarbeiterinnen Rückmeldung. Bei Lisas Äußerung (s.o.) hat sie sich wieder klein und inkompetent gefühlt, weil für sie verdeckt die kritische Eltern-Botschaft mitschwang: ‚Wenn du das Gespräch besser geführt hättest, würde es dir jetzt nicht schlecht gehen.' Das erinnert sie an die Situation mit der Anruferin. Ihr ist jetzt klar, dass sie mit ihrem verdeckten Vertragsangebot am Anfang der Sitzung dazu „eingeladen" hat. Von Maren fühlt sich Inge verstanden. Beide haben die Gespräche mit der Anruferin als schwierig erlebt. Inge schätzt an Maren, dass sie für sich sorgt und sich „traut", das Gespräch zu begrenzen.

Die anderen Mitarbeiterinnen wollen noch Interventions-Optionen sammeln, weil sich die Anruferin immer wieder bei der Telefonseelsorge meldet. Es werden Vorschläge gemacht, die Anruferin zu konfrontieren, z.B. die Abwertung der anderen zu konfrontieren: „Haben Sie eine Vermutung, warum sich die Menschen von Ihnen zurückziehen? Wollen Sie meine Vermutung hören?" Die Annahme ist, dass der Rückzug der Freunde und Bekannten mit der Art und Weise zusammenhängt, wie die Anruferin mit anderen Menschen, z.B. der Telefonseelsorge-Mitarbeiterin, umgeht. Dies könnte der Anruferin rückgemeldet werden. Eine andere Option ist, die Abwertung der Situation zu konfrontieren: „Wenn Sie hier anrufen und ein Gespräch mit mir führen möchten, gehört für mich dazu, dass ich mich auf Sie beziehe und auf das eingehe, was Sie mir mitteilen. Ich verstehe mich nicht als ein schweigendes Gegenüber." Eine Mitarbeiterin hat die Idee, das Vertragsangebot der Anruferin pfiffig umzudeuten, indem sie sich an die Vorgaben „keine Ratschläge, keine Beurteilungen" hält und stattdessen nur von sich und ihren eigenen Gefühlen spricht. Sie kann der Anruferin auf diese Weise alles mitteilen, was ihr wichtig erscheint, z.B. Rückmeldung darüber geben, wie die Anruferin auf die Mitarbeiterin wirkt, was ihre Worte bei ihr auslösen etc.

Die Supervisionssitzung endet mit einer Runde zu den Fragen: Was nehme ich aus dieser Sitzung für mich mit? Was kann ich auf meine Beratungsgespräche übertragen? Wie geht es mir jetzt?

5.2 Neuer Anwendungsbereich: Telefonseelsorge im Internet

Die Telefonseelsorge hat 1995 ihr Beratungsangebot durch Beratung und Seelsorge per E-Mail und im Beratungs-Chat erweitert. Die Menschen, die Beratungsangebote im Netz suchen, können über die Internet-Seiten der Telefonseelsorge unter www.Telefonseelsorge.de zwischen Beratung im Chat oder webbasierter Beratung per E-Mail wählen. Die Erweiterung des Kommunikationssystems Telefon durch das Internet schuf neue Möglichkeiten und Anfragen für Telefonseelsorge.

Im Internetangebot der Telefonseelsorge bearbeiten mehr als 30 Stellen jährlich etwa 11000 Beratungsanfragen auf einer verschlüsselten, datensicheren Plattform[5]. Alle Mail-Anfragen werden von einer zentralen Koordinationsstelle an die etwa 170 bundesweit Mitarbeitenden verteilt. Alle Ehrenamtlichen, die in der Internet-Arbeit tätig sind, leisten auch weiterhin – allerdings reduziert – Beratung und Seelsorge am Telefon.

Internetangebot

Dem Setting der Telefonberatung kommt eher die Situation im Beratungs-Chat nahe. Das heißt, Chat-Beratung hat mehr Gemeinsamkeiten mit der Arbeit am Telefon als die E-Mail-Arbeit. Denn im Beratungs-Chat kommunizieren zu einem fest vereinbarten Termin Berater und User über den Bildschirm. Berater und User begegnen sich daher hier in Echtzeit. Mehrfachkontakte in derselben Beratungskonstellation sind jedoch auch hier in beiden Settings nicht vorgesehen.

Beratungs-Chat

Kommunikation für Ratsuchende via E-Mail wird von den Ratsuchenden subjektiv noch niederschwelliger erlebt als Gespräche am Telefon (DODIER/KNATZ 2003). Viele Essentials der Telefonarbeit – wie Anonymität, Vertraulichkeit, Datenschutz – sind auch auf die Arbeit mit E-Mails anwendbar. Die Mail-Arbeit der Telefonseelsorge im Internet unterscheidet sich dennoch deutlich von der Beratung am Telefon. Grundlegend anders ist die hier gewollte Entstehung einer kontinuierlichen Beziehung zwischen Berater und Nutzer. Der Ratsuchende wird deshalb bei jeder Mail auf verschlüsseltem Weg mit demselben Berater in Kontakt gebracht. Dieses Arbeitsfeld der Telefonseelsorge hat damit eine größere Nähe zu „klassischer" Beratung als die Tätigkeit am Telefon. Auch die Klientel ist eine andere. Das Altersspektrum der Mailer beginnt unter 20 und endet, abgesehen von wenigen Ausnahmen, bei 40 Jahren. Wer sich per Mail an die Telefonseelsorge wendet, ist jung, oft noch in Ausbildung und lebt allein (Jahresbericht 2003 der Telefonseelsorge Schwarzwald-Bodensee, 2004). Nur wenige Mailer nutzen parallel auch noch das telefonische Angebot der Telefonseelsorge. Die Schnittmenge von Mailenden und Anrufenden ist klein.

Arbeit mit E-Mails

Ein weiterer Unterschied zur telefonischen Beratung ist die Zeitversetzung von Anfrage und Antwort in der Mail-Arbeit. Denn Mailer und Berater treffen sich in einem virtuellen Raum – Beratung findet nicht im direkten Gegenüber statt wie bei der „Face-to-Face-Beratung" und nicht gleichzeitig wie am Telefon oder im Beratungs-Chat. Die Zeitversetzung von Mailer-Anfrage und Berater-Antwort in der Mail-Arbeit bedingt, dass sich der Berater und der Mailer nur im Prozess des Schreibens und des Lesens begegnen. Begegnung geschieht hier auf Berater- und Mailer-Seite zweifach: beim Schreiben und beim Lesen der Mails. Die besondere Herausforderung und Leistung der Berater besteht darin, sich das Gegenüber allein aus den geschriebenen Worten und zwischen den Zeilen zu erschließen. Der Berater „holt" sich den Mailenden ins Hier und Jetzt und erschließt ihn sich aus dem schriftlichen Text der Mail (WABRA 2002).

Auch in der schriftlichen Beratungsform der webbasierten E-Mail-Beratung können transaktionsanalytische Konzepte nahezu „rein" angewendet, reflektiert und überprüft werden. Denn gerade der mehrfache Mailwechsel zwischen denselben Beratern und

Mailern bietet sich als Anwendungsfeld geplanter transaktionsanalytischer Interventionen an.

Beratungsziele können sowohl innerhalb eines Mailwechsels als auch über einen längeren Zeitraum hinweg vereinbart werden. Das Vertrags-Konzept (ÜA S. 67ff) erweist sich auch hier als roter Faden, der sich vom Erstkontakt des Mailers mit der Telefonseelsorge-Homepage über die Mailwechsel mit einem Berater fortsetzt. Bereits auf der Telefonseelsorge-Homepage ist der Rahmenvertrag transparent: Die Telefonseelsorge verpflichtet sich dazu, jede erste Mail-Anfrage innerhalb von 48 Stunden nach Eingang der Mail auf dem Server durch einen Telefonseelsorge-Mitarbeiter zu beantworten, Folge-Mails im zeitlichen Rahmen einer Woche. Anonymität, Datensicherheit und Verschwiegenheit sind zugesichert. Sobald der Nutzer einen Mail-Kontakt beginnt, geht er seinerseits die Verpflichtung zur Verschwiegenheit über die Beratungsinhalte ein. Die Homepage weist darauf hin, dass per Mail keine Therapie geleistet werden kann. In der Antwort auf eine Erst-Mail klärt der Berater mit dem Mailenden dessen Anliegen und Erwartungen an den Mail-Kontakt. Der Berater formuliert danach sein Angebot. Er vermittelt dem Mailer, was er im Rahmen des institutionellen Auftrages und auf dem Hintergrund der eigenen Kompetenz leisten kann und will. Transaktionsanalytische Vertragsarbeit steht daher am Anfang eines Beratungskontaktes per Mail im Zentrum der Arbeit. Im weiteren Verlauf der Beratung gilt es dann, das Vereinbarte immer wieder zu überprüfen, zu erweitern oder zu verändern.

Vorteil der schriftlichen Beratung

Ein Vorteil der schriftlichen Beratung liegt darin, sich wortwörtlich auf Aussagen beziehen zu können, um z.B. Skriptsätze, Antreiber oder Abwertungen zu verdeutlichen oder zu konfrontieren. In der Beratung per Mail bieten die 3 „Ps" der Transaktionsanalyse (permission, protection, potency; ÜA S.19) den Mailern die Chance, „probehandelnd" im sehr geschützten Raum der schriftlichen Kommunikation und im Gegenüber mit einem anonymen, nur durch seinen Beraternamen identifizierbaren „Gesprächs-"Partner Verhalten und Rollen spielerisch als Vorbereitung auf die „Ernstsituation" in der realen Welt erproben zu können. Viele Mailer nehmen die Beratung im Internet nämlich wahr, weil sie sich im direkten Kontakt mit anderen Menschen gehemmt und unsicher fühlen. Sie suchen oftmals gerade in der medienbedingten Distanz zwischen Berater und Mailer den geschützten Raum, der es ihnen konsequenzfrei ermöglicht, sich selbst auszuprobieren und sich einem anderen zuzumuten. Hier muss wie in jedem Einzelfall abgewogen werden, ob bzw. wann der Ratsuchende ermutigt wird, Rückzug und Anonymität schrittweise zugunsten eines immer persönlicheren Kontaktes: vom Internet zum Telefon, vom Telefon zum Face-to-Face-Beratungsgespräch aufzugeben. Hilfe zur Selbsthilfe, Erlaubnis für neues Verhalten und Ermutigung zu Entscheidungen und deren Realisierung sind daher wesentliche Interventionen im Rahmen der Mail-Beratung wie für das gesamte multimediale Angebot der Telefonseelsorge.

Dieselben Interventionen gelten auch für den Umgang mit den entsprechenden Beratern innerhalb der Supervision. Sie im Ausprobieren neuer und kreativer Interventionen durch Erlaubnis zu unterstützen und Raum zum Experimentieren zu schaffen ist eine wichtige Aufgabe innerhalb ihrer Supervision. Gleichzeitig ist es für die Berater bedeutsam, im

Schutz des institutionellen Rahmenvertrages ihre eigenen Grenzen zu erkennen und zu ziehen, wenn die Problematik der Mailer ihre Kompetenz und das Angebot der Telefonseelsorge im Internet übersteigt und das Problem des Mailers z.B. eine psychotherapeutische Bearbeitung oder eine konkrete Hilfestellung z.B. durch eine Schuldner- oder eine Erziehungsberatung erfordert. Genau dazu brauchen sie die äußere, durch den Supervisor als Vertreter der Institution Telefonseelsorge gegebene, und die innere, im inneren Dialog selbst gegebene Erlaubnis, Grenzen zu ziehen und zu achten.

In der supervisorischen Begleitung der Mail-Arbeit eröffnet die Verschriftlichung der Beratungsabläufe außerdem neue Varianten der Fallarbeit. Denn der im exakten Wortlaut vorliegende Text ermöglicht in der Supervision eine noch genauere Analyse als dies bei berichteten Telefongesprächen der Fall sein kann. So lassen sich z.B. Ich-Zustände (ÜA S. 23ff), Grundpositionen (ÜA S. 41ff), Einschärfungen und Gegeneinschärfungen (ÜA S. 57) eindeutiger herausarbeiten, die für die weitere Beratung genutzt werden können. Gerade für die Ehrenamtlichen ist der Lerngewinn hier enorm groß: Ersatzgefühle (ÜA S. 52), der Beginn von möglichen „Spielen" (ÜA S. 47), Redefinitionen (ÜA S. 65) bis hin zu Skripthypothesen können in der Praxis verifiziert und unter Supervision beeinflusst werden. Am schriftlichen Material können konkrete Alternativen und ihre sprachliche Umsetzung erarbeitet werden.

supervisorische Begleitung der Mail-Arbeit

6. Zusammenfassung

Telefonseelsorge hat neben seelsorgerlichen auch Elemente aus ganz verschiedenen Feldern psychologischer Arbeit in sich aufgenommen. Transaktionsanalyse ist dabei ein wichtiges Element, um die Arbeit mit Menschen zu beschreiben. Ein besonderer Vorteil der Anwendung von Transaktionsanalyse in der Telefonseelsorge liegt in der Einfachheit und unmittelbaren Einsichtigkeit ihrer Modelle auf der theoretischen und praktischen Ebene. Wie die Transaktionsanalyse ist Telefonseelsorge ein komplexes System, das sich in seiner Vielfalt beraterischer Arbeit mit Menschen ständig weiterentwickelt.

Die praktische und theoretische Anwendung transaktionsanalytischer Elemente in der Telefonseelsorge findet auf mindestens drei Ebenen statt: beim unmittelbaren Gespräch zwischen Anrufenden und Telefonseelsorge, bei der Ausbildung und Supervision der ehrenamtlich Mitarbeitenden und durch viele hauptamtliche Kräfte, die in Transaktionsanalyse ausgebildet sind und diese entsprechend anwenden. Auf allen diesen Ebenen kann Kommunikation mittels der Konzepte von Transaktionsanalyse durchgehend beschrieben werden: beispielsweise in der Beobachtung und Analyse der Ich-Zustände, der Differenzierung in Funktions- und Strukturanalyse und deren Reflexion, der Beobachtung von Transaktionen, durch die Kenntnis der „Spiel-"Theorie und des Skriptkonzeptes, der Grundpositionen, der Abwertungsmatrix, des Drama-Dreiecks etc.

In der Aufnahme und Anwendung dieser und anderer transaktionsanalytischer Elemente in der Telefonseelsorge spiegelt sich wider, was für die Begegnung am Telefon Grundlage ist: das Angebot, sich im partnerschaftlichen Kontakt zu begegnen. Dies geschieht mithilfe der Transaktionsanalyse in einer zielgerichteten Form zwischenmenschlicher Unterstützung und Hilfestellung bei der Bewältigung von Lebensanforderungen. Dabei reichen die Anwendungsfelder der (ursprünglichen) Telefonseelsorge bis zur (zukunftsweisenden) Internetberatung.

Anmerkungen:

1 Dabei ist zu beachten, dass Lebensauffassungen, Lebensweisen und Sprachstile in unserer Gesellschaft längst nicht mehr einheitlich sind (MATENAAR 2002). Die Erforschung von Lebenswelten und den ihnen zugehörigen Kommunikationsformen könnte daher ein spannendes Forschungsfeld für Transaktionsanalytiker darstellen!
2 Als Beispiel sei der Internationale Kongress für Telefonseelsorge genannt, der 2003 in Ljubljana stattfand, wo eine der Autorinnen einen mehrtägigen Skriptworkshop mit der 4-Geschichten-Technik von Fanita English (1980) anbot. Aufgrund des großen Anklangs erfolgten daraus wiederum weitere Workshops in mehreren Telefonseelsorge-Stellen mit Ehrenamtlichen, aber auch mit Hauptamtlichen und Leitungsteams.
3 Neben Eric Bernes grundlegendem Werk „Struktur und Dynamik von Organisationen und Gruppen" (1979/1986) und dem Rollenkonzept von Bernd Schmid (1994) eignet sich besonders das „Konzept des Typ 1/ Typ 2" von Fanita English (1982).
4 Vier in verschiedenen Lebensphasen gehörte, gelesene (eben nicht selbst erfahrene) Geschichten geben Aufschluss über grundlegende kreative Ideen und Lebenspläne sowie deren oft verschüttete oder vergessene Quellen, die von den Gruppenmitgliedern im Vergleich der vier Geschichten und in freier Assoziation wieder freigelegt werden (ENGLISH 1980; RÖHL 2004).
5 Telefonseelsorge ist seit Langem Vorreiter auf dem Gebiet des Datenschutzes und der Datensicherheit.

Christa Matenaar

Jahrgang 1950, seit 25 Jahren in der Telefonseelsorge sowie in Ehe-, Familien- und Lebensberatungsstellen tätig, seit 1995 Leiterin der Telefonseelsorge Düren-Heinsberg-Jülich. Vorstandsmitglied der Katholischen Konferenz für Telefonseelsorge und Offene Türen in Deutschland. Studium der Germanistik, Theologie, Pädagogik. Seit 1988 klinische Transaktionsanalytikerin. Zusatzausbildungen: Fortbildungen in Gestalttherapie und systemischer Therapie. Langjährige Berufserfahrung als Therapeutin, Supervisorin und Trainerin.

Gerhard Schlett

Jahrgang 1963, Theologe, Pastoralpsychologe (Lic theol), Pastoralreferent im Bistum Mainz, Ausbildung in Transaktionsanalyse, European Zertificate for Psychotherapy (EAP), Supervisor. Langjährige Tätigkeit als Jugendseelsorger, Leiter der Telefonseelsorge Gießen.

Gesine Wabra

Jahrgang 1952, Diplom-Psychologin, Tätigkeit als wissenschaftliche Mitarbeiterin der Universität Konstanz, Gesprächspsychotherapeutin, klinische Transaktionsanalytikerin (seit 1986), Bibliodramaleiterin, Fortbildungen in Hypnotherapie. Seit 1992 im Leitungsteam der Telefonseelsorge Schwarzwald-Bodensee. Langjährige Mitarbeit im Vorstand der Evangelischen Konferenz für Telefonseelsorge und Offene Tür als stellvertretende Vorsitzende.

Anschrift der Verfasser/innen:

Christa Matenaar
Am Tiergarten 22
52078 Aachen

Gerhard Schlett
Schottstraße 8
35390 Gießen

Gesine Wabra
Hauptstraße 18A
88677 Markdorf

Beraterische Kompetenz in der spirituellen Begleitung
Ludwig Schuhmann

1.	**Spiritualität in der katholischen Kirche**	208
	1.1 Spiritualität als existenzielle Antwort	208
	1.2 Wichtige Stationen für den Prozess in der spirituellen Formung	209
	1.3 Standardangebote für die spirituelle Formung	209
	1.4 „Geistliche Begleitung" als Spezialform von Spiritualität	210
2.	**Schlaglichter zur Geschichte der Geistlichen Beratung und spirituellen Begleitung**	212
	2.1 Kirchengeschichtliches	212
	2.2 Neuzeitliches	213
3.	**Sind Geistliche Begleitung und Beratung zwei getrennte Fachgebiete? Anmerkungen zum gegenwärtigen Stand**	214
	3.1 Das Profil der Geistlichen Begleitperson	214
	3.2 Geistliche Begleitung in Kombination mit transaktionsanalytischer Beratung	215
4.	**Nützliche Konzepte der Transaktionsanalyse: Eine hilfreiche Theorie- und Methodenkombination für die spirituelle Begleitung**	217
	4.1 Stärkung der Erwachsenenhaltung	217
	4.2 Destruktives aufdecken	217
	4.3 Authentizität fördern	218
	4.4 Autonomie stärken	219
	4.5 Ein Beispiel als Illustration	220
5.	**Anmerkungen zu Umfang und Möglichkeiten Geistlicher Begleitung**	222
6.	**Zusammenfassung**	224
	Anmerkungen	224

Eine jede Anthropologie, die in der Religion einen gebührenden Platz hat, kennt verschiedene Stufen der Relation zum Transzendenten. Der Einzelne erlebt sich eingebettet und bezogen auf ein größeres Ganzes. Dieser Bezug kann individuell oder gemeinschaftlich gepflegt werden. Die christlichen Kirchen haben darin ihre je eigenen Traditionen. Sie sind nicht gleichförmig, sondern tragen unterschiedliche Akzente. Neben strikter Glaubensverkündigung (Weitergabe von Glaubenslehren) kennen die Kirchen auch weitgefächerte Angebote, in denen sich ihre Mitglieder eine persönliche Spiritualität aneignen können.

1. Spiritualität in der katholischen Kirche

spirituell/ Spiritualität

Grundsätzlich haben die Begriffe „spirituell" und „Spiritualität" keine klaren Festlegungen, woher ihre Inhalte stammen. Sie können ihren Ursprung in vielerlei Weisheitslehren haben. Umgangssprachlich wird in der katholischen Kirche „spirituell" häufig synonym verwendet mit religiös. „Spirituell-Sein" tritt mehr und mehr an die Stelle des eher bieder wirkenden „Fromm-Seins".

1.1 Spiritualität als existenzielle Antwort

persönlicher Existenzentwurf

Wenn es um die individuelle Gestalt der je eigenen Innerlichkeit geht, spricht man von „meiner" (besonderen) Spiritualität. Damit ist sie ein Wesenselement des persönlichen Existenzentwurfes. Dazu gehört, dass der Einzelne seine Antworten auf die drei fundamentalen Existenzfragen gesucht hat bzw. sie in immer wieder neuen Anläufen findet, nämlich: *Wer bin ich? Wer sind die anderen um mich herum? Was tue ich auf dieser Welt?* Damit ist die Sinnfrage angesprochen. Zum Spirituell-Sein gehört die Entfaltung (seelisches Wachsen und Reifen) des eigenen Wesens gemäß dem gewählten Existenzentwurf. Damit ist gesagt, dass es im Spirituell-Sein keinen statischen Zustand gibt. Von der „Fülle des Lebens" mehr zu entdecken ist ein biblischer Ausdruck für gelingendes, spirituelles Dasein.

integrierte Persönlichkeit

In einem psychologischen Begriff ist es das „Selbstkonzept der integrierten Persönlichkeit". Diese „personale Erwachsenenperson"[1] wird in der christlichen Anthropologie geprägt in der Beschäftigung mit der Herausforderung: *Wer ist Gott für mich und wer bin ich für Gott?* Das Finden der Antwort verläuft auf mehreren Ebenen. Wesentlich sind: Beschäftigung mit der Bibel (individuell oder in der Gruppe), Erfahrungsaustausch der Gläubigen untereinander, Vertraut-gemacht-Werden mit spirituellen Methoden.

1.2 Wichtige Stationen für den Prozess in der spirituellen Formung

Die Kirchen bieten den Menschen in verschiedenen Lebenssituationen Beistand an: Bald nach der Geburt, beim Eintritt in das Erwachsenenalter, bei der Vorbereitung auf die Ehe, in Krankheit, zur Bewältigung von Schicksalsschlägen, bei Tod und Trauer u.Ä. An solchen markanten Punkten des Lebens gibt es für Einzelne oder Gruppen persönlich gehaltene Impulse. Ausgewählte Aussagen der christlichen Glaubenslehre sollen eine seelisch-geistige Hilfe sein. Rituale und spezielle Gottesdienste untermauern oft die Glaubensinhalte. **persönlich gehaltene Impulse**

Darüber hinaus gibt es im Leben Zeiten persönlicher Orientierungslosigkeit, geistiger/existenzieller/motivationaler/emotionaler Verstimmung oder Leere, wenn z.B. das bisher tragende Daseinskonzept ins Wanken geraten ist oder gesellschaftlicher Wertewandel und Paradigmenwechsel im Gange sind. Auch persönliche Krisen oder der Übergang von einer Altersphase in eine andere haben Unsicherheiten zur Folge. In solchen Situationen suchen Menschen Orientierung und nicht wenige wenden sich an kirchliche Einrichtungen wie Bildungs- und Exerzitienhäuser oder an Klöster mit Sprechzimmern. Solche Bitten um Orientierungshilfe siedle ich im Bereich der seelsorgerlichen Beratung an. Diese steht der Spiritualität nahe.

Hier ist beraterische Kompetenz aus der Transaktionsanalyse von Nutzen. Denn seelsorgerlich/spirituelle Beratung arbeitet mit wirklichkeitskonstruktiven Botschaften aus dem religiösen Bezugsrahmen. Kenntnis in Transaktionsanalyse verhilft, sie psychologisch so anzubieten, dass sie nützliche Botschaften werden, die das Erleben und Verhalten förderlich beeinflussen.

1.3 Standardangebote für spirituelle Formung

Kirchliche Einrichtungen haben in ihren Programmen für eine gesamtmenschliche, d.h. auch spirituelle Bereicherung, Workshops mit Naturelementen, Atem-, Traum- oder Körperarbeit, Heilfasten, meditativem Tanz u.Ä.m. Diese wollen einen besseren Kontakt zur eigenen Lebensgeschichte vermitteln, intensiveres Fühlen wecken oder verloren gegangene, natürliche Erfahrungen zurückgewinnen helfen. Die Angebote und die Prozessbegleitungen können aus verschiedenen Traditionen stammen, aus Weisheits- oder Gesundheitslehren und auch aus anderen Kulturen. **Workshops**

Spirituelle Anregungen erhält man meistens in Kursen während Zeiten des Rückzugs aus dem gewohnten Alltag in ein Haus der Besinnung – so z.B. bei angeleiteter Kontemplation mit Bibeltexten bzw. Bildern, in Einzel- oder Gruppenexerzitien, bei der Beschäftigung mit Zen-Meditation … Häufig orientieren sich die Angebote an Schulen der christlichen Spiritualität, z.B. der benediktinischen oder jesuitischen, oder sie sind ganz biblisch ausgerichtet. Durch diese Methoden sollen Wachstumsprozesse auf ein bestimmtes Bild gläubigen Selbstseins und eigener Selbstverwirklichung hin initiiert werden. **Spirituelle Anregungen**

Leib-Seele-Einheit des Menschen

Der Blick ist hier auf die Leib-Seele-Einheit des Menschen gerichtet, seine Ganzheit, die leicht durch eine einseitig funktionale Leistungsherausforderung verloren geht. Man bewegt sich im anthropologischen Vorfeld des Glaubens, zu dem auch die Entdeckung des Heiligen, eine Ahnung von „der Welt hinter der Welt", die Ehrfurcht vor dem Dasein u.Ä. dazugehören. Transaktionsanalytische Kenntnisse, z.B. des Personkonzepts (ÜA S. 23 ff), sind dabei als Hintergrund vorteilhaft.

1.4 „Geistliche Begleitung" als Spezialform von Spiritualität

Geistliche Begleitung

In Weiterführung des eben Beschriebenen gibt es eine spezielle Form von persönlichem Begleitgespräch, die sog. Geistliche Begleitung. Sie ist ein offener, existenzbezogener Dialog zwischen einem Begleiter und einem Interessenten. Der Begleitete möchte in dem Gesprächsprozess inspirierende Anregung gewinnen, wie er mehr zu dem Geschöpf werden kann, das er von Gott her sein könnte und sollte.

Geistliche Begleitung „Mystagogie"

Das theologische Feld, in das die Geistliche Begleitung gehört, ist die sog. „Mystagogie", d.h. die Hinführung zum Leben aus dem geheimnisvollen, größeren Ganzen. Mystagogie erschöpft sich nicht in biblischer/theologischer Wissensvermittlung. Sie vereinigt grenzüberschreitend beraterische, pädagogische und auch heilende Aspekte in sich (ANDRIESSEN 1995; SCHAUPP 1994). In einer Anthropologie, die Spirituelles einbegreift, sind (religiöse) Heilskunde und (gesundheitsbezogene) Heilkunde eng miteinander verknüpft (BEINERT 1990).

Die theologische Begründung für die spezielle Begleitungsbeziehung besteht darin, dass im dialogischen Miteinander die Echtheit des christlich-gläubigen Lebensentwurfes eher gefunden wird als im Alleingang. Dahinter steht als Grundidee die biblische Uraussage, dass Relation eine Wesenseigenschaft des christlichen Gottes ist. Relation hat dann auch im Zwischenmenschlichen entsprechende Wichtigkeit. Das aufbauende Gespräch in der Geistlichen Begleitung erleichtert daher ein Wachstumsgeschehen, bezogen auf das Selbstkonzept des Begleiteten. (Rückwirkend jedoch auch auf den Begleiter!)

Ganz allgemein assoziiert man mit einem Begleiter einen (oft zufällig getroffenen) Weggefährten, der sich in einer gleichen Situation befindet. Wenn der mit dem Weg vertraut ist, schließt man sich ihm aus freien Stücken an und hat beim Gehen durch ihn einen Gewinn. Im Fall des Geistlichen Begleiters ist er als „Kundiger" eine Bereicherung, weil er zum besseren Selbstverstehen und zur größeren Sicherheit im gläubigen Selbstbild beiträgt. In Bezug auf dieses Ziel ist die Funktion des Begleiters allerdings nicht direktiv, sondern maieutisch.[2]

nicht direktiv, sondern maieutisch

Der Begleitete steht gewöhnlich nicht am Anfang seines Gläubigseins. Im Gegenteil, er wird von einer Sehnsucht nach größerer Intensität des Glaubenslebens bewegt, nämlich individuell damit vertraut zu werden, wie Gott sich ihm zur „Erfahrung" bringt. Geistliche Begleitung gibt also nicht Anleitungen zu „frommen" Verhaltensweisen, sondern trägt zur Klärung von Erfahrungen bei, aus denen sich praktische Lebenskonsequenzen ergeben.

Der Geistliche Begleiter (Mann oder Frau, Kleriker oder Laie) „unterstützt den anderen darin, Gott direkt anzusprechen und auf das zu lauschen, was Gott mitzuteilen hat ... Geistliche Begleitung dieser Art konzentriert sich auf das, was geschieht, wenn ein Mensch auf den sich selbst mitteilenden Gott hört und ihm antwortet" (BARRY & CONNOLLY 1992, 15). „Der Akzent dieses Typs von Geistlicher Begleitung liegt auf Erfahrungen, nicht in den Vorstellungen, und zwar gerade auf religiösen Erfahrungen, das heißt auf jedweder Erfahrung des geheimnisvollen anderen, das wir Gott nennen" (ebd. 17).

Geistlicher Begleiter

Gott suchen und ihn in religiösen Erfahrungen entdecken, führt gewöhnlich zu einer neuen Ordnung des Lebens. „Wer die Berufung zum Leben ernst nimmt, wird sich nicht erlauben, vor sich hin zu vegetieren; er wird sich anstrengen, sein Leben bewusst zu gestalten" (STENGER 2003, 407). Der theologische Begriff hierfür ist die „Umkehr". Bei einer solchen Zielsetzung bleibt es nicht aus, dass gewohntes Denken, Fühlen und Verhalten infrage gestellt wird. Es soll in der Geistlichen Begleitung eine Transformation in den drei Bereichen stattfinden. Ausgelöst durch die inspirierenden Beiträge des Begleiters kann der Begleitete zu neuen Erfahrungen kommen.

Themen für die Gespräche sind grundsätzlich die ganze Lebenswirklichkeit des Begleiteten. Aktualisiert wird jedoch immer nur das, was der Begleitete ansprechen möchte. Dazu gehört „die körperliche, die seelische und geistige Dimension des Menschen sowohl in Beziehung zu sich selbst, zu anderen Menschen, dem sozialen und gesellschaftlichen Umfeld, zur Umwelt insgesamt. Recht verstandene Geistliche Begleitung führt nicht zu einer individualistischen Spiritualität, sondern befreit den Einzelnen, sein Charisma in Kirche und Welt zu leben" (ERZDIÖZESE FREIBURG 1992). Sie hat als eines ihrer Ziele die Ermächtigung des Begleiteten zum eigenen Leben. Psychologisch gesagt, sie impliziert Selbsterkenntnis, -annahme und -verwirklichung als Teilziele.

Wer seinen persönlichen Daseinsentwurf, sein Selbstkonzept, auf ein religiöses Fundament baut, ist für gewöhnlich froh um eine Anleitungs- oder Partizipationsperson, in deren Geleit er sich begibt. Solche frei gewählte, vertrauensvolle Verbindung wird eingegangen, um zu wachsen hin auf individuell gefundene Eigenständigkeit im Selbstsein, wozu auch Religiosität gehört. Die Beziehung zwischen Begleiter und Begleitetem darf deshalb nicht symbiotisch sein. Sie lässt sich dialektisch ausdrücken: „Identifikation in gleichzeitiger Nichtidentifikation" oder „Vorbild ohne Anpassung und Imitation".

Beziehung zwischen Begleiter und Begleitetem

2. Schlaglichter zur Geschichte der Geistlichen Beratung und spirituellen Begleitung

2.1 Kirchengeschichtliches

Wurzeln im eremitischen Mönchstum

In der Tradition des Christentums finden wir Geistliche Beratung in verschiedener Gestalt. Sie geht zurück bis in die frühchristlichen Jahrhunderte und hat ihre Wurzeln im eremitischen Mönchtum (BAMBERG 1981; G. & Th. SARTORY 1980; HELL 2002; STENGER 2003). Menschen zogen sich aus dem Alltagsleben zurück, um in Abgeschiedenheit, z.B. in der Wüste, Gott besser zu finden. Ein solcher Entschluss brauchte Führung und Anleitung durch erfahrene Meister, Väter/Äbte genannt. Parallel zu ihnen gab es auch Begleiterinnen, die Ammas, Geistliche Mütter.

Wer sich dem gewöhnlichen Leben entzog, um primär Gott zu finden, merkte bald, dass ihm außergewöhnliche seelische Zustände widerfuhren, mit denen er zurechtkommen musste. Über diese sprach man mit dem Abt/der Amma, um Klarheit zu erlangen, was an diesen Erlebniszuständen mit Gott zu tun hat oder ob sie gegen Gott gerichtet sind.

In der Zeit des klassischen Mönchtums (mit der Gründung des Benediktinerordens im 6. Jahrhundert) bekam die Geistliche Beratung stärker den Charakter eines „Schüler"-Meister"-Verhältnisses, da es um das Gelingen des mönchischen Lebensstandes in Gemeinschaft ging. Geistliche Vaterschaft/Mutterschaft war der leiblichen Elternschaft nachempfunden (z.B. im religiös-erzieherischen Gehorsam für den noch Unerfahrenen).

Geistliche Freundschaften

Zur Geschichte des Geistlichen Gespräches gehören im Hochmittelalter auch die sog. Geistlichen Freundschaften unter Mönchen, in seltenen Fällen auch zwischen Mönchen und Nonnen. Die Freundschaft bestand im Mitteilen von seelischen Regungen zu allen Lebenssituationen. Ihr Stil war wohlwollendes Zuhören und Antworten ohne Neugierde oder Manipulationsabsichten, Diskretion, innige Verbindung (Freundschaft), aber nicht Exklusivität der Beziehung. Ein solcher Dialog, der inspirierend und reifungsfördernd wirken wollte, gehörte in die Spiritualität (v. RIEVAL 1978).

Regeln für Geistliche Führung

Ein wichtiges Kompendium spätmittelalterlicher Regeln für die Geistliche Führung ist das Exerzitienbuch des Ignatius von Loyola (v. LOYOLA 1978). In ihm hat er seine eigenen spirituellen Erfahrungen und was er durch Anleitung anderer erprobt hatte zu sog. „Geistlichen Übungen" zusammengefasst. In dem Buch gibt er u.a. auch Anweisungen an den Exerzitiengeber, wie er sich auf den Begleiteten einzustellen hat, und Beurteilungskriterien für die Unterscheidung der seelischen Regungen.

In der Frömmigkeitsliteratur des 19. Jahrhunderts finden sich außerdem Manuale zur sog. Seelenführung. Diese bestand damals weitgehend aus traditionellen, asketischen und moralischen Anweisungen. Das Verständnis einer dynamischen, individuell-persönlichen Weiterentfaltung blieb hierbei auf der Strecke.

2.2 Neuzeitliches

Erst in der zweiten Hälfte des letzten Jahrhunderts hat sich für die spirituelle Beratung der Begriff „Geistliche Begleitung" fest etabliert. Seit etwa zwei bis drei Jahrzehnten ist sie zu einem häufigeren, kirchlichen Angebot geworden. Vorher war sie eine eher unauffällige, nur Insidern bekannte Möglichkeit im Kontext von Exerzitien.

Für bestimmte kirchliche Berufe (Priester, Ordensleute, hauptamtliche pastorale Gemeindemitarbeiter/innen) ist sie während der Ausbildungszeit und darüber hinaus verbindlich vorgesehen bzw. dringend empfohlen. Zusätzlich zum Studium sieht man die Notwendigkeit, den Studierenden auch Angebote für ihre spirituelle und „ganzheitliche" Formation zu machen. Die Kirchenleitungen schlagen dafür Ansprechpersonen vor. Diese gehören nicht zum Team der Dozenten und sind keine Entscheidungsträger bei den Anstellungen der Kandidatinnen und Kandidaten. Damit ein Vertrauensverhältnis zu den Begleitern entstehen kann, gilt Schweigepflicht für alles, was mit ihnen besprochen wird. (In kirchlicher Terminologie „forum internum" genannt.)

In einem anderen kirchlichen Sektor wird verstärkt nach Geistlicher Begleitung gefragt: Die volkskirchliche Frömmigkeit herkömmlicher Prägung wird von vielen Gläubigen nicht mehr aufrechterhalten. Die Zeit schlichter Unterordnung unter hierarchisch-kirchliche Glaubensanweisungen geht zu Ende. Im Gegenzug wächst ein Interesse an Glaube und Spiritualität, das ausgeht von den eigenen Existenzerfahrungen. Für dieses Suchen braucht es Männer und Frauen, die als Ansprechpartner geeignet sind. Unter den Kirchenmitgliedern steigt der Wunsch nach erfahrenen Seelsorgern/innen, die begleitende Gespräche anbieten. Empfiehlt es sich, in deren Ausbildung transaktionsanalytisches Denken und Vorgehen zu erlernen?

Geistliche Begleitung verstärkt gefragt

3. Sind Geistliche Begleitung und Beratung zwei getrennte Fachgebiete? Anmerkungen zum gegenwärtigen Stand

3.1 Das Profil der Geistlichen Begleitperson

Geistlicher Begleiter ist jemand, der bzw. die vertraut ist mit den Dingen im Seelenleben, welche *heil* oder *unheil* sind, d.h. auf Gott bezogen oder gegen ihn gerichtet. Um darin hilfreich zu sein, braucht der Begleiter Kenntnisse auf dem Gebiet des Innenlebens und Gespür für das, was in der zwischenmenschlichen Begegnung vor sich geht. Seine Kompetenzen liegen auf verschiedenen Ebenen:

Kompetenzen

Glaubensvermittler
➤ Der Geistliche Begleiter ist ein *Glaubensvermittler* innerhalb einer Kirche. Er braucht hinreichendes theologisches Wissen, ohne im akademischen Sinn Theologe sein zu müssen.

Heilspädagoge
➤ Er ist so etwas wie *Heilspädagoge*. Dafür sind psychologische Kenntnisse wichtig, die ihn *heilsame* bzw. *unheilsame* seelische Prozesse erkennen lassen. Einen pädagogisch-therapeutischen Beruf im professionellen Sinn muss er hierfür nicht ausüben.

Intuition und Sensibilität
➤ Er braucht *Intuition und Sensibilität*. Durch sie ist er wachsam für das, was die Förderung der existenziellen Glaubenshaltungen an möglichen Tiefenwirkungen impliziert bzw. auslösen kann. Unabdingbar ist, mit dem eignen Lebensentwurf vertraut zu sein und ihn authentisch zu leben.

personale Grundhaltungen
➤ Von den *personalen Grundhaltungen* her ist ein menschenfreundlicher Charakter wichtig. In biblischer Terminologie heißt das: ein Mensch mit einem „hörenden Herzen". Er hat Zutrauen bei anderen zu wecken, muss sich in die Erlebenswelt anderer hineinversetzen (Empathie) und aufmerksam zuhören können. Unter Absehung von sich selber und seinem eigenen, inneren Werdegang hat er andere zu ihren Entwicklungsprozessen anzuregen. Er begegnet vorurteilsfrei und sieht ab von eigenen Werturteilen. Für den zu fördernden Daseinsentwurf der begleiteten Person nimmt er nicht sich selber als Vorbild, um niemand in eine Anpassung/Abhängigkeit zu bringen.

Von den Rahmenbedingungen her ist der Geistliche Begleiter in der Weise professionell, wie ein „Meister" oder Pädagoge im weiten Sinn professionell ist.[3] Ein solcher hat Wesentliches begriffen von der Lebens- und Glaubensweisheit, der er sich verpflichtet hat. Ebenso kennt er die Problematik ihrer Umsetzung in die Praxis. Aus solcher Fundierung kann er wiederum anderen die Möglichkeit zum je eigenen Daseinsentwurf auftun und bei dessen konkreter Realisierung nützen.

Wegen der Vielschichtigkeit der Geistlichen Begleitung wird es verständlich, dass man sie in der Vergangenheit nur „erfahrenen" Priestern/Ordensfrauen zutraute. Oft fiel sie mit der Einzelbeichte zusammen, ohne dass beide gleichzusetzen sind! Die Kirchenleitungen waren meist misstrauisch, wenn Laien die Kunst des Begleitens und Beratens ausübten. In den Dingen des Lebens und des Glaubens besonnen sein war die Basis, auf der man als Ratgeber oder Begleiter kirchlicherseits anerkannt wurde. Die maßgebliche Rolle spielte die Tugend der Klugheit. Sie galt als theologische und allgemein menschliche Kompetenz.

3.2 Geistliche Begleitung in Kombination mit transaktionsanalytischer Beratung

Die Darstellung von Geistlicher Begleitung bietet auf den ersten Blick keinen Anknüpfungspunkt zu dem, wofür der transaktionsanalytische Berater in Anspruch genommen wird. Dessen Beratung definiert sich nicht von einem umfassenden Sinnangebot her. Sie nimmt kein letztes Ganzes, was das Individuum transzendiert – Gott, oder wie immer es genannt wird –, zum Inbegriff ihres Vorgehens. Die beraterische Sichtweise der Person ist enger. Sie fokussiert die Struktur und Dynamiken der menschlichen Psyche.

Spirituelle Schulen sprechen von der Seele, zu der auch geistige Vorstellungen und Bilder gehören. Das Geistliche Begleitungsgespräch thematisiert das auf Gott bezogene Selbstbild und die damit zusammenhängenden Selbsterfahrungen. In den Gesprächen lässt sich Psychologisches jedoch nicht ausklammern. Was die transaktionsanalytisch-beraterische Arbeit an Personenstrukturierung, an Klarheit und Bewusstheit im Denken und Fühlen sowie an Entscheidungsbefähigung leisten kann, ist ebenso für die Echtheit eines spirituellen Daseinsentwurfes relevant.

auf Gott bezogenes Selbstbild

So geben die Geistlichen Begleitungsgespräche Informationen und Interpretationen von Glaubenslehren, irrige Anschauungen werden korrigiert, andere Sichtweisen von Erlebenszuständen angeboten (Umdeutung), Zusammenhänge neu hergestellt. Der Begleiter nimmt durch seine Interventionen auf das innere Wirklichkeitssystem der begleiteten Person Einfluss. Der Bezugsrahmen (ÜA S. 59f) des Begleiteten wird dadurch nicht nur von fragwürdigen, religiösen und sonstigen Definitionen und Abwertungen geläutert. Er wird um zutreffendere Definitionen erweitert. Denken, Fühlen, Verhalten erhalten so neue Dynamiken.

Wachsen und Reifen der Persönlichkeit ist eine Veränderung ihrer Innenstruktur. Wenn dazu die Geistliche Begleitung religiös wie gesamtmenschlich einen Beitrag leistet, lässt der sich im transaktionsanalytischen Denken zur Arbeit am Bezugsrahmen zählen. Gemäß J. Schiff et al. führt dieser zu „... einer umfassenden Gesamtheit der Wahrnehmungs-, Begriffsbildungs-, Emotions- und Handlungsweisen, welche verwandt wird zur Definition des Menschen selbst, der anderen Menschen und der Welt" (STEWART & JOINES 1990, 273). Er bildet damit den Plan und die Struktur der Antworten, durch welche die verschiedenen Ich-Zustände in Reaktion auf einen Stimulus zusammengebracht werden. Er kann funktional bzw. dysfunktional sein, von geringer oder hoher Komplexität, starr oder flexibel. In jedem Fall dient er dem Zurechtkommen bzw. Nichtzurechtkommen im eigenen Leben, mit anderen und der Welt insgesamt. Auf diese Gesamtsichtweise des Menschen von sich und der Welt nehmen, wie gesagt, Beratung wie Geistliche Begleitung Einfluss.

Wachsen und Reifen der Persönlichkeit

Die Aufmerksamkeit bei Beratung wie Geistlicher Begleitung gilt den Erfahrungen, dem Denken, Wahrnehmen und Verhalten des Einzelnen. Über ihre Bedeutsamkeit, Auswirkungen, Zusammenhänge wie auch Herkunft wird in beiden Disziplinen gesprochen, ebenso über wünschenswerte Transformationen. Dabei verwendet der transaktionsanaly-

Aufmerksamkeit bei Beratung und Geistlicher Begleitung

tische Berater Verstehens- und Umgangskonzepte für Denken, Fühlen und Verhalten, die bei religiösen Haltungen und Vollzügen ebenfalls ihre Geltung und Nützlichkeit haben. Mit der Zuordnung der Geistlichen Begleitung zur Arbeit am Bezugsrahmen ergibt sich jedoch, dass auch der beraterisch geschulte Geistliche Begleiter die Möglichkeit hat, dem Begleiteten mit Konzepten der Transaktionsanalyse nützlich zu sein. Wo es nötig ist, kann er dessen Persönlichkeitsstruktur mit beraterischen Konzepten psychologisch fördern.

In der Zusammenschau sind Geistliche Begleitung wie Beratung „professionelle" Kommunikationsformen für die Veränderungen des Bezugsrahmens. Beim Geistlichen Begleiter wie auch beim Berater wird dabei die Erlaubnis zu verändertem Denken, Empfinden, Verhalten oftmals durch deren persönliche Ausstrahlung (Authentizität) gegeben. Aber auch das vereinbarte Setting, die Ethik und der Respekt in der Begleitung leisten ihren Beitrag zu den gewünschten Transformationen.

4. Nützliche Konzepte der Transaktionsanalyse: Eine hilfreiche Theorie- und Methodenkombination für die spirituelle Begleitung

Meine Beobachtung ist, dass Menschen aus dem binnenkirchlichen Raum eher Geistliche Begleitung wünschen, wenn sie spüren, dass eine Veränderung ihrer Lebensweise angesagt ist. In so mancher Anfrage ist jedoch latent ein beraterisches, manchmal therapeutisches Anliegen enthalten. Kommt man im Gespräch an diesen Punkt, hat der Begleiter zu differenzieren und offen zu legen, wie er die Thematik einschätzt. Unter Umständen ist dann eine neue vertragliche Regelung zu treffen, die zwischen diesen Anliegen differenziert.

Wo aber lässt sich das Anliegen von Geistlicher Begleitung mit psychologisch-beraterischen Zielen in ergänzender Zuordnung aufeinander sehen?

4.1 Stärkung der Erwachsenen-Haltung

In der Transaktionsanalyse haben Haltungen, wie sie je nach Kontext strukturell oder funktional mit dem Erwachsenen-Ich beschrieben werden, die entscheidende Bedeutung für die „gesunden" Reaktionen des Menschen auf äußere oder innere Stimuli. Die Relevanz der Erwachsenen-Haltung kann in der Geistlichen Begleitung voll übernommen werden. Interventionen also, welche die Erwachsenen-Haltungen stärken (Erlaubnisse/ Bestätigungen geben, auf Trübungen hinweisen u.Ä.m.), haben auch in der Geistlichen Begleitung ihren Platz und dienen auch hier dem Ziel einer „spirituell gesunden" Persönlichkeit.

Relevanz der Erwachsenen-Haltung

Bei religiösen Menschen sind die Glaubensvorstellungen und -haltungen sehr häufig elterlich-normativ. Bei genauerem Hinsehen entdeckt man die übernommenen Glaubensweisen eines bestimmten Herkunftsmilieus. Auch rutscht die Autorität Gottes leicht in die Kategorie einer „elterlichen" Instanz. Einseitigkeiten und moralische Verengungen des religiösen Daseins gehören zu den Folgen.

Das Persönlichkeitsmodell der Transaktionsanalyse (strukturell und funktional; ÜA S. 23ff) ist hier hilfreich, um auf Glaubenshaltungen aller drei Ich-Zustands-Kategorien aufmerksam zu machen. Wenn in ihnen durch Geistliche Begleitung neue Inhalte verankert werden und sich z.B. als Erwachsenen-Haltungen oder Kind-Haltungen „äußern", fächert sich die gläubige Lebensgestaltung aus. Die Persönlichkeit mit ihrem religiösen Erleben und ihren Ausdrucksformen wird reichhaltiger.

4.2 Destruktives aufdecken

In diesem Ziel sind Beratung und Geistliche Begleitung nahe beieinander. Berne entwickelte die Konzepte der Transaktionsanalyse u.a. deshalb, um die den Menschen bestimmenden Impulse zur Destruktivität und Selbstentfremdung zu stoppen. Diese treten teils in offensichtlichen Störungen, teils auch subtil in Erscheinung. Aus sozialpsychiatrischer und intrapsychischer Perspektive versucht transaktionsanalytische Arbeit einengende und schädigende Muster und Dynamiken aufzudecken und durch entsprechende Interventionen aufzulösen.

Der Geistliche Begleiter achtet in seinen Gesprächen ebenfalls auf heilsame oder unheilsame Verhaltensmuster und innere Dynamiken. Der Begleitete möchte ja zu einem Menschen werden, der mit Gott und sich im Einklang steht und daraus einen nützlichen Kontakt mit anderen pflegt. Nicht wenige Formen von Selbsttäuschung sowie subtiler Selbst- und Fremdschädigung stehen dem im Weg. Im christlichen Verständnis gehören sie zum im Menschen wohnenden „Gesetz der Sünde".

„Gesetz der Sünde"

Manches Schädigende kann unter einem frommen Anschein verborgen sein. Es wird erst in einem längeren Prozess aufmerksamer Beobachtung und sensiblen Einfühlens in seiner Bedenklichkeit bzw. Falschheit durchschaut. Die Wirkweisen dieses „sündigen Gesetzes" zu erspüren, sie aufzuzeigen und bei der Veränderung (theologisch: Umkehr) behilflich zu sein gehört zur Geistlichen Begleitung. Sie hat jedoch wenig eigene Interventionsmöglichkeiten zur Veränderung auf psychologischer Ebene.

Ein Geistlicher Begleiter, der mit Transaktionsanalyse vertraut ist, hat den großen Vorteil, dass ihm psychologische Konzepte zur Verfügung stehen, die unangemessene und schädigende Kommunikationen und Dynamiken beschreiben. So helfen z.B. die Kenntnis der „Spiele" (ÜA S. 47) und der Transaktionsregeln (ÜA S. 43) zu entdecken, ob Reaktionsweisen von psychischen Defiziten beeinflusst sind. Zusätzlich kann beispielsweise auch die Qualität von inneren Regungen durch Konzepte wie die Grundhaltungen (ÜA S. 41) und Lebensanschauungen (das O.K.-Corral) oder das Maschensystem (ÜA S. 52) auf Destruktivität hin geprüft werden.

4.3 Authentizität fördern

Leben aus der Freiheit des Geistes

Wenn der Christ zu einem Leben aus der Freiheit des Geistes[4] berufen ist, dann ist darin das Thema des Authentischseins implizit. Dem Geistlichen Begleiter begegnen in seinen Gesprächen jedoch oftmals Formen von fragwürdiger Authentizität, wie sie auch in der beratenden Tätigkeit vorkommen. Er kennt zwar aus der christlich spirituellen Tradition Regeln für die Unterscheidung von inneren Regungen. Bei Ignatius v. Loyola z.B. heißen sie „Regeln, um einigermaßen die verschiedenen Regungen zu verspüren und sie zu erkennen, die in der Seele verursacht werden. Die guten, um sie anzunehmen, und die bösen, um sie abzuweisen" (v. LOYOLA 1978, 313–336). Diese jedoch sind in einer mittelalterlich-theologischen Gesamtsicht von Welt, Mensch und Gott beschrieben, in der eine eigene psychologische Wirklichkeit noch nicht ausdifferenziert ist.

Authentizität der Person als Nahtstelle

Hier wiederum kann transaktionsanalytisches Wissen hilfreich sein, wobei sich die Authentizität der Person geradezu als Nahtstelle zwischen den beiden Disziplinen ansehen lässt. Das heißt: Das „gesunde" Individuum soll in beiden Disziplinen seine sozialen, emotionalen und geistigen Fähigkeiten in Echtheit und Verantwortung vor sich und anderen leben, unbeeinträchtigt von Verbiegungen und Anpassungen. Nichtauthentisches, das im Theologischen als Auswirkung des „Gesetzes der Sünde" angesehen wird, hat in der Transaktionsanalyse ein gewisses psychologisches Pendant im sog. Skript, das die Authentizität eines Menschen entstellt und verzerrt. Gleichzeitig findet der Berater in dem, was zur Skriptaufdeckung und zum Umgang mit Skripthaftem entwickelt wurde, Unterscheidungskriterien, Authentisches bzw. Nichtauthentisches beim Klienten zu erkennen und dagegen zu intervenieren. Ein Geistlicher Begleiter mit Kenntnissen des Skriptmodells (ÜA S. 55ff) hat daher eine wichtige, zusätzliche Deutungshilfe für nicht authentische, innere Dynamiken und besitzt eine größere Sicherheit, was er an Echtheit bzw. Fragwürdigkeit eines Lebensentwurfes beim Begleiteten wahrnehmen kann.

4.4 Autonomie stärken

Als Letztes sei auf ein zentrales Ziel jeglicher Arbeit mit Transaktionsanalyse hingewiesen: die Autonomie des Klienten. Ihre Förderung ist auch in jeder Form von Beratung ausschlaggebend. Autonomie als etwas Idealtypisches, das nur in Annäherung erreicht werden kann, gilt „als Ziel der Selbstverwirklichung oder des seelisch geistigen Wachstums über seine engere Bedeutung hinaus" (SCHLEGEL 1993, 211; [ÜA S. 23f]). Phänomenologisch beschrieben wird sie in den drei psychisch-geistigen *Qualitäten: Bewusstheit – Spontaneität – Intimität*.

Zum Grundprinzip des christlichen Personenverständnisses gehört, dass der Gläubige seine aktiven Lebensvollzüge in Selbstverantwortung, aus Eigenständigkeit und innerer Bejahung trifft. Darin sehe ich eine große Nähe zu den oben genannten autonomen Qualitäten einer Person. Das stärker philosophisch geprägte Denken von der Freiheit des Christen setze ich zwar keineswegs der Autonomie in der Transaktionsanalyse gleich. Doch die drei erwähnten phänomenologischen Erscheinungsweisen von personaler Autonomie gelten ebenso für die gläubige Person. Anders gesagt, ein gut funktionierendes Erwachsenen-Ich ist auch die Quelle für selbstbestimmte (autonome) Glaubenshaltungen.

große Nähe zu autonomen Qualitäten einer Person

Diese vier Themen aus der Transaktionsanalyse haben heute für eine verantwortungsvolle Geistliche Begleitung große Relevanz, selbst wenn sie in der spirituellen Tradition nicht in dieser Sichtweise beschrieben sind. An vielen heute bekannten Elementen der menschlichen Psyche können wir nicht vorbeigehen. Aus ihnen ergibt sich die Notwendigkeit von Verstehensmodellen und veränderten Interventionstechniken für den Geistlichen Begleiter, welche die christliche Tradition der „Seelenführung" noch nicht kannte. Ohne sie besteht jedoch die Gefahr, dass Geistliche Begleitung nicht förderlich, eventuell sogar verhängnisvoll verlaufen kann. Hier bietet sich die zusätzliche Kompetenz aus professioneller, beraterischer Weiterbildung für einen Begleiter geradezu an, womit nicht gesagt sein soll, dass die Prozesse Geistlicher Begleitungen in jedem Fall oder primär von transaktionsanalytischen Konzepten bestimmt sein sollen.

christliche Tradition der „Seelenführung"

diagnostische Sicherheit des Begleiters

Es geht vielmehr um größere diagnostische Sicherheit des Begleiters, die zum Wohl des Begleiteten erhöht sein will. Dass dabei in der Begleitung trotzdem noch auf andere als die spirituelle Profession weiterverwiesen werden muss, bleibt unbenommen.

4.5 Ein Beispiel als Illustration

Eine Krankenhausärztin, Mitte 40, seit acht Jahren verwitwet, keine Kinder, evangelisch, hat von Geistlicher Begleitung gehört und war auf mich aufmerksam gemacht worden. Sie bittet für einen Zeitraum von ca. drei Monaten um Gespräche. Am Ende dieser Zeit soll die Entscheidung fallen für oder gegen eine erwogene, berufliche Neuorientierung. Sie möchte größere Sicherheit erlangen, ob ihr Vorhaben eine tatsächliche oder nur eine vermeintliche spirituelle Herausforderung ist auf die Fragen: *Was ist in den verbleibenden Jahren meiner beruflichen Arbeit die mir wichtige Aufgabe, in der ich größere Erfüllung finde?* In traditioneller, religiöser Sprache ausgedrückt: Was kann in dieser Zeit der Wille Gottes für mich sein?

Aus ihrer Biografie: Nach dem Suizid ihres Mannes geht sie einige Jahre als Ärztin in ein Land der Dritten Welt. Sie kommt dort in Kontakt mit einer evangelischen Gemeinde und macht durch die Teilnahme an manchen Aktivitäten neue Erfahrungen mit der eigenen Religiosität. Theologische Lektüre und gelegentliche Gespräche mit einem Pastor tragen dazu bei, dass sich ihr religiöses Gesamtverständnis wandelt. Als Folge stellt sie im Lauf der Zeit fest, dass sie weniger von den grüblerischen Fragen gequält wird: Warum hat sich mein Mann umgebracht? Warum musste mir das passieren? D.h., sie hat sich durch die vielen neuen Erfahrungen in der fremden Umgebung mit ihrem Schicksal ausgesöhnt.

Schon wieder einige Zeit in Deutschland, bewegt sie nun der Gedanke, ob sie nicht ihre Tätigkeit im Krankenhaus aufgeben und in ein anderes Arbeitsfeld wechseln will. Es schwebt ihr vor, nicht mehr als Ärztin zu praktizieren, stattdessen nach drei Semestern Weiterbildung in entwicklungspolitischen Fragen bei einer internationalen Organisation für das Gesundheitswesen in der Dritten Welt zu arbeiten. Diese Regung bringt sie zusammen mit ihrer neu entdeckten religiösen Gesamtsicht. D.h., sie erwägt die Gestaltung ihrer Zukunft nicht nur von den faktisch gewordenen Gegebenheiten her, sondern auch von der sich neu zeigenden existenziellen Sinnfrage: *Wer bin ich und was tue ich auf der Welt?*

Ich bestätige ihr, dass ihr Suchen tatsächlich ein Kernanliegen von Geistlicher Begleitung ist, und biete ihr wöchentlich ein Gespräch an. Sowohl als Geistlicher Begleiter wie auch als Berater exploriere ich im Verlauf der Treffen:

Ich lasse mir viel Einblick geben in biografische Details der Vergangenheit (Elternhaus, Berufswahl, Partnerschaft, Erfolg in ihrer Arbeit, Religiosität u.Ä.m.). Im Sinn des Ich-Zustand-Modells (ÜA S. 23f) achte ich auf die Kombinationen von: Denken, Fühlen und Haltungen/Verhalten; beobachte den angemessenen Wechsel der Ich-Zustände; höre auf Nutzen oder Ausblenden von Lebenspotenzialen; die Annahme oder Verweigerung der Wirklichkeit im Hier und Jetzt (Abwertungen, ÜA S. 64); verschaffe mir ein Bild über soziales Verbundensein und Beziehungen (Lebensgrundpositionen, ÜA S. 41).

Gebührenden Raum bekommen die praktischen Fragen ihres Vorhabens wie z.B.: die Einschätzung ihrer Fähigkeiten in diesem neuen Feld, ihre physischen und psychischen Kräfte, ihre finanziellen Möglichkeiten für die Vorbereitung auf die neue Tätigkeit. Wir sprechen über Mut und Risikobereitschaft sowie darüber, was sie tun wird, wenn sie im Verlauf der Vorbereitungszeit merkt, dass ihre Pläne sich nicht so erfüllen lassen, wie sie es wünscht.

Im Blick auf ihre augenblickliche Berufsausübung erkundige ich mich nach Zufriedenheit – Unzufriedenheit, Erfolg und Anerkennung; nach Beweggründen für ihre damalige Berufswahl; nach etwaigen früheren Abbrüchen von Vorhaben.

Bei all dem Nachfragen beobachte ich, ob die Antworten einer Erwachsenen-Haltung entsprechen und wie bei den Antworten ihre Energie zu spüren ist. Solches beraterisches Vorgehen gilt gleichermaßen auch in meinem Vorgehen als Geistlicher Begleiter.

Mögliche Skriptzusammenhänge: Bedeutsam ist die Erwähnung der Ärztin, dass sie bereits vor dem Tod ihres Mannes eine Psychotherapie auf analytischer Basis begonnen hatte. In transaktionsanalytischen Konzepten gedacht, wurde an der Veränderung ihrer bisherigen Lebensgrundposition gearbeitet: ich –/ du +. Sie berichtet, dass sich im Verlauf der Therapie ihr negatives Selbstwertgefühl veränderte. Es gelingt ihr mehr, die Ursachen für Fehler nicht allein nur bei sich zu suchen. Der Druck, in ihrer Berufsausübung perfekt zu sein, es den Patienten und der Klinik recht zu machen, um sich dann o.k. fühlen zu dürfen, verringert sich. Ich frage und will spüren, ob eventuell ein subtiler, skriptgebundener Zusammenhang besteht zwischen ihrer früheren Lebensgrundposition und dem erwogenen Wechsel in eine neue berufliche Tätigkeit. Dafür lasse ich sie schildern, wie sie derzeit ihr Arbeiten in der Klinik und ihre Zufriedenheit darin erlebt.

Nicht mehr als Ärztin praktizieren zu wollen sieht sie durchaus in Zusammenhang mit der Ablösung des früheren Antreibers (ÜA S. 57): „Mach's recht!" Bezüglich der neuen Tätigkeit erlebt sie deutlich ihre eigenen Interessen. Durch den Auslandsaufenthalt hat sie Beobachtungen sammeln können und in der Zwischenzeit klare Vorstellungen entwickelt, worin sie für das dortige Gesundheitswesen etwas beitragen möchte. Der Anreiz für die berufliche Veränderung wurde sehr sachbezogen geschildert. Sie war bereit, die damit zusammenhängenden Einschränkungen auf sich zu nehmen, um ihrem Ziel näher zu kommen. Es war zu merken, dass der Gedanke an die neue Arbeit für sie eine kalkulierte Herausforderung ist.

Im Zusammenhang mit dieser Thematik exploriere ich auch die psychischen Reaktionen auf den Suizid ihres Mannes. In wieweit waren Schmerz und Trauer eventuell mit Schuldgefühlen verquickt? Könnte es sein, dass die berufliche Veränderung zu tun hat mit einer skriptbedingten Wiedergutmachung bzw. Abwehr von Schuldgefühlen?

Aus der Energie, die ich bei ihrem Sprechen beobachte, gewinne ich nicht den Eindruck, dass ihr Impuls nach beruflicher Veränderung skriptbedingt ist, sodass mit einer neuen Tätigkeit tiefer sitzenden, negativen Skriptbotschaften entgegengewirkt werden sollte. Ihr Wunsch nach einem anderen Einsatz impliziert viel Anteile von Ethos, Pathos und Logos, den laut Berne (2001, 185ff) typischen Merkmalen einer integrierten Erwachsenen-Haltung. Von transaktionsanalytischen Konzepten her kann ich nichts Bedenkliches wahrnehmen, was ihr Vorhaben fragwürdig gemacht hätte. Ihr Wunsch beruht – nach meinem begleitenden Mithören – auf einer soliden psychologischen Basis. Wenn sie eine neue Tätigkeit als spirituelle Herausforderung eines tieferen Lebenssinnes angehen will, ist sie damit auf einem gut nachempfindbaren Weg.

5. Anmerkungen zu Umfang und Möglichkeiten Geistlicher Begleitung

Zu einem Geistlichen Begleiter werden von kirchlich Verantwortlichen solche Menschen geschickt, die in sich (manchmal plötzlich) Enthusiasmus und einen verstärkten Antrieb zu einem religiösen oder kirchlichen Einsatz spüren. Sie wollen z.B. in einen Orden eintreten oder streben nach außergewöhnlichem, selbstlosem Dienst. Solche Regungen werden oft als religiöse Berufung gedeutet, weil sie scheinbar biblischen Geboten oder Aufforderungen entsprechen. Doch hier ist Vorsicht geboten, sogar aus theologischer Sicht.[5]

Vorsicht geboten

Ein Geistlicher Begleiter, der das Skriptkonzept kennt, wird noch vorsichtiger bei schneller Gleichsetzung von seelischen Impulsen mit dem Wirken des Geistes Gottes sein. Wer um die Skriptdynamiken weiß, wird auch daran denken, dass derartige Regungen mit ihnen in Zusammenhang stehen können. So kann beispielsweise die „Bekehrung" eine Auswirkung des Gegenskriptes sein, so dass auf der Handlungsebene ein Wollen drängend wird, das eine frühe, negative Skriptbotschaft wie z.B.: „Du bist nichts wert" unterdrückt.

frühe, negative Skriptbotschaften

Oder: Handeln aus Antreiberdynamiken wie „Mach's recht!" oder „Streng dich an!" lässt sich in einer unkritischen Betrachtung verwechseln mit der Erfüllung des Gebotes der Nächstenliebe. Um Antreiberverhalten zu wissen ist für die Gewähr einer auf Authentizität zielenden Geistlichen Begleitung daher sehr bedeutsam. Ersatzgefühle oder Ersatzverhalten (ÜA S. 52f) diagnostizieren und aufdecken zu können, schützt einen Begleiteten davor, dass er nicht in fragwürdigen Entscheidungen und Verhaltensweisen bestärkt wird.

Handeln aus Antreiberdynamiken

Es ist ein christliches Grundprinzip, dass der Gläubige nur mit Gott verbunden lebt, wenn er nicht von eigenen Vorurteilen (Abwertungen), Anpassungen, einschränkenden Gebundenheiten usw. bestimmt wird. Ungetrübte Selbstverantwortung gehört zu dem Fundament, auf dem sich die größere Ganzheit eines spirituellen Daseinsentwurfes vollzieht und ein religiöses Verhältnis zu Gott erst sinnvoll ist.

Bis vor ca. 30 Jahren bildeten sich Seelsorger nach autodidaktischen Vorstellungen für die Rolle eines Geistlichen Begleiters weiter. Auch der Autor dieses Artikels gehört noch zu der Generation, die durch Eigeninitiative und selber gesuchte Kurse verschiedener Inhalte (Gesprächsführung, Gruppendynamik, Pastoralpsychologie, Selbsterfahrung u.Ä.) sich ein gewisses Rüstzeug für die Geistliche Begleitung gesammelt hat. Schon lange in diesem Feld tätig, entschloss ich mich zur Ausbildung in Transaktionsanalyse. Durch sie bekam meine Praxis der Geistlichen Begleitung einen stärker psychologischen Akzent, der aber ihrem spirituellen Anliegen keinen Abbruch tut. Im Gegenteil, ich bin überzeugt, für das spirituelle Lebensspektrum der Begleiteten eine größere Hilfe zu sein.

Durch die steigende Nachfrage nach Geistlicher Begleitung ergibt sich die Notwendigkeit für die Kirchenleitungen, genügend Seelsorger/innen auszubilden. Auch die Tatsache, dass unter religiösen Menschen ein großer Teil sich leichter einem kirchlichen Gesprächspartner öffnet als einem professionellen Berater, macht Ausbildungen dringlich. In berufsbegleitenden Kursen werden daher heute in etlichen Diözesen und vom Dachverband der männlichen und weiblichen Orden regelrechte Ausbildungsgänge angeboten, die zur Geistlichen Begleitung befähigen sollen (SCHAUPP & TILLMANNS o. J.). Wenn Teile aus der Transaktionsanalyse in einen Ausbildungsgang für Geistliche Begleitung hineinkämen oder Ausbildungsabschnitte wie z.B. das Basiszertifikat Teil der Qualifikation zum Geistlichen Begleiter würden, wäre dies nach meiner Meinung ein großer Gewinn.

Ausbildungsgänge

6. Zusammenfassung

Die reife Erwachsenenperson im christlichen Menschenbild versteht sich in einer spirituellen Relation zum Schöpfer. Von ihm her verwirklicht sie sich und entfaltet sie sich zu ihrem eigentlichen Wesen. Ein solcher Wachstumsprozess wird gefördert in einem spezifischen Begleitungskontext, der Geistlichen Begleitung. Sie wird in der katholischen Kirche als ein spiritueller Weg angeboten.

Sich in einer Spiritualität zu verwurzeln und sein Leben nach ihr gestalten hat einen anderen Ausgangspunkt und theoretischen Ansatz als die psychologische Beratungsarbeit. Dennoch sind Konzepte, Leitwerte und Zielvorstellungen aus der Transaktionsanalyse hilfreich, wenn Menschen das Gespräch suchen bei ihrem Wunsch nach Entwicklung einer spirituellen Lebensführung. Die beraterische Profession bietet durch ihre psychologische Fundierung einem spirituellen Begleiter beachtliche Sicherheiten an, dass das Werden zu einer spirituellen Persönlichkeit authentisch verläuft.

Anmerkungen:

1 Schlegels Begriff vom reifen Menschen, der mit transaktionsanalytischen Konzepten allein nicht zu erreichen ist (siehe: SCHLEGEL 2001).
2 Der Begleiter hat seine Bedeutung darin, hervorzuholen, was im Begleiteten schon angelegt ist („Maieutik' ist die Hebammenkunst).
3 Man könnte an „potency – permission – protection" des Transaktionsanalytikers denken.
4 Es ist dies eines der wichtigen Themen im Römerbrief des Apostel Paulus. (Kap. 5–8): Das Leben aus dem Gesetz wird der Freiheit des Geistes gegenübergestellt. Damit sind nicht nur der jüdische Gesetzeskodex gemeint, sondern auch die unfrei machende, rigide Verinnerlichung von Geboten und Vorschriften.
5 „Glaubt nicht einem jeden Geist, sondern prüft die Geister, ob sie aus Gott sind." So wird in 1 Joh. 4,1 schon vor einer unkritischen Gleichsetzung innerer Regungen mit dem Wirken Gottes gewarnt.

Ludwig Schuhmann SJ

1965 Eintritt in den Jesuitenorden. Lic. Phil.; Mag. Theol.; CTA im Bereich Beratung.

Berufliche Einsätze und Erfahrungsfelder: Von 1976–1992 Pfarrer in der Hochschulseelsorge und Spiritual in der Ausbildung von Theologiestudenten zum Priesterberuf. Von 1993 bis 2007 Leiter der Lebensberatungsstelle „Offene Tür" in Mannheim. Ab 2008 theologischer Mitarbeiter in der Akademie des Caritas-Pirckheimer-Hauses in Nürnberg für den Bereich Spiritualität.

Anschrift des Verfassers:

Ludwig Schuhmann SJ
Königstr. 64
90402 Nürnberg

Transaktionsanalyse im Rahmen systemischer Beratung

Hans Brunner

1.	Systemische Beratung: Versuch einer Begriffsbestimmung	228
2.	Geschichte: ein Blick zurück	229
3.	Gegenwärtiger Stand wissenschaftlicher Erkenntnis	230
4.	Theorien/Modelle: alt, aber neu gesichtet	232
	4.1 Vorüberlegungen	232
	4.2 Menschenbild und Ethik	232
	4.3 Theorien und Modelle im engeren Sinne	233
	4.4 Beobachten und Unterscheiden mit Konzepten der Transaktionsanalyse	236
5.	Methodische Überlegungen	238
6.	Anwendungsbereiche	242
7.	Zusammenfassung	244
	Anmerkungen	244

Die Transaktionsanalyse eignet sich in großem Maße für die Integration in systemische Beratungsformen. Deshalb soll dieser Aspekt in einem solchen Handbuch nicht fehlen, auch wenn nur ansatzweise gezeigt werden kann, wie die beiden so verschiedenen Ansätze zusammenpassen. Bernes Konzepte tragen den systemischen Gedanken schon in der Urform in sich. Einiges kann man einfach in die neue Sprache hineinnehmen, anderes benötigt eine Modellierung der Begriffe.

1. Systemische Beratung: Versuch einer Begriffsbestimmung

den Raum des Möglichen vergrößern, rigide Wirklichkeitsbilder infrage stellen

Systemisches Denken und systemische Praxis stellen keine einheitliche Lehre dar, sondern sind sich selber ihres soziokulturellen Eingebundenseins (Kontext) bewusst. Folgt man von Schlippe & Schweitzer (2007, 116ff), besteht die Herausforderung bei der Beratung darin, Wissenschaft und Handwerk miteinander einzubeziehen. Die Person der systemisch Arbeitenden, ihre Ideen, ihre Kreativität und ihre sorgfältige Beachtung möglicher Kontexte verbinden Theorie und Werkzeug. Es geht im Wesentlichen darum, den Raum des Möglichen zu vergrößern und rigide Wirklichkeitsbilder infrage zu stellen.

Haltungen und Grundannahmen

Die genannten Autoren bestimmen die Haltungen und Grundannahmen systemischer Beratung mit
➤ der kreativen Schaffung neuer Möglichkeiten;
➤ der Bildung passender und hilfreicher Hypothesen, wobei neben dem, was auf der Hand liegt, gerade auch „das ganz andere" für möglich gehalten wird;
➤ zirkulärem Denken, bei welchem das lineare Ursache-Wirkungs-Schema durch ein Denken in Schleifen und Vernetzungen ersetzt wird;
➤ einer konsequenten Neutralität gegen Personen, Probleme, Symptome und Ideen;
➤ einer Haltung der Neugier, welche einer „Reparaturlogik" entgegensteht und das Experimentelle, das Noch-nicht-Wissen in den Vordergrund stellt;
➤ der Respektlosigkeit gegenüber festen Vorstellungen und dem Respekt gegenüber den Menschen;
➤ der Annahme, dass soziale Systeme über Verstörungen und Anregungen sich ändern können;
➤ der Orientierung an den vorhandenen Ressourcen und den möglichen Lösungen anstelle der Pathologisierung;
➤ der Orientierung am Kunden durch exakte Klärung der Bedürfnisse der Klientel.

2. Geschichte: ein Blick zurück

Das Ende des Zweiten Weltkriegs und die damit verbundene Neuordnung der Welt hatte zuerst in den USA, später auch in Europa zwei revolutionäre Entwicklungen ausgelöst: eine neue Sicht technischer Vorgänge und eine neue Sicht der Gesellschaft. Mit dem Aufkommen der Kybernetik wurde eine Automatisierung technischer Abläufe möglich, welche den Alltag revolutioniert hat und deren Perfektionierung noch nicht beendet ist. Es entstand ein Denken in Netzwerken und in Regelungssystemen. Dies hatte auch Auswirkungen in anderen naturwissenschaftlichen Disziplinen, wie etwa der Biologie. Die Betrachtung von Organismen als autopoietische Systeme fand aber auch bei denen Interesse, welche nach Modellen zur Beschreibung sozialer Prozesse suchten. So durchdrang ein kybernetischer Ansatz die verschiedensten Wissenschaftsgebiete. Auf der anderen Seite wurde besonders im angelsächsischen Raum die Frage der Weltbeschreibung neu gefasst und es bildeten sich Denkformen, die man heute gerne als „postmodern" bezeichnet. Diese Denkformen gingen von der Vorstellung aus, dass die großen Entwürfe über die Welt und ihre eindimensionalen Heilsversprechen nicht mehr standhalten und dass in der zunehmend komplexer werdenden Gesellschaft mehrdimensionale Betrachtungsweisen nötig werden. Damit verbunden war (und ist) ein zunehmendes Misstrauen gegenüber dogmatischen Schulrichtungen für die berufliche Arbeit mit Menschen und auf der Seite der kritischen Reaktion ein Versuch, über eher fundamentalistische Lehrgebäude dem „anything goes" Einhalt zu gebieten. In der Philosophie war es Jean-François Lyotard, der mit dem Ruf vom „Ende der großen Erzählungen" eingefangen hat, was in den wissenschaftlichen, kulturellen und gesellschaftlichen Umbrüchen des frühen 20. Jahrhunderts stattfand: eine radikale Verunsicherung in Bereichen, welche bis dahin als gut verstanden galten (FISCHER 1992, 9ff).

Die heutigen systemischen Vorgehensweisen haben ihre Wurzeln in der Systemtheorie der letzten Jahrzehnte. Zu nennen sind die Pioniere der Kybernetik und des Konstruktivismus wie etwa Norbert Wiener, Gregory Bateson, Heinz von Foerster, dann aus dem Bereich der biologischen Forschung Humberto Maturana und Francesco Varela sowie der Soziologe Niklas Luhmann. Gut bekannt sind auch die verschiedenen Modelle familientherapeutischer Arbeit und die sog. Kurzzeittherapien mit den daraus entstandenen Schulrichtungen.

Mitte des 20. Jahrhunderts sind Kybernetik und allgemeine Systemtheorie allerdings noch mit universalistischen und ganzheitlichen Ansprüchen aufgetreten (FISCHER 1992, 26). Erst der interdisziplinäre Austausch über die Erkenntnisse aus allen Fachgebieten bis hin zur Philosophie zeigte, dass ein Anspruch auf Objektivität auch auf dieser Metaebene nicht mehr haltbar war. Die Arbeiten zur Logik dieser Wissensbereiche zeigten Paradoxien auf, die Einführung des Beobachters in den Erkenntnisprozess brachte die Überzeugung einer objektiven Welt außerhalb ins Wanken, und mit der Einsicht in das Wesen sozialer Systeme wurde deren grundsätzliche Unberechenbarkeit erkannt.

3. Gegenwärtiger Stand wissenschaftlicher Erkenntnis

Außerhalb der psychologisch orientierten Entwicklungen hat der Soziologe Niklas Luhmann (1987) in seiner Theorie sozialer Systeme deutlich gemacht, dass es keine universale Theorie des Sozialen geben kann, welche der Gesellschaft unabhängig gegenübersteht. Sollte eine solche Theorie wirklich universal sein, muss die Gesellschaft darin selbst als ihr eigener Gegenstand vorkommen, also selbstreferenziell (rückbezüglich) sein. Die Vertreter logischer Systeme bis ins 20. Jahrhundert fürchteten Rückbezüglichkeit in Theorien wie der Teufel das Weihwasser, denn sie ist die Wurzel von Paradoxien. Seit den ernüchternden Unvollständigkeitssätzen von Kurt Gödel (1931) war diese letzte Bastion jedoch auch in der Mathematik gefallen. Die Welt ist nichts, was von einem außerweltlichen Punkt heraus beschrieben werden kann. Alles ist mit allem verbunden. Damit wurde auch die Hoffnung auf eine letzte Begründung und eine alles umfassende Beschreibung zunichte gemacht. Die letzte Idee von Einheit besteht lediglich in der Tatsache, dass es immer um Beobachter geht, die Unterscheidungen treffen. Diese Beobachter beeinflussen das beobachtete System, werden selber beeinflusst und schaffen damit Wirklichkeit, statt sie zu erklären. Diese Denkweisen erfordern für Berufspersonen in vielem ein Umdenken, einen Paradigmenwechsel.

Rückbezüglichkeit in Theorien

Unsere Wahrnehmung und unsere Reflexion im Alltag beruht normalerweise ganz auf Prinzipien einer Alltagspsychologie, welche auch widersprüchliche Phänomene möglichst rasch zu einem stimmigen Bild der Wirklichkeit machen. Wir orientieren uns in der Welt mit vorgefertigten Erklärungsmustern und haben meist keinen Grund, diese infrage zu stellen. Wir erleben die Welt als etwas Objektives. Die verschiedenen Ansätze des Konstruktivismus betonen im Gegensatz dazu die Subjektivität aller Erkenntnis. Dies eröffnet die Möglichkeit, das Erkannte als fragwürdig zu reflektieren und Wirklichkeiten neu zu definieren. Sie betonen aber auch die direkte Verantwortung des Menschen für sein Tun. Er muss wählen und diese Wahl verantworten.

Subjektivität aller Erkenntnis

Kritiker haben zu Recht die Frage gestellt, ob nicht doch wieder ein neues dogmatisches System aufgebaut würde. Im Gegensatz zu den früheren dogmatischen Systemen, bei denen das Subjekt aus der Haltung der Absolutheit auftrat, ist das Subjekt postmodernen Denkens jedoch bereit, sich der Vielfalt der Deutungen zu stellen, eigene blinde Flecken in der Wahrnehmung zu erkennen und anderen Subjekten „Wahrheit zuzuerkennen", deren Vorgehensweisen vom Eigenen abweichen. Die Vorstellung, dass wir in verschiedenen Welten leben können, welche zueinander zwar im Widerstreit stehen, in sich aber stimmige Vernunftkonzepte aufbauen, macht das neue Denken aus. Da es aber keine logisch geschlossenen Systeme gibt, ist die Frage nach der letztendlichen Wahrheit trotzdem nicht logisch entscheidbar: Dort, wo etwas logisch nicht entscheidbar ist, muss ich selber entscheiden, so Heinz von Foerster (2002, 1ff).

blinde Flecken in der Wahrnehmung

Aus dieser Sicht gibt es gute Gründe, die dafür sprechen, die ontologischen (auf dem „Sein" begründete) Versionen der Welterklärung zugunsten einer konstruktivistischen für die berufliche Arbeit fallen zu lassen: Wir leben in einer Phase einer Vielzahl von Kontexten

Vielzahl von Kontexten

(Multikontextualität). Politik, Wirtschaft, Kultur, Erziehung … haben sich als weitgehend autonome, voneinander getrennte Bereiche entwickelt, die selbstgesteuert ihre eigene Logik haben. Wir bewegen uns nicht mehr in einer Welt, sondern in den verschiedensten Welten, sodass die Frage, ob es denn hinter all dem nicht eine einzige, gültige Welt gäbe, zwar philosophisch interessant bleibt, aber unentscheidbar und für die Praxis unerheblich ist.

verschiedenste Welten

Auch in der Praxis transaktionsanalytischer Beratung haben in den letzten Jahren die verschiedenen Ansätze systemischer Denk- und Vorgehensweisen Einzug gehalten. Die transaktionsanalytische Theorie Bernes in ihrer klassischen Darstellung hat zwar ihre Wurzeln in der tiefenpsychologischen Tradition. Sie wurde jedoch schon früh ohne diesen Anspruch in den verschiedensten Anwendungsbereichen ganz oder teilweise als gut verständliche Beschreibung menschlichen Denkens, Fühlens und Handelns gebraucht. Dies lässt sich auch daran erkennen, dass sich vier Praxisfelder herausgebildet haben, von denen Beratung, Bildung und Organisation in ihren Praxisgebieten schon längst nicht mehr allein von tiefenpsychologisch orientierten Berufspersonen bearbeitet werden. Das heißt: Die aus der Therapie mit Einzelnen und mit Gruppen herausgewachsene Praxis richtet sich heute in der Beratung in großem Maße auch an Institutionen, die als Ganze oder in Teilen beraten werden. Dazu reicht die klassische Theorie der Transaktionsanalyse meines Erachtens allein nicht mehr aus.

Entsprechend hat die Transaktionsanalyse in den vergangenen Jahren zwei Entwicklungsrichtungen verfolgt. Zum einen eine Rückbesinnung auf ihre psychoanalytischen Grundlagen[1] und zum andern einen Aufbruch und eine Erweiterung in Richtung einer systemisch orientierten Praxis, wie sie z. B. von Bernd Schmid (1986, 1990, 2008) detailliert beschrieben wurde.

Erweiterung in Richtung systemisch orientierter Praxis

Dem Zeitgeist folgend, haben auch Transaktionsanalytiker bemerkt, dass ihre psychologischen Konzepte keine objektiven Beschreibungen der Welt und der Menschen darstellen. Transaktionsanalytische Konzepte wurden vielmehr als Beobachtungsschemata (Landkarten) begriffen, die von Handelnden für ihre Orientierung ausgewählt und mit Erfahrung und Tun in einen plausiblen Zusammenhang gebracht werden müssen. So hat in den 80er-Jahren in transaktionsanalytischen Verbänden eine tief greifende Diskussion über den Umgang mit Theorie, über das Verständnis der einzelnen Inhaltskonzepte und über Grundbegriffe und Annahmen der Transaktionsanalyse begonnen. In der beruflichen Realität haben sich verschiedene Institute und informelle Gruppierungen gebildet, mit welchen versucht wurde, die typischen Vorgehensweisen systemisch zu durchdringen und öffentlich darzustellen. Dies gab und gibt sogar den Anschein von neuen Schulrichtungen (und einige mögen sich auch so verstehen). Wir verzichten hier jedoch auf Hinweise zu solchen fixierten Ansätzen, weil sie der Grundidee widersprechen, und bleiben möglichst nahe an der allgemeinen Fragestellung. Offene Methodik bedeutet, die Werkzeuge der Klientel anzupassen und nicht umgekehrt.

4. Theorien/Modelle: alt, aber neu gesichtet

4.1 Vorüberlegungen

keine einheitliche Lehre

Wie bereits zuvor angedeutet, stellen das systemische Denken und die systemische Praxis keine einheitliche Lehre dar. Um sie zu verstehen, gilt es einen Weg zu wählen, der von wenigen Grundideen ausgeht und der besonders den Zusammenhang mit den kulturellen und gesellschaftlichen Entwicklungen vom 20. ins 21. Jahrhundert im Auge hat. Geistige Entwicklungen entstehen ja nicht im luftleeren Raum, sondern sind eingebettet in soziokulturelle Zusammenhänge. Zu einem bestimmten Denken gehört eine bestimmte Grundhaltung, gehört eine Gestimmtheit, die vorerst einmal nicht an die berufliche Aufgabe gebunden ist, sondern sich als gesellschaftliches Phänomen zeigt. Und es gehört wohl auch die Reaktion darauf mit dazu, mit welcher das Bisherige und seine Werte betont und verteidigt werden.

4.2 Menschenbild und Ethik

Die Transaktionsanalyse vertritt ein bestimmtes Menschenbild, das gelegentlich humanistisch genannt wird. Darin „begreift sie den Menschen als Ganzheit und mit einem Potenzial an konstruktiven Kräften in Richtung auf Autonomie und soziale Verantwortung ausgestattet" (HAGEHÜLSMANN 2007, 23).

Systemische Praxis wird in Bezug auf das Menschenbild sehr unterschiedlich wahrgenommen. Aus ihrer einen Herkunft, der Kybernetik, hängt ihr der Geruch technischer Unpersönlichkeit und kalter Rationalität an. Eine Arbeit mit Einwegspiegeln und geheimen Besprechungen kann als Intransparenz und Machtausübung erlebt werden. Systemtheoretische Darstellungen werden als antihumanistisch bezeichnet, weil auf der Theorieebene in sozialen Systemen das Subjekt zugunsten der reinen Kommunikation verschwindet (etwa bei Luhmann). Familientherapie wurde als Angriff auf die Familie empfunden, wo die Eltern oder die Geschwister die Schuld an der Krankheit eines Familienmitglieds übernehmen müssten.

anspruchsvoll, rational und überschreitend

respektlos, aber bescheiden

Systemische Theoriebildung, wenn sie der Versuchung der „rechten Lehre" widersteht, ist anspruchsvoll, rational und überschreitet oft die Gesetze zweiwertiger Logik, das heißt, es können paradox anmutende Verfahren benützt werden. Systemische Praxis ist zwar respektlos gegenüber festgefahrenen Ideen, sie ist ihrer Anlage nach aber bescheiden und respektiert den Menschen. Sie weiß um die Unberechenbarkeit der Systeme. Sie würdigt Klienten für das, was sie – bei allen Schwierigkeiten – bereits erreicht haben. Menschen, die Ziele formulieren, werden unterstützt und Klientinnen, die ihren eigenen Weg zur Selbstständigkeit sehen, rasch aus der Therapie entlassen. Der bereits erwähnte und kürzlich verstorbene Altmeister der Kybernetik und Kommunikationstheorie, Heinz von Foerster, hat zum Thema der Ethik in seinem letzten, autobiografischen Buch (FOERSTER 2002, 295) festgestellt, dass ethisches Handeln Freiheit bedingt: „Es muss fundamentale

Freiheit existieren, damit ich handeln kann, ohne gezwungen worden zu sein." In der Transaktionsanalyse würde man vielleicht sagen: Ethisches Handeln ist nur in Autonomie möglich, alles andere ist Pflicht, Zwang oder Täuschung.

4.3 Theorien und Modelle im engeren Sinne

Die Systemtheorie betont, dass alles Gesagte von jemandem an jemanden gesagt wird. Es gibt demnach keine Beschreibung von Wirklichkeit, die den Beobachter draußen stehen lässt. Damit ist jede Aussage über die Welt ein Konstrukt eines Beobachters. Darüber herrscht sicher weitgehend Konsens. Etwas gewagter ist jedoch die folgende Differenzierung: Wir können drei grundlegend verschiedene Ebenen und Systeme unterscheiden: den Organismus, das psychische System und das soziale System. Sie sind je für sich selbstorganisierend und es gibt keine Möglichkeit, etwa direkt vom sozialen System via Kommunikation ins psychische System einzugreifen und nach dem Prinzip von Kausalität dort Wirkung zu erzielen. Als Berater habe ich immer nur meine Wahrnehmung, mein Bewusstsein und meine inneren Reaktionen zur Verfügung. Die Psyche des andern ist mir verschlossen. Nur die Kopplung über Kommunikation schlägt die Brücke zum andern. Damit werden Berufsleute, die mit Menschen arbeiten, zu großer Bescheidenheit in Bezug auf ihren direkten Einfluss angehalten.

der Beobachter

selbstorganisierende Systeme

Was systemisch Arbeitende interessiert, ist jedoch immer die Frage, welche Unterscheidungen Menschen machen und durch welche entsprechenden Konstrukte sie ihre Wirklichkeit erschaffen. Die wesentliche Koordination der Verhaltenskoordinationen geschieht über Sprache. Mit ihr sichern wir uns die Deckung von Bedürfnissen und ermöglichen Kontakt zum andern Bewusstsein. Dies geschieht aber immer nur als ein „Anklopfen", nicht als direkte Einflussnahme (sogenannte strukturelle Kopplung). Jedes Individuum regelt die für sein Leben und Überleben möglichen Reaktionen nach inneren Strukturen. Dies führt zu einem Denken in Netzwerken, in Relationen.

Unterscheidungen

Mit der Aufforderung „Triff eine Unterscheidung" kommen wir zum elementarsten Prinzip der Beobachtung: der Unterscheidung. Alles, was wir wahrnehmen, denken, sagen, basiert auf Unterscheidungen, welche wir selbst vornehmen. Bei einer Unterscheidung wird aus einem Ganzen ein Teil herausgeschnitten und bezeichnet, gewissermaßen festgehalten als das, woran weitere Unterscheidungen angeknüpft werden können. Klienten zeigen mit ihren Berichten, welche Unterscheidungen sie gemacht haben und in welchen Zusammenhängen (Kontexten) diese Unterscheidungen stehen.

„Triff eine Unterscheidung"

Beklagt sich z.B. ein Klient, dass sein Berufskollege seine Arbeit behindere, so lassen sich aus dieser Mitteilung Ketten von Unterscheidungen festmachen, welche zeigen, was er als Problem bezeichnet, wem er dieses Problem zuschreibt und in welchem Gesamtkontext diese Problembeschreibung steht. Mit diesem Gerüst von Unterscheidungen schafft er sich eine Welt, die er meist für das wahre Abbild der äußeren Wirklichkeit hält.

Menschen treffen Unterscheidungen so, dass ein kohärentes, mit Denken, Fühlen und Handeln vereinbares Bild entsteht. Der Klient schafft sich mit seinen Unterscheidungen seine Welt und ist blind für das, was er nicht sieht. Dieser Satz tönt trivial, ist jedoch ganz wichtig für die Möglichkeit von Beratung: Beobachter sind blind für die andere, die nicht gewählte Seite ihrer Unterscheidung. Sie haben mit der Unterscheidung eine Wahl getroffen und sind auf einer bestimmten Spur (und nicht auf einer andern). Es mag zwar sein, dass ein Klient eine sehr ausgeprägte Selbstreflexion hat und sich selber beim Unterscheiden beobachten kann. Dann wird er vielleicht blinde Flecken selber entdecken. Doch auch dieser Vorgang hat seine eigene Blindheit … Mit der Unterscheidung entsteht eine persönliche Welt, die sich allenfalls im sozialen Raum so abstimmen lässt, dass Individuen sich über ihre Weltdeutung und damit über ihre Handlungsweisen mit anderen Individuen einig werden.

Beobachter zweiter Ordnung

Beraterinnen und Berater sind in dieser Darstellungsweise sogenannte „Beobachter zweiter Ordnung", welche bis zu einem gewissen Grad die Möglichkeit haben, die vorgenommenen Unterscheidungen von beiden Seiten her zu durchleuchten und andere Unterscheidungen vorzuschlagen. Auch sie sind von der grundsätzlichen Problematik der Blindheit nicht verschont. Pointiert formuliert kann man sagen, dass erst die Blindheit im Ganzen das Unterschiedene sichtbar macht. Eine der typischen paradoxen Beschreibungen, wie sie in systemtheoretischen Zusammenhängen vorkommen.

Um die Idee der Unterscheidung zu verdeutlichen, betrachten wir ein einfaches, alltägliches Beispiel als „Problem": *Franz spürt während seiner Arbeit im Büro um 15 Uhr starken Hunger.*

Was ist zu tun? Die Alltagslösung heißt: Franz „muss" etwas essen. Seine Welt, in der er gewohnheitsmäßig lebt, heißt Hunger > rasch Essen > Arbeiten. Er geht an den Kiosk, kauft sich einen Schokoriegel, sein Hunger ist weg und er arbeitet weiter. Diese Entscheidung basiert auf der einfachen Unterscheidung „Essen"/„Hunger" und verfolgt die Seite „Essen". Dies ist die von Franz erzeugte Welt.

Er kann jedoch auch andere Welten erzeugen, hier nur einige Beispiele:

1. Er kann sich sagen, dass der Hunger eine gute Möglichkeit ist, Fett abzubauen. Mit diesem Gedanken verändert er seine Einstellung zum Hungergefühl und arbeitet zufrieden weiter. Wir wissen von Menschen, welche gelegentlich fasten, dass das möglich ist. Franz hat eine neue Unterscheidung getroffen: „Fett abbauen"/„dick bleiben" und verfolgt die Seite „Fett abbauen". (Der Schrägstrich zeigt an, welches die beiden Seiten der Unterscheidung sind.)
2. Er kann auch sein Hungergefühl verkleinern oder ganz abbauen, indem er einen Apfel isst. Von diesem weiß er, dass er wenige Kalorien hat. Die Unterscheidung ist nun: „kalorienarm essen"/„kalorienreich essen".
3. Er kann sich überlegen, ob er überhaupt Hunger hat. Vielleicht zeigt sein Körper ja etwas anderes an. Vielleicht braucht er eine Pause und etwas zum Trinken. Er holt sich ein Glas Wasser, geht ein paar Minuten durch den Garten und dann zurück zur Arbeit. Ob er sich danach wohler fühlt, merkt er erst nachträglich. Diese Lösung ist eine Art experimentelles Vorgehen. Beim Schokoriegel klappt es aus Erfahrung. Gerade bei Kindern kann es geschehen, dass eine Körperempfindung oder ein Gefühl noch nicht zutreffend interpretiert werden kann. Die Unterscheidung ist: „Hunger bedeutet

Ermüdung"/„Hunger bedeutet Hunger" und er nimmt die erste Seite zur Entwicklung einer Handlung.
4. Er kann merken, dass er immer nur dann Hunger kriegt, wenn sein Arbeitskollege mit einer Tüte Gebäck ins Büro kommt und schmatzend arbeitet. Er klärt mit dem Kollegen, dass im Büro nicht gegessen wird. Die Unterscheidung ist: „Hunger kommt vom Kollegen"/„Hunger kommt von mir".
5. Er kann merken, dass er nur dann Hunger bekommt, wenn seine Arbeit stockt, weil er wichtige Informationen nicht hat und so seine Konzentration abfällt und in Ärger übergeht. Er kann in diesem Fall mit dieser Arbeit aufhören und mit etwas anderem weiterfahren. Die Unterscheidung ist: „Hunger bedeutet Blockierung"/„Hunger bedeutet Hunger".
6. Er kann sich beim Mittagessen vornehmen, um 15 Uhr intensiven Hunger zu bekommen, kann sich den Wecker stellen und um 15 Uhr mit Interesse „nachschauen", was sein Körper meldet. Möglicherweise bekommt er gar kein richtiges Hungergefühl hin, sondern andere Empfindungen oder Leere. Die Unterscheidung ist: „Mit Hunger selbstbestimmend umgehen"/„Vom Hunger bestimmt werden".
7. Statt zu essen, kann er seine Freundin anrufen. Ob er nach dem Anruf mehr oder weniger Hunger hat, ist offen, jedenfalls unterbricht er den momentanen Prozess durch ein emotional (hoffentlich) angenehmes Erlebnis. Die Unterscheidung ist: „Liebe statt Hunger"/„Essen statt Hunger".
8. Er kann sich das ärgerlichste Geschäft vornehmen, das er gerade bearbeitet. Der Ärger wird ihm möglicherweise „auf den Magen schlagen" und den Hunger ersetzen. Diese Variante funktioniert zwar, wird auch von vielen Menschen unbewusst angewandt, ist jedoch selbstschädigend. Die Unterscheidung ist: „Ärger stoppt Hunger"/„Essen stoppt Hunger".
9. Er kann sich vornehmen, für sich und seine Freundin nach Feierabend noch zwei schöne Forellen zu kaufen, und sich auf den Abend zu zweit freuen. Die Unterscheidung ist: „Hunger macht Freude"/„Hunger ist lästig".

Unterschiedliche Unterscheidungen treffen heißt immer: sich Varianten von Welten erschaffen. Neun neue Welten! Und es gibt keine Grenze für die Fantasie. Einige sind vielleicht darunter, bei denen das Problem nicht auftaucht. Die meisten dieser Welten lassen sich nicht nach dem Prinzip von Ursache und Wirkung (Kausalität) erklären, sondern enthalten vielfältige Wirkmechanismen, welche schwer durchschaubar sind und auch nicht durchschaut werden müssen.[2]

keine Grenze für die Fantasie

Obwohl das Treffen von Unterscheidungen zu unserem Umgang mit der Realität gehört und Unterscheidungen schon von den Philosophen des Altertums diskutiert wurden, stammt eine logisch konsistente, mathematisch ausgerichtete Darstellung des Unterscheidungsvorgangs erst vom englischen Mathematiker George Spencer Brown aus den 1980er-Jahren. Mit seinem legendären Buch „Laws of Form" (1997) hat er eine nicht leicht lesbare, aber geniale Darstellung dieses Prozesses gegeben. Das Buch wurde vor allem in den USA von den Pionieren der Kybernetik stark beachtet. In Europa hat Niklas Luhmann seine Theorie der sozialen Systeme auf den „Laws of Form" aufgebaut (z.B. LUHMANN 1987). Auch die Überlegungen dieses Aufsatzes richten sich ein Stück weit danach.

4.4 Beobachten und Unterscheiden mit Konzepten der Transaktionsanalyse

Beobachten innerhalb einer systemischen Praxis entspricht mehr dem Nicht-Wissen als dem Wissen. Im Gegensatz zum medizinischen Modell, wo der Arzt aus seiner Kenntnis heraus Symptome, Laborbefunde und Krankengeschichte analysiert und zu einer Diagnose kommt, die zu einer Therapie führt, ist der systemische Praktiker meist kein Experte für den aktuellen Inhalt. Zu vielfältig sind die Fragestellungen und Kontexte. Er könnte eher mit einem Experimentator verglichen werden oder mit einem Naturforscher in einem bisher noch nicht entdeckten Land. Nun besitzen Praktiker allerdings aus ihrer Ausbildung und Berufserfahrung vorgefertigte Konzepte, welche als Unterscheidungen dienen können. Ihre Anwendung kann zu einer Lösung oder auch in die Irre führen, denn soziale Systeme wie Teams oder Familien gehorchen, wie bereits beschrieben, nicht einem linearen Kausalitätsprinzip und sind unberechenbar. Ihre Verhaltensweisen sind durch ihre eigene Geschichte bestimmt. Im Gegensatz etwa zu einer technisch konstruierten Maschine lassen sich ihre „inneren Mechanismen" nicht umfassend beobachten und schon gar nicht in ihren Auswirkungen berechnen. Unterscheidungen aus den Theorieelementen der Transaktionsanalyse sind demnach Möglichkeiten unter anderen, mit dem Klientensystem kommunikativ in Kontakt zu kommen, Informationen zu erzeugen und Prozesse auszulösen. Das geschieht meist intuitiv – Intuition, damit hat sich bereits Eric Berne intensiv befasst und diese für sich persönlich auch trainiert (BERNE 1991, 33). Da es für die Beratung, streng genommen keine standardisierten Vorgehensweisen gibt, müssen Interventionen intuitiv erfunden und rational geprüft werden – ein kreativer Vorgang also.

Wie bereits zuvor angemerkt, wird die Verwendung der Transaktionsanalyse in systemischen Zusammenhängen in Schmid (1986, 1990, 2008) detailliert beschrieben. Ein dort beschriebenes typisches Beispiel für die Anpassung der theoretischen Grundlagen an die beruflichen Erfordernisse in der systemischen Arbeit ist das transaktionsanalytische Konzept des Skripts (ÜA S. 55ff): ein Kernstück der Transaktionsanalyse im Sinne eines sich selbst regelnden Systems, das ontogenetisch (in der persönlichen Entwicklung des Individuums) entstanden ist und gewisse „Eigenwerte" angenommen sowie andere Möglichkeiten ausgeschlossen hat. Gerade das Skript spiegelt den konstruktivistischen Gedanken sehr gut wieder, sobald man es von der Frage nach den elterlichen Botschaften und aus der Unterscheidung von bewusst und unbewusst ablöst und die darin auftretenden Ich-Zustände als sich wiederholende Muster betrachtet. In der Darstellung der klassischen Transaktionsanalyse wurde „Skript" bis heute weitgehend als Eigenschaft der Person beschrieben. Streng genommen entwickelt sich das Skript jedoch in einem sozialen System, das heißt, es entwickelt sich im System der Skripts von Bezugspersonen, in deren Bannkreis das kleine Kind seinen Ort finden muss. Entsprechend sind die im späteren Leben auftretenden Probleme als eine Wechselwirkung der im System agierenden Personen und ihrer Skripts zu sehen und nicht einfach als Auswirkung des individuellen Skripts.

Mit dem Skript sind die typischen Unterscheidungen verbunden, wie sie in den Grundeinstellungen (ÜA S. 41f), den Antreibern (ÜA S. 57f), den Grundbotschaften (ÜA S. 40) zusammengefasst werden. Auch die Idee eines Bezugsrahmens (ÜA S. 63f), wenn man sie von der Frage nach den inneren Prozessen löst, ist systemisch kompatibel. Weiterhin zu nennen sind die einfach verständlichen und illustrativen Konzepte der Kommunikationstheorie mit ihren funktionalen Zuständen (ÜA S. 43), welche als Haltungen als „oben", „unten", „gleichwertig sein" zur Analyse von Wirklichkeitsverständnissen in sozialen Systemen beigezogen werden können. Das heißt: Transaktionsanalyse fragt schon immer, zumindest seit den wichtigen Arbeiten von R. und M. Goulding (1979/1981) danach, welche Entscheidungen Menschen getroffen haben und wie sie damit Wirklichkeit erzeugen. Entscheidungen sind Unterscheidungen.

5. Methodische Überlegungen

Da Konzepte der Transaktionsanalyse in der systemischen Praxis lediglich noch eine Wahl unter anderen sind, muss dargestellt werden, welche davon sich besonders eignen und welche grundsätzlich nicht passen. Das klassische Verständnis ist, dass Theorieelemente wie Ich-Zustände (ÜA S. 23ff), Skript (ÜA S. 55f), Antreiber (ÜA S. 57f) etc. innere Dynamik und Verhalten einer Person beschreiben und erklären. Ein systemisches Verständnis bedeutet hingegen, dass (z.B. vom Berater) der Klientel Unterscheidungen angeboten werden, welche eine neue Sicht der Dinge ermöglichen. Somit müssen wir Abschied nehmen von Begriffen, welche die Persönlichkeit erklären sollen (ob sie das je schon getan haben, wäre zu diskutieren). Die Ich-Zustände in der Darstellungsweise der Strukturanalyse (fixierte Zustände aus der Vergangenheit) sind weniger geeignet als funktionale Beschreibungen (Transaktionen). Auf jeden Fall werden solche Begriffe nicht verdinglicht verstanden (als ob es sie real gäbe), sondern als Strukturierungshilfe für die Intervention benützt.

Unterscheidungen anbieten

Um dies zu zeigen verwenden wir ein Szenario, das Eric Berne in seinem letzten Werk „Was sagen Sie, nachdem Sie ‚guten Tag' gesagt haben?" verwendet (BERNE 1972; 1985, 61). Berne verwendet das Märchen vom Rotkäppchen, um Skriptmuster deutlich zu machen. Eigentlich aber wählt er systemisch orientierte Deutungen, ohne diese Begrifflichkeit zu benützen. Wir erweitern diese zur Lektüre empfohlene Analyse Bernes zu einem Dialog. Das heißt, wir laden die fünf Personen des Märchens zu einer Beratungssitzung ein, in welcher geklärt werden soll, wie das Drama, in welchem am Schluss der Wolf den Schaden hat, eine positive Wendung nehmen könnte. Im Gegensatz zum Märchen, wo der Wolf am Ende tot ist, handelt es sich bei diesem Skriptdrama um eine ständige Wiederholung, bei der der Wolf am Leben bleibt.

Folgende Teilnehmer sind zu vermerken:
Ber: Berater
Gro: Großmutter
Mu: Mutter
Rot: Rotkäppchen
Wo: Wolf
Jä: Jäger

Die Ausgangssituation ist aus dem Märchen bekannt (HELBLING 1946, 200). Wir beobachten die Sitzung ein paar Minuten nach Beginn. Es sei besonders auch auf die ständigen Wechsel im Kontext hingewiesen, d.h., Ausdrücke werden laufend in neue Kontexte gestellt und damit ihre Bedeutung verändert. (Die Intuitionen des Beraters und die Bemerkungen zum Kontext sind kursiv gedruckt. Die transaktionsanalytischen Bezeichnungen entsprechen dem Einführungstext im Band 1 dieser Ausgabe [HAGEHÜLSMANN 2007, 11–95]).

Ber zu Jä: Sie haben diese Gruppe zu einer Beratungssitzung eingeladen. Was hat Sie dazu bewogen? *Kontext der Motivation*
Jä: Es muss endlich wieder Ordnung sein im Wald. Wir haben nun schon zum dritten Mal einen solchen Vorfall. *Kontextänderung zu Ordnung, ELk*
Ber zu Jä: Demnach sind Sie für die Ordnung zuständig? *Übernimmt Kontext Ordnung*

Jä:	Ja sicher!
Gro:	(Zwischenruf) Quatsch, das wäre ja gelacht! Seit Jahren beklagen wir die Unordnung im Wald, jetzt will er uns dafür verantwortlich machen. *Kontextverschiebung Verantwortung für Ordnung, rK*
Be zu Gro:	Immerhin sind Sie trotz Ihrer Gehbehinderung zu uns gekommen. *Wieder zurück zum Kontext Motivation*
Gro:	Ja, aber nicht ganz freiwillig.
Be:	Wie das?
Gro:	Um zu verhindern, dass der feine Herr Waldhüter sich hier wichtig macht und hinter meinem Rücken neue Regeln aufstellt. *Kontext Gefahr neuer Regeln, rK*
Be:	Was könnte da schlimmstenfalls passieren, ich meine, wenn Sie nicht gekommen wären? *Kontext Zukunftsszenario?*
Gro:	Der überhebliche Herr versucht schon lange bei den Behörden zu erreichen, dass ich das Haus im Wald verlassen muss. „Alte Frauen gehören nicht in den Wald", sagt er. *Aufdeckung des verdeckten Kontextes: meine Wohnung im Wald*

....

Etwas später:

Ber zu Wo:	Wie ich höre, wurden Sie jetzt schon zum dritten Mal verwundet. Wie kommt das? *Berater denkt an ein psychologisches Spiel.*
Wo:	(noch immer unter der Schnittwunde am Bauch leidend:) Ich bin Opfer der gesellschaftlichen Verhältnisse. Unterdessen hat die Domestizierung und Kolonialisierung der Waldbewohner durch die Behörden ein ungeheures Maß angenommen. Man will jetzt, dass ich mein Fressen an einer Theke abhole, meist vegetarisch. *Opfer im Dramadreieck, rechtfertigt indirekt die Verfolgerrolle im „Spiel"*
Ber:	Waren denn Großmütter und kleine Mädchen früher auf Ihrer Speisekarte? Konfrontation mit der Realität. *Kontext: Nahrung des Wolfs*
Wo:	Das tat ich aus Verzweiflung! *Opfer*
Ber:	Schon dreimal? *Vermutung von Skriptverhalten*
Wo:	Ich brauche auch etwas Verständnis. *Kontextänderung, bleibt Opfer, aK*

....

Wieder später

Ber zu Ro:	Wenn ich nachher deine Mutter frage, warum sie nicht selber zur Großmutter ging, sondern dich allein durch den Wald schickte, was wird sie deiner Meinung nach antworten? *Informationsbeschaffung aus dem System mit zirkulärer Frage*
Ro:	Sie wird sagen, dass sie keine Zeit hatte.
Ber:	Und was denkst du darüber?
Ro:	Dass sie Großmutter nicht mag. Außerdem will sie mich aus dem Haus haben. Ro erfährt Mutter als verdeckt kommunizierend, auch in Verfolgerrolle. *Ro antwortet im Kontext von Beziehung in der Familie.*
Ber zu Mu:	Was ist Ihre Antwort darauf?
Mu:	(weint) *Racket?*
Ber zu Ro:	Was bedeutet das Weinen deiner Mutter für dich? *Kontext: vermutete Symbiose*
Ro:	Dass ich wieder etwas falsch gemacht habe. *Kontext Symbiose und Schuld*

Irritation und Anstoß zu neuem Verhalten

In diesen kurzen Abschnitten wird gezeigt, dass systemisch orientierte Prozessgestaltung und transaktionsanalytische Konzepte gut passen. Der Berater erzeugt, geleitet durch sein „inneres Bild" der Situation, viel Information, welche dem System neu zur Verfügung steht und als „Irritation" und Anstoß zu neuem Verhalten dienen kann (siehe dazu auch BRUNNER 2007, 211ff).

Prinzip der Selbstähnlichkeit

Als weiteres Beispiel für eine nützliche Verbindung mit einem Kernbegriff der Transaktionsanalyse betrachten wir das Konzept des Skriptes unter Gesichtspunkten der Selbstähnlichkeit. Das Prinzip der Selbstähnlichkeit wird theoretisch innerhalb der fraktalen Geometrie beschrieben und findet sich in der Natur in vielfältiger Weise, so etwa in Systemen wie Blutkreislauf, Formgebung von Pflanzen (Blumenkohl!), geologischen Strukturen. Für die systemische Praxis typisch ist, dass man nicht auf die Gründe für die Entstehung des Skripts eingeht, sondern auf die Phänomenologie. Wie zeigt sich das Skript? Der sogenannte Skriptzirkel nach Erskine und Zalcman (1979) zeigt, wie Skriptüberzeugungen, skriptbedingte Befindlichkeiten und Skriptbestätigungen in einer Art von Regelkreis zusammenwirken. Ebenso können wir die Auswirkungen des Skripts beobachten als Miniskriptablauf nach Kahler (SCHLEGEL 1995, 210 ff), kurze Episoden mit Wechseln in den Grundpositionen, psychologischen „Spielen" als skriptbedingte Kommunikationen über kurze oder längere Zeit, wiederkehrende Lebensereignisse als Episoden im Abstand von Jahren (payoff), den gesamten Lebensbogen bis zum Tod (SCHLEGEL 1995, 183ff). Wir können unter den gesamten Lebensbogen (hier als grafisches Symbol für den Ablauf gedacht) mittlere und kleine Bögen einzeichnen, die bis in den „atomaren" Bereich täglicher Mini-Ereignisse sich selber ähnlich sind. Es wäre interessant, genauer zu untersuchen, wie innerhalb eines persönlichen Skripts solche Mikroprozesse als „Basisprozesse" für das Ganze erfasst und beschrieben werden können. Solche Basisprozesse wären dann der Anknüpfungspunkt für die Veränderung. Denn wenn sich die Mikroprozesse ändern, ändert sich der Gesamtprozess.

Mikroprozesse als „Basisprozesse" für das Ganze

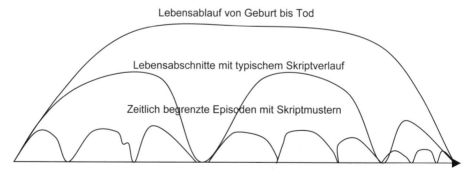

Abb. 1: Selbstähnlichkeit von Skriptmustern
(Nicht darstellbar sind weitere Verschachtelungen von Mini-Abläufen bis in den Bereich von Minuten des Lebens.)

Zu beachten ist, dass mit Ähnlichkeit hier die Ähnlichkeit des Prozessierens, nicht der Inhalte gemeint ist. Einmal handelt es sich inhaltlich um eine Episode in der Straßenbahn, dann an der Arbeit, dann bei der Partnerwahl, dann im Zusammenhang mit der Freizeitgestaltung. Der große Lebensbogen, den wir mit Gewinner- oder Verliererskript charakterisieren können, die Lebensabschnitte und die kürzeren Episoden ergeben sich prozesshaft ähnlich aus vielen kleinen Momenten des Alltags, aus den Gefühlen, Gedanken, aus den Transaktionen und den gespielten Spielen. Nach außen zeigt sich so etwas wie „das Typische" dieser Person. Bis zu einem gewissen Grad bedeutet die Selbstähnlichkeit auch, dass wiederkehrende Muster auch erwartbar sind, allerdings nicht als Fahrplan, sondern als Typus. Während Menschen ihre größeren Episoden bewusst wahrnehmen und auch kommentieren, sind sie sich meist der Mikrostruktur dieser Prozesse im Kleinen nicht bewusst. Hier kann, gleich wie in der klassischen Transaktionsanalyse, mit der systemischen Praxis bei den beteiligten Personen Information und Bewusstheit über die Tiefenstrukturen ihrer Muster erzeugt werden. Im Unterschied zur klassischen Transaktionsanalyse wird das Skript jedoch als Element des sozialen Systems stärker in seinem Zusammenspiel mit andern Menschen und mit den Regeln der Gruppe gesehen als nur auf das Individuum bezogen.

Ähnlichkeit des Prozessierens

6. Anwendungsbereiche

Palette von klinischen Fällen bis zu großen Organisationen

Systemisches Denken und systemisch orientierte Methoden sind keine spezifischen Instrumente für bestimmte Fragestellungen. Sie stellen eher Haltungen und Verständnisweisen dar, aus denen professionelle Verfahren abgeleitet werden können. Entsprechend sind auch die Anwendungsbereiche der Transaktionsanalyse im Rahmen eines systemischen Ansatzes nicht spezifisch und entsprechen den Anwendungsbereichen systemischer Therapie und Beratung generell. Die Palette reicht von klinischen Fällen bis zu Fragestellungen großer Organisationen. Die Elemente aus der Transaktionsanalyse führen nach wie vor auf das Fühlen, Denken und Verhalten der Einzelperson, die Kommunikation in Familie und Beruf und die im System auftretenden Muster als Erweiterung des Skriptbegriffs von der Person zur Institution (BRUNNER 2007, 217). Im klinischen Bereich findet diese Richtung bedingt durch Zulassungsbeschränkungen relativ wenig öffentliche Darstellung. Nach Schlippe (2007, 10) verstehen sich in Deutschland jedoch mindestens 15 Prozent der approbierten Psychologischen Psychotherapeuten als systemische Therapeuten. In der Beratung sind dem Autor keine solchen Schätzungen bekannt. Man kann jedoch davon ausgehen, dass jene Beraterinnen und Berater, welche vermehrt mit Mehrpersonen-Systemen zu tun haben, systemische Verfahren zu ihrem beruflichen Rüstzeug zählen. Es ist wichtig zu erwähnen, dass systemische Beratung auch für Einzelpersonen lösungsorientierte Prozesse bewirkt. Einzelpersonen sind immer Teil eines sozialen Systems, denken und handeln in einem bestimmten Kontext und haben als Beobachter ihrer eigenen Situation jene typischen blinden Flecken, welche erst durch Beobachter zweiter Ordnung ausgeleuchtet werden können.

lösungsorientierte Prozesse

Menschenbild, Ethik und Vertragsorientierung

Die systemische Beratung innerhalb der Transaktionsanalyse wird sich an deren Grundaussagen über das Menschenbild und die Ethik halten und vertragsorientiert sein. Sie fokussiert auf das von der Klientel bezeichnete Problem und die angestrebte Lösung und kann von daher oft in wenigen Sitzungen Lösungen bringen. Transaktionsanalyse kann wie im obigen Beispiel von „Rotkäppchen" implizit benützt werden (d.h. nur als Leitidee der beratenden Person) oder sie kann explizit erklärt werden, etwa als Retter/Opfer/Verfolger-Dramatik (ÜA S. 48f). Das Prinzip ist auch da, Anregung oder Irritation ins System zu bringen und Information zu erzeugen, nicht die Persönlichkeit der Menschen zu erklären.

ausreichende Komplexität

Systemische Beratung heißt immer: ausreichende Komplexität und nicht zu große Komplexität im Erfassen der Fragestellung. Typische Vorgehensweisen könnte man etwa in den folgenden Fragen zusammenfassen (zum Begriff „Problem" siehe SCHLIPPE (2007, 102):

➤ Was ist das für die Bearbeitung geeignete System? Die Person, das Paar, die Familie, die Abteilung, die Firma?
➤ Wie definiere ich als Berater das Problem? Die Problemschilderungen der Klientel sind naturgemäß problembeladen.
➤ Welche Rolle wird mir als Berater von der Klientel zugeschrieben? Will ich das?

➤ Wie lange dauert das Problem schon an?
➤ Was wurde bisher unternommen, um das Problem zu lösen, d. h., ohne eine Lösung zu erreichen? Diese Ansätze sind in Zukunft zu vermeiden.
➤ Welche Erwartungen stabilisieren das Problem?
➤ Wer im System zieht aus dem Problem einen Nutzen? (Evtl. sogar der Berater!!) Kann dieser Nutzen anders erreicht werden?
➤ Gibt es im System einen „Patienten"? Besteht die Situation „Einer gegen die andern"?
➤ Was wäre etwas völlig Neues, das man tun könnte? Oft ist es erlösend, irgendetwas zu tun, nur nicht das Bisherige.
➤ Woran erkennt die Klientel, dass das Problem gelöst ist? Woran erkennen es andere?
➤ Was wäre ein kleiner Schritt in Richtung der Problemlösung?

Fragen und Vorgehensweisen dieser Art finden sich schon früh in den Darstellungen der Kurzzeittherapie, etwa bei Watzlawick (1984, 135).

7. Zusammenfassung

Transaktionsanalyse im Rahmen systemischer Beratung fügt sich begrifflich in die Rahmenbedingungen, Haltungen und Ziele des vom Konstruktivismus beeinflussten systemischen Denkens und deren berufliche Ausformungen ein. Sie grenzt sich gegen einen tiefenpsychologischen Ansatz und ein ontologisches Verständnis seiner Konzepte ab und versteht sich als offenes System von Begriffen und Verfahren gleichwertig neben anderen. Sie stellt nicht die Frage nach Richtig oder Falsch, sondern nach Passend oder Unpassend und ist über die Intuition der Berufsperson weitgehend experimentell ausgerichtet. Konzepte der Transaktionsanalyse werden zum Teil direkt integriert, zum Teil so modelliert, dass sie den neuen Rahmenbedingungen entsprechen. Die frühen Theorien Eric Bernes entpuppen sich als systemisch angelegt, auch wenn diese Begrifflichkeit in Bernes Schriften nicht verwendet wird.

Nimmt man die Idee des selbstorganisierenden Systems wieder auf, wo die Irritation über Kommunikation als einzig möglicher Prozess anerkannt wird, so kann man formulieren: *Systemische Transaktionsanalyse bedeutet Entstören durch Stören.*

Anmerkungen

1 Diese Richtung ist in Deutschland an die Zulassungsbeschränkungen in den therapeutischen Berufen gekoppelt. Dort sind als Methoden anerkannt: Verhaltenstherapie, Tiefenpsychologisch fundierte Psychotherapie und psychoanalytische Psychotherapie.
2 Ein sehr schönes Beispiel einer Massenheilung durch eine neue Unterscheidung gibt Paul Watzlawick (in SCHWEITZER 1992, 87). In der dritten Ausgabe des sogenannten Diagnostical and Statistic Manual, dem DSM-III-R, wurde aufgrund gesellschaftlichen Drucks die Homosexualität nicht mehr als Störung aufgeführt. Man hat so mit einem Federstrich Millionen von Menschen geheilt, die vorher als krank galten. Ein sensationeller therapeutischer Erfolg.

Hans Brunner

Diplom-Physiker, Gymnasiallehrer, Transaktionsanalytiker (Beratung).
Arbeitet heute freiberuflich als Berater für Nonprofit-Organisationen und Einzelpersonen.

Anschrift des Verfassers:

Hans Brunner
Eulerstr. 85
CH-4051 Basel

Literatur

ADLER, R.H. et al.,ÜEXKÜLL, J.: *Psychosomatische Medizin; Modelle ärztlichen Denkens und Handelns*. 6. neu bearbeitete und erweiterte Auflage. München, Jena: Urban & Fischer 2003

AGUILERA, D. C.: *Krisenintervention: Grundlagen – Methoden – Anwendung*. Bern, Göttingen, Toronto, Seattle: Huber 2000

AICHHORN, A.: *Zur Technik der Erziehungsberatung*. Zeitschrift für psychoanalytische Pädagogik 1936, 10, 5–74

AICHHORN, A.: *Wayward Youth*. New York: Viking Press 1945; dt.: *Verwahrloste Jugend. Die Psychoanalyse in der Fürsorgeerziehung*. Bern: Huber 1951

ANDRIESSEN, A.: *Sich von Gott berühren lassen. Geistliche Begleitung als pastorales Handeln heute*. Mainz: Grünewald 1995

ANTONS, K.: *Praxis der Gruppendynamik*. Göttingen: Hogrefe 1973

BABCOCK, D. E. & KEEPERS, T. D.: *Miteinander wachsen: Transaktionsanalyse für Eltern und Erzieher*. München: Kaiser 1980

BADER, E.: *Redecisions in Family therapy: A Study of Change in an Intensive Family Therapie Workshop*. Transactional Analysis Journal 1982, 12, 27–38

BADER, E. & PEARSON, P.T.: *In Quest of the mythical mate: a developmental approach to diagnosis and treatment in Couples therapy*. Transactional Analysis Journal 1990, 20, 77–78

BADER, E. & PEARSON, P.: *Entwicklungsstufen der Paarbeziehung*. Zeitschrift für Transaktionsanalyse 1996, 2–3, 127–136

BAECKER, D.: *Neue Wege der Landeskunde: Interkulturelle Deutschlandstudien*. Hrsg. von Prof. Dr. Werner Nell. Philosophische Fakultät der Martin-Luther-Universität. Halle-Wittenberg 2009, 5; Internetveröffentlichung unter: http://nell.germanistik.uni-halle.de/deutschlandstudien

BAMBERG, C.: *Geistliche Führung im frühen Mönchtum*. Geist und Leben 1981, 54, 276–290

BARNES, G.: *„Einführung"*. In: BARNES, G. et al.: *Transaktionsanalyse seit Eric Berne: Schulen der Transaktionsanalyse. Band 1*. Berlin: Institut für Kommunikationstherapie 1979, 14–53

BARNES, G. & Contributors: *Transactional Analysis after Eric Berne: Teaching and Practices of Three TA Schools*. New York: Harpers College Press 1977; dt.: *Transaktionsanalyse seit Eric Berne. Band I–III*. Hrsg. von G. KOTTWITZ. Berlin: Institut für Kommunikationstherapie 1979, 1980, 1981

BARRY, W. A. & CONNOLLY, W. J.: *Brennpunkt: Gotteserfahrung im Gebet. Die Praxis der Geistlichen Begleitung*. Leipzig: Benno 1992

BARTLING, G., ECHELMEYER, L., ENGBERDING, M. &, KRAUSE, R.: *Problemanalyse im therapeutischen Prozeß*. Stuttgart: Kohlhammer 1980

BECK, U. & BECK-GERNSHEIM: *Das ganz normale Chaos der Liebe*. Frankfurt/Main: Suhrkamp 2005

BECKER, G., BEHNKEN, I., GROPENGIESSER, H., NEUSS, N. (Hrsg.): *Lernen aus entwicklungspsychologischer Sicht*. Jahresheft d. Zeitschrift „Schüler", Jahrgang 2006. Seelze: Friedrich-Verlag 2006, 26–27

BERNA, J.: *Liebe zu den Kindern*. Frankfurt-Main: Fischer Verlag 1996

BERNE, E.: *A Layman`s Guide to Psychiatrie and Psychoanalysis*. New York: Simon & Schuster 1957, 1968³; dt.: *Sprechstunde für die Seele: Psychiatrie und Psychoanalyse verständlich gemacht*. Reinbek: Rohwolt 1970

BERNE, E.: *TA in Psychotherapy: A Systematic Individual and Social Psychiatry*. New York: Grove Press, Inc. 1961; dt.: *Die Transaktionsanalyse in der Psychotherapie: eine systematische Individual- und Sozialpsychiatrie*. Paderborn: Junfermann 2001/2006²

BERNE, E.: *Principles of Group Treatment*. New York: Oxford University Press 1966; dt.: *Grundlagen der Gruppenbehandlung: Gedanken zu Gruppentherapie und Interventionstechniken*. Paderborn: Junfermann 2005

BERNE, E.: *Games people play.* New York: Grove Press 1964; dt.: *Spiele der Erwachsenen: Psychologie der menschlichen Beziehungen.* Reinbek: rororo 1967/1970
BERNE, E.: *Staff-Patient Staff Conferences.* The American Journal of Psychiatry 1968, 125, 286–293
BERNE, E.: *Sex in Human Loving.* New York: Simon & Schuster 1970; dt.: *Spielarten und Spielregeln der Liebe.* Reinbek: Rowohlt 1974
BERNE, E.: *What do you say after you say hello?* New York: Bantam Books 1972; dt.: *Was sagen Sie, nachdem Sie „Guten Tag" gesagt haben? Psychologie des menschlichen Verhaltens.* München: Kindler 1975
BERNE, E.: *The Structure and Dynamics of Organizations and Groups.* New York: Ballantine Books 1973, dt.: *Struktur und Dynamik von Organisationen und Gruppen.* München: Kindler 1979/1986
BERNE, E.: *Intuition and Ego States: The Origins of Transactional Analysis.* San Francisco: TA Press 1977; dt.: *Transaktionsanalyse der Intuition: Ein Beitrag zur Ich-Psychologie.* Hrsg. von HEINRICH HAGEHÜLSMANN. Paderborn: Junfermann 1991/2005[4]
BERNE, E.: *„Grundlegende therapeutische Techniken."* Deutsche Übersetzung des 11. Kapitels aus ‚*Principles of Groups Treatment*' (1966). Zeitschrift für Transaktionsanalyse 1985, 2, 67–87
BERNSTEIN, S. & LOWY, L.: *Untersuchungen zur sozialen Gruppenarbeit.* Freiburg: Lambertus-Verlag 1969
BIERMANN, A.: *Unterstützte Kommunikation.* In: BORCHERT, J. (Hrgs.): *Handbuch der Sonderpädagogischen Psychologie.* Göttingen: Hogrefe 2000, 801–813
BOCHMANN, A.: *Paarberatung.* In: NESTMANN, F., ENGEL, F., SICKENDIEK, U. (Hrsg.): *Das Handbuch der Beratung. Bd. 2: Ansätze, Methoden und Felder.* Tübingen: dgtv 2004, 1005–1013
BÖGLE, R.M.: *Beraterische Arbeit mit modernen Ausprägungen mythologischer Bilder.* Praxis der Kinderpsychologie und Kinderpsychiatrie 2004, 53, 560–572
BORCHERT, J.: *Handbuch der Sonderpädagogischen Psychologie.* Göttingen: Hogrefe 2000.
BORG-LAUFS, M.: *Verhaltensberatung nach dem kognitiven Modell.* In: NESTMANN, F., ENGEL, F. & SICKENDIEK, U. (Hrsg.): *Das Handbuch der Beratung. Bd. 2: Ansätze, Methoden und Felder.* Tübingen: dvgt-Verlag 2004/2007[2], 629–640
BORRIS, N.: *Beraten mit Spiritualität, Compassion und Autonomie.* Zeitschrift für Transaktionsanalyse 2007, 2, 158, 163
BOSZORMENYI-NAGY, I.: SPARK, M.: *Unsichere Bindungen. Die Dynamik familiärer Systeme.* Stuttgart: Klett-Cotta 1981 (amerik. Original 1973)
BOYD. L.W. & BOYD, H.S.: *A Transactional Model for Relationship Counseling.* Transactional Analysis Journal 1981, 11, 142–146
BRUNNER, E.J.: *Systemische Beratung.* In: NESTMANN, F., ENGEL, F. & SICKENDIEK, U. (Hrsg.): *Das Handbuch der Beratung. Bd. 2: Ansätze, Methoden und Felder.* Tübingen: dvgt-Verlag 2004/2007 2, 635–661
BRUNNER, H.: *Beratung im Kontext von Nonprofit-Organisationen.* In: HAGEHÜLSMANN, H. (Hrsg.): *Beratung zu professionellem Wachstum: Die Kunst transaktionsanalytischer Beratung: Vielfalt in Theorie und Praxis. Band 1*, Paderborn: Junfermann 2007, 205–228
CADUFF, C. & PFAFF-CZARNECKA, J. (Hrsg.): *Rituale heute: Theorien-Kontroversen-Entwürfe.* Berlin: Reimer 1999
CANACAKI, J.: *Ich sehe Deine Tränen: Trauern, Klagen, Leben können.* Stuttgart: Kreuz 1990
CAPLAN, G.: *A public health approach to child psychiatry.* Mental Health 35:235, 1951
CAPLAN, G.: *An approach to community mental health.* New York: Grune & Stratton, 1961
CAPLAN, G.: *Principles of Preventive Psychiatry.* London: Tavistock Publications 1964; New York: Basic Books 1964
CASSIS, J. & KOONCE, J.: *Divorce As A Final Option: A Transactional Perspective.* In: J.C. CULL and R.E. HARDY (Eds.): *Deciding On Divorce: Personal and Family Constructions.* American Lecture Series Publication 935. Springfield, IL.; Charles Thomas 1974
CLARK, J. I.: *Differences between special fields and clinical groups.* Transactional Analysis Journal 1981, 11, 169–170

CLARKSON, P.: *Transaktionsanalytische Psychotherapie: Grundlagen und Anwendung. Das Handbuch für die Praxis*. Freiburg, Basel, Wien: Herder 1996

CROSSMAN, P.: *Permission and Protection*. Transactional Analysis Bulletin 1966, 5 (19), 152–154

DBSH Landesverband Baden-Württemberg, SCHULZ-WALLENWEIN, U. & BEILMANN, M. (Hrsg): *Beratung: eine Schlüsselqualifikation in der sozialen Arbeit; ein Diskussionsbeitrag*. Berlin: Verlag für Wissenschaft und Bildung 2002

DECHMANN, B. & RYFFEL, CH.: *Vom Ende zum Anfang der Liebe: Ein Leitfaden für die systemische Beratung und für Paare, die zusammenbleiben wollen*. Weinheim, Basel: Beltz 2001

DEL MAR CASTRO VARELE, M. (Hrsg.): *Suchbewegungen, Interkulturelle Beratung und Therapie*. Forum 40. Tübingen: dgtv-Verlag 1998, 12

DEUTSCHER BUNDESTAG: *6. Familienbericht der Bunderegierung: Familien ausländischer Herkunft; Leistungen, Belastungen, Herausforderungen*. Berlin: Drucksache 14/4357 vom 20.10.2000

DIE BIBEL. Einheitsübersetzung. Stuttgart: Kath. Bibelwerk 1984

DILLING, H, MOMBOUR, W. & SCHMIDT, M.H. (Hrsg.): *Internationale Klassifikation psychischer Störungen*. ICD-10 Kapitel V(F). *Klinisch-diagnostische Leitlinien*. Unter Mitarbeit von E. Schulte-Markwart, 2., korrigierte Auflage. Bern, Göttingen, Toronto, Seatle: Verlag Hans Huber 1993

DODIER, B., KNATZ, B.: *Hilfe aus dem Netz – Theorie und Praxis der Beratung per E-Mail*. Stuttgart: Pfeiffer bei Klett-Cotta 2003

DOSEN, A.: *Entwicklungsdynamische Beziehungstherapie*. In: HENNICKE, K. & ROTTHAUS, W. (Hrsg.): *Psychotherapie und geistige Behinderung*. Dortmund: verlag modernes lernen 1993, 16–23

EDWARDS, S.: *Living Together Can Be a Knotty Problem: Making Families Work with Transactional Analysis*. Kansas City, MO: PAA Pubs 1975

Elbing, U.: *Nichts passiert aus heiterem Himmel – es sei denn, man kennt das Wetter nicht. Transaktionsanalyse, Geistige Behinderung und sogenannte Verhaltensstörungen*. 3., durchgesehene Auflage. Dortmund: verlag modernes lernen 1996 / 2003[3]

ELBING, U.: *Skriptentwicklung*. Mündlicher Vortrag auf der Lehrendenkonferenz der Deutschen Gesellschaft für Transaktionsanalyse (DGTA) in Neustadt a. W. 2004.

ELBING, U., GLASENAPP, J., MOSCHNER, B. & ROHMANN, U.H.: *Spiegeln als Mittel der Beziehungsgestaltung in der Therapie für Menschen mit geistiger Behinderung – ein Überblick*. Geistige Behinderung 1999[4], 338–347

ELBING, U. & GLASENAPP, J.: *Persönlichkeit-, Beziehungs- und systemische Diagnostik*. In: STAHL, B. & IRBLICH, D. (Hrsg.): *Diagnostik bei Menschen mit geistiger Behinderung. Ein interdisziplinäres Handbuch*. Göttingen: Hogrefe 2005, 91–112

ENGEL, F. & SICKENDIEK, U.: *Narrative Begegnung: Sprache, Erzählungen und Metaphern in der Beratung*. In: NESTMANN, F., ENGEL, F. & SICKENDIEK, U. (Hrsg.): *Das Handbuch der Beratung. Bd. 2: Ansätze, Methoden und Felder*. Tübingen: dvgt-Verlag 2004/2007[2], 749–763

ENGLISH, F.: *Transaktionsanalyse: Gefühle und Ersatzgefühle in Beziehungen*. Hrsg. von Michael Paula. Hamburg: Isko Press 1980a

ENGLISH, F., *Was werd' ich morgen tun?* In: BARNES, G. et al., *Transaktionsanalyse seit Eric Berne. Schulen der Transaktionsanalyse. Band 2*. Berlin: Institut für Kommunikationstherapie 1980b, 244 ff.

ENGLISH, F.: *Es ging doch gut – was ging denn schief? Beziehungen in Partnerschaft, Familie und Beruf*. München: Kaiser 1982

ENGLISH, F.: „*The Three Cornered Contract*". Transactional Analysis Journal 1975, 5, 383–384; dt.: „*Der Dreiecksvertrag*". Zeitschrift für Transaktionsanalyse 1985, 2, 88–92

ERIKSON, E. H.: *Identity And The Life Cycle*. New York: International Universities Press 1959; dt.: Identität und Lebenszyklus. Frankfurt/Mainz: Suhrkamp 1966

ERIKSON, E. H.: *Identity – Youth and Crisis*. New York: Norton Press 1968; dt.: Jugend und Krise. Stuttgart Klett 1970

ERIKSON, E. H.: *Childhood And Society.* New York: Norton Press 19502 / 1963; dt.: Kindheit und Gesellschaft. Stuttgart: Klett 1974[5]

ERNST, F.H.: *"The OK corral: the grid to get-on-with".* Transactional Analysis Journal 1971, H 1:4, 33–42

ERSKINE, R.G. & ZALCMAN, M. J.: *"The Racket-System: A Model for Racket Analysis".* Transactional Analysis Journal 1979, 9, 51–59

ERSKINE, R.G. & MOURSUND, J.: *Kontakt, Ich-Zustände, Lebensplan.* Paderborn: Junfermann 1991

ERSKINE, R.G.: *"Scham und Selbstgerechtigkeit".* Zeitschrift für Transaktionsanalyse 1995, 12, 29–60

ERDDIÖZESE FREIBURG (ohne Autorenangabe): *Geistliche Begleitung.* Positionspapier: GB 1/5, 1992

FACHHOCHSCHULE NÜRTINGEN, Fachbereich: Kunst und Kultur (Hrsg.): *Intercultural Integration. Handbook of Good Practice.* Projektbericht des Socrates Grundvig EU-Projektes der FH-Nürtingen. Nürtingen 2004, 15

FASSNACHT, G.: *Systematische Verhaltensbeobachtung.* München: Reinhardt 1995[2]

FEIGENBAUM, D.: *Divorce Ceremonies.* Transactional Anaylsis Journal 1972, 2:4, 160–162

FELDMANN, H.: *Psychiatrie und Psychotherapie: Ein kurz gefasstes Lehrbuch für Studierende und Ärzte.* Begründet von Th. Spoerri. 9., vollständig neu bearbeitete und erweiterte Auflage. Basel & a.O.: Karger 1984

FENGLER, J., *Beratung von Mitarbeitern in Einrichtungen für geistig behinderte Menschen.* In: IRBLICH, D. &. STAHL, B. (Hrgs.): *Menschen mit geistiger Behinderung. Psychologische Grundlagen, Konzepte und Tätigkeitsfelder.* Göttingen: Hogrefe 2003 452–475

FIEDLER, G.: *Suizide, Suizidversuche und Suizidalität in Deutschland. Daten und Fakten 2005.* Forschungsgruppe Suizidalität und Psychotherapie. Therapie-Zentrum für Suizidgefährdete (TZS) am Universitätsklinikum Hamburg-Eppendorf, Version 6.0. Hamburg-Eppendorf 2007; http://www.suicidology.de/online-text/daten.pdf (zuletzt besucht: 07.04.2009)

FILIPP; S.-H. (Hrsg.): *Kritische Lebensereignisse.* München, Wien, Baltimore: Urban & Schwarzenberg 1981

FISCHER, H. R. (Hrsg.): *Das Ende der großen Entwürfe.* Frankfurt/Main: Suhrkamp 1992

FLOSDORF, P., SCHULER, A. & WEINSCHENK, R.: *Anleiten, befähigen, beraten im Praxisfeld Heimerziehung.* Freiburg: Lambertus 1987

FOERSTER, H. von: *Teil der Welt.* Heidelberg: Auer-Systeme-Verlag 2002

FREED, A.M.: *TA for KIDS.* Sacramento, CA: Jalmar Press 1971

FREED, A.M.: *TA for Teens.* Sacramento, CA: Jalmar Press 1976

FREED, A.M.: *TA for Tots I and II.* Sacramento, CA: Jalmar Press 1981

FREISE, J.: *Interkulturelle Soziale Arbeit.* Schwalbach/Taunus: Wochenschau Verlag 2005, 17

FREUD, A.: *The Psycho-Analytical Treatment of children.* New York: International University Press 1928 (1946); dt.: Einführung in die Technik der Kinderanalyse. München: Kindler 1968

FREUD, A.: *Normality and Pathology in Childhoad: Assessments of Development.* New York: International University Press 1965

FREUD, A.: *Psychoanalytische Beiträge zur normalen Kinderentwicklung. Die Schriften der Anna Freud.* Zehnbändige Gesamtausgabe. München: Kindler 1980

FRIED, E.: *Als ich mich nach Dir verzehrte.* Berlin: Wagenbach 1990

FRIEDMAN, M.: *A Model of Family Development and Functioning in a TA Framework.* Transactional Analysis Journal 1983, 13, 90–93

GAEDT, CH., JÄCKEL, D. & KISCHKEL, W.: *Psychotherapie bei geistig Behinderten.* In: GAEDT, CH. (Hrsg.): *Psychotherapie bei geistig Behinderten. Beiträge der psychoanalytischen Entwicklungspsychologie.* Neuerkeröder Beiträge Band. 3. Neuerkeröde: Neuerkeröder Anstalten (Selbstverlag) 1987, 13–20

GAEDT, CH., & GÄRTNER, D.: *Depressive Grundprozesse – Reinszenierungen der Selbstentwertung.* In: GAEDT, CH. (Hrsg.), *Selbstentwertung – depressive Inszenierungen bei Menschen mit geistiger Behinderung.* Neuerkeröder Beiträge Band 6. Neuerkeröde: Neuerkeröder Anstalten (Selbstverlag) 1990, 25–48

GIRMES, R.: *Die Welt als Aufgabe?!* Jahresheft der Zeitschrift „Schüler", Jahrgang 2003. Seelze: Friedrich-Verlag 2003, 6–7

GÖRRES, S. & HANSEN, G. (Hrsg.): *Psychotherapie bei Menschen mit geistiger Behinderung.* Bad Heilbrunn: Klinkhardt 1992²

GOULDING, R.L.: *How to Catch Fish.* In: GOULDING, R.L. & GOULDING, M. McC.: *The Power is in the Patient: a TA/Gestalt Approach to Psychotherapy.* Edited bei P. McCormick. San Francisco: TA Press 1978, 1–8

GOULDING, R.L. & GOULDING, M. McC.: *The Power is in the Patient: a TA/Gestalt Approach to Psychotherapy.* Edited bei P. McCormick. San Francisco: TA Press 1978

GOULDING, M. & GOULDING, R.: *Changing Live through Redicision Therapy.* New York: Brunner & Mazel 1979; dt.: *Neuentscheidung: Ein Modell der Psychotherapie.* Stuttgart: Klett-Cotta 1981

GREER: *Art. No Grown-Ups in Heaven.* New York: Hawthorn Books, Inc. 1975, 69–111

GROSSMANN, K. & GROSSMANN, K.E.: *Elternbindung und Entwicklung des Kindes in Beziehungen.* Stuttgart: Schattauer 2003, 115–135

GROSSMANN, K. E., BECKER-STOLL, F., GROSSMANN, K., KINDLER, H., SCHIECHE, M. SPANGLER, G., WENSAUER, M. & ZIMMERMANN, P.: *Die Bindungstheorie. Modell, entwicklungspsychologische Forschung und Ergebnisse.* In: KELLER, H. (Hrsg.): Handbuch der Kleinkindforschung. Göttingen: Huber Verlag 1997, 51–95

GROSSMANN, K. E. & GROSSMANN, K.: *Frühkindliche Bindung und Entwicklung individueller Psychodynamik über den Lebenslauf.* Familiendynamik 1995, 20, 171–19

GROSSMANN, K. E., GROSSMANN, K., WINTER, M. & ZIMMERMANN, P. (im Druck): *Bindungsbeziehungen und Bewertung von Partnerschaft. Von früher Erfahrung feinfühliger Unterstützung zu späterer Partnerschaftsrepräsentation.* In: BRISCH, K.-H., GROSSMANN, K.E., GROSSMANN, K. & KÖHLER, L.: *Bindung und seelische Entwicklungswege. Vorbeugung, Intervention und Praxis.* Stuttgart: Klett-Cotta 2002

GRUNEWALD, E.: *Das Fremde vor der eigenen Haustür.* Zeitschrift „Forum Supervision" 2003, 10, 15–25

GÜHRS, M. & NOWAK, C.: *Das konstruktive Gespräch: ein Leitfaden für Beratung, Unterricht und Mitarbeiterführung mit Konzepten der Transaktionsanalyse.* Meezen: Limmer 1991

HABERMAS, J.: *Die Krise des Wohlfahrtstaates und die Erschöpfung utopischer Energien.* In: HABERMAS, J.: *Zeitdiagnosen – 12 Essays.* Frankfurt/M.: Edition Suhrkamp 2003, 27–49

HAGEDORN, B. & WEBER-HAGEDORN, B.: *Mein Selbst trifft dein Selbst: Lass uns gucken, was wir daraus miteinander machen: Das Zwiegespräch – Dialog auf Augenhöhe.* Zeitschrift für Transaktionsanalyse 2007, 164–169

HAGEHÜLSMANN, H.: *Begriff und Funktion von Menschenbildern in Psychologie und Psychotherapie.* In: PETZOLD, H. (Hrsg.): *Wege zum Menschen: Methoden und Persönlichkeiten moderner Psychotherapie; ein Handbuch. Bd. 1.* Paderborn: Junfermann 1984/19946, 9–44

HAGEHÜLSMANN, H.: *Das Bild vom Menschen in der Transaktionsanalyse: Philosophische, anthropologische und ideologische Vorstellungen.* In: GREIVE, W. (Hrsg.): *Das Bild vom Menschen in der neuen Gruppenarbeit.* Loccumer Protokolle 1989, 22, 26–54

HAGEHÜLSMANN, H. (Hrsg.): *Beratung zu professionellem Wachstum: Die Kunst transaktionsanalytischer Beratung: Vielfalt in Theorie & Praxis. Band 1.* Paderborn: Junfermann 2006

HAGEHÜLSMANN, H. & U.: *Beziehungsorientierte Transaktionsanalyse: Altes in neuem Gewand?* Zeitschrift für Transaktionsanalyse 2008, 25, 64–68

HAGEHÜLSMANN, U.: Transaktionsanalyse – Wie geht denn das? Transaktionsanalyse in Aktion I. Paderborn: Junfermann 1992/2006⁵

HAGEHÜLSMANN, U.: *Beratung und Transaktionsanalyse: Wie geht denn das? Transaktionsanalyse in Aktion II.* Paderborn: Junfermann 1993

HAGEHÜLSMANN, U.: *Transaktionsanalyse als Einheit: Kontexte und Verträge als Vielfältigkeiten – eine große Spielbreite für die Aufgaben von TA-Berater/innen.* Keynote-Speech auf dem Zweiten Internationalen Kongress für Transaktionsanalyse, Zürich 1998

HAGEHÜLSMANN, U. & HAGEHÜLSMANN, H.: *Transaktions-Analyse*. In: CORSINI, R. J., dt.: Ausg. WENNINGER, G. (Hrsg.): *Handbuch der Psychotherapie*. Weinheim, Basel: Beltz 1983, 1315–1356

HAGEHÜLSMANN, U. & HAGEHÜLSMANN, H.: *Architektur eines Corporate Development Processes in einer Organisation des Neuen Marktes*. Wirtschaftspsychologie. Suplement 2000a, 4, 8–15

HAGEHÜLSMANN, U. & HAGEHÜLSMANN, H.: *Transaktionsanalyse*. In: REIMER, G. & RÜGER, & (Hrsg.): *Psychodynamische Psychotherapien: Lehrbuch der tiefenpsychologisch orientierten Psychotherapien*. Berlin, Heidelberg, New York: Springer 2000b, 235–377

HAGEHÜLSMANN, U. & HAGEHÜLSMANN, H.: *Der Mensch im Spannungsfeld seiner Organisation: Transaktionsanalyse in Managementtraining, Coaching, Team- und Personalentwicklung*. Paderborn: Junfermann 2001[2]

HAGEHÜLSMANN, U., HAGEHÜLSMANN, H. & WICKBORN, H.: *Verantwortliche Führung in Veränderungsprozessen: Wandel vor dem Hintergrund transaktionsanalytischer Modelle*. Zeitschrift für Transaktionsanalyse 2005, 22, 269–288

HAY, J.: *Transactional Analysis For Trainers*. Watford UK, Minneapolis USA: Sherwood Pub. 1994/1996

HARRIS, T.: *A Marital Group*. Transactional Analysis Bulletin 1965, 4, 4–5

HARRIS, T.: *Married Couple*. Transactional Analysis Bulletin 1965, 4, 30 ff

HARSCH, H.: *Theorie und Praxis des beratenden Gesprächs*. München: Kaiser-Verlag 1973

HEIGL-EVERS, A.: *Eheberatung*. In: DEUTSCHER VEREIN FÜR ÖFFENTLICHE UND PRIVATE FÜRSORGE (Hrsg.): *Fachlexikon der sozialen Arbeit*. Frankfurt: Eigenverlag des Deutschen Vereins 1980

HELBING, G. (Hrsg.): *Grimms Märchen*. Zürich: Manesse 1946

HELL, D.: *Die Sprache der Seele verstehen. Die Wüstenväter als Therapeuten*. Freiburg: Herder 2002.

HENNICKE, K. & ROTTHAUS, W. (Hrgs.): *Psychotherapie und geistige Behinderung*. Dortmund: verlag modernes lernen 1993, 195–203

HENNIG, G. & PELZ, G.: *Transaktionsanalyse: Lehrbuch für Therapie und Beratung*. Freiburg, Basel, Wien: Herder 1997; Neuauflage: Paderborn: Junfermann 2002

HENSELER, H.: *Narzißtische Krisen. Zur Psychodynamik des Selbstmordes*. Reinbek: Rohwolt 1974

HILLMANN, J.: *Selbstmord und seelische Wandlung*. Zürich und Stuttgart: Rascher Verlag 1966, S. 36

HODGES, R.: *Transactional Analysis with Families and Couples*. Transactional Analysis Bulletin 1964, 3, 159 ff

HOFSTEDE, G.: *Lokales Denken, globales Handeln: Interkulturelle Zusammenarbeit und globales Management*. München: DTV-Beck 2006[3]

HOLLOWAY, W.H.: *Transactional Analyses: An Integrativ View*. In: BARNES, G. & Contributors: *Transactional Analysis after Eric Berne: Teaching and Practices of Three TA Schools*. New York: Harpers College Press 1977, 169–224; dt.: *Transaktionsanalyse: eine integrative Sicht*. In: BARNES, G. et. al., *Transaktionsanalyse seit Eric Berne. Schulen der Transaktionsanalyse Band 2: Was werd' ich morgen tun?* Hrsg. von G. Kottwitz. Berlin: Institut für Kommunikationstherapie1980, 18–90

HOREWITZ, J.: *A Married Couple*. Transactionale Analysis Bulletin 1967, 6, 23 ff

HOREWITZ, J.: *Contract and Permission*. Transactional Anaylsis Bulletin 1965, 4, 69 ff

HOREWITZ, J.: *Death of a Son*. Transactional Analysis Bulletin 1965, 4 68

HUBER, M.: *Trauma und die Folgen. Trauma und Traumabehandlung. Teil 1*. Paderborn: Junfermann 2003

ICD 10: *Internationale Klassifikation psychischer Störungen. Kapitel V (F): Klinisch-diagnostische Leitlinien*. Übersetzt und herausgegeben von DILLING, H. et. al., 2., korrigierte Auflage. Bern, Göttingen, Toronto, Seattle: Huber Verlag 1993

IRBLICH, D.: *Problematische Erlebens- und Verhaltensweisen geistig behinderter Menschen*. In IRBLICH, D. & STAHL, B. (Hrsg.): *Menschen mit geister Behinderung. Psychologische Grundlagen, Konzepte und Tätigkeitsfelder*. Göttingen: Hogrefe 2003, 312–388

IRBLICH, D.: *Strukturierung des Lebensumfeldes als Intervention bei psychischen Problemen geistig behinderter Menschen*. In: IRBLICH, D. & STAHL, B. (Hrsg.): *Menschen mit geister Behinderung. Psychologische Grundlagen, Konzepte und Tätigkeitsfelder*. Göttingen: Hogrefe 2003, 559–590

IRBLICH, D. & STAHL, B. (Hrsg.): *Menschen mit geister Behinderung. Psychologische Grundlagen, Konzepte und Tätigkeitsfelder.* Göttingen: Hogrefe 2003

JAMES, M.: *TA for Moms and Dads: What Do You Do With Them Now That You Have Got Them?* Reading, Mass: Addison-Wesley Publishing Company 1974

JAMES, M.: *Philosophy and techniques of TA.* In: JAMES, M. & Contributors: *Techniques in Transactional Analysis for Psychotherapists and Counselors.* Menlo Park (CA), London, Amsterdam, Don Mills (ON), Sydney: Addison-Wesley Pub. Co 1977, 3–124

JAMES, M.: *Der O.K.-Boss.* München: mvg 1990

JAMES, M. & Contributors: *Techniques in Transactional Analysis for Psychotherapists and Counselors.* Menlo Park (CA), London, Amsterdam, Don Mills (ON), Sydney: Addison-Wesley Pub. Co 1977

JAMES, M. & JONGEWARD, D.: *Born to win.* Reading. MA: Addison-Wesley 1971; dt.: *Spontan leben.* Reinbek: Rowohlt 1974

JAMES, M. & JONGEWARD, D.: *The people book: Transactional Analysis for Students.* Reading, Mass: Addison-Wesley Publishing Company 1975

JAMES, M. & JONGEWARD, D.: *The People Book-Teachers's Guide.* Menlo Park, CA.: Addison-Wesley 1975

JELLOUSCHEK, H.: *Transaktions-Analyse und Familientherapie: ein Brückenschlag zwischen individuumzentrieter und systemorientierter Therapie.* Zeitschrift für Transaktions-Analyse 1984, 1, 25–32

JELLOUSCHEK, H.: *Der Froschkönig: Ich liebe dich, weil ich dich brauche.* Zürich: Kreuz 1985

JELLOUSCHEK, H.: *Smele, Zeus und Hera. Die Rolle der Geliebten in der Dreiecksbeziehung.* Zürich: Kreuz 1987

JELLOUSCHEK, H.: *Die Froschprinzessin: Wie ein Mann zur Liebe findet.* Zürich: Kreuz 1989

JELLOUSCHEK, H.: *Die Kunst als Paar zu leben.* Stuttgart: Kreuz 1992

JELLOUSCHEK, H.: *Warum hast du mir das angetan? Untreue als Chance.* München: Piper 1995

JELLOUSCHEK, H.: *Vom Fischer und seiner Frau: Wie man besser mit den Wünschen seiner Frau umgeht.* Zürich: Kreuz 1996

JELLOUSCHEK, H.: *Wie Partnerschaft gelingt. Spielregeln der Liebe.* Freiburg im Breisgau: Herder 19994

JELLOUSCHEK, H.: *Bis zuletzt die Liebe: Als Paar von einer schweren Krankheit herausgefordert.* Freiburg: Herder 2004a

JELLOUSCHEK, H.: *Liebe auf Dauer: Die Kunst, ein Paar zu bleiben.* Stuttgart: Kreuz 2004b

JELLOUSCHEK, H.: *Partnerschaft und Liebe.* Zeitschrift für Transaktionsanalyse. 2008a, 25, 117–125

JELLOUSCHEK, H.: *Liebe auf Dauer: Was Partnerschaft lebendig hält.* Überarbeitete Neuausgabe. Stuttgart: Kreuz 2008b

JELLOUSCHEK, H.: *Wenn Paare älter werden. Die Liebe neu entdecken.* Freiburg im Breisgau: Herder 2008c

JESSEN, F. & ROGOLL, R.: *Spiel-Analyse in der Transaktionsanalyse: Die Spiel-Analyse von Eric Berne.* Partnerberatung 1980, 17, 192–200

JESSEN, F. & ROGOLL, R.: *Spiel-Analyse in der Transaktionsanalyse: Die Spiel-Analyse von Eric Berne.* Partnerberatung 1980, 17, 192–200

JESSEN, F. & ROGOLL, R.: *Spiel-Analyse in der Transaktionsanalyse: Die Spiel-Analyse von Jacques Schiff und Mitarbeitern.* Partnerberatung 1981, 18, 56–67

JOHNS, H.D. & CAPER, H.: *The Seventh Year Itch.* Transactional Analysis Bulletin 1968, 7, 28 ff

KAHLER, T.: *The Miniscript.* In: BARNES, G. & Contributors: Transactional Analysis after Eric Berne: Teaching and Practices of Three TA Schools. New York: Harpers College Press 1977, 223–256; dt.: Transaktionalyse seit Eric Berne. Band II. *Was werde ich morgen tun?* Hrsg. von KOTTOWITZ, GISELA. Berlin: Institut für Kommunikationstherapie 1980, 91–132

KAHLER, T.: *Let`s you an him make Love. A variant of Kick me.* Transactional Analysis Journal 1972, 2:3, 35–26

KAHLER, T. & CAPERS, H.: The Miniscript. Transactional Analysis Journal 1974, 4, 26–34 (Errata 1974, 4, 49)

KANFER, F.H., REINECKER, H. & SCHMELZER, D.: *Selbstmanagementtherapie.* Berlin: Springer 2000

KANTER, A.: *Divorce and Non-Binding Mediation: An Alternative to Resolving Property Division Disputes.* Transactional Analysis Journal 1984, 14, 205–208

KAPLAN, K.J.: *TILT: Teaching Individuals to Lived together.* Transactional Analysis Journal 1988, 18, 220–230

KAPLAN, K.J.: *TILT for couples: Helping couples grow together.* Transactional Analysis Journal 1990, 20, 229–244

KARPMAN, S.: *Fairy Tales and Script Drama Analysis.* Transactional Analysis Bulletin 1968, 7, 39–43

KAST, V.: *Der schöpferische Sprung: Vom therapeutischen Umgang mit Krisen.* Olten und Freiburg: Walter 1988

KIND, J.: *Suizidal. Die Psychoökonomie einer Suche.* Göttingen: Hogrefe 1992

KLEIN, M.: *The Psychoanalsysis of children.* London: Hogarth Press 1932; dt.: *Die Psychoanalyse des Kindes.* Wien: Internationaler Psychoanalytischer Verlag 1934; München: Kindler 1973

KLEIN, M.: *Ein Kind entwickelt sich.* München: Kindler 1981

KLEINEWEISE, E.: *Das Kind im Spielraum unterschiedlicher Therapiemethoden.* Berlin: Eigenverlag 1984

KLEINEWIESE, E.: *Kreisgesicht-Symbole: Eine visuelle Darstellung der Funktion der Ich-Zustände; Transaktionsanalyse mit Kindern.* Berlin: Eigenverlag o. J.

KOUWENHOVEN, M., KILTZ, R.R. & ELBING, U.: *Schwere Persönlichkeitsstörungen. Transaktionsanalytische Behandlung nach dem Cathexis-Ansatz.* Wien et al.: Springer 2002

KRAUSZ, R. R.: *Macht und Führung in Organisationen.* Zeitschrift für Transaktionsanalyse 1989, 6, 92–108

KÜBLER-ROSS, E. (Hrsg.): *Reif werden zum Tod.* Stuttgart: Kreuz 1977

LEMPP, R.G.E: *Eltern für Anfänger.* Zürich: Diogenes 1973

LEMPP, R.: *Psychotherapie und geistige Behinderung.* In GÖRRES, S. & HANSEN, G. (Hrsg.): *Psychotherapie bei Menschen mit geistiger Behinderung.* Bad Heilbrunn: Klinkhardt 1992², 105-116

LAUCKEN, U.: *Naive Verhaltenstheorie.* Stuttgart: Klett 1974

LEHLE, B., GREBNER, M., NEEF,I. et al.: *Empfehlungen zur Diagnostik und zum Umgang mit Suizidalität in der stationären psychiatrisch-psychotherapeutischen Behandlung.* Reichenau: Arbeitsgemeinschaft „Suizidalität und Psychiatrisches Krankenhaus" 1997; http://www.suizidprophylaxe.de (zuletzt besucht: 07.04.2009)

LEVIN, P.: *Becoming the way we are.* Berkley, CA: Eigenverlag 1974

LEVIN, P.: *Cycles of Power.* Berkley, CA: Eigenverlag 1981

LEVIN, P.: Cycles of Development. Transactional Analysis Journal 1982, 12, 129–139

LEVIN, P.: *Les cycles de l'identité.* Paris: Interedition Paris 1986

LINDGREN, A.: *Erzählungen.* Hamburg: Oetinger 1990, 150–154

LINDEMANN, E.: *Symptomatology and management of acute grief.* American Journal of Psychiatry 1944,101;101

LINDEMANN, E.: *The meaning of crisis in individual and family.* Teachers Coll Rec. 1956, 57:310

LINGG, A. & THEUNISSEN, G.: *Psychische Störungen bei geistig Behinderten.* Freiburg: Lambertus 1993

LITTLE, R.: *The Shame Loop: a methof for working with couples.* Transactional Analysis Journal 1999, 29, 128–141

LOOMIS, M.: Contracting for Change. Transactional Analysis Journal 1982, 12, 51–55

LOTZE, W.: KOCH, U. & STAHL, B. (Hrsg.): *Psychotherapeutische Behandlung geistig behinderter Menschen. Bedarf, Rahmenbedingungen, Konzepte.* Bern et al.: Huber 1994, 226–240

LOYOLA, I. von: *Geistliche Übungen und erläuternde Texte.* Leipzig: Benno Verlag, 1978

LUHMANN, N.: *Soziale Systeme. Grundriss einer allgemeinen Theorie.* Frankfurt: Suhrkamp 1987

MAHLER, M.S.: *Symbiose und Individuation.* Bd. 1: *Psychosen im frühen Kindesalter.* Stuttgart: Klett-Cotta 1979

MAINLISH, L.: *A Couples Group.* Transactional Analysis Bulletin 1966, 5, 148 ff

MASSEY, R.F. & DAVIS MASSEY, S.: *Die sozialpsychologischen und systemischen Dimensionen der Transaktionsanalyse als Perspektive für die Behandlung von Einzelnen, Paaren und Familien.* Zeitschrift für Transaktionsanalyse 1995, 4, 157–197

MASSEY, R.F.: *TA as a Family Systems Therapy.* Transactional Analysis Journal 1985, 120–141

MASSEY, R.F.: *Integrating Systems Theory and TA in Couples Therapy*. Transactional Analysis Journal 1989, 19, 128–136

MASSEY, R.F.: *Techniques in Integrating TA and Systems theory in Couples Therapy*. Transactional Analysis Journal 1989, 19, 148–158

MASSING, A., REICH, G. & SPERLING, E.: *Die Mehrgenerationen-Familientherapie*. Göttingen: Vandenhoeck & Ruprecht 1992, 1994

MATENAAR, C.: *Creatics, Fanatics, Stylees und andere*. Auf Draht – Internes Forum für TelefonSeelsorge und Offene Türen in Deutschland. Nr. 49, April 2002

MATSON, V.: *A Homosexual in a Couples Group*. Transactional Analysis Bulletin 1966, 5, 113 ff

MATURANA, H. R. & Varela, F. J.: *Der Baum der Erkenntnis. Die biologischen Wurzeln des menschlichen Erkennens*. München: Scherz 1987; München: Goldmann 1990

MELLOR, K. & SCHIFF, E.: *Redefining*. Transactional Analysis Journal 5, 303–311; dt.: *Redefinieren – Umdeuten*. Neues aus der Transaktionsanalyse 1975, 1,133–139

MELVILLE, H.: *Moby Dick*. München: Carl Hanser Verlag 2001

MEYER, H.: *Geistige Behinderung - Terminologie und Begriffsverständnis*. In: IRBLICH, D. & STAHL, B. (Hrsg.): *Menschen mit geister Behinderung. Psychologische Grundlagen, Konzepte und Tätigkeitsfelder*. Göttingen: Hogrefe 2003, 4–30

MEYERS-LEXIKON: *Kultur*. Mannheim: Bibliographisches Institut & F.A. Brockhaus AG 1998[6]

MICHELL, R.A.: *A marital therapy game identified: You hold her i`m off (YHHIO)*. Transactional Analysis Journal 1972, 2:4, 11–12

MICHOLT, N.: *Psychological Distance and Group Interventions*. Transactional Analysis Journal 1992, 22, 228–233

MILLAR, F. E.: *A Transactional Analysis of Marital Communication Patterns: An Exploratory Study*. Michigan State University: Dissertation Abstracts International 1973, 34A:6

MOHR, G.: *Führungskräftesupervision*. Zeitschrift für Transaktionsanalyse 1999, 16, 51–71

MOHR, G.: *Lebendige Unternehmen führen*. Frankfurt/M.: FAZ-Buchverlag 2000

MOHR, G.: *TA-Identity*. The Script: Newsletter of the ITAA. April 2005

MORGAN, R. & MAC FARLANE, G.: *A New Couple Joines A Group*. Transactional Analysis Bulletin 1966, 5, 145 ff

MORLEY, W.E., MESSICK, J.M., AGUILERA, D.C.: *Crisis: paradigms of intervention*. Journal Psychiatry Nurse 1967, 5, 537

MÜLLER-HOHAGEN, J.: *Psychotherapie mit Behinderten – erschwerter Zugang für Betroffene und Therapeuten*. In GÖRRES, S. & HANSEN, G. (Hrsg.): *Psychotherapie bei Menschen mit geistiger Behinderung*. Bad Heilbrunn: Klinkhardt 1992[2], 117–12

Müller-Hohagen, J.: *Psychotherapie mit behinderten Kindern. Wege der Verständigung für Familien und Fachleute*. Heidelberg: Asanger, 1993[2]

NESTMANN, F.: *Beratung, soziale Netzwerke und soziale Unterstützung*. In: BECK, M., BRÜCKNER, G. & THIEL, H.-U. (Hrsg.): *Psychosoziale Beratung*. Tübingen: dgvt 1991, 45–69

NESTMANN, F. & ENGEL, F.: *Die Zukunft der Beratung*. In: ENGEL, F. & NESTMANN, F.: *Die Zukunft der Beratung*. Tübingen: dgvt 2002, 3–8

NESTMANN, F. & ENGEL, F. (Hrsg.): *Die Zukunft der Beratung*. Tübingen: dgvt 2002

OERTER, R.: *Moderne Entwicklungspsychologie*. Donauwörth: Auer 1980[18]

OERTER, R. & MONTADA, L. et al.: *Entwicklungspsychologie: ein Lehrbuch*. München, Wien, Baltimore: Urban & Schwarzenberg 1982

OPPITZ, M.: *Naxi: Dinge, Mythen, Piktogramme*. Zürich Völkerkundemuseum 1997

OPPITZ, M.: *Montageplan von Ritualen*. In: CADUFF, C. & PFAFF-CZARNECKA, J. (Hrsg.): *Rituale heute: Theorie-Kontroversen-Entwürfe*. Berlin: Reimer 1999, 73 ff

PANSE, W. & STEGMANN, W.: *Kostenfaktor Angst*. Landsberg/Lech: verlag moderne industrie, 1996

PERLAM, G.: *Transactional Analysis and Homosexuality: a literature review*. Transactional Analysis Journal 2000, 20, 276–284

PETZOLD, H.: *Konzepte der Transaktionsanalyse*. In: PETZOLD, H. & PAULA, M. (Hrsg.): *Transaktionale Analyse und Skriptanalyse. Aufsätze und Vorträge von F. English*. Hamburg: Wiss. Verlag Altmann 1976, 13–71

Petzold, H.: *Zur Integration motopädagogischer, psychotherapeutischer und familientherapeutischer Interventionen in der Arbeit mit geistig Behinderten*. In: LOTZE, W., KOCH, U. & STAHL, B. (Hrsg.): *Psychotherapeutische Behandlung geistig behinderter Menschen. Bedarf, Rahmenbedingungen, Konzepte*. Bern et al.: Huber 1994, 226–240

PETZOLD, H.: *Integrative Supervision, Meta-Consulting & Organisationsentwicklung. Modelle und Methoden reflexiver Praxis. Ein Handbuch*. Paderborn: Junfermann 1998

Planungsgruppe PETRA: *Was leistet Heimerziehung?* Hrsg. von Internationaler Gesellschaft für Heimerziehung. Frankfurt 1988

PLATSCH, K.-D.: *Psychosomatik in der chinesischen Medizin*. München, Jena: Urban & Fischer 2005²

PÖLDINGER, W.: *Die Abschätzung der Suizidalität*. Bern: Huber 1968

PREUSS, H.-G.: *Ehepaartherapie. Beitrag zu einer psychoanalytischen Partnertherapie in der Gruppe*. München: Kindler 1973; Neuausgabe: Frankfurt/Main: Fischer-Taschenbuch-Verlag 1985

RAAB, P.: *Philemon und Baucis. Die tiefere Wirklichkeit, als Paar zu leben*. Zeitschrift für Transaktionsanalyse 1995, 3, 82–99

REIMER, C. & RÜGER, U. (Hrsg.): *Psychodynamische Psychotherapien: Lehrbuch der tiefenpsychologischen Psychotherapien*. Berlin, Heidelberg, New York: Springer 2000

REINHARDT, D.: *Eheberatung*. In: Fachlexikon der sozialen Arbeit: Hrsg. vom Deutschen Verein für öffentliche und private Fürsorge. Frankfurt: Eigenverlag des Deutschen Vereins 2002⁵

RETZER, A.: *Systemische Paartherapie*. Stuttgart: Klett-Cotta 2004

REVENSTORF, D.: *Psychotherapeutische Verfahren. Gruppen-, Paar- und Familientherapie*. Band IV. Stuttgart, Berlin, Köln, Mainz: Kohlhammer 1985, S. 117–170

RICHTER, H.E., STROTZKA, H., WILLI, J. et al.: *Familie und seelische Krankheit: Eine neue Perspektive der Psychologischen Medizin und der Sozialtherapie*. Reinbek bei Hamburg: Rowohlt 1976

RIEVAL, A. von: *Über die geistliche Freundschaft*. Trier: Spee-Verlag 1978

RINGEL, E.: *Selbstmord – Appell an die anderen*. München: Grünewald Verlag 1974

RITZENFELD, S.: *Kinder mit Stiefvätern. Familienbeziehungen und Familienstrukturen in Stieffamilien*. Weinheim und München: Juventa-Verlag 1998

RÖHL, S.: *Fanita English über ihr Leben und die Transaktionsanalyse*. Hamburg: iskopress 2004

ROHMANN, U., & ELBING, U.: *Selbstverletzendes Verhalten. Überlegungen, Fragen und Antworten*. Dortmund: verlag modernes lernen 1999

ROTTHAUS, W.: *Menschenbild und psychische Krankheit des Geistigbehinderten aus systemischer Sicht*. In: Hennicke, K. & Rotthaus, W. (Hrsg.): *Psychotherapie und geistige Behinderung*. Dortmund: verlag modernes lernen 1993, 195–203

RÜTTINGER, R.: *Übungen zur Transaktionsanalyse: Praxis der Transaktionsanalyse in Beruf und Organisationen*. Hamburg: Windmühle 1988

SARTORY, G. & T. (Hrsg.): *Lebenshilfe aus der Wüste. Die alten Mönchsväter als Therapeuten*. Freiburg: Herder 1980

SCHÄFER, A. & WIMMER, M.: *„Rituale und Ritualisierungen"*. In: BAUER, E. & SCHETSCHE, M. (Hrsg.): *Grenzüberschreitungen. Alltägliche Wunder. Erfahrungen mit dem Übersinnlichen; wissenschaftliche Befunde* Band I. Opladen: Leske + Budrich 1998

SCHAUPP, K.: *Gott im Leben entdecken. Einführung in die Geistliche Begleitung*. Würzburg: Echter-Verlag 1994

SCHAUPP, K. & TILLMANNS, H.: *Geistliche Begleitung – Berufung oder Beruf?* Institut der Orden.Mannheim (IMS): unveröffentlichter Eigendruck, o. J.

SCHIFF, J. L. & et al.: *Cathexis Reader: Transactional Analysis Treatment of Psychosis.* New York: Harper & Row 1975

SCHIFF, J. L. & DAY, B.: *Alle meine Kinder: Heilung der Schizophrenie durch Wiederholen der Kindheit.* München: Kaiser 1980 (amerik. Original 1970)

SCHIFF J. L., SCHIFF, A. & SCHIFF, E.: *Frames of Reference.* Transactional Analysis Journal 1975, 5, 290–294

SCHIFF, S.: *Personality Development and Symbiosis.* Transactional Analysis Journal 1977, 310-316

SCHLEGEL, L.: *Grundriss der Tiefenpsychologie. Band V: Die Transaktionale Analyse nach Eric Berne und seinen Schülern.* Tübingen, Basel: Francke 1979

SCHLEGEL, L.: *Die Transaktionale Analyse: Ein kritisches Lehrbuch und Nachschlagewerk.* Tübingen, Basel: Francke 1987³/1995⁴

SCHLEGEL, L.: *Kommentar zu den acht „Grundlegenden Techniken" nach Berne.* Zeitschrift für Transaktionsanalyse 1988, 5, 89–105

SCHLEGEL, L.: *Handwörterbuch der Transaktionsanalyse: Sämtliche Begriffe der TA praxisnah erklärt.* Unter Mitwirkung von Fritz Wandel, Bernhard Schibalski und Helmut Harsch. Freiburg, Basel, Wien: Herder 1993. Erweitert und zugänglich im Internet unter www.dgta.de oder www.dsgta.ch

SCHLEGEL, L.: *Was ist Transaktionsanalyse?* Erweiterte dritte Fassung des gleichnamigen Aufsatzes in der Zeitschrift für Transaktionsanalyse 1997, 14, 5-30; ausschließlich zugänglich im Internet auf www.dgta.de oder www.dsgta.ch 2000

SCHLEGEL, L.: *Gedanken zum Erwachsenen-Zustand der „integrierten Person" nach Berne.* Zeitschrift für Transaktionsanalyse 2001, 18, 77–90

SCHLIPPE, A. von: *Familientherapie im Überblick: Basis-Konzepte, Formen, Anwendungsmöglichkeiten.* Paderborn: Junfermann 1986

SCHLIPPE, A. von & SCHWEITZER, J.: *Lehrbuch der systemischen Therapie und Beratung.* Göttingen: Vandenhoeck & Ruprecht 1996 / 1999

SCHLIPPE, A. von, EL HACHIMI, M. & JÜRGENS, G.: *Multikulturelle systemische Praxis: ein Reiseführer für Beratung, Therapie und Supervision.* Heidelberg: Carl Auer Systeme Verlag 2003

SCHMID, B.: *Wo ist der Wind, wenn er nicht weht: Professionalität und Transaktionsanalyse aus systemischer Sicht.* Paderborn: Junfermann 1994

SCHMID, B.: *Systemische Professionalität und Transaktionsanalyse.* Bergisch Gladbach: EHP – Edition Humanistische Psychologie 2003

SCHMID, B.: *Systemisches Coaching.* Bergisch Gladbach: EHP – Edition humanistische Psychologie 2004

SCHMID, B. & FAUSER, P.: *Teamentwicklung aus systemischer Sicht.* Bergisch-Gladbach: EHP – Edition Humanistische Psychologie 2004

SCHNEIDER, J.: *Dreistufenmodell transaktionsanalytischer Beratung und Therapie von Bedürfnissen und Gefühlen.* Zeitschrift für Transaktionsanalyse 1997, 14, 66–83

SCHNEIDER, J.: *Supervidieren & beraten lernen.* Paderborn: Junfermann 2000

SCHÖNBÄCHLER, G.: *Schmerz: Perspektiven auf eine menschliche Grunderfahrung.* Zürich: Chronos 2007

SCHOHE, St.: *Hinausgeführt ins Weite – Auftrag und Perspektiven der Telefonseelsorge.* Auf Draht – Internes Forum für Telefonseelsorge und Offene Türen in Deutschland, Nr. 57, Dezember 2004

SCHOLNOCK, G.: *Application of Transactional Analysis Theory to the Measurement of Marital Happiness.* California School of Professional Psychology. Los Angeles, CA.: Dissertation Abstracts International 1973, 35 B:1–2

SCHULDT, K.-H.: *Transaktionsanalyse und Suizidalität.* In: WOLFERSDORF, M. & WEDLER, H. (Hrsg.): *Beratung und psychotherapeutische Arbeit mit Suizidgefährdeten.* Regensburg: Roderer 1988, S. 53–64

SCHULDT, K.-H.: *Dem Teufel entkommen - Suizid als Weg zum Paradies?* In: SMULDERS, A. (Hrsg.): *Tod und Teufel.* Tübingen: TVT-Medienverlag 2002, 17–31

SCHULZ, W. & SCHMIDT, A.: *Inanspruchnahme und Wirksamkeit von Kurzberatung in der Erziehungsberatung.* Praxis der Kinderpsychologie und Kinderpsychiatrie 2004, 53, 406–418

SCHULZ-WALLENWEIN, U.: *Die berufliche soziale Arbeit als Beratungsberuf oder: die Idee einer „sozialprofessionellen" Beratung.* In: DBSH Landesverband Baden-Württemberg, SCHULZ-WALLENWEIN, U. & BEILMANN, M.: *Beratung: eine Schlüsselqualifikation in der sozialen Arbeit; ein Diskussionsbeitrag.* Berlin: Verlag für Wissenschaft und Bildung 2002, 25–59

SHMUKLER, D. & FRIEDMAN, M.: *Clinical Implications of the Family Systems Model.* Transactional Analysis Journal 1983, 13, 94–96

SELLIN, B.: *Ich will kein in mich mehr sein. Botschaften aus einem autistischen Kerker.* Köln: Kiepenheuer & Witsch 1993

SICKENDIEK, U., ENGEL, F. & NESTMANN, F. (Hrsg.): *Beratung: Eine Einführung in sozialpädagogische und psychosoziale Beratungsansätze.* München: Juventa 1999, 2002²

SIMERLY, T.: *Longtime Compansions: Gay Couples In The Era of AIDS.* Transactional Analysis Journal 1996, 26, 8–14

SPIESS, W.: *(Beratungs-)Gespräche mit Kindern und Jugendlichen.* In: Borchert, J. (Hrsg.): *Handbuch der Sonderpädagogischen Psychologie.* Göttingen: Hogrefe 2000, 551–561

STAHL, B.: *Psychotherapie und psychologische Beratung geistig behinderter Menschen.* In: IRBLICH, D. & STAHL, B. (Hrsg.): *Menschen mit geister Behinderung. Psychologische Grundlagen, Konzepte und Tätigkeitsfelder.* Göttingen: Hogrefe 2003, 591–645

STEINER, C.: *Script People Live: Transactional Analysis of Life-Scripts.* New York: Bantam Books 1974; dt.: *Wie man Lebenspläne verändert: Die Arbeit mit Skripts in der Transaktionsanalyse.* Paderborn: Junfermann 1982/2005[11]

STEINER, C.: *A Manual On Cooperation.* Berkley: IGP Collective 1980

STEINER, C.: *The Other Side Of Power.* New York: Grove Press 1981; dt.: *Macht ohne Ausbeutung.* Paderborn: Junfermann 1987

STENGER, H.: *Andere begleiten.* Ordenskorrespondenz 2003, 44, 402–413

STERN, D.N.: *Die Lebenserfahrung der Säuglings.* Stuttgart: Klett-Cotta 1998[6]

STERN, D. N.: *Tagebuch, eines Babys: Was ein Kind sieht, spürt, fühlt und denkt.* München: Piper-Taschenbuch 1998[6]

STEWART, I.: *Transaktionsanalyse in der Beratung: Grundlagen und Praxis transaktionsanalytischer Beratungsarbeit.* Paderborn: Junfermann 1991/2000[3]

STEWART, I. & JOINES, V.: *TA today. A new introduction to Transactional Analysis.* Nothingham and Chapel Hill: Lifespace Publishing 1987; dt.: *Die Transaktionsanalyse: Eine neue Einführung in die TA.* Freiburg: Herder 1990[5]

STIERLIN, H.: *Das Tun des einen ist das Tun des anderen: Eine Dynamik menschlicher Beziehungen.* Frankfurt am Main: Suhrkamp 1976

STIERLIN, H.: *Delegation und Familie.* Frankfurt a.M.: Suhrkamp 1978, 1982

STINKES, U.: *Menschenbildannahmen zu dem Phänomen Behinderung.* In: IRBLICH, D. & STAHL, B. (Hrsg.): *Menschen mit geister Behinderung. Psychologische Grundlagen, Konzepte und Tätigkeitsfelder.* Göttingen: Hogrefe, 2003, 31–50

STINKES, U.: *Ethische Fragestellungen im Kontext einer liberalen Eugenik.* In: IRBLICH, D. & STAHL, B. (Hrsg.): *Menschen mit geister Behinderung. Psychologische Grundlagen, Konzepte und Tätigkeitsfelder.* Göttingen: Hogrefe 2003, 51–67

STRAUMANN, U. E.: *Klientenzentrierte Beratung.* In: NESTMANN, F., ENGEL, F. & SICKENDIEK, U. (Hrsg.): *Das Handbuch der Beratung. Bd. 2: Ansätze, Methoden und Felder.* Tübingen: dvgt-Verlag 2004/2007², 641–654

STRUCK, E.: *Ehe, Partnerschaft und Beratung.* In: NESTMANN F., ENGEL, F., SICKENDIEK U. (Hrsg.): *Das Handbuch der Beratung. Band 2. Ansätze, Methoden und Felder.* Tübingen: dgtv 2004

SUESS, G. J., SCHEURER-ENGLISCH, H. & PFEIFER, W.-K. P. (Hrsg.): *Bindungstheorie und Familiendynamik: Anwendung der Bindungstheorie in Beratung und Therapie.* Gießen: Psychosozial-Verlag 2001

SUHRBIER, H.: *Manuela vor einem Jahr – Manuela heute.* Schriftliche Examensarbeit für die Prüfung zur Transaktionsanalytikerin im Anwendungsfeld Beratung. Rastede: Eigenverlag 2000

TAIBBI, R.: *Use of the Life-Play Fantasie with Couples in Conjoint Martial Therapy.* Transactional Analysis Journal 1981, 11, 138–141

TAIBBI, K.: *Let`s you and him make love. A variant of Kick me.* Transactional Analysis Journal 1972, 2:3, 35–36

TANNER, I. J.: *Loneliness: The Fear of Love.* Harper & Row: New York, 1973

TELEFONSEELSORGE DEUTSCHLAND: *Konsenspapier: TelefonSeelsorge auf dem Weg in die Zukunft – Vergewisserung und Ausblick.* Internes Papier der Konferenz der Leiterinnen und Leiter der TelefonSeelsorge. Vierzehnheiligen 2003

TELEFONSEELSORGE SCHWARZWALD-BODENSEE e.V.: *Jahresbericht 2003.* Internes Papier. Konstanz 2004

TEXTOR, M. R.: *Enrichment und Paarberatung – Hilfen auf dem Weg durch den Ehezyklus.* In: Familiendynamik 1998, 156–170

TEXTOR, M. R.: *Integrative Familientherapie: eine systematische Darstellung der Konzepte, Hypothesen und Techniken amerikanischer Therapeuten.* Berlin, Heidelberg, New York, Tokio: Springer 1985

THERATALK® Online-Therapie für Partnerschaftsprobleme http://www.theratalk.de/paartherapie_hintergrund.html.

THIMM, W.: *Epidemiologie und soziokulturelle Faktoren.* In: NEUHÄUSER, G. & STEINHAUSEN, H.-CH. (Hrsg.): *Geistige Behinderung. Grundlagen - Klinische Syndrome - Behandlung und Rehabilitation.* Stuttgart: Kohlhammer 1990, 9–23

THOMSON, G.: *Angst, Zorn und Traurigkeit.* Zeitschrift für Transaktionsanalyse 1989, 6, 59–67

TOMASELLO, M.: *Imitation als Kern der Kultur.* Jahresheft der Zeitschrift „Schüler", Jahrgang 2006. Seelze: Friedrich-Verlag 2006, 20–21

TOMKIEWICZ, A. & PAWLOWSKA, B.: *Selbstakzeptanz und Zuwendung in der Ehe aus transaktionsanalytischer Sicht.* Zeitschrift für Transaktionsanalyse. 1999, 16, 72–80

TURNER, V.: *Das Ritual: Struktur und Anti-Struktur.* Frankfurt, New York: Campus1989; Studienausgabe: Campus 2000

ÜEXKÜLL, J.: *Psychosomatische Medizin: Modelle ärztlichen Denkens und Handelns.* Hrsg. v. Adler, R.H. et al. 6., neu bearbeitete und erweiterte Auflage. München, Jena: Urban & Fischer 2003

VOGELAUER, W. (Hrsg.): *Coaching-Praxis.* Neuwied: Luchterhand 2005[5]

VOGELAUER, W.: *Methoden-ABC im Coaching: Praktisches Werkzeug für den erfolgreichen Coach.* München: Luchterhand 2005[4]

VOSSLER, A.: *Beratung für Jugendliche in einer verunsicherten Gesellschaft.* Praxis der Kinderpsychologie und Kinderpsychatrie 2004, 53, 547–559

WABRA, G., zukunft@telefonseelsorge.de. Auf Draht – Internes Forum für TelefonSeelsorge und Offene Türen in Deutschland, Nr. 49, April 2002

WALDENFELS, B.: *Grundmotive einer Phänomenologie des Fremden.* Frankfurt/Main: Suhrkamp-Verlag 2006

WANDEL, F.: *Erziehung im Unterricht: Schulpädagogische Anwendungen der Transaktionsanalyse.* Stuttgart, Berlin, Köln, Mainz: Kohlhammer 1977

WANDEL, I. & F.: *Buchbesprechung: Hans Jellouschek: Wie Partnerschaft gelingt: Spielregeln der Liebe. Beziehungskrisen sind Entwicklungschancen.* Zeitschrift für Transaktionsanalyse 1998, 4, 213–214

Watzlawick, P., Beavin, J.H. & Jackson, D.D.: *Menschliche Kommunikation. Formen, Störungen, Paradoxien.* Bern et al.: Huber 1969

WATZLAWICK, P. u.a.: *Lösungen. Zur Theorie und Praxis menschlichen Wandels.* Bern: Hans Huber 1984

WIENERS, J.: *Telefonseelsorge und Patientensouveränität.* Vortrag auf dem Jahreskongress der Deutschen Gesellschaft für Psychiatrie, Psychotherapie und Nervenheilkunde, Düsseldorf 1996. Auf Draht – Internes Forum der Telefonseelsorge und Offene Türen in Deutschland, Nr. 37, April 1998

WILLI, J.: *Die Zweierbeziehung: Spannungsmuster – Störungsmuster – Klärungsprozesse – Lösungsmodelle.* Reinbek bei Hamburg: Rowohlt 1975/1999

WILLI, J.: *Therapie der Zweierbeziehung: Analytisch orientierte Paartherapie; Anwendung des Kollusionskonzeptes; Handhabung der therapeutischen Dreiecksbeziehung.* Reinbek bei Hamburg: Rowohlt 1978/1999

WILLI, J.: *Psychologie der Liebe: Persönliche Entwicklungen durch Partnerbeziehungen.* Stuttgart: Klett-Cotta 2002

WILLI, J. & LIMACHER, B. (Hrsg.): *Wenn die Liebe schwindet: Möglichkeiten und Grenzen der Paartherapie.* Stuttgart: Klett-Cotta 2005

WOOLLAMS, ST. & BROWN, M.: *Transactional Analysis: A Modern and Comprehensive Text of TA Theory and Practice.* Dexter, MI: Huron Valley Institute Press 1978

ZALCMAN, M.: *Game Analysis And Racket Analysis: Overview, Critique And Future Developments.* Transactional Analysis Journal 1990, 20, 4–19

ZEMPEL, J., BACHER J., MOSER K. (Hrsg.): *Erwerbslosigkeit, Ursachen, Auswirkungen und Interventionen. Psychologie Sozialer Ungleichheit.* Band 12. Hrsg. von Th. Kieselbach. Universität Bremen. Opladen: Leske & Budrich 2001

ZULLIGER, H.: *Über eine Lücke in der psychoanalytischen Pädagogik.* Zeitschrift für psychoanalytische Pädagogik 1936, 10, 337–359

ZULLINGER, H.: *Schwierige Kinder.* Bern: Huber 1977[7]

Stichwortverzeichnis

A
Abhängigkeit
- Akzeptanz 94
- gesunde 92
- von den Bezugspersonen 12, 18
- zur freien Entscheidung 94

Abwertungsmatrix 141
Akzeptanz 21
Alltagsprobleme
- als Spiegel 99

Alltagsregeln 48
Analyse
- der Zuwendungskultur 48

Änderungsagenten
- im System Behinderung 40

Änderungsgestaltung
- Gesamtstrategie 38

Anerkennung 32
Autonomie 63, 109, 139
- in der Beziehung 79
- Kontrolle statt Autonomie 96
- Ohnmacht als Gegenteil 96

B
Behinderte Persönlichkeit
- Reichtum der 47

Behinderung
- als Ausdruck eines Verhältnisses 40
- als komplexes interaktives Geschehen 41

Beratung
- als Anleitung zur Mitbehandlung 39
- als mehrschichtige Kulturveränderung 63
- als mehrschichtiger und komplexer Prozess 38
- des Menschen mit einer geistigen Behinderung 64
- für Kinder und Jugendliche 12f
- in institutionellen Kontexten 37
- interkulturelle 108
- spezielle Selbstkompetenz 109

Beratungsprozesse
- Leitidee für 149

Beziehung
- des Paares 78

Beziehungsgeschehen 83
Beziehungsgestaltung
- im Alltag 64

Bezogenheit, lebendige/gelebte 97
Bezugspersonen 16, 45
Bezugsrahmen 31, 45, 113, 139
Bindung, sichere und unsichere 16
Bindungsmuster 78
Bindungstheorien 16

C/D
Chance 99, 131, 144
Diagnose
- zirkulärer Ablauf 84

Diagnostik 82
- Sichern der Geschichte des geistig behinderten Menschen 46

Die „3 S" 143
Die „3 Ps" (potency, permission, protection) 80, 120, 143, 192, 202

E
Einzelbefunde
- Vernetzen 52

Entscheidungen, frühe 139
Entwicklungsdiagnostik 48
Erlaubnis (permission) 22

F
Feinfühligkeit 21
Freude, innere 21
Führung
- Schutz- und Kontrollfunktion 50

Fünf Säulen der Identität
- Integrative Identitätstheorie 138

G
Gefühle 139
Gegenstand von Änderungsvorhaben
- Sicherheitsmängel und fehlender Schutz 53
- Kontrollverlust 53

Geistliche Begleitung
- auf Gott bezogenes Selbstbild 215

Stichwortverzeichnis

- Aufmerksamkeit bei Beratung 215
- christliche Tradition der „Seelenführung" 219
- diagnostische Sicherheit des Begleiters 220
- Glaubensvermittler 214
- Heilspädagoge 214
- Intuition und Sensibilität 214
- Kompetenzen 214
- personale Grundhaltungen 214
- Profil 214
- Umfang und Möglichkeiten 222
- Wachsen und Reifen der Persönlichkeit 215

Geschichtliches 190
Gesprächsräume 118
Gleichgewicht, psychisches 136
Grenzen, eigene
- bewusste Auseinandersetzung 88

Grundbedürfnisse 29, 139
- nach Solidarität 137
- psychologische 116

Grundeinstellung
- O.K./O.K.-realistisch-Haltung 110

Grundüberzeugungen 80
Gruppenentwicklungsprozesse 52
Gruppenprozess
- Diagnose 118

H

Haltung, konkurrierende symbiotische 17, 29
Handeln, problemlösendes 63
Handlungskonzepte
- Erweiterung 37

Handlungsmöglichkeiten
- Erweiterung 37

Heilung 98
Herausforderung 99
Hilfe
- zur Veränderung 21

Hilfesysteme, komplexe 37

I/J

Ich-Zustände 120
- Diagnose 20

Ich-Zustandsmodell 139
Integration

- Austausch von Erlebnissen und Erfahrungen 122
- Begegnung und „Unterwegssein" 124
- beidseitige Resignation 114
- erlebnispädagogische Übungsphase 123
- große Unsicherheit auf der Handlungsebene und Mangel an Konzepten 113
- Modelle der interkulturellen Sozialarbeit 115
- Modelllernen 122
- Rahmen für die Begegnung auf der persönlichen wie emotionalen Ebene 115
- Realität im schulischen Bereich 113
- Reflexion und Neuorientierung 123

Interkulturalität 109
Intervention, entscheidende 63
Jugendliche 12

K

Kinder 12
Kompetenzen 47
Konfliktkultur
- Recherche 47

Kreisgesichtsymbole 14
Krise
- akute Krise 131
- als Chance 139f
- Krisenbewältigung 132
- Krisenintervention 135
- kritische Lebensereignisse 131
- Lebenskrise 132
- methodische Interventionen 141
- Piktogramm des Phasenmodells 140
- professioneller Umgang 133
- Rituale 135
- Trauerprozess 133, 135
- Verlauf 135

Kultur 50
- anthropologisches Kulturkonzept 108
- des gegenseitigen Respekts 109
- im weitesten Sinne 108
- kulturelle Hintergründe 110

L

Lebensgrundposition 30
Lebenskampf 121

Lebenslust 121
Lebensplan („script proper") 19
Legitimation
– durch Personalisierung 51

M/N
marsisch 149
Missachtung
– realer Gefährdung 51
Netzwerkbildung 37
Nicht-Suizid-Vertag
– Akzeptanz des Suizides 180
– „Hintertüren" schließen 178
– Berater als Zeuge 178
– Eigen-Schutz und Eigen-Kontrolle 179
– heilsame Berührung 179
– Indikation und Kontraindikation 179
– Selbstkontrolle 178
Normen, Hilfen und Teilhabeprozesse am Leben 41

O/P
O.K.-Haltung 170
Paarberatung
– andere Formen intensiver dyadischer Beziehungen 101
– eheliche Beziehung als wesentliche Quelle emotionaler Befriedigung 71
– eine Definition 68
– falsche Bewertungen und Schlussfolgerungen 74
– individuelle, strukturelle wie gesellschaftliche Bedingungen 78
– institutionelle Angebote, ohne Diagnose einer Krankheit 74
– „Klientenzentrierte Beratung" 75
– Konzept der „Kollusion" 71
– Mehrgenerationen-Sichtweise 75
– „Narrative Beratung" 75
– pädagogisch/erzieherisch vs. Therapeutisch/kurativ 70
– Perspektivenwechsel 74
– ressourcenorientiert 68
– Ressourcenorientierte Lösungen 76
– Veränderung der kognitiven Bewertung 72

– wechselseitiger Lernprozess 100
– zentrale Konflikte 74
– zielgerichtet 68
– zur Selbsthilfe motivierend 68
Pädagogik, psychoanalytische 13
Palimpsest 19
Parallelprozesse
– Analyse 49
Passivität 139
Persönlichkeitsdiagnostik 48
Präsuizidales Syndrom
– Einflussfaktoren 162
– Phasen der suizidalen Entwicklung 163
Problemlösen, erfahrungsbedingtes 121
Problemlösungsmatrix 82
Problemverhalten 45
– sorgfältige Beobachtung und Dokumentation 46
Protokoll 19
Prozessgeschehen, zirkuläres 137

R
Racket 30f
Regeln 50
Respekt
– Kindern und Jugendlichen gegenüber 21
Riten
– Bedeutung 136
Rivalität 99

S
Säuglingsforschung 16
Schlüsselfunktion 54
Schutz (protection) 22, 177
Schwächen, eigene 98
Selbstregulationskräfte 47
Sicht der Entwicklung, transaktionsanalytische 13
Situationsbeschreibung, angemessene 52
Skript 19, 139
– Ablauf eines Miniskripts 168
– Handlungsmuster aus Denken, Fühlen und Verhalten 166
– Notausgänge aus dem Skript 166
– Trübung 166

- Überlebens-Schlussfolgerungen 166
- verinnerlichte Eltern-Introjekte 166
- Wirkdynamik 168

Skriptsystem 20
Skriptüberzeugungen 27
Spiele 54
Spiritualität
- Authentizität der Person als Nahstelle 218
- autonome Qualitäten einer Person 219
- Beziehung zwischen Begleiter und Begleitetem 211
- geistliche Begleitung 210f
- Leben aus der Freiheit des Geistes 218
- „Mystagogie" 210
- nicht direktiv, sondern maieutisch 210
- persönlich gehaltene Impulse 209
- persönlicher Existenzentwurf 208
- spirituelle Anregungen 209
- spirituelle Formung 209

Spirituelle Begleitung
- geistliche Freundschaften 212
- Regeln für Geistliche Führung 212
- Wurzeln im eremitischen Mönchstum 212

Standpunkte 99
Stärke (potency) 22
Stärken, eigene 98
Stimmigkeit 21
Stimulation 80
Strokes 81
Struktur 80
Suizid
- antifusionäre Funktion 164
- Bezug zu frühen kindlichen Entwicklungsphasen 165
- frühe traumatische Erfahrungen 165
- narzisstische Problematik 164
- Problemverständnis für Suizidalität 164
- trügerische Ruhe 163

Suizidalität
- Auftauchen 181
- Begrenztheit des Lebens 173
- breites Spektrum 157
- breites Spektrum des „Problemfeldes Suizidalität" 181
- Dunkelziffer 159
- Durchschnittsrate 159
- existenzielle Grundfragen 172
- harte und weiche Methoden 160
- innere Haltung der freien Aufmerksamkeit 175
- Intuition 171
- professionelle Begegnungen 171
- professionelle Kenntnisse 170
- Reaktion auf Signale der Kind-Ich-Ebene 173
- relevante Krisensituationen 158
- Risikogruppen 158
- schmaler Grad eines Zugangs 170
- selbstdestruktiver Charakter 157
- selbstdestruktives Verhalten 158
- Sich-Einlassen auf frühe Bedürfnisse und Traumata 170
- „suizidale Beratungsbeziehung" 172
- Suizid-Beratungsstellen 181
- Tabuisierung 159

Suizidrisiko 160
Suizidrisikoliste 160
Symbiosen
- funktionelle Aufteilungen 80
- gesunde 17
- Konzepte über Abhängigkeit 79
- ungesunde 17, 28

Systeme, selbstorganisierende 233
Systemische Beratung
- ausreichende Komplexität 242
- Beobachter zweiter Ordnung 234
- blinde Flecken in der Wahrnehmung 230
- Geschichte 229
- Haltungen und Grundannahmen 228
- intuitiv erfunden und rational geprüft 236
- Irritation und Anstoß zu neuem Verhalten 240
- keine einheitliche Lehre 232
- keine Grenzen für die Fantasie 235
- kybernetischer Ansatz 229
- lösungsorientierte Prozesse 242
- Menschenbild, Ethik und Vertragsorientierung 242
- Mikroprozesse als „Basisprozesse" für das Ganze 240

- Pioniere der Kybernetik und des Konstruktivismus 229
- Prinzip der Selbstähnlichkeit 240
- Rückbezüglichkeit in Theorien 230
- Subjektivität aller Erkenntnis 230
- Unterscheidungen 233
- verschiedenste Welten 231
- Versuch einer Begriffsbestimmung 28
- Vielzahl von Kontexten 230

T/U
Telefonseelsorge
- 24-Stunden-Dienst 195
- Arbeit mit E-Mails 201
- Begegnung 192
- Beratungs-Chat 201
- Definition 188
- deutsche Telefonseelsorge 191
- Gespräch von Mensch zu Mensch 192
- Gestaltung und Ethos des Angebots 188
- globales Netzwerk 191
- Grenzen und Würde der Mitarbeitenden 193
- Internetangebot 201
- qualifizierte Ehrenamtliche 189
- regelmäßige Supervision 197
- Selbstverständnis 188
- supervisorische Begleitung der Mail-Arbeit 203
- terminologische „corporate identity" 194
- Umgang mit großen Institutionen 194
- verbindliche Rahmen- und Leitlinien 193
- Vielfalt der Lebenskompetenzen 191
- Vorteil der schriftlichen Beratung 202
- weitergehende Ausbildung 196

Transaktionsanalyse
- frühe, negative Skriptbotschaften 222
- für Kinder 13
- Handeln aus Antreiberdynamiken 222
- integrierte Persönlichkeit 208
- selbsterfahrungsbezogene Anwendung von 195
- Stärke 43, 45
- Stärkung der Erwachsenen-Haltung 217

Trans-Zyklen-Modell 137
Umfeld
- als Teil der Störung und ihrer Dynamik 39

V
Veränderungsprozess
- aktive Teilhabe und Mitgestaltung behinderter Menschen 43
Verantwortung 63
Verhaltensmeteorologie 46
Verheißungen der Partnerschaft
- Suggestion der Bilder 75
Verlässlichkeit 21
Verschwiegenheit 24
Vertrag 22f, 31, 82, 116
Vertragsangebot 27
Vertragsarchitektur 117
Vorgehen, sequentielles 53

W
Wertschätzungsmatrix 141
Wissen
- über das Handwerkszeug der Beratung 21
- über die Entwicklung von Kindern 21
Würdigung 32

Z
Zeitstruktur 19, 47
Zufriedenheit, innere 21
Zuwanderungsfragen
- Frage der Integration 112
- Migrationshintergrund 111
Zuwendung
- bedingt negative 49
- positive 18
Zuwendungsfilter 18
Zuwendungskultur, vertraute 49